高等学校“十一五”规划教材

会计学系列

总主编 魏朱宝

财务管理

CAIWU GUANLI

闫永海 主编

安徽大学出版社

图书在版编目(CIP)数据

财务管理/闫永海主编. —合肥:安徽大学出版社,2008.7(2022.1重印)
高等学校"十一五"规划教材. 会计学系列
ISBN 978-7-81110-439-4

Ⅰ.财... Ⅱ.闫... Ⅲ.财务管理—高等学校—教材
Ⅳ.F275

中国版本图书馆 CIP 数据核字(2008)第 107020 号

财务管理 闫永海 主编

出版发行	安徽大学出版社 (合肥市肥西路3号 邮编 230039)	**印 刷**	合肥图腾数字快印有限公司
		开 本	787×1092 1/16
联系电话	编辑室 0551-5108051	**印 张**	16.875
	发行部 0551-5107716	**字 数**	388千
责任编辑	朱丽琴	**版 次**	2008年7月第1版
特约编辑	白 羽 杨 婷	**印 次**	2022年1月第5次印刷
封面设计	孟献辉	**E-mail**	zlqemail2008@126.com

ISBN 978-7-81110-439-4 **定价**:26.00元

编委会

总 主 编 魏朱宝

本册主编 闫永海

副 主 编 江庭友　王翠珍

本册编委 （排名不分先后，以姓氏笔画为序）

闫永海　江庭友　王翠珍

汪　群　李庆平　张　凌

张淑英

前言

教材是体现教学内容和教学要求的知识载体，是进行教学的基本工具，是学科建设与课程建设成果的凝练与体现，也是深化教学改革、保障和提高教学质量的重要基础。根据省教育厅教秘高[2007]9号关于组织申报安徽省高等学校"十一五"省级规划教材的通知精神，由安徽大学出版社联合省内安徽财经大学、合肥学院、安庆师范学院、安徽科技学院、铜陵学院、宿州学院、淮南师院、蚌埠学院等高校联合申报的本系列会计学教材，已通过专家评审，被省教育厅教秘高[2008]39号文件列为安徽省高等学校"十一五"省级规划教材。

一、教材选题定位——突出应用性

随着我国高等教育由精英教育向大众化教育的过渡，越来越多的高校把人才培养目标定位于紧密服务地方经济和社会发展需要，培养生产和管理一线的高级应用型专门人才。培养模式的改变引发了教学内容和方法的变化，目前较为突出的问题就是应用性教材建设严重滞后，不少学校不得已为了应付评估而选择了一些研究型大学的教材，应用型院校教师为选择不到合适的教材而苦恼，学生也为教材不适用而意见纷纷。为此我们顺应高等教育发展的需要，开发适合应用型高校教学的会计学教材。

2006年2月，财政部发布了包括1项基本准则和38项具体准则的新会计准则体系，并规定于2007年1月1日起首先在上市公司实施。新会计准则的发布和实施，是我国经济生活中的重大事件，是中国会计发展史上的又一重要里程碑。早在1992年，我国通过"两则两制"改革，实现了会计模式的转换，相对于1992年的那次会计改革而言，本次改革是在会计要素的确认、计量等更深层次上完善会计准则，规范会计秩序，实现国际趋同，其深度、广度均超过前者。目前，对于会计学专业教学来说，编写一套反映最新会计准则内容的会计学教材已是当前会计学教育的当务之急。

二、编写思路

为了加强教材的实用性和针对性，此次，我们在教材的编写上避免了两种倾向：要么过分强调实践，只讲会计方法，使教材过于简单，内容单薄，知识的系统性不足；要么过分强调理论，大篇幅地讲述会计理论，内容空乏，脱离实际。为此，我们在开始规划时注重突出如下几点：

(一)突出系统性

随着会计学科的发展,会计理论在不断发展,会计的内容在不断丰富,会计服务的领域在不断拓宽,我们既要避免不同课程教材在内容上的交叉重复,又要防止有些最新的内容没有被纳入教材之中。为此我们根据会计理论和实务的最新发展,从整体上对系列教材的内容进行整合,协调和处理不同课程的教材在内容上的衔接,避免内容上不必要的重复和遗漏,系统设计,分步开发。目前,我们第一批出版会计学基础、中级财务会计、成本会计、管理会计、财务管理、审计学、会计信息系统、高级财务会计及其配套习题册。在此基础上我们根据需要还将组织编写第二批教材:会计学专业导论、特种行业会计、政府与非盈利单位会计、国际会计、会计理论专题等。

(二)突出应用性

为了使教材适合应用性教学需要,我们努力做到:第一,教材的内容上,每门教材结合实际案例;第二,教材的语言上,力求根据学生的认知特点,用鲜活的语言阐述会计问题,避免用一些晦涩的语言让学生如入云雾;第三,教材的作者,全部来自于教学一线具有丰富教学经验的优秀教师,因为只有他们才深知什么样的教材教师用得顺手,学生学得顺心;同时我们要求每门课程教材必须吸收一名具有实际工作经验的在岗高级会计人员参与,主要由他们来进行案例的编写。

(三)突出质量

为了保证教材的质量,首先,除了每门课程必须由具有高级职称的优秀教师担任主编外,我们还要求每门课程教材必须要有一名会计学专业教授参与教材编写或指导。其次,我们成立了会计学系列教材编委会和编审会,编委会主要由系列教材的主编组成,其主要任务是进行会计学系列规划教材的策划工作,具体是:确定系列教材名称、商定教材编写内容和体例、审定参编人选,并作为主创人员参加省级规划教材的申报工作。编审会邀请省内外会计学科的有关专家和学者担任,负责审定教材编写大纲和对教材内容进行审读,以确保教材编写质量。

会计学系列教材编委会

2008 年 7 月

目　录

第 1 章　财务管理概论

第 2 章　财务管理的价值观念

第 3 章　财务分析

第 4 章　资本成本与资本结构

第1章　财务管理概论

□学习目标

通过本章的学习，要求学生理解财务管理概念；掌握企业财务管理目标；认识到企业理财过程中存在的矛盾；掌握财务管理环节；理解财务管理环境对企业理财的影响，尤其是金融环境和经济环境对财务管理的影响。

1.1　财务管理概念和特点

1.1.1　财务管理概念

在企业生产经营过程中，存在着物流、信息流、资金流等三种流，其中资金流是最为基本的。一个企业的成立、运营以及能否在市场竞争中生存和发展都依赖于有没有较为充足的资金供给和持续顺畅的资金流动。随着社会经济的发展、科技的进步，企业的规模也在不断地扩大，企业的资金流动也越来越复杂，因此，对资金流的管理就逐渐成为企业管理的一个独立的部门。企业资金在流动过程中，要与有关的方面发生许许多多的联系，如为了筹集足够的资本金，需要发行股票或取得直接投资，从而与投资者形成所有权关系；为了满足企业发展对资金的需求，需要向银行借款或发行债券，从而与债权人形成债权债务关系等。这些关系必须妥善地处理和协调，否则，企业的资金流动就会受到严重影响，从而影响到企业的发展。因此，所谓"财务管理"，就是企业组织财务活动、处理财务关系的一项综合性管理工作。财务活动就是企业生产经营过程中客观存在的资金运动。财务关系就是资金运动过程中，企业与有关方面所形成的经济利益关系。

1.1.2　财务活动

企业财务活动就是企业的资金运动，它主要包括筹资、投资、资金营运和资金分配等一系列活动。

1. 筹资活动

所谓"筹资"，就是企业为了满足生产经营的需要，筹集资金的过程。它是企业组织生产经营以及发展的基础。无论是企业成立，还是发展，都伴随着筹资活动。

在筹资过程中，一方面，企业需要根据战略发展的需要和投资计划来确定各个时期企业总体的筹资规模，以保证投资所需的资金，另一方面，要通过筹资渠道、筹资方式或工具的选择,合理确定筹资结构,降低筹资成本和风险,提高企业价值。

企业筹资通常可以从两种不同性质的资金来源获得:一是权益资金;一是企业债务资金。

2. 投资活动

企业获得资金后,必须将资金投入使用以谋求最大的经济效益,否则,筹资就失去了目的和依据。投资是指企业将筹集的资金投入使用的过程,有广义和狭义之分。广义的投资包括对外投资(如投资购买其他企业的股票、债券或与其他企业联营)和对内投资(如购置固定资产、流动资产、无形资产等)。狭义的投资,仅指对外投资。

企业在投资过程中,不仅要考虑投资规模,而且要考虑投资方向和投资方式,以及投资风险等问题。

3. 资金营运活动

企业在日常生产经营活动中,会发生一系列的资金收付行为,如企业为了生产,需要采购材料或商品,还要支付工资和其他营业费用;企业销售商品后,便可取得收入、收回资金;如果资金不能满足企业经营需要,还要采取短期借款方式来筹集所需的资金。为满足企业日常营业活动的需要而垫支的资金,称为营运资金。因企业日常经营而引起的财务活动,称为资金营运活动。

为了用较少的资金来满足企业日常经营活动的需要,企业必须加强营运资金管理,制定合理的管理策略,提高资金的利用效率。

4. 分配活动

企业通过投资和资金的营运活动取得收入,并相应实现资金的增值。企业取得的各种收入在补偿成本、缴纳税金后,还应根据有关法律对剩余收益进行分配。广义地说,分配是指对企业各种收入进行分割和分派的行为;而狭义的分配,是指对企业净利润的分配。

企业的分配活动不仅影响企业能否顺利地发展,而且直接影响到企业价值的高低,因此,企业必须科学地安排利润分配活动。

1.1.3 财务关系

企业在资金筹集、投放、使用、收入与分配过程中,要与有关各方面形成广泛的财务关系,具体来说,有以下财务关系:

1. 企业与投资者之间的关系

这主要是指投资者(所有者)向企业投入资金而拥有企业一定权益,企业向其支付投资报酬所形成的财务关系。这种关系属于所有权关系,投资者按照合同、协议、章程等约定向企业投入资金后,拥有企业的所有权,并凭借着所有权凭证,以及其出资比例来获得剩余收益。

2. 企业与债权人之间的关系

这主要是指企业向债权人借入资金,并按借款合同的规定按时支付利息和归还本金所形成的经济关系。这种关系属于债权与债务关系。企业在生产经营过程中,只利用资本金是不行的，一方面，资本成本太高，另一方面，不能充分利用财务杠杆效应。当然，企业利用债权人的资金后，必须按期支付利息，到期还本，否则，就可能会引起企业破产。

3. 企业与国家之间的财务关系

这主要是指政府参与企业分配所形成的财务关系。这种关系是一种依法纳税和依法征税的税收权利关系，它是由政府的身份决定的。政府作为社会管理者，担负着维持社会正常秩序、保卫国家安全、组织和管理社会活动等任务，行使国家行政职能。为了履行这种职能，政府必须按照国家税法无偿地从企业获得各种税款，企业必须及时足额地向税收部门纳税。

4. 企业内部各单位之间的财务关系

这主要是指企业内部各单位之间在生产经营各环节中相互提供产品或劳务所形成的经济关系。在规模较大的企业，为了激发各部门以及每个生产单位的积极性，实行了经济核算制和经营责任制，企业内部形成了具有相对独立的资金定额或独立支配的费用限额，具有相对独立利益的单位，这些部门之间相互提供产品和劳务时，必须进行计价结算。这种在企业内部形成的资金结算关系，体现了企业内部各单位之间的利益关系。处理这种财务关系，要严格分清有关各方的经济责任，以便有效地发挥激励机制和约束机制的作用。

5. 企业与职工之间的财务关系

这主要是指企业向职工支付劳动报酬过程中所形成的经济关系。这种关系体现着职工个人与集体在劳动成果上的分配关系。职工是企业的劳动者，他们以自身提供的劳动作为参加企业分配的依据。企业根据劳动者的劳动情况，用其收入向职工支付工资、津贴，用其利润向职工交付奖金、提取公益金等。

除了上述几种主要财务关系，企业还会与原材料的供应者以及客户等也有着经济来往，发生着财务关系，此外，企业也可作为投资者向其他企业投放资金或作为债权人向其他企业出借资金。

企业的资金运动，从表面上看，是一种物的运动，其实，在此背后，是一种人与人之间的财务关系，我们必须要透过资金运动的现象，看到这种财务关系，并自觉地处理好财务关系，促进生产经营活动的顺利开展。

1.1.4 财务管理的特点

财务管理只是企业管理的一个方面，它区别于其他管理的特点，在于它是一种价值管理，是对企业再生产过程中的价值运动所进行的管理，具体来说，表现为以下几个方面：

1. 涉及面广

财务管理与企业的各个方面具有广泛的联系。企业供、产、销、运、技术、设备、人事、行政等各个部门业务活动的进行，都伴随着企业资金的收支，都对企业的财务活动有着直接或间接的影响。因此，每个部门都要在合理使用资金和组织收入方面接受财务管理部门的指导,受到财务管理制度的约束。

2. 灵敏度高

财务管理能迅速提供反映生产经营状况的财务信息。在企业管理中,决策是否得当、经营是否合理、技术是否先进、产销是否顺畅,都可迅速地在企业财务指标中得到反映。例如,成品资金居高不下,常常反映产品不适销对路;资金周转不灵,往往反映销售货款未及时收取,并会带来不能按期支付材料价款、偿还到期债务的后果。相反,如果企业生产的产品适销对路,质量优良可靠,则可带动生产发展,实现产销两旺,资金周转加快,盈利能力增强。

3. 综合性强

财务管理作为一种价值管理,具有很强的综合性。资金、成本、利润等价值指标,能全面系统地反映各种财产物质的数额、结构和周转情况,反映企业各种人力消耗和物力消耗,反映各种营业收入和非营业收入及经济效益。透过财务信息把企业生产经营的各种因素及其相互影响综合全面地反映出来,并有效地反作用于企业各方面的活动,达到使企业效益不断提高、财富不断增加的目的。

1.2 财务管理的目标

1.2.1 企业财务管理目标的含义和特征

企业财务管理作为一种管理活动,像其他管理活动一样,都有着特定的目的。财务管理目标就是企业财务管理活动所希望实现的结果。它是评价企业理财活动是否合理有效的基本标准,是企业财务管理工作的行为导向,是财务人员工作实践的出发点和归宿。财务管理目标制约着财务工作运行的基本特征和发展方向。不同的财务管理目标,会产生不同的财务管理运行机制。因此,科学地设置财务管理目标,对优化理财行为,实现财务管理的良性循环具有重要的意义。

财务管理目标一般具有如下特征:

(1)整体性。企业财务目标必须要与企业整体发展战略相一致,符合企业长期发展战略的需要,体现企业发展战略的意图,财务的各方面的目标必须具有合力。

(2)多元性。企业财务目标的多元性是指财务目标不是单一的。这是由于企业财务涉及财务活动的各方面和财务管理各环节,这些不同的方面和环节都有其特定的目标,如企业的筹资目标、投资目标等。

(3)层次性。财务管理目标的层次性是指财务目标按一定标准可划分为若干层次,如整体目标、具体目标等。之所以如此,是由于财务管理的内容可以划分为若干层次。

(4)阶段性。任何目标都必须具有时间期限,企业理财目标也是如此。根据时间的长短,财务管理目标可分为长期目标、中期目标和短期目标。

(5)定量性。所谓定量性,就是要把达到的目标数量化,用具体的数字予以表达。

1.2.2 财务管理的基本目标

财务管理基本目标是全部财务活动实现的最终目标,它是企业开展一切财务活动的基础和归宿。从根本上讲,企业财务目标取决于企业生存与发展目标,两者必须是一致的。

关于企业财务管理目标的描述,主要有以下几种观点:

1. 利润最大化目标

该目标就是假定在投资预期收益确定的情况下,财务管理行为将朝着有利于企业利润最大化的方向发展。以利润最大化作为理财目标,具有一定的合理性。它不仅可以直接反映企业创造剩余产品的多少,而且也从一定程度上反映出企业经济效益的高低和对社会贡献的大小。同时利润是企业补充资本、扩大经营规模的源泉。

但是,以利润最大化作为财务管理目标存在着许多缺点:(1)利润最大化是一个绝对指标,没有考虑企业的投入与产出之间的关系;(2)利润最大化没有考虑利润发生的时间,没有考虑货币时间价值;(3)没有考虑风险因素,高额利润往往承担较大的风险;(4)利润最大化常常导致企业短期行为,与企业发展的战略目标相背离。

2. 股东财富最大化

该目标是指通过财务上的合理经营,为股东带来最多的财富。在股份经济下,股东财富由其所拥有的股票数量和股票市场价格两方面决定。在股票数量一定时,当股票的价格达到最高时,则股东财富也达到最大。所以,股东财富最大化又演变成为股票价格最大化。

与利润最大化目标相比,股东财富最大化目标有其积极的方面,这是因为:(1)股东财富最大化科学地考虑了风险因素,因为风险的高低会对股票价格产生重要影响。(2)股东财富最大化在一定程度上能够克服企业在追求利润上的短期行为,因为不仅当前的利润会影响股票价格,预期未来的利润对企业股票价格也会产生重要影响;(3)股东财富最大化目标也比较容易量化,便于考核和奖惩。但该指标也存在着一些缺点:它只强调股东的利益,没有考虑企业其他利益相关者的利益;另外,股票价格受着多种因素的影响,并非都是企业所能控制的,把不可控因素引入理财目标是不合理的。

3. 企业价值最大化

企业价值最大化是指通过企业财务上的合理经营,采用最优的财务政策,充分考虑资金时间价值和风险与报酬的关系,在保证企业长期稳定发展的基础上使企业价值达到最大。这一定义包含着丰富的内涵,其基本思想是将企业长期稳定发展、持续的获利能力放在首位。

企业价值通俗地说是指企业本身值多少钱。企业价值的大小,取决于企业未来的盈利能力,而不是企业已经获得的利润水平。因此,企业价值不是企业账面资产的总价值,而是企业全部资产的市场价值,即企业有形资产和无形资产价值的市场评价,反映了企业潜在或预期获利能力。

以企业价值最大化作为企业理财目标具有以下优点:①考虑了资金时间价值。企业价值是把未来一段期间内企业所产生的净现金流量按照一定的折现率进行贴现加总而得到的,它把不同时点的净现金流量分别进行折现。②强调风险与报酬的均衡,将风险限制在企业可以承担的范围之内。企业价值不仅与企业的盈利能力有密切关系,而且与企业所冒的风险也有着密切关系。在盈利能力一定的情况下,企业的风险越大,折现率就越大,则价值就越小;反之,企业的风险越小,折现率就越小,企业的价值就越大。③该目标有利于克服管理上的片面性和短期行为;④不仅考虑股东的利益,而且也考虑了与企业有关各方的利益。企业作为一个契约的集合体,其价值越大,则有关各方的利益越可以得到保护。为了实现企业价值最大,企业必须为股东创造更多的财富,关心本企业职工的利益,关心客户的利益,关心债权人的利益,只有这样,才能使企业得到长期持续的发展。

以企业价值最大化作为财务管理的目标也存在着一些缺点:①对于上市公司,虽然可以通过股票价格的变动揭示企业价值,但是股价是受多种因素影响的结果,特别是在资本市场效率低下的情况下,股票价格很难反映企业所有者权益的价值;②对于非上市企业,只有对企业进行专门的评估才能真正确定其价值。而在评估企业的资产时,由于受评估标准和评估方式的影响,这种估价不易做到客观和准确,这也导致企业价值确定困难。

1.2.3 企业财务管理具体目标

财务管理的具体目标取决于财务管理的具体内容,因而,财务管理的具体目标包括以下几个方面:

1. 筹资管理目标

筹集资金是保证企业生产经营正常进行和扩大规模壮大实力的需要。企业的资金可以从多种渠道、采用多种方式来筹集。不同来源的资金,其可使用的时间长短、附加条款的限制、资金成本的大小,以及资金的风险等都不相同。因此,企业筹资的具体目标是:以较低的筹资成本和较小的筹资风险获取满足生产经营需要的资金。

2. 投资管理目标

投资就是企业资金的投放与使用,包括对企业自身和对外两个方面。企业投资的目的,就是为了获得利润和投资收益,但是企业在投资过程中,由于各种因素的影响,企业的投资目的有可能失败或不能实现,也就是投资面临着投资风险,因此,企业投资管理的具体目标就是:认真进行投资项目的可行性研究,力求提高投资报酬,降低投资风险。

3. 营运资金管理目标

企业的营运资金就是为满足企业日常营业活动要求而垫支的资金。营运资金的周转与生产经营周期具有一致性。在一定时期内资金周转得快,就可以利用相同数量的资金,生产出更多的产品、取得更多的收入、获得更多的报酬。因此,营运资金管理的目标是:合理使用资金,加速资金周转,不断提高资金利用效果。

4. 利润分配管理目标

企业利润的分配,不仅涉及各利益主体的经济利益,而且涉及企业的现金流出量,从而影响企业财务的稳定和安全性,同时,企业利润的分配还直接影响到企业价值的高低。因此,利润分配管理的目标是:合理确定利润的留分比例以及分配方式,以提高企业的潜在收益能力,从而提高企业价值。

1.2.4 不同利益主体财务目标的矛盾与协调

实现企业价值最大化这个目标的首要任务是要协调相关利益群体的关系，化解他们之间的利益冲突。主要的利益冲突包括经营者与所有者之间的冲突和所有者与债权人之间的冲突。

1. 所有者与经营者之间的矛盾与协调

现代企业，所有权和经营权发生了分离，股东由于人数众多以及不具备经营才能，从而把经营权让渡给具有经营才能的经营者，但股东与经营者所追求的目标并不完全一致。股东追求的是财富最大化，而经营者追求的是个人效用最大化。经营者有可能为了自身的目标而背离股东的利益，这种背离表现在两个方面：①道德风险。经营者为了自己的利益，不尽最大努力去提高企业经济效益。他们认为，为提高权益资本利润率而冒风险是不值得的。企业利润提高了，好处将归于所有者，但若遭受亏损，则自己在名誉上和经济上都将发生损失。因而，经营者在生产经营过程中，不思进取，不积极努力为股东创造更多的财富。②逆向选择。经营者为了自己的利益，不惜损害股东的利益。如：装修豪华的办公室、会议室，购买高级轿车，借口工作需要请客送礼、拉关系，或者故意压低本公司股票价格，以自己的名义借款购回，导致股东财富受损，自己从中渔利。

为了解决所有者与经营者之间的矛盾，应采取让经营者的报酬与企业绩效相联系的办法，并辅之以一定的监督措施。

(1)激励。就是把经营者的报酬与企业经营业绩挂钩，以使经营者自觉采取能提高股东财富和企业价值的措施。激励有两种基本方式：①股票期权方式，它是允许经营者未来以固定的价格购买一定数量的公司股票，股票的价格越高于固定价格，经营者得到的报酬就越多。经营者为了获取更大的股票涨价益处，就必然主动采取能够提高股价的行动。②绩效股形式。它是公司运用每股利润、资产报酬率等指标来评价经营者的业绩，按其业绩大小给予经营者数量不等的股票作为报酬。如果公司的经营业绩未能达到规定目标，经营者也将部分丧失原先持有的绩效股。这种方式使经营者不仅为了多得绩效股而不断采取措施提高公司的经营业绩，而且为了使每股市价最大化，也采取各种措施使股票价格稳定上升，从而增加股东财富和企业价值。

(2)解聘。这是一种通过所有者约束经营者的办法。其约束效果是：如果经营者未能使企业价值达到最大就解聘经营者，经营者因担心被解聘而被迫努力实现财务管理目标。

(3)接收。这是一种通过市场约束经营者的办法。如果经营者经营决策失误，经营不力，未能采取一切有效措施使企业价值提高，该公司就可能被其他公司强行接收或兼并，相应的经营者也会被解聘。于是，经营者为了避免这种接收，必须采取一切措施提高股票价格。

2. 所有者与债权人之间的矛盾与协调

当债权人把资金借给企业使用后，两者之间也形成了一种委托代理关系。债权人所追求的目标与股东所追求的目标也可能存在着冲突。首先，股东可能未经债权人同意，将资金投放于比债权人预期风险要高的新项目，这将增大企业偿债风险而降低债权人的债权价值。因为，如果高风险的计划侥幸成功，超额的利润归股东所有；如果计划不幸失败，公司无力偿债，债权人与股东将共同承担由此造成的损失。其次，股东为了提高公司的利润，可能不征得债权人的同意而迫使管理当局发行新债，致使旧债券的价值下降，使旧债权人蒙受损失(因为相应的偿债风险增加)。

股东与债权人之间的利益冲突可以通过以下方式解决：(1)在借款合同中加入限制性条款，如规定资金的用途、规定不得发行新债或限制发行新债的数额等。(2)收回借款，不再借款。当发现公司有剥夺其财产意图时，拒绝进一步合作，不再提供新的借款或提前收回借款。

1.3 财务管理环节

要做好财务管理工作，实现财务管理目标，必须掌握财务管理的环节。财务管理环节是指财务管理工作步骤和一般工作程序，它包括财务管理的各种业务手段。财务管理的基本环节有：财务预测、财务决策、财务计划、财务控制、财务分析。这些管理环节互相配合，紧密联系，形成了周而复始的财务管理循环过程，构成完整的财务管理工作体系。

1.3.1 财务预测

财务预测是根据财务活动的历史资料，考虑现实的要求和条件，对企业未来的财务活动和财务成果作出科学的预计和测算。财务预测的主要作用在于：测算各项生产经营方案的经济效益，为决策提供可靠的依据；预计财务收支的发展变化情况，以确定经营目标；测定各项定额和标准，为编制计划、分解计划指标服务。

财务预测环节包括明确预测对象和目的，搜集和整理材料，选择预测模型和实施财务预测等工作步骤。在财务预测中，可采用定性预测法和定量预测法等多种方法。

1.3.2 财务决策

财务决策是根据企业经营战略的要求和国家宏观经济政策的要求，从提高企业经济效益的理财目标出发，在若干个可以选择的财务活动方案中，选择一个最优方案的过程。在市场经济条件下，财务决策是财务管理的核心，是编制财务计划、进行财务控制的基础。决策成功是最大的成功，决策失误是最大的失误，决策关系着企业的兴衰成败。

财务决策环节主要包括确定财务目标、提出备选方案、方案选优等步骤。财务决策方法主要有两类：一类是经验判断法，是根据决策者的经验来判断选择，常用的方法有淘汰法、排队法、归类法等；另一类方法是定量分析法，是应用决策论的定量分析方法进行方案的确定、评价和选择，常用的方法有数学分析法、数学规划法、概率决策法、效用决策法、优选对比法等。

1.3.3 财务预算

财务预算是指企业根据各种预测信息和各项财务决策确立的预算指标和编制的财务计划。它是落实企业奋斗目标和优化资源配置的必要环节，是控制财务活动的依据。

财务预算一般包括分析财务环境，确定预算指标；协调财务能力，组织综合平衡；选择预算方法，编制财务预算等环节。

1.3.4　财务控制

财务控制有广义与狭义之分，广义地说，包括事前控制、事中控制和事后控制三个方面；狭义地说，财务控制是指事中控制。我们这里采用的是狭义的概念。从这一意义上讲，财务控制就是对预算和计划的执行进行追踪监督，对执行过程中出现的问题进行调整和修正，以保证预算的实现。财务控制是落实计划任务、保证计划实现的有效措施。

财务控制包括制定控制标准，分解落实责任；确定执行差异，及时消除差异；评价单位业绩，搞好考核奖惩等内容。

1.3.5　财务分析和评价

财务分析是根据财务报表等有关资料，运用特定方法，对企业财务活动过程及其结果进行分析和评价的一项工作。通过财务分析，可以掌握各项财务计划指标的完成情况，有利于改善财务预测、决策、计划工作；还可以总结经验，研究和掌握企业财务活动的规律性，不断改进财务管理。财务分析的基本手段是比较分析和比率分析。通过比较分析，能发现有利或不利的差异；通过比率分析，能进一步发现差异产生的原因主要在于哪一或哪些方面。

财务分析包括以下步骤：占有资料，掌握信息；指标对比，揭露矛盾；分析原因，明确责任；提出措施，改进工作。

财务评价是以财务分析为基础的，是财务分析的继续。财务评价的基本目的，是为了说明企业财务绩效的优劣及其程度。所以财务评价的基本依据，应该视财务计划或企业历史实绩、同行业平均先进水平等，具体选择哪一个指标，则应视评价的具体目的而定。

以上几个环节的财务管理工作是相互联系、相互依存的，是一个财务管理的有机整体。

1.4　财务管理的环境

人类社会的实践活动总是在一定的环境条件下进行的，企业财务管理也不例外。之所以不同时期、不同国家乃至不同领域的财务管理有着不同的特征，归根结底都是因为影响财务管理环境因素不尽相同。因此，善于分析和研究环境，是做好企业财务管理工作的前提和基础。

企业的财务管理环境是对企业财务活动产生影响，从而制约财务管理目标实现的企业内外各种条件的总称。它是企业理财工作赖以生存的土壤，是企业开展理财活动的舞台。企业的理财活动只有适应外部环境，才能使企业这个经济系统在与外部的环境交换上达到良性循环，从而搞好企业的理财工作，顺利实现理财目标。

企业财务管理的环境是一个纵横交错、相互制约的多层次、多方位的系统。按照不同的标志，它可以分为不同的种类。按理财环境的性质不同，可划分为政治环境、经济环境、法律环境、技术环境和地理、自然、社会环境等；按理财环境范围大小不同，可划分为宏观理财环境和微观理财环境；按理财环境稳定程度不同，可划分为静态理财环境和动态理财环境；按理财环境可否控制，可划分为可控制理财环境和不可控制理财环境。尽管理财环境涉及的范围很广，但最重要的是经济环境、金融环境和法律环境。

1.4.1 经济环境

经济环境是指影响企业理财工作的各种经济因素，包括经济体制的类型、经济发展水平、经济周期和宏观经济政策等。

1. 经济体制

经济体制是指制定并执行经济政策的各种机制的总和，它包括三个方面的内容：决策的层次结构安排，即集权与分权的程度；处理、提供经济信息和调节经济体制内不同单位的机制，即市场与计划如何协同作用；确立经济目标以及诱导人们实现目标的激励机制。经济体制不同，决定了企业财务管理的立足点、理财目标、理财主体、财务管理手段等方面存在明显的差异。在计划经济体制下，企业理财工作必须按照国家计划进行，以完成国家下达的计划为目标，企业并不是真正的理财主体，只是国家计划的执行者，企业理财工作主要采用理财计划作为手段，通过制定、实施计划进行。在市场经济条件下，企业理财工作围绕市场进行，以实现利润最大化或企业价值最大化为目标，企业作为真正的理财主体，拥有筹资、投资和利润分配等权力，企业主要通过市场预测和决策来搞好理财工作。

2. 经济周期

市场经济条件下，经济发展与运行带有一定的波动性，大体上经历复苏、繁荣、衰退和萧条等几个阶段的循环，这种循环叫做“经济周期”。经济周期的不同阶段，给企业带来不同的机遇和挑战，这就要求企业把握经济周期的一般规律，并在不同阶段采用不同的财务管理策略。西方财务学界提出的企业在经济周期各阶段的一般财务对策如下表所示。

表1 经济周期各阶段的企业财务策略

复 苏	繁 荣	衰 退	萧 条
1. 增加厂房设备	1. 扩充厂房、设备	1. 停止扩张	1. 建立投资标准
2. 实行长期租赁	2. 继续建立存货	2. 出售多余设备	2. 保持市场份额
3. 建立存货	3. 提高价格	3. 转让一些分部	3. 缩减管理费用
4. 引入新产品	4. 开展营销规划	4. 停产不利产品	4. 放弃次要利益
5. 增加劳动力	5. 增加劳动力	5. 停止长期采购	5. 削减存货
		6. 削减存货	6. 裁减雇员
		7. 停止雇员	

3. 经济发展水平

一个国家经济发展水平的高低直接影响到该国企业理财内容、方法和手段。发达国家多已经历了较长时期的资本主义经济发展历程，资本的集中和垄断已经达到了相当的程度。发达国家企业经济生活中许多新的内容、更为复杂的经济关系以及更为完善的生产方式，决定了企业财务管理内容的丰富多彩和财务管理方法和手段的科学严密。发展中国家的现代商品经济起步较迟，或因历史进程中的巨大挫折以及外来侵略等缘故，目前的经济发展水平还不太高。发展中国家的共同特征是，基础较薄弱，发展速度快，经济政策变更频繁。这就决定了发展中国家的企业财务管理表现出内容与方法手段的快速更新、企业财务管理受政策影响显著而不甚稳定等特征。另外，发展中国家的大部分企业经营规模一般较小，经济活动内容相对简单，因而决定了处于这些国家的企业财务管理，无论在内容、方法还是手段上都与发达国家有较大差距。

4. 宏观经济政策

在市场经济中，尽管市场在资源配置过程中起着基础性作用，但市场也存在着失灵现象，因此，常常需要国家出面进行干预，进行宏观调控。国家对经济进行干预的手段主要是财政政策、货币政策、价格政策，这些政策深刻地影响到我国企业的发展和财务活动的运行。如金融政策中货币的发行量、信贷规模都能影响企业投资的资金来源和投资的预期收益；财税政策会影响企业的资金结构和投资项目的选择；价格政策能影响资金的投向和投资的回收期以及预期收益；会计准则的改革会影响会计要素的确认和计量，进而对企业财务活动的事前预测、决策以及事后的评价产生影响等等。因此企业在理财过程中，必须高度重视和准确地把握经济政策。

除了上述几种主要的因素外，还有通货膨胀、经济增长速度、产业和行业等各种环境因素。

1.4.2　金融环境

融资与投资是现代企业财务活动的核心内容，而它们都离不开金融市场。金融市场不仅为企业融资提供了渠道和手段，同时也是企业投资的重要场所。金融市场的发达程度、金融机构的组织体制和运作方式、金融工具的丰富程度、金融市场参与者对投资报酬率的要求等，都会对一定时空条件下企业财务管理工作产生重大影响。

金融体系是指由金融市场、金融机构以及资金供应者和需求者所构成的资金集中与分配的系统。

1. 金融市场

金融市场是指资金供应者和资金需求者双方通过金融工具进行交易的场所。它可以是有形的市场，也可以是无形的市场。金融市场不仅为企业融资提供了渠道和手段，同时也是企业投资的重要场所。

金融市场的功能主要有五项：转化储蓄为投资；改善社会经济福利；提供多种金融工具并加速流动，使中短期资金凝结为长期资金的功能；提高金融体系竞争性和效率；引导资金流向。

金融市场按照不同的标准可划分为不同的种类。按照交易的期限可划分为货币市场和资本市场。货币市场是指期限不超过一年的资金交易市场，资本市场是指期限在一年以上的股票和债券交易市场。按照交割的时间可划分为现货市场和期货市场，现货市场是指买卖双方成交后，当场或几天之内买方付款、卖方交出证券的交易市场，期货市场是指买卖双方成交后，在双方约定的未来某一特定时间才交割的交易市场。按交易的对象划分，可分为票据贴现市场、证券市场、黄金市场、外汇市场、保险市场。票据贴现市场是银行以现款买进未到期的商业票据，对持票人提供资金的市场。证券市场主要指股票、债券等有价证券的发行和买卖的市场。外汇市场是从事外汇交易的市场。黄金市场是买卖黄金的交易场所。按金融交易的地理区域划分，金融市场可划分为国内金融市场和国际金融市场。国内金融市场的范围局限于本国范围内，交易者为本国的自然人和法人。它又可划分为全国性、区域性和地方性金融市场。国际金融市场指国际性的资金借贷、结算、证券、黄金和外汇买卖等形成的市场。

2. 金融机构

金融机构，即为发行间接金融工具以及在金融体系中推进资金融通的经济实体。金融机构的功能主要表现在两个方面：一是创造便利金融交易的金融工具；二是在金融交易活动的参与者之间推进资金的流转。社会资金从资金供应者手中转移到资金需求者手中，大多要经过金融机构。金融机构主要由银行类的金融机构和非银行类的金融机构构成。

银行类的金融机构是指经营存款、放款、汇兑、储蓄等金融业务，承担信用中介的金融机构。银行的主要职能是充当信用中介、充当企业之间的支付中介、提供信用工具、充当投资手段和充当国民经济的宏观调控手段。银行类金融机构包括商业银行、中央银行和专业银行。

非银行类金融机构主要有保险公司、投资公司、财务公司、信用合作社等。保险公司是经营保险业的经济组织，它依靠投资人所交纳的保险费收入聚集大量的保险基金。这笔资金与银行吸收存款比较，时间长，故适用于长期投资，投资公司主要是通过聚集一般中小投资者的资金，再分散投资于多样化的金融资产，以减少投资风险。财务公司主要依靠银行信贷、发行债券、卖出公开市场票据等手段聚集资金，多专营耐用品的租购或分期付款销货业务。信用合作社是一种集体所有的信用机构，其取得资金的传统方向是向社员提供信用合作社的一定股份。

3. 金融工具

金融工具是能够证明债权债务关系或所有权关系并据以进行货币资金交易的合法凭证，它对于交易双方所应承担的义务和享有的权利均具有法律效力。

(1)金融工具的特征。

金融工具一般具有期限性、流动性、风险性和收益性四个基本特征。

期限性是指金融工具一般规定了偿还期，也就是规定了债务人必须全部归还本金之前所经历的时间。

流动性亦即变现性，是指金融工具在不受损失的情况下迅速转变为现金的能力。现金和活期存款的流动性为百分之百；政府公债、信誉较好的公司签发的商业票据等也具有较强的流动性；上市交易的股票也具有较好的流动性；而定期存款、不能上市交易的证券等则流动性较弱。

风险性是指购买金融工具所付出的本金招致损失的可能性。购买金融工具的风险主要表现为两个方面：一是信用风险；二是市场风险。前者是指债务人不履行合约，不按期归还本金的风险;后者是指由于金融工具市场价格下跌带来的风险。

收益性是指金融工具能给它的持有者带来收益的特征,一般以收益率来表示。

(2)金融工具的种类。

金融工具可以从不同的角度按照不同的标志进行分类。

按发行者的性质划分,金融工具可分为直接金融工具和间接金融工具。直接金融工具是指最终贷款人与最终借款人之间直接进行融资活动所使用的的金融工具,如商业票据、政府公债、公司债券、公司股票等。间接金融工具是指金融机构在最终贷款人与最终借款人之间充当媒介进行间接融资活动所使用的金融工具,如银行承兑汇票、银行债券、人寿保险等。

按金融工具的期限划分,金融工具可分为长期金融工具和短期金融工具两类。长期金融工具,即指期限在一年以上的资本市场金融工具,如股票、公司债券、中长期政府公债等。短期金融工具,是指期限在一年以内的货币市场金融工具,主要有商业票据、短期政府公债、银行承兑汇票等。

按照投资者是否掌握所投入资本的所有权划分,金融工具可划分为所有权凭证和债务凭证。所有权凭证,如股票,它赋予投资者拥有被投资公司的所有权以及在股东大会上的表决权。债务凭证,表明投资者取得了债权,并有权到期索取本金和利息,但在正常情况下无权干预发行者的经营管理和决策。

4. 利率

(1)利率及其种类。

利率也称“利息率”,是利息占本金的百分比指标。从资金的借贷关系来看,利率是一定时期内运用资金资源的交易价格。

利率按照不同的标准可以划分为不同的类别。

①按利率之间的变动关系,分为基准利率和套算利率。基准利率,又称“基本利率”,是指在多种利率并存的条件下起决定作用的利率。基准利率变动,其他利率也相应变动。在西方,基准利率通常是指中央银行的再贴现率;在我国,它是指中国人民银行对商业银行贷款的利率。套算利率则是指各金融机构根据基准利率和借贷款项的特点而换算出的利率。

②按借贷期内是否作调整,利率可分为固定利率和浮动利率两种。固定利率是指在借贷期内固定不变的利率。其好处是简便易行;其缺点是当发生通货膨胀时,会使债权人的利益受损。浮动利率是指在借贷期内可以调整的利率。其优点是借贷双方承担的利率变化风险较小,但问题是利率确定和利息计算比较困难。

③按利率是否包含通货膨胀因素,利率可分为名义利率和实际利率两类。名义利率是以名义货币表示的利息与本金之比;实际利率是以货币能够交换到的商品或劳务表示的利息与本金之比,亦即在物价不变从而货币购买力不变情况下的利率。名义利率包含了通货膨胀的影响,而实际利率则剔除了通货膨胀的影响。在通货膨胀条件下,实际利率等于名义利率与通货膨胀之差。市场上表现出来的各种利率只能是名义利率,而实际利率却不能直接观察到,只能利用它与名义利率以通货膨胀率之间的关系进行推测。例如,当名义利率为10%,通货膨胀率为3%时,则实际利率为7%。如果通货膨胀率高于

名义利率，则实际利率就成为负数，称为负利率。

④利率按形成机制不同，分为市场利率和法定利率。市场利率是指在金融市场上由资金的供求双方通过竞争而形成的利率，随资金市场供求状况变动而变化。法定利率是指一国政府通过中央银行而确定的利息率，它是由政府根据货币政策的需要和市场利率的变动趋势加以确定的。西方发达国家 一般以市场利率为主，同时也有法定利率。但两者一般不会显著偏离。我国金融市场利率目前仍以法定利率为主，市场利率为辅。

(2)利率的构成。

正如任何商品的价格均由供应和需求两方面来决定一样，资金这种特殊商品的价格—利率，也主要由供给和需求来决定。但除这两个因素外，经济周期、通货膨胀、国家货币政策和财政政策、国际经济政治关系、国家利率管制程度等，对利率的变动均有不同程度的影响。因此，资金的利率一般由三个部分组成：①纯利率；②通货膨胀补偿率（或通货膨胀贴水）；③风险收益率。其中，风险收益率又包含三个具体内容，即违约风险报酬、期限风险报酬和流动性风险报酬。这样，利率构成的一般公式即可表达为：

利率＝纯利率＋通货膨胀补偿率＋风险收益率

风险收益率＝违约风险收益率＋期限风险收益率＋流动性风险收益率

纯利率是指没有风险和通货膨胀情况下的社会平均资金利润率；通货膨胀补偿率是指由于持续的通货膨胀会不断降低货币的实际购买力，为补偿其购买力损失而要求提高的利率；违约风险收益率是指为了弥补因债务人无法按时还本付息而带来得风险，由债权人要求提高的收益率；期限风险收益率是指为了弥补因偿债期长而带来的风险，由债权人要求提高的利率。流动性风险收益率是指为了弥补因债权人资产流动性不好而带来的风险，由债权人要求提高的利率。

1.4.3 法律环境

法律环境是指对企业理财活动产生影响的各种法律因素。市场经济，在某种意义上讲，也是法制经济，因为它是以法律规范来维系市场运转的。在市场经济条件下，企业总是在一定的法律前提下从事各项业务活动的，一方面，法律提出了企业从事各项业务活动所必须遵守的规范或前提条件，从而对企业行为进行约束；另一方面，法律也为企业从事各项业务活动提供了法律保护。法律对于企业来说是一把双刃剑。

企业的理财活动，无论是筹资、投资还是利润分配，都受着法律规范的制约。影响企业筹资活动的法律主要有《公司法》、《证券法》、《经济合同法》、《企业财务通则》、《企业法人登记管理条例》等，这些法律规范了不同类型企业筹资的最低规模和结构，规范了不同组织类型企业的筹资渠道和筹资方式，规范了不同类型企业筹资的前提条件和基本程序。影响企业投资活动的法律主要有《公司法》、《证券法》、《企业财务通则》、《企业财务制度》等，这些法律规范了企业投资的方式和条件，规范了企业投资的程序，规范了投资者的出资期限和违约责任，规范了企业的方向。影响企业分配活动的法律主要有《税法》、《企业财务通则》、《企业财务制度》、《公司法》等，这些法律规范了企业成本开支的范围和标准，规范了企业应缴纳的税种及计算方法，规范了利润分配的前提条件，规范了利润分配的去向、程序和比例。

□本章小结

所谓财务管理，就是企业组织财务活动、处理财务关系的一项综合性管理工作。财务活动就是企业生产经营过程中客观存在的资金运动，它包括筹资、投资、营运资金管理、利润分配等方面。财务关系就是资金运动过程中，企业与有关方面所形成的经济利益关系，它包括企业与投资者、企业与债权人、企业与国家、企业与职工、企业内部各部门之间的关系。

财务管理是一种价值管理，具有涉及面广、灵敏性高、综合性强等特点。

财务管理目标就是企业财务管理活动所希望实现的结果。它具有整体性、多元性、层次性、阶段性和定量性等特点。财务管理基本目标是全部财务活动实现的最终目标，它是企业开展一切财务活动的基础和归宿。目前流行的基本财务目标有利润最大化、股东财富最大化和企业价值最大化等目标。财务管理的具体目标取决于财务管理的具体内容，因而，财务管理的具体目标包括筹资管理目标、投资管理目标、资金营运管理目标和利润分配管理目标。

在实现企业理财目标的过程中，必须合理协调股东与经营者、股东与债权人之间的关系。

财务管理环节是指财务管理工作步骤和一般工作程序，它包括财务管理的各种业务手段。财务管理的基本环节有：财务预测、财务决策、财务计划、财务控制、财务分析和财务评价。这些管理环节互相配合，紧密联系，形成周而复始的财务管理循环过程，构成完整的财务管理工作体系。

企业的财务管理环境是指对企业财务活动产生影响，从而制约财务管理目标实现的企业内外各种条件的总称。它是企业理财工作赖以生存的土壤，是企业开展理财活动的舞台。企业财务管理的环境是一个纵横交错、相互制约的多层次、多方位的系统。按照不同的标志，它可以分为不同的种类。按理财环境的性质不同，可划分为政治环境、经济环境、法律环境、技术环境和地理、自然、社会环境等；按理财环境范围大小不同，可划分为宏观理财环境和微观理财环境；按理财环境稳定程度不同，可划分为静态理财环境和动态理财环境；按理财环境可否控制，可划分为可控制理财环境和不可控制理财环境。尽管理财环境涉及的范围很广，但最重要的是法律环境、金融环境和经济环境。

□复习思考题

1. 如何理解财务管理的概念？财务管理具有什么特点？
2. 企业财务管理的基本目标有哪些？为什么说企业价值最大化是较理想的理财目标？
3. 财务管理的具体目标有哪些？
4. 在实现企业理财目标时，应注意协调哪些关系？
5. 财务管理包括哪些环节？
6. 财务管理的环境包括哪些内容？
7. 经济环境是如何影响企业理财的？金融环境是如何影响企业理财的？

第2章　财务管理的价值观念

□学习目标

这一章内容作为财务管理当中的一个重要基础，服务于以后各章内容，对以后的学习有很大的影响，因此通过本章的学习，要求熟练掌握并运用货币的时间价值和投资的风险价值，具体包括货币时间价值的含义及其计算、投资风险价值含义及其衡量、风险与报酬的关系，以便为其在后面相关章节中的运用奠定基础。

2.1　货币的时间价值

财务管理观念是人们在财务管理过程中所遵循的基本理念，财务管理的价值观念是财务管理的基础。企业要正确理财，要正确进行筹资、投资决策，必须树立正确的财务管理观念。时间价值是客观存在的经济范畴，它可以应用到许多方面，从用于确定支付贷款的时间安排，到决定是否购置新设备等。事实上，在财务领域所用的所有概念中，没有比货币的时间价值更为重要的概念了，这个概念的使用几乎贯穿财务管理的所有内容。为此，财务人员必须了解时间价值的概念和计算方法。

2.1.1　货币的时间价值概念

在现实生活中，我们知道今年的1元钱，放到明年其价值要高于1元。原因在于这1元钱如果放到银行或借给别人会有利息收入，如果用它投资（购买股票、债券）会有投资报酬，如果将它投入生产经营，通过购买、生产、销售一系列生产经营活动，企业会生产出新产品，创造出新价值，企业获得利润，实现了价值增值。因此货币在不同的时间上具有不同的价值，货币在周转使用中由于时间因素而形成的价值差额，称为货币的时间价值。通常情况下，经历的时间越长，资金的数额越大，其差额就越大。当然如果货币不进行周转，把它放在家里，经过再长的时间也不会发生增值，因此说资金只有在周转使用中才会产生时间价值。货币的时间价值有两个含义：

一是：将货币存入银行或出借，相当于个人失去了对这些货币的使用权，用时间计算这种牺牲的代价；

二是：将货币用于投资，通过资金运动使货币增值。

因此货币的时间价值实际上是资金使用人使用资金支付的成本，也是资金拥有人因为放弃现在使用资金的机会而取得的按放弃时间长短计算的报酬。比如股东投资1元钱，接受投资的人因为使用资金就要支付股利，这就是他使用资金要支付的成本；而投资人(股东)因为牺牲了当时使用或消费这1元钱的机会或权力,需按牺牲时间确定这种牺牲的报酬(投资收益)。

货币时间价值的实质:(1)是资金周转使用发生的增值额;(2)是资金所有者让渡资金使用权而参与社会财富分配的一种形式;(3)相当于没有通货膨胀等风险条件下的社会平均资金利润率。

从量的规定性来看,时间价值可以有两种表现形式:

相对数即时间价值率是指扣除风险报酬率和通货膨胀附加率后的平均资金利润率或平均报酬率。这是因为由于竞争,市场经济中各部门投资的利润率趋于平均化,每个企业在投资某项目时,至少要取得社会平均的利润率,否则不如投资于其他的项目或行业。因此货币的时间价值便成为评价企业投资方案的基本标准。例如,某项投资活动预计报酬率在12%,如果银行贷款年利率为13%,则企业一般不会考虑从银行贷款投资该项目;只有银行贷款利率低于12%时,企业才会考虑进行贷款投资该项目。

绝对数即时间价值额是资金在生产经营过程中带来的真实增值额,即一定数额的资金与时间价值率的乘积。如100元钱存入银行,年利率是3%,一年后可以得到103块钱,多得到的3元钱即是时间价值的绝对数形式。

因此财务管理中时间价值的概念,是决策者进行财务决策时必须考虑的重要因素,资金的时间价值揭示了不同时点上资金的换算关系,是财务决策的基本技术方法。实际中主要是对企业在资金筹集、投放、使用和回收等从量上进行分析,以便企业找出合适的筹资、投资决策方案。

为了方便分析问题,以后讲述资金时间价值的计算时都采用抽象分析法,即假设没有风险和通货膨胀,以利率代表时间价值率。

【例2-1】 例如,甲企业拟购买一台设备,采用现付方式,其价款为40万元;如延期至5年后付款,则价款为52万元。如果不考虑货币的时间价值,根据40万元<52万元,可以认为现付更有利。如果考虑货币的时间价值,假设企业5年期存款年利率为10%,试问现付同延期付款比较,哪个有利?

假定该企业目前已筹集到40万元资金,暂不付款,存入银行,按单利计算,五年后的本利和为40万元×(1+10%×5年)=60万元,同52万元比较,企业尚可得到8万元(60万元−52万元)的利益。可见,延期付款52万元,比现付40万元,更为有利。这就说明,今年年初的40万元,五年以后价值就提高到60万元了。

2.1.2 货币时间价值的计算

由于不同时点上单位资金价值不相等,这样就不能直接比较不同时期的资金流入和流出,因此需要用一些专门的技术方法将它们换算到同一时点的价值量,才可以进行大小的比较。

由于发生资金量的时点不同,我们可以把发生于不同时点的资金价值分为终值和现值。终值又称将来值或未来值,是指现在一定量现金在未来某一时点上的价值,俗称本利和。现值则是现在的值,即资金当前的价值,是指未来某一时点上的一定量的现金折合到现在的价值。

1. 单利的计算

单利是计算利息的一种方式，是本金在贷款期限中获得利息，不管时间多长，所生利息均不加入本金重复计算利息。

(1)单利终值的计算。

在单利方式下，本金能带来利息，利息必须在提出以后再以本金形式投入才能生利，否则不能生利。因此单利终值就是按单利计算的本利和。

【例 2-2】 现在的 1 000 元，年利率为 5%，从第一年到第三年，各年末的终值为：

1 000 元 1 年后的终值 1 000+1 000×5%×1=1 000×(1+5%×1)=1 050(元)

1 000 元 2 年后的终值 1 000+1 000×5%×2=1 000×(1+5%×2)=1 100(元)

1 000 元 3 年后的终值 1 000+1 000×5%×3=1 000×(1+5%×3)=1 150(元)

由以上计算可以看出，第一年的利息为 50 元，到第二年利息是 50 元的二倍，即 100 元，也就是说，第二年的利息仍按照原始的本金 1 000 元计算利息，而不是按第一年的本利和 1 050 元计算利息。因此在单利下，只有本金计算利息，利息不再生息。

根据上面计算，单利终值一般计算公式为：

$$FV = PV \times (1 + i \times n) \qquad (2-1)$$

其中：PV——本金，又称期初额或现值；

FV——本金与利息之和，又称本利和或终值；

i——利率，通常指每年利息与本金之比；

n——时间，即计算利息的期数。

【例 2-3】 某人将 5 000 元存入银行，存期 3 年，按单利计算，年利率 6%，则到期的本息和为多少元。

解：$FV = PV \times (1+i \times n)$

$= 5\,000 \times (1+6\% \times 3)$

$= 5\,000 \times 118\%$

$= 5\,900$(元)

(2)单利现值的计算。

现值又称本金，是指未来某一时点上的一定量的现金折合为现在(决策时)的价值。

单利现值就是终值的逆运算，由终值求现值的过程叫作贴现或折现。

【例 2-4】 若年利率为 5%，从第一年到第三年，各年年末的 1 000 元钱，其现值分别为：

1 年后 1 000 元的现值=1 000÷(1+5%×1)=952.38(元)

2 年后 1 000 元的现值=1 000÷(1+5%×2)=909.09(元)

3 年后 1 000 元的现值=1 000÷(1+5%×3)=869.57(元)

因此单利现值的一般计算公式为：

$$PV = \frac{FV}{(1 + i \times n)} = FV \times (1 + i \times n)^{-1} \qquad (2-2)$$

【例 2-5】 已知投资的收益率为 10%，企业希望 5 年后能一次性收回 10 000 元，求现在需要一次投资多少？

解：$PV=\frac{FV}{(1+i\times n)}=\frac{10\ 000}{(1+10\%\times 5)}=6\ 666.67$(元)

2.复利计算

复利是指每经过一个计息期，要将所生利息加入本金再计利息，逐期滚算，俗称“利滚利”。这里所说的计息期，是指相邻两次计息的时间间隔，如年、月、日等。以下计算中如未特别指明，计息期均为一年。

(1)复利终值。

复利不同于单利，它是指在一定期间(如一年)按一定利率将本金所生利息加入本金再计息，即“利上滚利”，也就是说，它既涉及本金上的利息，也涉及利上生的利息。

复利终值是指按复利计算的本利和。

【例 2-6】 现在(年初)的 100 元，从第一年到第三年年末的终值(假定年利率为 10%)分别计算如下。

第一年末的终值　$FV=100+(100\times 10\%)=100\times(1+10\%)=110$(元)

（其中 100 ↓ 本金；$100\times 10\%$ ↓ 利息）

第二年末的终值　$FV=100+(100\times 10\%)+[(100+100\times 10\%)\times 10\%]$

（其中 100 ↓ 本金；$100\times 10\%$ ↓ 第一年利息；$[(100+100\times 10\%)\times 10\%]$ ↓ 第二年利息）

$=100\times(1+10\%)^2=121$(元)

第三年末的终值　$FV=100+100\times 10\%+[(100+100\times 10\%)\times 10\%]+$

（其中 100 ↓ 本金；$100\times 10\%$ ↓ 第一年利息；$[(100+100\times 10\%)\times 10\%]$ ↓ 第二年利息）

$\{100+100\times 10\%+[(100+100\times 10\%)\times 10\%]\}\times 10\%=100\times(1+10\%)^3=133.1$(元)

（其中 $\{\cdots\}\times 10\%$ ↓ 第三年利息）

因此，复利终值的一般计算公式为

$$FV=PV\times(1+i)^n \tag{2-3}$$

式中：FV—复利终值，即第 n 年末的价值

PV—复利现值，即第一年初的价值

i　年利率

n—计息期数

$(1+i)^n$ 为复利终值系数或一元复利终值，用符号$(F/P,i,n)$表示，如$(F/P,5\%,4)$表示利率为 5%，期数为 4 期的复利终值系数。复利终值可以通过查阅“1 元复利终值系数表”(见附录)直接获得。

“1 元复利终值表”的第一行是利率 i，第 1 列是计息期数 n，相应的$(1+i)^n$ 在其纵横相交处。通过该表可查出，$(F/P,5\%,4)=1.2\ 155$。即在时间价值为 5%的情况下，现在的 1 元 4 年后变为 1.2 155 元。上式中的 4 个因素，已知其中任意 3 个便可求出另外 1 个。

【例 2-7】 某人现在存入银行 1 000 元，年利率为 10%，第 5 年年末的终值为多少？

解:5 年后的终值$=1\ 000\times(1+10\%)^5=1\ 000\times(F/P,10\%,5)=1\ 000\times1.6\ 105=1\ 610.5$(元)

【例 2-8】 某人准备将 20 000 投资,希望 10 年后使其达到原来的 4 倍,选择投资机会最低可以接受的报酬率为多少?

$FV=20\ 000\times4=80\ 000$(元)

$PV=20\ 000$ 元

$n=10$ 年

$80\ 000=20\ 000\times(1+i)^{10}$

$(1+i)^{10}=4$

查表,在 $n=10$ 的行中找 4,对应的 i 值即为我们要求的最低报酬率。但我们找不到一个 i 值正好满足要求,因此我们在这一行中找到比 4 大和比 4 小的最接近 4 的两个数值。

$$i_1=14\%,(F/P,14\%,10)=3.7\ 072$$

$$i_2=15\%,(F/P,15\%,10)=4.0\ 456$$

采用插值法计算利率 i 为:

$$\left.\begin{cases}14\%\\ i=?\\ 15\%\end{cases}\right\} \qquad \left.\begin{cases}3.7\ 072\\ 4\\ 4.0\ 456\end{cases}\right\}$$

$$\frac{15\%-14\%}{i-14\%}=\frac{4.0\ 456-3.7\ 072}{4-3.7\ 072}$$

$$i=14.87\%$$

根据上面计算公式,求得 i 的值 ,以此为投资的最低报酬率,资金在 10 年后才能达到原来的 4 倍。

(2)复利现值。

复利现值是复利终值的逆运算,它是指今后的某一特定时间收到或付出的一笔款项,按折现率(i)所计算的现在时点的价值。其计算公式:

$$PV=\frac{FV}{(1+i)^n}=FV\times(1+i)^{-n} \qquad (2-4)$$

式(2－4)中的$(1+i)^{-n}$称为复利现值系数或一元复利现值,用符号$(P/F,i,n)$表示。如$(P/F,10\%,3)$表示利率 10%,期数为 3 期的复利现值系数。在实际中可以查阅“1 元复利现值系数表”(见附录)。使用方法跟“复利终值系数表”相同。

【例 2-9】 某项目预计 6 年后可以获得收益 50 万元,按年利率 10%计算,问现在需要投资多少?

解:$PV=FV\times(1+i)^{-n}=FV\times(P/F,i,n)$

$=50\times(1+10\%)^{-6}=50\times(P/F,10\%,6)$

$=50\times0.5\ 645=28.225$(万元)

(3)单利与复利比较。

因为复利是“利滚利”,所以经过同样的时间,复利计息要比单利计息最后货币总额大,而且时间越长,复利计息资金翻倍的更快,这就是复利的力量。

【例 2-10】

表 2－1 年利率为 8％的 1 元投资经过不同时间段的终值

年	计单利(元)	计复利(元)
2	1.16	1.17
20	2.6	4.66
200	17	4 838 949.59

(4)名义利率与实际利率。

复利的计息期不一定总是一年，有可能是季度、月、日。当利息在一年内要复利几次，给出的年利率叫做名义利率。

【例 2-11】 本金 1 000 元，投资 5 年，利率 8％，每年复利一次，其本利和与复利息：

$FV=1\ 000\times(1+8\%)^5=1\ 000\times1.469=1\ 469$(元)

$I=1\ 469-1\ 000=469$(元)

如果每季复利一次，每季度利率＝8％/4＝2％，复利次数＝5×4＝20

$FV=1\ 000\times(1+2\%)^{20}=1\ 000\times1.486=1\ 486$(元)

$I=1\ 486-1\ 000=486$(元)

当一年内复利几次时，实际得到的利息要比按名义利率计算的利息高。上例中的实际利率计算如下：

$FV=PV\times(1+i)^n$

$1\ 486=1\ 000\times(1+i)^5$

$(1+i)^5=1.486$ 即$(F/P,i,n)=1.486$

查表得：

(F/P,8％,5)＝1.469

(F/P,9％,5)＝1.538

用插值法求得实际利率：

$$\frac{1.538-1.469}{9\%-8\%}=\frac{1.486-1.469}{i-8\%}$$

$$i=8.25\%$$

因此实际年利率和名义利率之间的关系是：

$$i=(1+r/m)^m-1 \qquad (2-5)$$

式中：r—名义利率

m—每年复利次数

i—实际利率

3.普通年金终值和现值的计算

年金是指等额、定期的系列收支。例如，分期付款赊购，分期偿还贷款，发放养老金，分期支付工程款，每年相同的销售收入等，都属于年金收付形式。其特点是定期、等额、系列、收支。按照收付的次数和支付的时间划分为：

普通年金(后付年金)、即付年金(先付年金)、递延年金、永续年金。

(1)普通年金终值的计算。

普通年金又称后付年金，是指一定时期内每期期末等额的系列收付的款项。

后付年金终值犹如零存整取的本利和，它是一定时期每期期末金额收付款项的复利终值之和。

【例 2-12】 一位家长连续 5 年每年末从工资中拿出 100 元，存入银行，假设年利率是 10%，那么年金终值如图 2－1 所示。

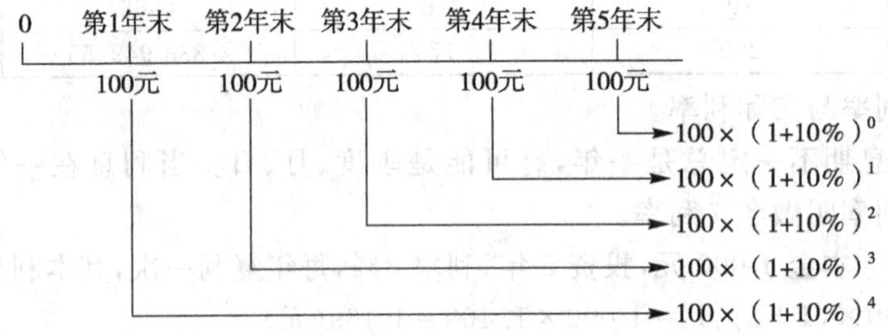

图 2－1 5 年的普通年金终值计算示意图

普通年金终值

$=100\times(1+10\%)^0+100\times(1+10\%)^1+100\times(1+10\%)^2+100\times(1+10\%)^3+100\times(1+10\%)^4$

=100＋110.0＋121.0＋133.1＋146.4＝610.5（元）

100 元普通年金 5 年后的终值为 610.5 元。

因此，普通年金终值的计算公式为：

$$FV_A=A(1+i)^0+A(1+i)^1+A(1+i)^2+\cdots\cdots+A(1+i)^{n-2}+A(1+i)^{n-1} \qquad (2-6)$$

将（2－6）式两边同时乘上（1+i）得：

$$FV_A(1+i)=A(1+i)^1+(1+i)^2+A(1+i)^3+\cdots\cdots+A(1+i)^{n-1}+A(1+i)^n \qquad (2-7)$$

将（2－7）式减去（2－6）式得：

$$FV_A\cdot i=A\cdot(1+i)^n-A$$

$$=A\cdot[(1+i)^n-1]$$

所以：

$$FV_A=A\cdot\left[\frac{(1+i)^n-1}{i}\right] \qquad (2-8)$$

式（2－8）中，FV_A 为年金终值；A 为每次收付款项的金额，即年金数额；n 为全部年金的计息期数。其中 $\left[\frac{(1+i)^n-1}{i}\right]$ 通常称作“年金终值系数”，记作（$F/A,i,n$），可以直接查阅“1 元年金终值系数表”（见附录）。上式也可以写成：$FV_A=A\cdot(F/A,i,n)$。

【例 2-13】 某项目在 5 年建设期内每年年末向银行借款 100 万元，借款年利率 10%，问项目竣工时应付本息的总额是多少？

$$FV_A=A\cdot\left[\frac{(1+i)^n-1}{i}\right]$$

$$=100\times(F/A,10\%,5)=100\times6.1051=610.51\text{（万元）}$$

偿债基金是指为使年金终值达到既定金额应支付的年金数额。它是普通年金的倒数。

计算公式为：

$$A = FV_A \cdot \left[\frac{i}{(1+i)^n - 1}\right] \tag{2-9}$$

在公式中$\left[\frac{i}{(1+i)^n-1}\right]$为偿债基金系数，记为$(A/F,i,n)$。

【例 2-14】 某企业有一笔 4 年后到期的借款，数额为 1 000 万元，为此设立偿债基金，年利率为 10%，到期一次还清借款，问每年年末应存入的金额是多少？

$$A = 1\,000 \times \left[\frac{10\%}{(1+10\%)^4 - 1}\right]$$

$$= 1\,000 \times 0.2\,154 = 215(\text{万元})$$

或：

$$A = 1\,000 \times [1 \div (F/A, 10\%, 4)]$$
$$= 1\,000 \times [1 \div 4.64] = 215(\text{万元})$$

(2)普通年金现值计算。

普通年金现值是指为每期期末取得相等金额的款项，现需要投入的金额。

【例 2-15】 如果某人进行投资希望在 5 年内每年年末取到 100 元，年利率为 10%，为期 5 年，现在需要投资多少？

这里就涉及普通年金现值的计算，其计算图 2－2 如下：

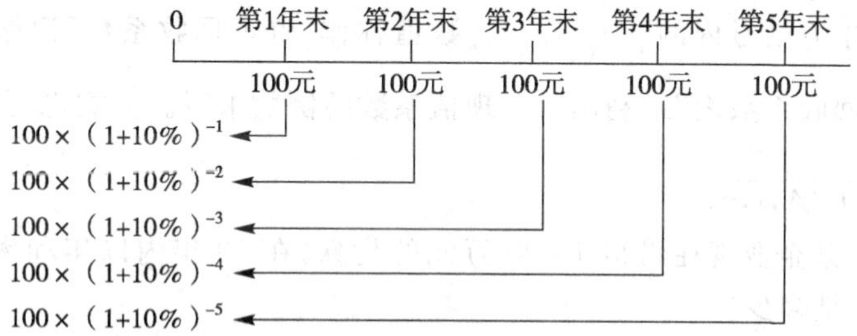

图 2－2　5 年的普通年金现值计算示意图

现在需要投资的金额(普通年金现值)$=100\times(1+10\%)^{-1}+100\times(1+10\%)^{-2}+100\times(1+10\%)^{-3}+100\times(1+10\%)^{-4}+100\times(1+10\%)^{-5}$

$=100\times0.909+100\times0.826+100\times0.751+100\times0.683+100\times0.621=379.0$(元)

因此，普通年金现值的一般计算公式为：

$$PV_A = A \cdot (1+i)^{-1} + A \cdot (1+i)^{-2} + \cdots\cdots + A(1+i)^{-(n-1)} + A(1+i)^{-n} \tag{2-10}$$

将公式(2－10)两边同乘$(1+i)$得：

$$PV_A(1+i) = A + A \cdot (1+i)^{-1} + \cdots\cdots + A(1+i)^{-(n-2)} + A \cdot (1+i)^{-(n-1)} \tag{2-11}$$

将式(2－11)减去式(2－10)得：

$$PV_A \cdot i = A - A \cdot (1+i)^{-n}$$
$$= A \cdot [1-(1+i)^{-n}]$$

所以：

$$PV_A = A \cdot \left[\frac{1-(1+i)^{-n}}{i}\right] \tag{2-12}$$

式(2－12)中：PV_A－年金现值，A－年金，$\left[\frac{1-(1+i)^{-n}}{i}\right]$称作“年金现值系数”，记作$(P/A,i,n)$，可直接查阅“1元年金现值系数表”(见附录)。

【例2-16】 某人出国3年，请你代付房租，每年租金100元，设银行存款利率10%，他应当现在给你的银行存入多少钱?

$$PV_A=A\cdot\left[\frac{1-(1+i)^{-n}}{i}\right]$$
$$=100\times(P/A,10\%,3)$$
$$=100\times2.487$$
$$=248.7(元)$$

资本回收额是指在给定的年限内等额回收或清偿初始投入的资本或所欠的债务。其中未收回部分要按复利计息构成偿债的内容，年资本回收额是年金现值的逆运算。相当于已知年金现值P，求年金A。

其计算公式为：

$$A=\frac{PV_A}{\frac{1-(1+i)^{-n}}{i}}=PV_A\cdot\left[\frac{i}{1-(1+i)^{-n}}\right] \quad (2-13)$$

式(2－13)中方括号内的$\frac{i}{1-(1+i)^{-n}}$数值称作“资本回收系数”记作$(A/P,i,n)$，可直接查阅“资本回收系数表”或利用年金现值系数的倒数求得。上式也可写作：$A=P(A/P,i,n)$，$A=P\frac{1}{(P/A,i,n)}$。

【例2-17】 某企业现在借得1 000万元的贷款，在10年内以年利率6%均匀偿还，每年应付的金额是多少?

$$A=1\ 000\times\frac{1}{(P/A,6\%,10)}=1\ 000\times\frac{1}{7.3\ 601}=135.87(万元)$$

4.预付年金的终值与现值的计算

预付年金是指每期期初支付的年金，也称为先付年金或即付年金。预付年金与普通年金的区别仅在付款时间不同。由于(普通)后付年金是最常用的。因此，年金终值和现值系数表是按普通年金编制的。利用普通年金系数表计算先付年金的终值和现值时，可在后付年金的基础上进行调整。

(1)预付年金终值。

预付年金的终值是其最后一期期末时的本利和，是各期收付款项的复利终值之和。n期即付年金与n期普通年金终值之间的关系可以用图2－3加以说明。

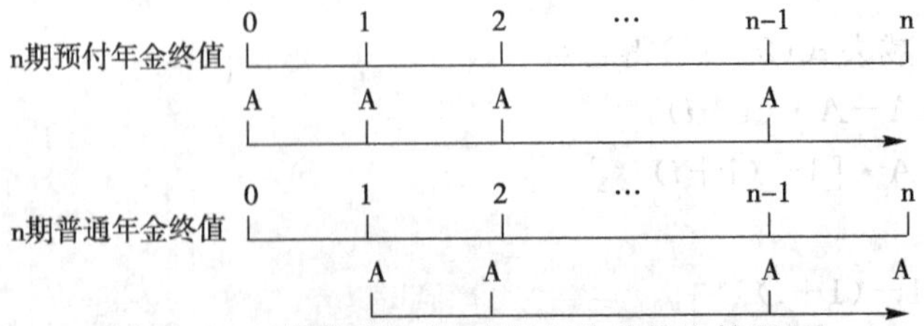

图2－3 n期普通年金、预付年金终值比较图示

从上图中可以看出 n 期预付年金与 n 期普通年金的付款次数相同，但由于付款的时期不同，n 期预付年金终值要比 n 期后付年金终值多计算一期利息。因此，在 n 期普通年金终值的基础上乘以 $(1+i)$ 就是 n 期预付年金的终值。

$$FV_A = A \cdot \left[\frac{(1+i)^n - 1}{i}\right] \cdot (1+i) = A \cdot \left[\frac{(1+i)^{(n+1)} - (1+i)}{i}\right]$$

$$FV_A = A \cdot \left[\frac{(1+i)^{(n+1)} - 1}{i} - 1\right] \qquad (2-14)$$

或者在预付年金 0 时点之前虚设一期，建设起点为 0′，然后再在第 n 年末虚设一期年金 A，于是可以将这一系列收付款项看成是 0′～n 之间的 $(n+1)$ 期的普通年金，由此可得到预付年金终值计算公式为：

$$FV_A = A \cdot \frac{(1+i)^{(n+1)} - 1}{i} - A \qquad (2-15)$$

所以：$FV_A = A \cdot \left[\frac{(1+i)^{(n+1)} - 1}{i} - 1\right]$

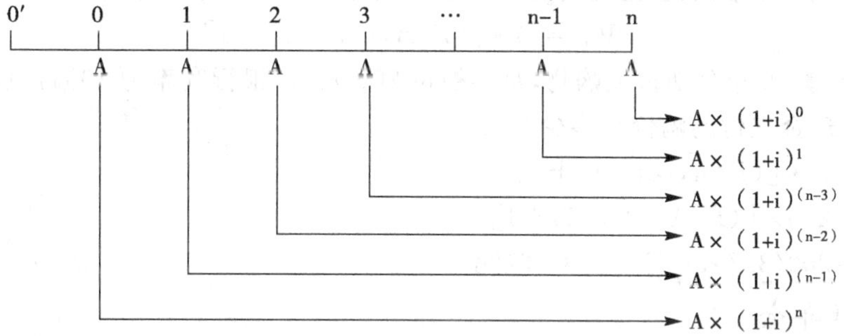

图 2－4　$n+1$ 期普通年金示意图

式(2－14)中的 $\left[\frac{(1+i)^{(n+1)} - 1}{i} - 1\right]$ 称作“预付年金终值系数”，它是在普通年金计算公式的基础上，期数加 1，系数减 1。通常记作 $[(F/A,i,n+1)-1]$。这样，通过查阅“一元普通年金终值表”求得 $(n+1)$ 期的值，然后减去 1 便可以得到对应的预付年金系数值。这时再运用如下公式计算预付年金的终值：$FV_A = A \cdot [(F/A,i,n+1)-1]$

【例 2-18】　有一项年金，在 5 年内每年年初流入 400 万元，假设年利率为 10%，其 5 年末的终值是多少？

$$FV_A = 400 \times [(F/A,10\%,6)-1] = 400 \times (7.7156-1) = 2686.24(\text{万元})$$

(2)预付年金现值。

预付年金现值与普通年金现值之间的关系，可用图 2－5 来表示

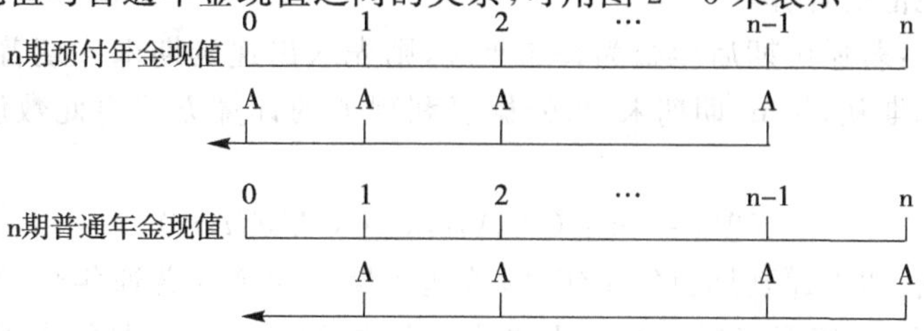

图 2－5　n 期普通年金、预付年金现值比较图示

从图 2－5 可以看出，n 期预付年金现值与 n 期普通年金现值的期限相同，但由于付款时间不同，n 期普通年金是期末付款，n 期预付年金是期初付款，在计算现值时，n 期普通年金现值比 n 期预付年金现值多折现一期。所以，可以先求出 n 期普通年金的现值，然后再乘以(1＋i)，便可以求出 n 期预付年金的现值。

计算公式：

$$PV_A = A \cdot \left[\frac{1-(1+i)^{-n}}{i}\right] \cdot (1+i) = A \cdot \left[\frac{(1+i)-(1+i)^{-(n-1)}}{i}\right]$$

$$PV_A = A \cdot \left[\frac{1-(1+i)^{-(n-1)}}{i} + 1\right] \qquad (2-16)$$

式(2－16)中的$\left[\frac{1-(1+i)^{-(n-1)}}{i}+1\right]$称作“预付年金现值系数”，它是在普通年金现值系数的基础上，期数减 1，系数加 1 所得的结果。通常记作$[(P/A,i,n-1)+1]$。这样，通过查阅“一元年金现值系数表”可以得到$(n-1)$期的值，然后再加 1，便可得到对应的预付年金现值系数的值，这时再运用如下公式计算预付年金的现值：

$$PV_A = A \cdot [(P/A,i,n-1)+1]$$

【例 2-19】 6 年分期付款购物，每年初付 200 元，设银行利率为 10％，该项分期付款相当于一次现金支付的购价是多少？

$$\begin{aligned} PV_A &= A \cdot [(P/A,i,n-1)+1] \\ &= 200 \times [(P/A,10\%,5)+1] \\ &= 200(3.791+1) = 958.20(元) \end{aligned}$$

5. 递延年金

递延年金是指第一次收付款发生在第二期或第二期以后的年金。它是普通年金的特殊形式，凡不是从第一期开始的普通年金都是递延年金。

假设最初有 m 期没有收付款项，后面 n 期有等额的收付款项，则递延年金的支付形式如图 2－6 所示：

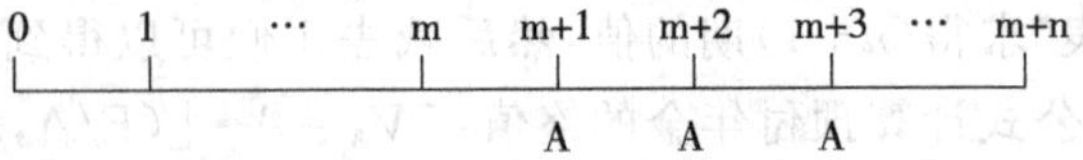

图 2－6 递延年金示意图

终值的计算：递延年金终值大小的计算与递延期 m 无关，所以递延年金终值计算方法与普通年金终值计算方法相同。即：

$$FV_A = A \cdot (F/A,i,n) \qquad (2-17)$$

递延年金现值的计算

第一种方法：若递延期后年金为普通年金，则先求出递延期末 n 期普通年金的现值，即折算到第 n 期期初，第 m 期期末，再依据复利现值的计算方法将此数值折算到第一期期初。公式为：

$$PV_A = A \cdot (P/A,i,n) \cdot (P/F,i,m) \qquad (2-18)$$

第二种方法：假设递延期也发生年金，若递延期后年金为普通年金，则此时发生年金的期数为$(m+n)$，可依据普通年金现值的计算方法求出$(m+n)$期普通年金的现值，再扣除递延期(m)实际并未发生年金的现值。公式为：

$$PV_A = A \cdot [(P/A,i,m+n) - (P/A,i,m)] \quad (2-19)$$

【例 2-20】 某人拟在年初存入一笔资金，以便能在第 6 年末起每年末取出 2 000 元，至第 10 年末取完。在银行存款利率为 10%的情况下，此人应在最初一次存入银行多少钱？

这实际上是递延年金现值问题。

解：由已知条件可知：$m=5, n=5$

(1)第一种方法。

先把第 6 年至第 10 年发生的款项折算到第 6 年初，然后再把这笔款项折算到第一年初。具体计算如下：

$PV_A = A(P/A,10\%,5)(P/F,10\%,5) = 2\,000 \times 3.7\,908 \times 0.6\,209 = 4707.42$(元)

(2)第二种方法。

$m=5, n=5$，所以递延年金现值计算如下：

$PV_A = A(P/A,10\%,10) - A(P/A,10\%,5) = 2\,000 \times 6.1\,446 - 2\,000 \times 3.7\,908 = 4707.60$(元)

6. 永续年金

永续年金是指无限期定额支付的年金，称为永续年金。其特点永续年金没有终止的时间，也就没有终值。存本取息、优先股股利等均可视为永续年金的例子。永续年金是普通年金的特殊形式，即期限趋于无穷大的普通年金。因此可以通过普通年金公式推导：

$$PV_A = A \cdot \frac{1-(1+i)^{-n}}{i}$$

当 $n \to \infty$，$(1+i)^{-n}$的极限为 0。

因此 $PV_A = A/i$

【例 2-21】 某研究所拟每年 5 000 元用于科研成果奖，设年利率为 10%，现在应存入银行的金额为多少？

$PV_A = 5\,000/10\% = 50\,000$(元)

复利终值、现值以及年金各种公式的计算如下：

表 2—2

项目	公式	系数符号	系数名称
复利终值	$FV = PV \cdot (1+i)^n$	$(1+i)^n = (F/P,i,n)$	复利终值系数
复利现值	$PV = FV \cdot (1+i)^{-n}$	$(1+i)^{-n} = (P/F,i,n)$	复利现值系数
普通年金终值	$FV_A = A \cdot \frac{(1+i)^n - 1}{i}$	$\frac{(1+i)^n - 1}{i} = (F/A,i,n)$	普通年金终值系数
偿债基金	$A = FV_A \cdot \frac{i}{(1+i)^n - 1}$	$\frac{i}{(1+i)^n - 1} = (A/F,i,n)$	偿债基金系数
普通年金现值	$PV_A = A \cdot \frac{1-(1+i)^{-n}}{i}$	$\frac{1-(1+i)^{-n}}{i} = (P/A,i,n)$	普通年金现值系数
投资回收额	$A = PV_A \cdot \frac{i}{1-(1+i)^{-n}}$	$\frac{i}{1-(1+i)^{-n}} = (A/P,i,n)$	投资回收系数
预付年金终值	$FV_A = A \cdot \left[\frac{(1+i)^{(n+1)} - 1}{i} - 1\right]$	$[(F/A,i,n+1) - 1]$	预付年金终值系数

项目	公式	系数符号	系数名称
预付年金现值	$PV_A=A\cdot\left[\frac{1-(1+i)^{-(n-1)}}{i}+1\right]$	$[(P/A,i,n-1)+1]$	预付年金现值系数
递延年金终值	$FV_A=A\cdot(F/A,i,n)$	$(F/A,i,n)$	
递延年金现值	$PV_A=A\cdot(P/A,i,n)\cdot(P/F,i,m)$		
永续年金现值	$PV_A=A\cdot\frac{1-(1+i)^{-n}}{i}=A/i$		

2.2 风险与收益

2.2.1 风险的概念及其种类

1. 风险的概念

风险是一个非常重要的概念。对风险的定义较多，人们一般认为，风险就是预期结果的不确定性。具体讲，风险是指在一定条件下和一定时期内可能发生的各种结果的变动程度。风险可能给投资人带来超出预期的收益，也可能带来超出预期的损失。风险的特征主要有：(1)风险是对未来事项而言的；(2)风险可以计量；(3)风险具有价值。投资者由于承担风险进行投资而获得的超过资金时间价值的额外收益，就称为投资的风险价值，或风险收益、风险报酬。投资者愿意冒风险进行投资，就是因为有相应的超过资金时间价值的报酬作为补偿。风险越大，额外报酬也就越高。

2. 对风险的理解

对风险可以从以下几个方面进行理解：

(1)风险是事件本身的不确定性，具有客观性。股票比国库券收益的不确定性要大；

(2)风险是一定条件下的风险，你在什么时间，买一种或哪几种股票，各买多少，风险是不一样的，这些问题一旦决定下来，风险大小就无法改变了；

(3)风险的大小随着时间延续而变化，是"一定时期内"的风险；

(4)风险和不确定性有区别。风险是指事前可以知道所有可能的后果，以及每种后果的概率。不确定是指事前不知道所有可能的后果，或虽知道可能后果但不知它们出现的概率。但在面对实际问题时，两者很难区分。风险问题的概率往往不能准确知道，不确定性问题也可以估计一个概率，因此实务领域对风险和不确定性不作区分，都视为"风险"问题对待。

(5)风险可能给投资人带来超出预期的收益，也可能带来超出预期的损失。一般而言，投资人对意外损失的关切比对意外收益要强烈得多，因此人们研究风险时侧重减少损失，主要从不利的方面来考察风险，经常把风险看成是不利事件发生的可能性。从财务的角度来说，风险主要指无法达到预期报酬的可能性。

3. 风险的类别

(1)从公司本身来看,风险分为经营风险和财务风险。

①经营风险

经营风险是指生产经营的不确定性带来的风险,它是任何商业活动都有的风险,也叫商业风险。经营风险主要来自以下几方面:

市场销售:市场需求、市场价格;生产成本;生产技术;其他外部的环境变化。

②财务风险

财务风险是指因借款而增加的风险,是筹资决策带来的风险,也叫筹资风险(后面财务杠杆有所谈及)。

财务风险只是加大了经营风险,没有经营风险就没有财务风险。

(2)从个别投资主体的角度来看,风险分为市场风险、公司特有的风险。

①市场风险

市场风险是指那些影响所有公司的因素引起的风险。如战争、经济衰退、通货膨胀、高利率等。这类风险涉及所有投资对象,不可能通过多角化投资来分散,因此又称不可分散风险或系统风险。

②公司特有风险

公司特有风险是指发生于个别公司的特有事件造成的风险。如罢工、新产品开发失败、没有争取到重要合同、诉讼失败等。这类事件是随机发生的,因而可以通过多元化投资来分散,称为可分散风险或非系统风险。

2.2.2 单项资产的风险和报酬

财务管理中,作出任何决策都会有风险,也就是说风险是客观存在的,当然风险也是可以预测的,因此应正视风险并将风险程度予以量化,以便达到衡量风险的目的,从而更科学、合理地为企业理财。

1. 财务管理中衡量风险经常用到的统计概念

(1)概率(probability)。

在经济活动中,某一事件在相同的条件下可能发生,也可能不发生,我们把这类事件称为随机事件。而随机事件发生的可能性可以用概率来衡量。通常把必然发生的事件的概率定为1,把不可能发生的事件的概率定为0。而一般随机事件的概率介于0与1之间的一个数。概率越大就表示该事件发生的可能性越大。

【例 2-22】 某公司现持有太平洋保险股份 2 000 万元和高新实业股份 1 000 万元。两种股份的预期报酬率及概率分布见图表:

表 2—3 两种股份报酬率及其概率分布

经济情况	太平洋保险股份(A)		高新实业股份(B)	
	报酬率	概率	报酬率	概率
繁荣	70%	0.2	40%	0.2
正常	20%	0.6	20%	0.6
衰退	−30%	0.2	0	0.2

在这里，概率表示每一种经济情况出现的可能性，同时也就是各种不同预期报酬率出现的可能性。例如，未来经济状况出现繁荣的可能性有0.2。假如这种情况出现，太平洋保险股份可获得70%的报酬率，也就是说，太平洋保险股份获利70%的可能性是20%。

概率分布必须满足以下两个条件：

①所有的概率都在0与1之间，$0 \leqslant P_i \leqslant 1$

②所有概率之和应等于1，$\sum_{i=1}^{n} P_i = 1$

(2)预期值(期望值)。

预期值或期望值实际上是一个平均数。财务管理中，随机变量的各个取值，以相应的概率为权数的加权平均数，称为随机变量的预期值(数学期望或均值)，它反映随机变量取值的平均化。据此可以计算期望收益。期望收益是某一方案各种可能的报酬，以其相应的概率为权数进行加权平均所得到的报酬，也称预期收益，它是反映随机变量取值的平均化。其计算公式如下：

$$\text{预期值}\ \bar{k} = \sum_{i=1}^{n} (P_i \cdot k_i) \tag{2—20}$$

式(2—20)中：$\bar{k}$—期望报酬率；

P_i—第 i 种结果出现的概率；

k_i—第 i 种结果出现后的预期报酬率；

n—所有可能结果的数目。

根据此公式，上例两种股份的预期报酬率计算如下：

$$A = 0.2 \times 70\% + 0.6 \times 20\% + 0.2 \times (-30\%) = 20\%$$

$$B = 0.2 \times 40\% + 0.6 \times 20\% + 0.2 \times 0\% = 20\%$$

两者的预期报酬率相同。这是否说明两个项目是一样的呢？投资时可以随便选择一个呢？当然不是。为什么呢？两个项目的预期收益虽然相同，但其概率分布明显不同。从表中可以看出，A项目的报酬率分散程度大，在−30%—70%之间；B项目的报酬率的分散程度小，变动范围在0%—40%之间。这说明两个项目的预期收益虽然相同，但风险不同。为了定量衡量风险的大小，还要使用统计学中衡量概率分布离散程度的指标。

(3)离散程度。

表示随机变量离散程度的指标最常用的是方差、标准差。方差是用来表示随机变量与期望值之间离散程度的一个量。

$$\text{方差}\ \sigma^2 = \sum_{i=1}^{n} (k_i - \bar{k})^2 \times P_i \tag{2—21}$$

标准差也叫均方差，是反映各种概率下的报酬偏离期望报酬的一种综合差异量度，是方差的平方根。

其表达式为：

$$\sigma = \sqrt{\sum_{i=1}^{n} (k_i - \bar{k})^2 \times P_i} \tag{2 — 22}$$

式中：σ 表示期望报酬的标准差，其他符号同前。

①标准差是反映不同概率下报酬或报酬率偏离期望报酬的程度；

②标准差越大，表明离散程度越大，风险越大；标准差越小，表明离散程度越小，风险也就越小；

③标准差作为反映随机变量离散程度的绝对指标，只能用于期望值相同时不同方案的决策；如果各方案期望值不同，则需要计算标准离差率。

在上面例题中，A项目和B项目的标准差分别为：

表2—4 A项目的标准差

$k_i-\bar{k}$	$(k_i-\bar{k})^2$	$(k_i-\bar{k})^2\times P_1$
70%—20%	0.25	0.05
20%—20%	0	0
—30%—20%	0.25	0.05
方差 σ^2		0.1
标准差 σ		31.62%

表2—5 B项目的标准差

$k_i-\bar{k}$	$(k_i-\bar{k})^2$	$(k_i-\bar{k})^2\times P_i$
40%—20%	0.04	0.008
20%—20%	0	0
0%—20%	0.04	0.008
方差 σ^2		0.016
标准差 σ		12.65%

因为B项目的标准差小于A项目的，因此B项目的风险小于A项目的风险。

(4)标准离差率。

标准离差是反映随机变量离散程度的一个指标，但它也是一个绝对数指标，不是一个相对值。当两个项目的预期报酬率不同时，就不能用标准差来比较不同的项目，因此标准差只能用来比较期望报酬率相同的各项投资的风险程度，而不能用来比较期望报酬率不同的各项投资的风险程度。比较期望报酬率不同的各项投资的风险程度，应该用标准离差率，标准离差率又称变异系数，是标准差与期望报酬率的比值。它是反映不同概率下报酬或报酬率与期望报酬离散程度的一个相对指标。其计算公式如下：

$$V=\sigma/\bar{k}\times 100\% \qquad (2-23)$$

式中，V 表示标准离差率，其他符号同上。

①标准离差率是反映不同概率下报酬或报酬率与期望报酬离散程度的一个相对指标；

②标准离差率越大，表明离散程度越大，风险越大；标准离差率越小，表明离散程度越小，风险也就越小；

③不论备选方案期望收益是否相同，采用标准离差率来衡量风险均可以得到正确的结论。

上题中A、B标准离差率分别为：

$$V_A = 31.62\% / 20\% \times 100\% = 158.1\%$$

$$V_B = 12.65\% / 20\% \times 100\% = 63.25\%$$

2. 风险和报酬的关系

风险和报酬的基本关系是风险越大，要求的报酬率越高。当期望的投资报酬率相同时，投资者会选择风险较小的项目，所以高风险的项目必然要求高报酬，否则就没有人去投资；低报酬的项目必然风险较低，否则也没有人去投资。企业拿投资人的钱去投资，最终却要投资人承担风险，因此投资人要求期望投资收益率要与风险相适应。在不考虑通货膨胀的情况下，风险和期望报酬率的关系可以表示为：

期望投资报酬率＝无风险报酬率＋风险报酬率

风险报酬率＝风险报酬斜率×风险程度

即
$$E(K_i) = R_f + R_r = R_f + b \cdot V \qquad (2-24)$$

式中，$E(K_i)$—期望投资报酬（率）；

R_f—无风险报酬率；

R_r—风险报酬率；

b—风险报酬斜率；

V—风险程度。

风险报酬斜率取决于全体投资者的风险回避态度，可以通过统计方法来测定。如果大家都愿意冒险，风险报酬斜率就小，风险溢价不大；如果大家都不愿冒险，风险报酬斜率就大，风险附加值就比较大。用图形表示期望投资报酬率与风险程度的关系如下：

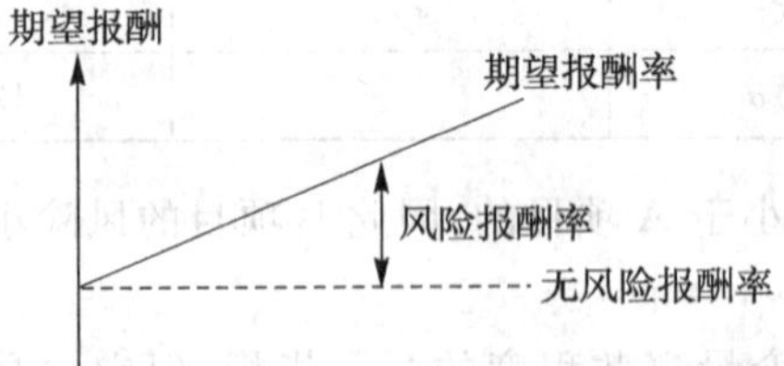

图 2—7 风险与报酬的关系

2.2.3 投资组合的风险和报酬

投资组合理论认为，若干种证券组成的投资组合，其收益是这些证券收益的加权平均数，但是其风险不是这些证券风险的加权平均风险，即一个投资组合的标准差并不是像期望值那样根据两个单独标准差的简单加权平均数计算出来的，而是要考虑投资组合中各种证券的相互反应。有些情况下，组合能完全分散风险，有些情况下组合不能分散风险。因为同样的证券在投资组合中的风险要比单独存在时的风险小，也就是说投资组合能降低风险，即分散风险，因此，有必要考察投资组合的风险与报酬。

1. 投资组合的收益率

投资组合的期望收益率是组合中各项资产期望收益率的加权平均值，权重为各项资产占整个投资组合的比重。

$$E(K_p) = \sum_{i=1}^{n} W_i E(K_i) \tag{2-25}$$

式中，$E(K_p)$是投资组合的预期报酬(率)

$E(K_i)$是第 i 种证券的预期报酬率

W_i 是第 i 种证券价值占投资组合价值之比例，且$\sum_{i=1}^{n} W_i = 1$

【例 2-23】 假定有投资于 ABCD 四个项目，期望收益率分别为 12.0%、11.5%、10.0%、9.5%，如果我们建立一个总额为 10 万元的投资组合，在每个项目上分别投资 2.5 万元，则投资组合的期望收益率为多少？

解：投资组合的收益率为：

$E(R_p) = 0.25 \times 12.0\% + 0.25 \times 11.5\% + 0.25 \times 10.0\% + 0.25 \times 9.5\% = 10.75\%$

2. 投资组合的风险

通过上面的计算我们可以看到，投资组合的期望收益率是投资组合中各项证券的期望收益率的加权平均数。投资组合收益的风险仍然用投资组合的标准差表示，但与收益率不同的是，投资组合的风险，通常不是投资组合中各项资产标准差的加权平均数。投资组合的风险会比各项资产标准差的加权平均值小。从理论上看，将按标准差计量的高风险的股票进行组合，可能得到无风险的投资组合。

【例 2-24】 某公司投资于 A、B、C 三种股票，各自收益率、组合的收益率以及均值、标准差数据如下：

表 2－6 中给出了股票 A、B、C 各自的投资收益率，同时说明投资组合在每只股票上投资了 50%。下面的图形反映的是按照时间序列绘制的图形，图 2－8、图 2－9 反映的是当两只股票(A、B)完全负相关($\rho_{ab} = -1$)时，组合的标准差为 0，收益率在一条直线上，此时所有的风险都可以被分散掉。图 2－10、图 2－11 反映的是当两只股票(A、C)完全正相关($\rho_{ab} = +1$)时，组合的标准差等于两只股票的标准差的加权平均数，此时投资组合便失去了意义。当然这两种组合是两个极端的例子，一个是风险可以被彻底消除，另一个是对于减少风险没有丝毫的帮助。

表 2－6　A、B、C 各自收益率及组合收益率

月	个股(%)			证券组合(%)		
	A	B	C	AB	AC	BC
1	8.8	－3.8	4.4	2.5	6.6	0.3
2	8.02	－3.02	4.01	2.5	6.02	0.49
3	－3.5	8.5	－1.75	2.5	－2.63	3.37
4	9.48	－4.48	4.74	2.5	7.11	0.13
5	－7.8	12.8	－3.9	2.5	－5.85	4.45
6	9	－4	4.5	2.5	6.75	0.25
期望值	4	1	2	2.5	3	1.5
标准差	6.95	6.95	3.47	0	5.21	1.74

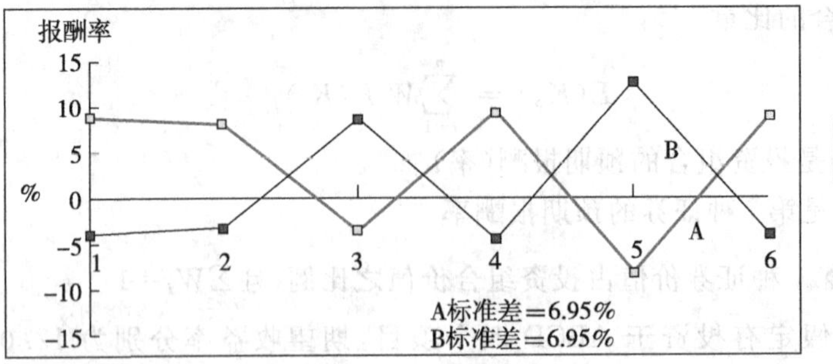

图 2—8 A、B 证券报酬率

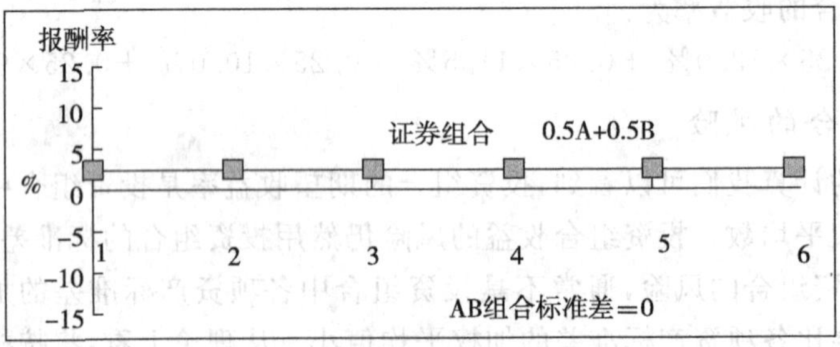

图 2—9 A、B 证券组合的报酬率

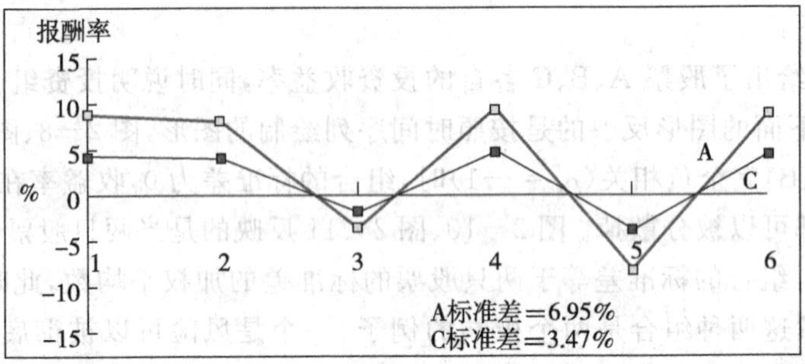

图 2—10 A、C 证券报酬率

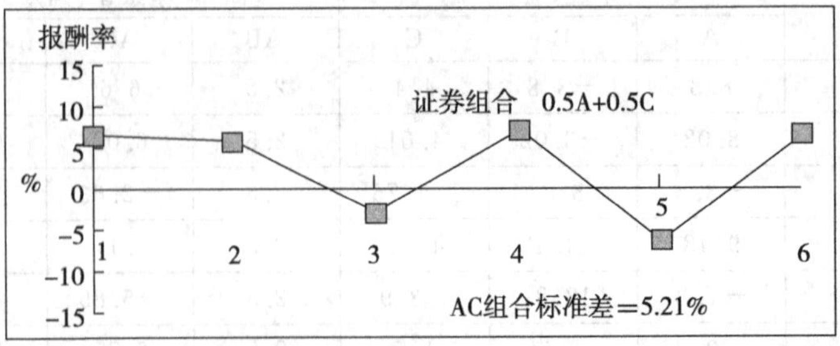

图 2—11 A、C 组合报酬率

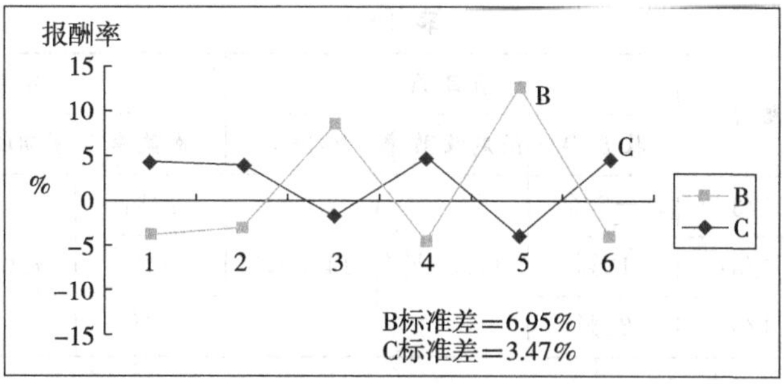

图 2—12　B、C 报酬率

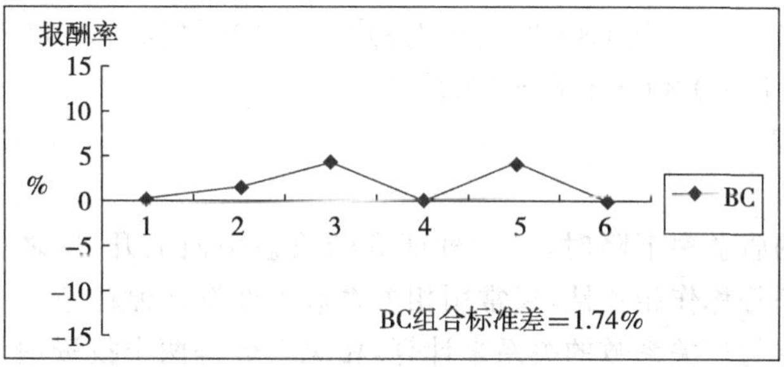

图 2—13　BC 组合报酬率

现实中的情况介于这两个极端之间，如果 B、C 组合，图中两只股票的相关系数为 −0.83，投资组合的平均收益率为 1.5%，标准差为 1.74%，小于两只股票的平均标准差 5.21%。因此投资组合的风险不等于其中具体股票风险的平均值，投资分散化解风险但并非消除了风险。

3. 投资组合风险的计量

(1)协方差。

协方差是测量投资组合中一个投资项目相对于其他投资项目风险的统计量。从本质上讲，组合内各投资组合相互变化的方式影响着投资组合的整体方差，从而影响其风险，以两种证券投资组合为例，协方差的计算公式：

$$Cov(R_a,R_b)=\sum_{i=1}^{n}(R_{ai}-\overline{R_a})(R_{bi}-\overline{R_b})P_i \quad (2-26)$$

式中：$Cov(R_a,R_b)$—投资组合的协方差；

$\overline{R_a}$—组合中投资项目 A 的期望报酬率；

$\overline{R_b}$—组合中投资项目 B 的期望报酬率；

R_{ai} 组合中投资项目 A 第 i 种可能的报酬率；

R_{bi} 组合中投资项目 B 第 i 种可能报酬率；

P_i—第 i 种可能报酬率的概率。

【例 2-25】　投资于项目 A 和项目 B 的有关数据如下表所示，计算 AB 投资收益之间的协方差。

表 2-7

经济情况	概率	项目 A			项目 B		
		收益率	预期收益率	标准差	收益率	预期收益率	标准差
经济高涨	1/3	−7%	11.00%	14.30%	17%	7.00%	8.16%
经济正常	1/3	12%			7%		
经济萧条	1/3	28%			−3%		

解：根据公式，项目 A 和项目 B 的预期收益率的协方差为：

$$Cov(R_a,R_b)=\sum_{i=1}^{n}(R_{ai}-\overline{R_a})(R_{bi}-\overline{R_b})P_i$$

$=1/3\times[(-7\%-11\%)\times(17\%-7\%)]+1/3\times[(12\%-11\%)\times(7\%-7\%)]+1/3\times[(28\%-11\%)\times(-3\%-7\%)]$

$=-0.011667$

(2)相关系数。

当一种证券的收益率下降时，另一种证券的收益率便上升，反之亦然。我们把两个变量一起变动的趋势称作相关性，通常用相关系数来度量这种趋势。

如果用协方差与相关系数的关系来计算，相关系数是两个投资项目协方差与两个投资项目标准差之积的比值，其计算公式：

$$\rho_{ab}=\frac{Cov(R_a,R_b)}{\sigma_a\sigma_b} \tag{2-27}$$

式中：ρ_{ab}—两个投资项目的相关系数

$Cov(R_a,R_b)$—投资组合的协方差

σ_a—项目 A 的标准差

σ_b—项目 B 的标准差

根据上面的例题，相关系数 $\rho_{ab}=-0.011667/(14.30\%\times8.16\%)=-0.9998$

相关系数总是在−1～+1之间的范围内变动，−1 代表两个投资项目完全负相关，+1 代表两个投资项目完全正相关，0 代表两个投资项目不相关。

两个投资项目完全负相关的投资组合意味着两种证券收益率的变化方向完全相反，变动幅度完全相同，一个大幅度上升另一个大幅度下降，一个投资项目的风险可以由另一个投资项目风险化解掉；两个投资项目完全正相关的投资组合意味着相互不能化解风险。

(3)方差和标准差。

投资组合的方差是投资组合各种可能的结果偏离投资组合期望报酬率的综合差异。

①如果投资组合包含两种证券(证券 A、B)，投资组合的方差及标准差的计算公式为：

$$\sigma_p{}^2=W_a{}^2\sigma_a{}^2+W_b{}^2\sigma_b{}^2+2W_aW_bCov(R_a,R_b)$$
$$=W_a{}^2\sigma_a{}^2+W_b{}^2\sigma_b{}^2+2W_aW_b\rho_{ab}\sigma_a\sigma_b \tag{2-28}$$

$$\sigma_p=\sqrt{W_a{}^2\sigma_a{}^2+W_b{}^2\sigma_b{}^2+2W_aW_bCov(R_a,R_b)}$$
$$=\sqrt{W_a{}^2\sigma_a{}^2+W_b{}^2\sigma_b{}^2+2W_aW_b\rho_{ab}\sigma_a\sigma_b} \tag{2-29}$$

式中：$\sigma_p{}^2$—投资组合的方差

σ_p—是投资组合的标准差

W_a、W_b 是资产 A、B 在投资组合中所占比例；

σ_a、σ_b 分别为两种证券的标准差；

ρ_{ab} 为两种证券收益之间的相关系数；

$Cov(R_aR_b)$是两种证券收益之间的协方差。

上题中，如果项目 A 的投资比例为 40%，项目 B 的投资比例为 60%。

该组合的标准差

$$\sigma_p = \sqrt{40\%^2 \times 14.30\%^2 + 60\%^2 \times 8.16\%^2 + 2 \times 40\% \times 60\% \times (-0.011667)} = 0.618957$$

②如果投资组合包含三种证券（证券 A、B、C）

$$\sigma_p{}^2 = W_a{}^2\sigma_a{}^2 + W_b{}^2\sigma_b{}^2 + W_c{}^2\sigma_c{}^2 + 2W_aW_bCov(R_a, R_b) + 2W_aW_cCov(R_a, R_c) + 2W_bW_cCov(R_b, R_c) \tag{2-30}$$

标准差是方差开方根。

③如果投资组合包含 N 种证券

$$\sigma_p{}^2 = \sum_{i=1}^{n}\sum_{j=1}^{n} W_iW_j\sigma_{i,j} = \sum_{i=1}^{n} W_1{}^2\sigma_1{}^2 + \sum_{i=1}^{n}\sum_{i\neq j, j=1}^{n} W_iW_jCov(R_i, R_j) \tag{2-31}$$

4. 相关性对风险的影响

从上述方差和标准差的公式可以看出，投资组合的预期收益和标准差与组合资产收益的相关系数有关。图 2—14 是相关系数取不同值时，投资组合的预期收益率与标准差随投资比例的变化而变化的各种组合。从图中可以看出，(1)每一相关系数取值，都对应一条线。当 $\rho=1$ 时，对应的是 X、Y 两点的直线。图中虽然画出了几条曲线和一条直线，但实际上它们并不会同时出现。给定的相关系数，只对应一条曲线。也就是说，当两种证券的相关系数一定时，不管它们以什么样的比例进行组合，标准差和预期收益率组成的点在同一条线上。当相关系数为 1 时，此线为一条直线；当相关系数不等于 1 时，此线为一条曲线。(2)两种证券报酬率的相关系数越小，曲线就越弯曲，风险分散化效应也就越强。证券报酬率之间的相关性越高，风险分散化效应就越弱。完全正相关的投资组合，不具有风险分散化效应，其在坐标轴上是一条直线。

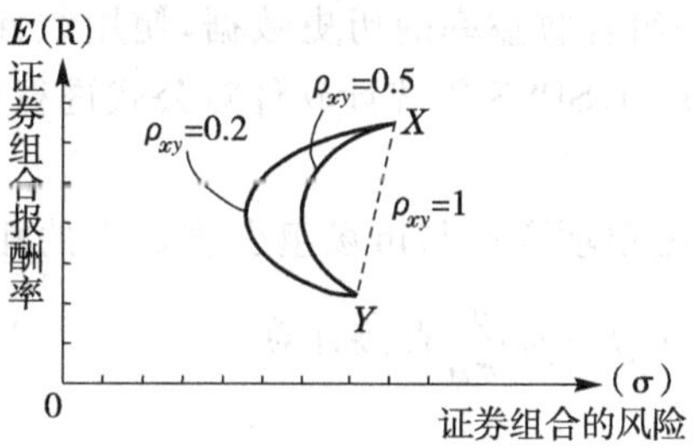

图 2—14　两种证券之相关系数与风险

2.2.4　资本资产定价模型

1. 贝塔系数

一只股票在市场中价格上涨或下跌的趋势可以用贝塔系数（beta coefficient，β）来表示。因此贝塔系数该是衡量一种股票收益相对于市场组合收益的总体波动性，是一个相对指标。β越高，意味着该股票相对于市场组合收益的波动性越大。β大于 1，则股票的波动性大于市场组合的波动性。反之亦然。如果β为 1，则市场上涨 10 %，股票上涨 10 %；市场下滑 10 %，股票相应下滑 10 %。如果β为 1.1，市场上涨 10 %时，股票上涨 11%，；市场下滑 10 %时，股票下滑 11% 。如果β为 0.9，市场上涨 10 %时，股票上涨 9% ；市场下滑 10 %时，股票下滑 9% 。贝塔系数是资本资产定价模型中的关键因素。

(1)单项资产的β系数计算方式。

单项资产系统风险用β系数来计量，通过以整个市场作为参照物，用单项资产的风险收益率与整个市场的平均风险收益率作比较，计算公式为：

$$\beta_j = \frac{Cov(R_j, R_M)}{{\sigma_M}^2} = \frac{\rho_{jM}\sigma_j\sigma_M}{{\sigma_M}^2} = \rho_{jM}\frac{\sigma_j}{\sigma_M} \quad (2-32)$$

式中：$Cov(R_j, R_M)$－是第 J 种证券的收益与市场组合收益之间的协方差。它等于该证券的标准差、市场组合的标准差及两者相关系数的乘积。

${\sigma_M}^2$－是市场组合的方差。

在实践中，计算贝塔系数比较简单的方法是使用回归直线法。由于贝塔系数是度量单个证券收益率对于市场组合收益率变动的反应程度的指标。因此，假设单个证券收益率 R_j 与市场组合收益率 R_M 之间是线性关系，其模型为：

$$R_j = \alpha_j + \beta_j R_M + \varepsilon_j \quad (2-33)$$

式中：R_j－单个证券收益率；

R_M－市场组合收益率；

α_j－为常数项；

ε_j－为随机扰动项。

或者根据资产资本定价模型。单个证券或资产的收益率 R_j 与市场收益率 R_M、无风险收益率 R_f 之间的关系可用模型表示为：

$$R_j = R_f + \beta_j(R_M - R_f) + \varepsilon_j \quad (2-34)$$

式中：R_f－无风险收益率

根据数理统计的线性回归原理，对于上面两个公式，其中的β系数均可以通过同一时期内的资产收益率和市场组合收益率的历史数据，使用线性回归方程预测出来。为了计算简单，可以直接运用 Excel、SPSS 等统计软件对公式进行回归估计，这样得出的回归直线的斜率就是β值。

另外可以按照定义，根据单项资产与市场组合收益率的相关系数、单项资产、市场组合收益率的标准差，运用公式 $\beta_j = \rho_{jM}\frac{\sigma_j}{\sigma_M}$ 直接计算。

(2)投资组合的β系数。

投资组合的β系数是投资组合的风险与市场风险关系的指标。等于被组合的各个证券β系数的加权平均数，其权数为各单项资产投资额在投资组合总额中所占的比重。计算公式如下：

$$\beta_p = \sum_{i=1}^{n} W_i \beta_i \quad (2-35)$$

式中：β_p—投资组合的贝塔系数；

W_i—每一种投资在组合中所占比重。

【例 2-26】 如果投资者拥有 100 000 万元的投资组合，这个投资组合是由四只价值分别为 25 000 万元的股票组成的，如果每只股票的贝塔系数都是 0.7，那么这个投资组合的贝塔值也将是 0.7。即：

$$\beta_p = \sum_{i=1}^{n} W_i \beta_i$$

$$= 0.25 \times 0.7 + 0.25 \times 0.7 + 0.25 \times 0.7 + 0.25 \times 0.7 = 0.7$$

现在假设我们卖出一只股票，又买进了一支 β 系数为 2 的股票，这时投资组合的贝塔值将会从 0.7 上升到 1.025：

$$\beta_p = 0.25 \times 0.7 + 0.25 \times 0.7 + 0.25 \times 0.7 + 0.25 \times 2 = 1.025$$

如果新购进的股票的贝塔系数为 0.2，那么投资组合的贝塔值将会从 0.7 下降到 0.575，也就是说，增加一个低贝塔值的股票，将会降低这个投资组合的风险。相应地，向一个投资组合中加入新的股票，会改变这个投资组合的风险性。

注意：掌握 β 值的含义

$\beta=1$，表示该单项资产的风险收益率与市场组合平均风险收益率呈同比例变化，其风险情况与市场投资组合的风险情况一致；

$\beta>1$，说明该单项资产的风险收益率高于市场组合平均风险收益率，则该单项资产的风险大于整个市场投资组合的风险；

$\beta<1$，说明该单项资产的风险收益率小于市场组合平均风险收益率，则该单项资产的风险程度小于整个市场投资组合的风险。

2. 资本资产定价模型(CAPM)

资本资产定价模型是由美国斯坦福大学教授威廉·夏普以及后来的哈佛大学教授约翰·林德奈尔等人在马科维茨的证券组合理论基础上提出的一种证券投资理论。揭示完全资本市场条件下投资的必要报酬率与风险之间的数量关系。资本资产定价模型认为，在一个高度发达的资本市场，任何投资视为购买某种证券的行为，证券价值(格)的波动是投资者承担的风险。全部风险可分为系统风险和非系统风险；有效的投资组合可使投资者承受的非系统风险为零；系统风险亦称为市场风险，表示由那些基本影响因素(能影响所有资产价值)的变化而产生的风险。CAPM 已被广泛用于证券投资分析，从投资者的角度看，资本资产定价模型具有以下含义：(1)投资者要求的必要报酬率部分地决定于无风险利率；(2)投资收益率与市场总体收益期望之间的相关程度对于必要报酬率有显著影响；(3)任何投资者都不可能回避市场的系统风险；(4)谋求较高的收益必须承担较大的风险，这种权衡取决于投资者的期望效用。

资本资产定价模型假设条件为：

(1)所有的投资者都是理智的，投资者可按无风险利率无限量借入或贷出资金；

(2)投资者都是资本市场价格的接受者而非控制者；

(3)所有资产数量已知，且完全可分割、流动；

(4)不存在税收和交易成本；

(5)资产市场处于均衡状态；

(6)没有通货膨胀,利率水平不变;

(7)所有的投资者都以相同的观点和方法来对待各种投资工具,他们对所交易的金融工具未来的收益现金流的概率分布、预期值和方差等都有相同的主观估计。

资本资产定价模型的公式为:

$$E(R_j) = R_f + \beta_j(R_M - R_f) \quad (2-36)$$

式中 $E(R_j)$－为证券 j 或特定组合所要求的收益率;

从上式可以看出,资产必要报酬率受到无风险报酬率、市场组合的平均报酬率和 β 系数三个因素的影响。

【例 2-27】 假设某公司投资于 30 000 万元购买下列股票:

表 2－8 各种证券投资数量及贝塔系数

证券	投资数量	贝塔系数
A	5 000	0.75
B	10 000	1.1
C	8 000	1.36
D	7 000	1.88

假设无风险利率为 4%,市场投资组合的预期报酬率为 15%。计算:按资本资产定价模型(CAPM),上述投资组合的预期收益率为多少?

解:证券 A 所占的比例 5 000/(5 000＋10 000＋8 000＋7 000)＝16.67%

证券 B 所占的比例 10 000/(5 000＋10 000＋8 000＋7 000)＝33.33%

证券 C 所占的比例 8 000/(5 000＋10 000＋8 000＋7 000)＝26.67%

证券 D 所占的比例 7 000/(5 000＋10 000＋8 000＋7 000)＝23.33%

投资组合的贝塔系数为 0.75×16.67%＋1.1×33.33% ＋1.36×26.67% ＋1.88×23.33%＝1.29297

投资组合的预期收益率 $E(R_j)=R_f+\beta_j(R_M-R_f)$

$=4\% +1.29297\times(15\% -4\%)=18.223\%$

3. 证券市场线

按照资本资产定价模型理论,单一证券的系统风险可由 β 系数来度量,而且其风险与收益之间的关系可由证券市场线来表示。即证券市场线是表明一项资产的预期收益率与预期贝塔系数之间关系的一条直线。

由公式:$E(R_j)=R_f+\beta_j(R_M-R_f)$

当 $\beta_j=0$ 时,$E(R_j)=R_f$,当 $\beta_j=1$ 时 $E(R_j)=R_M$,以横轴表示某一证券的贝塔系数,纵轴表示该证券的预期收益率,则得到证券市场线如图所示:

从图 2－15 中可以看出,证券市场线是截距为 R_f,斜率为(R_M-R_f)的直线。因为市场的投资组合是一个风险资产的组合,因此投资者要求的收益率不仅仅取决于市场风险,而且还取决于无风险利率(证券市场线的截距)和市场风险补偿程度(证券市场线的斜率)。

证券市场线表明了单项资产或市场投资组合的预期收益率与其贝塔系数之间的线

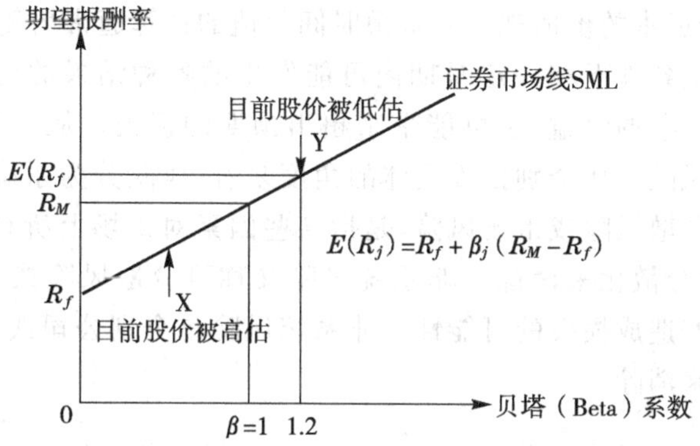

图 2—15　证券市场线

性关系，这种关系对于单项资产或市场投资组合都成立。从图中可以看出，由于 β 系数代表了单项资产面临的系统风险，β 越大，该资产所面临的系统风险越大，其所要求的收益率也就越高。

证券市场线上的点意味着，当资本市场均衡时，一项资产所要求的收益率应该等于其预期收益率，而且预期收益率等于无风险收益率加上该项资产的贝塔系数所代表的系统风险溢价。也就是说，一项资产的预期收益率与其贝塔系数的组合点一定在证券市场线上。

因此，证券市场线具有资产定价的含义：当资本市场均衡时，对一项风险资产，投资者所要求的收益率应该在证券市场线上。如果一项资产的预期收益率不在证券市场线上，则表示该项资产定价过低或定价过高。

如图所示 X 点，股票预期收益率低于所要求的收益率，股票的价格被高估（定价偏高）了。在完善的资本市场上，将会产生价格调整。由于股票 X 具有较低的预期收益率，投资者纷纷抛售 X 致使股票 X 的价格下降、收益率上升。这种价格调整不断进行，直到股票 X 的收益率上升到证券市场线上，形成均衡的收益率。

如图所示的 Y 点，股票 Y 的预期收益率高于所要求的收益率，股票的价格被低估（定价偏低）。在一个完善的资本市场上，将会产生价格调整。由于股票 Y 具有较高的预期收益率，投资者纷纷购买股票 Y，致使股票 Y 价格上升，收益率下降。这种价格调整继续进行，直到股票 Y 的收益率回落到 SML 上，形成均衡的收益率。

当资产收益率落在证券市场线上时，资本市场就达到了均衡。均衡价格会保持不变，直到出现资产的系统风险变动、无风险利率变动，或其他变动时才打破均衡。

□本章小结

财务管理的一些基本观念是财务管理的基础，指导着企业的财务活动。财务管理观念包括货币时间价值观念、风险与收益均衡观念。本章重点讲授货币的时间价值观念和风险收益观念。

货币的时间价值是指货币经历一定时间的投资和再投资所增加的价值，也称为资金的时间价值。一般以利息率表示资金的时间价值。货币具有时间价值反映了货币（或资本)的稀缺性和机会成本的价值观念。货币时间价值的计算通常用复利计算。

风险是指在一定条件下和一定时期内可能发生的各种结果的变动程度。风险可能给投资人带来超出预期的收益,也可能带来超出预期的损失。从公司本身来看,风险分为经营风险和财务风险。从个别投资主体的角度来看,风险分为系统风险、非系统风险。系统风险又称不可分散风险或市场风险,是指某些因素对市场上所有资产都带来损失的可能性,它无法通过分散化来消除。非系统风险又称可分散风险或公司特别风险,是指某些因素对单项资产造成损失的可能性。非系统风险是个别公司或个别资产所特有的,它可以通过分散化来消除。

单项资产的收益和风险用公式$\bar{k}=\sum_{i=1}^{n}(P_i \cdot k_i)$、$\sigma=\sqrt{\sum_{i=1}^{n}(k_i-\bar{k})^2\times P_i}$来表示。风险和报酬的基本关系是风险越大要求的报酬率越高。

投资组合的期望收益率(expected return on a portfolio)是组合中各项资产期望收益率的加权平均值,权重为各项资产占整个投资组合的比重。通常用$E(R_p)=\sum_{i=1}^{n}W_iE(R_i)$表示,两种资产投资组合风险的计量用组合的标准差来表示,公式为:$\sigma_p=\sqrt{W_a{}^2\sigma_a{}^2+W_b{}^2\sigma_b{}^2+2W_aW_bCov(R_a,R_b)}$

某一证券的贝塔系数是该证券收益率与市场组合收益率之间的协方差除以市场投资组合收益的方差。它是对不可分散风险或市场风险的一种度量,是单个证券的收益变动对市场组合收益变动的反应程度的指标。

投资组合的贝塔系数是该组合中各个证券贝塔系数的加权平均值。

资本资产定价模型表明一种资产的预期收益率与其贝塔系数之间是一种线性正相关,用公式$E(R_j)=R_f+\beta_j(R_M-R_f)$表示。该模型表明,一种资产所要求的收益率等于无风险收益率加上该资产的系统风险溢价。

单一证券的系统风险可由β系数来度量,而且其风险与收益之间的关系可由证券市场线(Security Market Line,SML)来表示。即证券市场线是表明一项资产的预期收益率与预期贝塔系数之间关系的一条直线。公式为:$E(R_j)=R_f+\beta_j(R_M-R_f)$。证券市场线表明了单项资产或市场投资组合的预期收益率与其贝塔系数之间的线性关系,这种关系对于单项资产或市场投资组合都成立。

□复习思考题

一、思考题

1. 下列各项系数之间关系如何:

a. 复利终值系数、复利现值系数互为倒数;

b. 普通年金现值系数=普通年金终值系数×复利现值系数

c. 偿债基金系数=1/普通年金终值系数

d. 投资回收系数=1/普通年金现值系数

e. 预付年金终值系数=$(F/A,i,n+1)-1$

f. 预付年金现值系数=$(P/A,i,n-1)+1$

2. A 证券的期望报酬率是 7%,期望报酬率的标准差为 35%,其与市场的相关系数为－0.3，贝塔系数为－0.5。B证券的期望报酬率为12%，期望报酬率的标准差为10%。其与市场的相关系数为0.7，贝塔系数为1.0。哪一种证券较具风险？为什么？

二、计算题

1. 兴帮公司在建行沈阳科技支行设立一个临时账户，2004年4月1日存入15万元，银行存款年利率为3.6%。因资金比较宽松，该笔存款一直未予动用。2006年4月1日兴帮公司拟撤消该临时户，与银行办理消户时，银行应付给兴帮公司多少？

2. 你的同事已经45岁，他希望为退休做储蓄。你建议他向股市投资5 000元。你估计市场的收益率为每年10%。假定投资在每年的年底进行。

(1)如果同事按照你的建议，那么他在60岁时会有多少钱？

(2)他在70岁时会有多少钱？

3. 如果适当的折现率是7%，那么每年支付1 000元的永续年金的现值是多少？如果利率普遍翻倍，那么永续年金的现值又为多少？

4. 利民公司货币时间价值的计算

资料(1)利民公司1995年1月5日向沈阳信托投资公司融资租赁一台万能机床，双方在租赁协议中明确：租期截止到2 000年12月31日，年租金5 600元，于每年末支付一次，沈阳信托投资公司要求的利息及手续费率通常为5%。

资料(2)利民公司1998年8月拟在东北某大学设立一笔"助成奖学基金"。奖励计划为：每年特等奖1人，金额为1万元；一等奖2人，每人金额5 000元；二等奖3人，每人金额3 000元；三等奖4人，每人金额1 000元。目前银行存款年利率为4%，并预测短期内不会发生变动。

资料(3)利民公司1993年1月1日向工行沈阳分行借入一笔款项，银行贷款年利率为6%，同时利民与沈阳分行约定：前三年不用还本付息，但从1996年12月31日起至2000年12月31日止，每年末要偿还本息2万元。

要求：

根据资料(1)计算系列租金的现值和终值？如果年租金改按每年年初支付一次，再计算系列租金的现值和终值？

根据资料(2)分析利民公司为设此项奖学基金，应一次性存入银行多少钱？

根据资料(3)分析利民公司当初向工行沈阳分行借入多少本金？至2000年12月31日共向工行沈阳分行偿还本息是多少？

5. 某企业欲利用闲置的资金对外投资，可供选择的甲、乙两种股票的相关资料如表所示：

经济状况	概率分布	收益率	
		甲股票	乙股票
繁荣	0.2	40%	70%
一般	0.6	20%	20%
衰退	0.2	0	－20%

要求：(1)分别计算甲、乙股票的期望报酬率。

(2)分别计算甲、乙股票的标准差。

(3)分别计算甲、乙的标准离差率。

(4)若想投资于风险较小的股票,作出你的合理选择。

6. 某企业持有甲、乙、丙三种股票构成的证券组合,其β系数分别为1.8、1.5和0.7,在证券组合中所占比重分别为50%、30%和20%,股票的市场收益率为10%,无风险收益率为5%。

要求:(1)该证券组合的β系数为多少?

(2)该证券组合的风险收益率为多少?

(3)该证券组合的必要收益率为多少?

7. 某公司计划利用一笔长期资金投资购买股票。现有甲公司股票和乙公司股票可供选择,已知甲公司股票现行市价为每股10元,上年每股股利为0.3元,预计以后每年以3%的增长率增长。乙公司股票现行市价为每股4元,上年每股股利为0.4元,股利分配政策将一贯坚持固定股利政策。该公司所要求的投资必要报酬率为8%。要求:(1)利用股票估价模型,分别计算甲公司、乙公司的股票价值。(2)代该公司作出投资决策。

第3章 财务分析

□学习目标

通过本章的学习，要求了解财务分析的基本程序，掌握比率分析方法，并能运用这些方法对企业的偿债能力、营运能力、获利能力等财务状况进行分析，熟练掌握杜邦分析体系，了解企业价值创造的分析方法。

3.1 财务分析概述

3.1.1 财务分析的作用

财务分析是以企业的财务报告等会计资料为基础，对企业的财务状况和经营成果进行分析和评价的一种方法。财务分析是财务管理的重要方法之一，它是对企业一定期间的财务活动的总结，为企业进行下一步的财务预测和财务决策提供依据。因此，财务分析在企业的财务管理工作中具有重要的作用。具体来说，主要有以下作用：

(1)通过财务分析，可以评价企业一定时期的财务状况，揭示企业生产经营活动中存在的问题，总结财务管理工作的经验教训，为企业生产经营决策和财务决策提供重要的依据。

(2)通过财务分析，可以为投资者、债权人和其他有关部门和人员提供系统、完整的财务分析资料，便于他们更加深入地了解企业的财务状况、经营成果和现金流量情况，为他们作出经济决策提供依据。

(3)通过财务分析，可以检查企业内部各职能部门和单位完成财务计划指标的情况，考核各部门和单位的工作业绩，以便揭示管理中存在的问题，总结经验教训，提高管理水平。

3.1.2 财务分析的目的

企业进行财务分析所依据的资料是客观的，但是，不同的人员所关心问题的侧重点不同，因此，进行财务分析的目的也各不相同。企业经营管理者，必须全面了解企业的生产经营状况和财务状况，他们进行财务分析的目的和要求是全面的；企业投资者的利益与企业的经营成果密切相关，他们更关心企业的资本盈利能力、企业生产经营的前景和投资风险；企业的债权人则主要关心企业能否按期还本付息，他们一般侧重于分析企业的偿债能力。综合起来，进行财务分析主要出于以下目的：

1. 评价企业的偿债能力

通过对企业的财务报告等会计资料进行分析，可以了解企业资产的流动性、负债水平以及偿还债务的能力，从而评价企业的财务状况和经营风险，为企业经营管理者、投资者和债权人提供财务信息。

2. 评价企业的营运能力

企业营运能力反映了企业对资产的利用和管理的能力。企业的生产经营过程就是利用资产取得收益的过程。资产是企业生产经营活动的经济资源，资产的利用和管理能力直接影响到企业的收益，它体现了企业的整体素质。进行财务分析，可以了解到企业资产的保值和增值情况，分析企业资产的利用效率、管理水平、资金周转状况、现金流量情况等，为评价企业的经营管理水平提供依据。

3. 评价企业的获利能力

获取利润是企业的主要经营目标之一，它也反映了企业的综合素质。企业要生存和发展，必须争取获得较高的利润，这样才能在竞争中立于不败之地。投资者和债权人都十分关心企业的获利能力，获利能力强可以提高企业偿还债务的能力，提高企业的信誉。对企业获利能力的分析不能仅看其获取利润的绝对数，还应分析其相对指标，这些都可以通过财务分析来实现。

4. 评价企业的发展趋势

无论是企业的经营管理者，还是投资者、债权人，都十分关注企业的发展趋势，这关系到他们的切身利益。通过对企业进行财务分析，可以判断出企业的发展趋势，预测企业的经营前景，从而为企业经营管理者和投资者进行经营决策和投资决策提供重要的依据，避免决策失误给其带来重大的经济损失。

3.1.3 财务分析的基础

财务分析是以企业的会计核算资料为基础，通过对会计所提供的核算资料进行加工整理，得出一系列科学、系统的财务指标，以便进行比较、分析和评价。这些会计核算资料包括日常核算资料和财务报告，但财务分析主要是以财务报告为基础，日常核算资料只作为财务分析的一种补充资料。财务报告是企业向政府部门、投资者、债权人等与本企业有利害关系的组织或个人提供的，反映企业在一定时期内的财务状况、经营成果以及影响企业未来经营发展的重要经济事项的书面文件。提供财务报告的目的在于为报告使用者提供财务信息，为他们进行财务分析、经济决策提供充足的依据。企业的财务报告主要包括资产负债表、利润表、现金流量表、其他附表以及财务状况说明书。这些报表及财务状况说明书集中、概括地反映了企业的财务状况、经营成果和现金流量情况等财务信息，对其进行财务分析，可以更加系统地揭示企业的偿债能力、资金营运能力、获利能力等财务状况。下面主要介绍进行财务分析常用的三张基本会计报表：资产负债表、利润表和现金流量表。

1. 资产负债表

资产负债表是反映企业一定日期财务状况的会计报表。它以“资产＝负债＋所有者权益”这一会计等式为依据，按照一定的分类标准和次序反映企业在某一个时间点上资产、负债及所有者权益的基本状况。资产负债表的结构详见表 3－1。

表 3－1 甲公司资产负债表 2006 年 12 月 31 日 单位：万元

资 产	年初数	年末数	负债及股东权益	年初数	年末数
流动资产：			流动负债：		
货币资金	340	490	短期借款	400	420
交易性金融资产	30	80	应付票据	50	70
应收票据	20	15	应付账款	264	355
应收账款	643.5	683.1	预收账款	20	10
预付账款	22	14	应付职工薪酬	0.8	0.6
其他应收款	13.5	4.9	应交税金	60	50
存货	580	690	其他应交款	5.2	6.4
待摊费用	23	1	其他应付款	15	18
			预提费用	5	8
待处理流动资产净损失	8	2	1 年内到期的非流动负债	80	62
1 年内到期的非流动资产	30		流动负债合计	900	1 000
流动资产合计	1 710	1 980	非流动负债：		
非流动资产：			长期借款	500	550
长期股权投资	110	180	应付债券	320	420
固定资产：			长期应付款	104	100
固定资产原值	2 400	2 900	其他长期负债		
减：累计折旧	600	750	长期负债合计	924	1070
固定资产净值	1 800	2 150	递延税项：		
固定资产清理			递延税款贷项		
在建工程	150	150	负债合计	1824	2 070
待处理固定资产净损失			股东权益：		
固定资产合计	1 950	2 300	股本	1 500	1 500
无形资产及其他资产：			资本公积	132	240
无形资产	20	32	盈余公积	219	459
长期待摊费用	10	8	未分配利润	125	231
无形及其他资产合计	30	40			
递延税项：			股东权益合计	1 976	2 430
递延税款借项					
资产总计	3 800	4 500	负债及股东权益合计	3 800	4 500

从资产负债表的结构来看，它主要包括资产、负债与股东权益三大类项目，资产负债表的左方反映企业的资产状况，资产按其流动性从大到小分项列示，顺次为流动资产、长期投资、固定资产、无形资产、递延资产和其他资产等。资产负债表的右方反映企业的负债与股东权益状况，它说明了企业资金的来源情况，即有多少来源于债权人，有多少来源于企业所有者的投资。

资产负债表是进行财务分析的一张重要财务报表，它提供了企业的资产结构、资产流动性、资金来源状况、负债水平以及负债结构等财务信息。分析者通过对资产负债表的分析，可以了解企业的偿债能力、资金营运能力等财务状况，为债权人、投资者以及企业管理者提供决策依据。

2. 利润表

利润表也称损益表，是反映企业在一定期间生产经营成果的财务报表。利润表是以“利润＝收入一费用”这一会计等式为依据编制而成的。通过利润表可以考核企业利润计划的完成情况，分析企业的获利能力以及利润增减变化的原因，预测企业利润的发展趋势，为投资者及企业管理者等各方面提供财务信息。在利润表中，通常按照利润的构成项目分别列示，其结构详见表3—2。

表3－2 甲公司利润表　　2006年度　单位：万元

项　目	本月数	本年累计数
一、营业收入	（略）	9 571.4
减：折扣与折让		200
减：营业成本		4 190.40
营业税金及附加		676
销售费用		1 370
管理费用		1 050
财务费用		325
资产减值损失		
加：公允价值变动收益		
投资收益		63
二、营业利润		1 823
加：营业外收入		8.5
减：营业外支出		15.5
三、利润总额		1 816
减：所得税		556
四、净利润		1 260
五、每股收益		
（一）基本每股收益（单位：元）		
（二）稀释每股收益（元）		

企业的收入主要包括营业收入、投资收益以及营业外收入。费用支出主要包括营业成本、销售费用、管理费用、财务费用、营业税金、其他业务支出、投资损失以及营业外支出等。总收入减去总费用就是利润总额。企业的利润因收入与费用的不同配比，可以分为四个层次：营业利润、利润总额（税前利润）、净利润和每股收益。营业利润是营业收入扣除营业成本、营业税金及附加、销售费用、管理费用、财务费用等后的利润，主要反映企业的经营所得；营业利润加上营业外收支净额后就是利润总额，是计算所得税的基础；利润总额扣除应纳的所得税后就是企业的净利润，这是企业所有者可以得到的实际收益。每股收益反映了上市公司盈利能力的高低。

3. 现金流量表

现金流量表是以现金及现金等价物为基础编制的财务状况变动表，是企业对外报送的一张重要会计报表。它为会计报表使用者提供企业一定会计期间内现金和现金等价物流入和流出的信息，以便于报表使用者了解和评价企业获取现金和现金等价物的能力，并据以预测企业未来现金流量。现金流量表的结构详见表3—3。

表3—3 甲公司现金流量表 2006年度 单位:万元

项目	金额
一、经营活动产生的现金流量:	
销售商品、提供劳务收到的现金	10 470
收到的税费返还	450
收到的其他与经营活动有关的现金	300
现金流入小计	11 220
购买商品、接受劳务支付的现金	6 630
支付给职工及为职工支付的现金	258
支付的各项税费	2 542
支付的其他与经营活动有关的现金	470
现金流出小计	9 900
经营活动产生的现金流量净额	1 320
二、投资活动产生的现金流量:	
收回投资所收到的现金	105
取得投资收益所收到的现金	65
处置固定资产、无形资产和其他长期资产收回的现金净额	15
收到的其他与投资活动有关的现金	
现金流入小计	185
购建固定资产、无形资产和其他长期资产所支付的现金	855
投资所支付的现金	76
支付的其他与投资活动有关的现金	14
现金流出小计	945
投资活动产生的现金流量净额	—760
三、筹资活动产生的现金流量:	
吸收投资所收到的现金	250
借款所收到的现金	
收到的其他与筹资活动有关的现金	
现金流入小计	250
偿还债务及支付的现金	330
分配股利、利润或偿付利息所支付的现金	273
支付的其他与筹资活动有关的现金	7
现金流出小计	610
筹资活动产生的现金流量净额	—360
四、汇率变动对现金的影响	
五、现金及现金等价物净增加额	200

根据《企业会计准则》的要求,企业应在年末编制年报时编报现金流量表。为了正确地分析现金流量表,必须明确现金流量表中这样几个重要的概念:现金、现金等价物、现金流量。现金流量表中的现金是指企业的库存现金以及可以随时用于支付的存款,包括库存现金、银行存款和其他货币资金。但是,应注意的是,银行存款和其他货币资金中不能随时用于支付的存款不应作为现金,而应作为投资,如不能随时支取的定期存款等。现金等价物是指企业持有的期限短、流动性强、易于转换为已知金额现金、价值变动风险很小的短期投资。现金等价物虽然不是现金,但其支付能力与现金的差别不大,可以视为现金。一项投资被确认为现金等价物必须同时具备四个条件:期限短、流动性强、易于转换为已知金额现金、价值变动风险很小。其中,期限短一般是指从购买日起,3个月内

到期。现金流量是某一段时期内企业现金流入和流出的数量，主要包括经营活动产生的现金流量、投资活动产生的现金流量和筹资活动产生的现金流量三类。

3.2 财务比率分析

3.2.1 偿债能力分析

偿债能力是指企业偿还各种到期债务的能力。偿债能力分析是企业财务分析的一个重要方面，通过这种分析可以揭示企业的财务风险。企业财务管理人员、企业债权人及投资者都十分重视企业的偿债能力分析，偿债能力分析主要分为短期偿债能力分析和长期偿债能力分析，现分述如下。

1. 短期偿债能力分析

短期偿债能力是指企业偿付流动负债的能力，流动负债是将在1年内或超过1年的一个营业周期内需要偿付的债务，这部分负债对企业的财务风险影响较大，如果不能及时偿还，就可能使企业面临倒闭的危险。在资产负债表中，流动负债与流动资产形成一种对应关系。一般来说，流动负债需以流动资产来偿付，通常它需要以现金来直接偿还。因此，可以通过分析企业流动负债与流动资产之间的关系来判断企业短期偿债能力。通常，评价企业短期偿债能力的财务比率主要有流动比率、速动比率、现金比率、现金流量比率和到期债务本息偿付比率等。

(1)流动比率。

流动比率是企业流动资产与流动负债的比率。其计算公式为：

$$\text{流动比率}=\frac{\text{流动资产}}{\text{流动负债}} \tag{3—1}$$

流动资产主要包括现金、交易性金融资产、应收及预付款项、存货、待摊费用和1年内到期的长期债券投资等，一般用资产负债表中的期末流动资产总额；流动负债主要包括短期借款、应付及预收款项、各种应交款项、1年内即将到期的长期负债等，通常也用资产负债表中的期末流动负债总额。根据表3—1中甲公司的流动资产和流动负债的年末数，该公司2006年末的流动比率为：

$$\text{流动比率}=\frac{1\ 980}{1\ 000}=1.98$$

这表明甲公司每有1元的流动负债，就有1.98元的流动资产做保障。流动比率是衡量企业短期偿债能力的一个重要财务指标，这个比率越高，说明企业偿还流动负债的能力越强，流动负债得到偿还的保障越大。但是，过高的流动比率也并非好现象，因为流动比率过高，可能是企业滞留在流动资产上的资金过多，未能有效地加以利用，可能会影响企业的获利能力。

根据西方的经验，流动比率在2:1左右比较合适，甲公司的流动比率为1.98，应属于正常范围。实际上，对流动比率的分析应该结合不同的行业特点、企业流动资产结构及各项流动资产的实际变现能力等因素。有的行业流动比率较高，有的行业较低，不可一概而论。但是，单凭这种经验判断也并非可靠，有时流动比率较高，但其短期偿债能力也未必很强，因为可能是存货积压或滞销的结果，而且，企业也很容易伪造这个比率，以掩饰其偿债能力。如年终时故意将借款还清，下年初再借入，这样就可以人为地提高流动比率。假设某一公司拥有流动资产 20 万元、流动负债 10 万元，则流动比率为 2。如果该公司在年终编制会计报表时，故意还清 5 万元短期借款，待下年初再借入，则该公司的流动资产就变成了 15 万元，流动负债变成了 5 万元，流动比率为 3。这样，流动比率提高，粉饰了短期偿债能力。因此，利用流动比率来评价企业短期偿债能力存在一定的片面性。

(2)速动比率。

从前面的分析可知，流动比率在评价企业短期偿债能力时，存在一定的局限性。如果流动比率较高，但流动资产的流动性较差，则企业的短期偿债能力仍然不强。在流动资产中，交易性金融资产、应收票据、应收账款的变现力均比存货强，存货需经过销售才能转变为现金，如果存货滞销，其变现就成问题，所以存货是流动资产中流动性相对较差的。一般来说，流动资产扣除存货后的资产称为速动资产，主要包括现金(即货币资金)、交易性金融资产、应收票据、应收账款等。速动资产与流动负债的比率称为速动比率，也称酸性试验。其计算公式为：

$$\text{速动比率} = \frac{\text{速动资产}}{\text{流动负债}} = \frac{\text{流动资产} - \text{存货}}{\text{流动负债}} \tag{3-2}$$

通过速动比率来判断企业短期偿债能力比用流动比率进了一步，因为它撇开了变现力较差的存货。速动比率越高，说明企业的短期偿债能力越强。根据表 3—1 中的有关数据，甲公司 2006 年末的速动比率为：

$$\text{速动比率} = \frac{1\ 980 - 690}{1\ 000} = 1.29$$

根据西方的经验，一般认为速动比率为 1∶1 时比较合适，甲公司的速动比率为 1.29，应属于正常范围之内。但在实际分析时，应该根据企业性质和其他因素来综合判断，不可一概而论。通常影响速动比率可信度的重要因素是应收账款的变现能力，如果企业的应收账款中，有较大部分不易收回，可能会成为坏账，那么速动比率就不能真实地反映企业的偿债能力。

需要说明的是，用流动资产扣除存货来计算速动资产只是一种粗略的计算，严格地讲，不仅要扣除存货，还应扣除预付账款、待处理流动资产损失等其他变现能力较差的项目。

(3)现金比率。

现金比率是企业的现金类资产与流动负债的比率。现金类资产包括企业的库存现金、随时可以用于支付的存款和现金等价物，即现金流量表中所反映的现金。其计算公式为：

$$\text{现金比率} = \frac{\text{现金} + \text{现金等价物}}{\text{流动负债}} \tag{3-3}$$

根据表 3—1 甲公司的有关数据(假定该公司的交易性金融资产均为现金等价物)，该公司 2006 年末的现金比率为：

$$\text{现金比率} = \frac{490 + 80}{1\ 000} = 0.57$$

现金比率可以反映企业的直接支付能力，因为现金是企业偿还债务的最终手段，如果企业现金缺乏，就可能发生支付困难，将面临财务危机，因而现金比率高，说明企业有较好的支付能力，对偿付债务是有保障的。但是，如果这个比率过高，可能意味着企业拥有过多的获利能力较低的现金类资产，企业的资产未能得到有效运用。

(4)现金流量比率。

现金流量比率是企业经营活动现金净流量与流动负债的比率。其计算公式为：

$$\text{现金流量比率} = \frac{\text{经营活动现金净流量}}{\text{流动负债}} \tag{3-4}$$

这一比率反映本期经营活动所产生的现金净流量足以抵付流动负债的倍数。根据表3—1和表3—3，甲公司2006年的现金流量比率为：

$$\text{现金流量比率}=\frac{1\,320}{1\,000}=1.32$$

需要说明的是，经营活动所产生的现金流量是过去一个会计年度的经营结果，而流动负债则是未来一个会计年度需要偿还的债务，二者的会计期间不同。因此，这个指标是建立在以过去一年的现金流量来估计未来一年现金流量的假设基础之上的。使用这一财务比率时，需要考虑未来一个会计年度影响经营活动的现金流量变动的因素。

(5)到期债务本息偿付比率。

到期债务本息偿付比率是经营活动产生的现金净流量与本期到期债务本息的比率。其计算公式为：

$$\text{到期债务本息偿付比率} = \frac{\text{经营活动现金净流量}}{\text{本期到期债务本金} + \text{现金利息支出}} \tag{3-5}$$

到期债务本息偿付比率反映经营活动产生的现金净流量是本期到期债务本息的倍数，它主要是衡量本年度内到期的债务本金及相关的现金利息支出可由经营活动所产生的现金来偿付的程度。该项财务比率越高，说明企业经营活动所产生的现金对偿付本期到期的债务本息的保障程度越高，企业的偿债能力也越强。如果该指标小于1，表明企业经营活动产生的现金不足以偿付本期到期的债务本息。公式中的数据均可从现金流量表中得到，分母中的债务本金及现金利息支出来自现金流量表中筹资活动现金流量。根据表3—3有关数据，甲公司2006年的到期债务本息偿付比率为：

$$\text{到期债务本息偿付比率}=\frac{1\,320}{330+123}=2.91$$

计算结果说明，2006年度甲公司经营活动产生的现金流量足以支付本年度到期的债务本息。

2. 长期偿债能力分析

长期偿债能力是指企业偿还长期负债的能力，企业的长期负债主要有长期借款、应付长期债券、长期应付款等。对于企业的长期债权人和所有者来说，不仅关心企业短期偿债能力，更关心企业长期偿债能力。因此，在对企业进行短期偿债能力分析的同时，还需分析企业的长期偿债能力，以便于债权人和投资者全面了解企业的偿债能力及财务风险。反映企业长期偿债能力的财务比率主要有资产负债率、股东权益比率、权益乘数、产权比率、有形净值债务率、偿债保障比率、利息保障倍数和现金利息保障倍数等。现分述如下。

(1)资产负债率。

资产负债率是企业负债总额与资产总额的比率，也称为负债比率或举债经营比率，它反映企业的资产总额中有多少是通过举债而得到的。其计算公式为：

$$\text{资产负债率} = \frac{\text{负债总额}}{\text{资产总额}} \times 100\% \tag{3-6}$$

资产负债率反映企业偿还债务的综合能力，这个比率越高，企业偿还债务的能力越差；反之，偿还债务的能力越强。根据表3—1的有关数据，甲公司2006年末的资产负债率为：

$$\text{资产负债率} = \frac{2\ 070}{4\ 500} \times 100\% = 46\%$$

这表明甲公司的资产有46%是来源于举债，或者说甲公司每46元的债务，就有100元的资产作为偿还的后盾。

对于资产负债率，企业的债权人、股东和企业经营者往往从不同的角度来评价。

①从债权人的角度来看，他们最关心的是其贷给企业资金的安全性。如果这个比率过高，说明在企业的全部资产中，股东提供的资本所占比重太低，这样，企业的财务风险就主要由债权人负担，其贷款的安全也缺乏可靠的保障，所以，债权人总是希望企业的负债比率低一些。

②从企业股东的角度来看，其关心的主要是投资收益的高低，企业借入的资金与股东投入的资金在生产经营中可以发挥同样的作用，如果企业负债所支付的利率低于资产报酬率，股东就可以利用举债经营取得更多的投资收益。因此，股东所关心的往往是全部资产报酬率是否超过了借款的利率。企业股东可以通过举债经营的方式，以有限的资本、付出有限的代价而取得对企业的控制权，并且可以得到举债经营的杠杆利益。在财务分析中，资产负债率也因此被人们称做财务杠杆。

③站在企业经营者的立场，他们既要考虑企业的盈利，也要顾及企业所承担的财务风险。资产负债率作为财务杠杆不仅反映了企业的长期财务状况，也反映了企业管理当局的进取精神。如果企业不利用举债经营或者负债比率很小，则说明企业比较保守，对前途信心不足，利用债权人资本进行经营活动的能力较差。但是，负债也必须有一定限度，负债比率过高，企业的财务风险将增大，一旦资产负债率超过1，则说明企业资不抵债，有濒临倒闭的危险。

至于资产负债率为多少才是合理的，并没有一个确定的标准。不同的行业、不同类型的企业都是有较大差异的。一般而言，处于高速成长时期的企业，其负债比率可能会高一些，这样所有者会得到更多的杠杆利益。但是，作为财务管理者在确定企业的负债比率时，一定要审时度势，充分考虑企业内部各种因素和企业外部的市场环境，在收益与风险之间权衡利弊得失，然后才能作出正确的财务决策。

(2)股东权益比率与权益乘数。

股东权益比率是股东权益与资产总额的比率，该比率反映企业资产中有多少是所有者投入的。其计算公式为：

$$\text{股东权益比率} = \frac{\text{股东权益总额}}{\text{资产总额}} \times 100\% \tag{3-7}$$

从上述公式可知，股东权益比率与负债比率之和等于 1。因此，这两个比率是从不同的侧面来反映企业长期财务状况的，股东权益比率越大，负债比率就越小，企业的财务风险也越小，偿还长期债务的能力就越强。根据表 3－1 的有关数据，甲公司 2006 年末的股东权益比率为：

$$股东权益比率=\frac{2\ 430}{4\ 500}\times 100\%=54\%$$

股东权益比率的倒数，称做权益乘数，即资产总额是股东权益的多少倍。该乘数越大，说明股东投入的资本在资产中所占比重越小。其计算公式为：

$$权益乘数=\frac{资产总额}{股东权益总额} \qquad (3-8)$$

根据表 3－1 的有关数据，甲公司 2006 年末的权益乘数为：

$$权益乘数=\frac{4\ 500}{2\ 430}=1.85$$

也可以用资产平均总额除以股东权益平均总额计算出 2006 年甲公司的平均权益乘数为：

$$平均权益乘数=\frac{(3\ 800+4\ 500)/2}{(1\ 976+2\ 430)/2}=1.88$$

(3)产权比率与有形净值债务率。

产权比率是负债总额与股东权益总额的比率，也称负债股权比率。其计算公式为：

$$产权比率=\frac{负债总额}{股东权益总额} \qquad (3-9)$$

从公式中可以看出，这个比率实际上是负债比率的另一种表现形式，它反映了债权人所提供资金与股东所提供资金的对比关系，因此它可以揭示企业的财务风险以及股东权益对债务的保障制度。该比率越低，说明企业长期财务状况越好，债权人贷款的安全越有保障，企业财务风险越小。根据表 3－1 的有关数据，甲公司 2006 年末的产权比率为：

$$产权比率=\frac{2\ 070}{2\ 430}=0.85$$

为了进一步分析股东权益对负债的保障程度，可以保守地认为无形资产不能用来偿还债务(虽然实际上未必如此)，故将其从上式的分母中扣除，这样计算出的财务比率称为有形净值债务率。计算公式为：

$$有形净值债务率=\frac{负债总额}{股东权益-无形资产净值} \qquad (3-10)$$

从公式中可见，有形净值债务率实际上是产权比率的延伸，它更为保守地反映了在企业清算时债权人投入的资本受到股东权益的保障程度。该比率越低，说明企业的财务风险越小。根据 3－1 的有关数据，甲公司 2006 年末的有形净值债务率为：

$$有形净值债务率=\frac{2\ 070}{2\ 430-32}=0.86$$

(4)偿债保障比率。

偿债保障比率是负债总额与经营活动现金净流量的比率。其计算公式为：

$$偿债保障比率=\frac{负债总额}{经营活动现金净流量} \qquad (3-11)$$

从公式中可以看出，偿债保障比率反映了用企业经营活动产生的现金净流量偿还全部债务所需的时间，所以该比率亦被称为债务偿还期。一般认为，经营活动产生的现金流量是企业长期资金的最主要来源，而投资活动和筹资活动所获得的现金流量虽然在必要时也可用于偿还债务，但不能将其视为经常性的现金流量。因此，用偿债保障比率就可以衡量企业通过经营活动所获得的现金偿还债务的能力。一般认为，该比率越低，企业偿还债务的能力越强。根据表3－1和表3－3的有关数据，甲公司2006年的偿债保障比率为：

$$偿债保障比率=\frac{2\ 070}{1\ 320}=1.57$$

(5)利息保障倍数与现金利息保障倍数。

利息保障倍数也称利息所得倍数，是税前利润加利息费用之和与利息费用的比率。其计算公式为：

$$利息保障倍数=\frac{税前利润+利息费用}{利息费用} \qquad (3-12)$$

根据表3－2的有关数据(假定该公司的财务费用都是利息费用，并且固定资产成本中不含资本化利息)，甲公司2006年的利息保障倍数为：

$$利息保障倍数=\frac{1\ 816+325}{325}=6.59$$

公式中的税前利润是指缴纳所得税之前的利润总额，利息费用不仅包括财务费用中的利息费用，还包括计入固定资产成本的资本化利息。利息保障倍数反映了企业的经营所得支付债务利息的能力。如果这个比率太低，说明企业难以保证用经营所得来按时按量支付债务利息，这会引起债权人的担心。一般来说，企业的利息保障倍数至少要大于1，否则，就难以偿付债务及利息，若长此以往，甚至会导致企业破产倒闭。

但是，在利用利息保障倍数这一指标时，必须注意，因为会计采用权责发生制来核算费用，所以本期的利息费用不一定就是本期的实际利息支出，而本期发生的实际利息支出也并非全部是本期的利息费用；同时，本期的息税前利润也并非本期的经营活动所获得的现金。这样，利用上述财务指标来衡量经营所得支付债务利息的能力就存在一定的片面性，不能清楚地反映实际支付利息的能力。为此，可以进一步用现金利息保障倍数来分析经营所得现金偿付利息支出的能力。其计算公式为：

$$现金利息保障倍数=\frac{经营活动现金净流量+现金利息支出+付出所得税}{现金利息支出} \qquad (3-13)$$

从式(3－13)可知，现金利息保障倍数是企业一定时期经营活动所取得的现金，是支付利息支出的倍数，它更明确地反映了企业实际偿付利息支出的能力。根据表3－3的有关数据，甲公司2006年的现金利息保障倍数为：

$$现金利息保障倍数=\frac{1\ 320+123+540}{123}=16.12$$

以上两个财务指标究竟是多少时，才说明企业偿付利息的能力强，并没有一个确定的标准，通常要根据历年的经验和行业特点来判断。

3. 影响企业偿债能力的其他因素

上述财务比率是分析企业偿债能力的主要指标,分析者可以比较最近几年的有关财务比率来判断企业偿债能力的变化趋势,也可以比较某一企业与同行业其他企业的财务比率,来判断该企业的偿债能力强弱。但是,在分析企业偿债能力时,除了使用上述指标以外,还应考虑到以下因素对企业偿债能力的影响,这些因素既可影响企业的短期偿债能力,也可影响企业的长期偿债能力。

(1)或有负债。

或有负债是企业在经营活动中有可能会发生的债务。根据我国《企业会计准则》的规定,或有负债不作为负债在资产负债表的负债类项目中进行反映,除了已贴现未到期的商业承兑汇票在资产负债表的附注中列示外,其他的或有负债在会计报表中均未得到反映,如销售的产品可能会发生的质量事故赔偿、诉讼案件和经济纠纷可能败诉并需赔偿的金额等。这些或有负债在资产负债表编制日还不能确定未来的结果如何,一旦将来成为企业现实的负债,则会对企业的财务状况产生重大影响,尤其是金额巨大的或有负债项目。在进行财务分析时不能不考虑这一因素的影响。

(2)担保责任。

在经济活动中,企业可能会发生以本企业的资产为其他企业提供法律担保,如为其他企业的银行借款担保、为其他企业履行有关经济合同提供法律担保等。这种担保责任,在被担保人没有履行合同时,就有可能成为企业的负债,增加企业的债务负担,但是,这种担保责任在会计报表中并未得到反映,因此,在进行财务分析时,必须考虑到企业是否有巨额的法律担保责任。

(3)租赁活动。

企业在生产经营活动中,可以通过财产租赁的方式解决急需的设备。通常财产租赁有两种形式:融资租赁和经营租赁。采用融资租赁方式,租入的固定资产都作为企业的固定资产入账,租赁费用作为企业的长期负债入账,这在计算前面有关的财务比率中都已经计算在内。但是,经营租赁的资产,其租赁费用并未包含在负债之中,如果经营租赁的业务量较大、期限较长或者具有经常性,则其租金虽然不包含在负债之中,但对企业的偿债能力也会产生较大的影响。在进行财务分析时,也应考虑这一因素。

(4)可动用的银行贷款指标。

可动用的银行贷款指标是指银行已经批准而企业尚未办理贷款手续的银行贷款限额。这种贷款指标可以随时使用,增加企业的现金,这样可以提高企业的支付能力,缓解目前的财务困难。

3.2.2 企业营运能力分析

企业的营运能力反映了企业资金周转状况,对此进行分析,可以了解企业的营业状况及经营管理水平。资金周转状况好,说明企业的经营管理水平高,资金利用效率高。企业的资金周转状况与供、产、销各个经营环节密切相关,任何一个环节出现问题,都会影响到企业资金的正常周转。资金只有顺利地通过各个经营环节,才能完成一次循环。在供、产、销各环节中,销售有着特殊的意义。因为产品只有销售出去,才能实现其价值,收回最初投入的资金，顺利地完成一次资金周转。这样，就可以通过产品销售情况与企业资金占用量来分析企业的资金周转状况，评价企业的营运能力。评价企业营运能力常用的财务比率有存货周转率、应收账款周转率、流动资产周转率、固定资产周转率、总资产周转率等。

1. 应收账款周转率

应收账款周转率是企业一定时期赊销收入净额与应收账款平均余额的比率。

它反映了企业应收账款的周转速度。其计算公式为：

$$\text{应收账款周转率}=\frac{\text{赊销收入净额}}{\text{应收账款平均余额}} \tag{3－14}$$

$$\text{应收账款平均余额}=\frac{\text{期初应收账款}+\text{期末应收账款}}{2} \tag{3－15}$$

公式中赊销收入净额是指销售收入扣除了销货退回、销货折扣及折让后的赊销净额。在这里，我们假设甲公司的销售都是赊销，这样根据表3—1和表3—2的有关数据，

$$\text{甲公司 2006 年的应收账款周转率为}=\frac{9\,571.4}{(643.5+683.1)\div 2}=14$$

在市场经济条件下，商业信用被广泛应用，应收账款成为一项重要的流动资产。应收账款周转率是评价应收账款流动性大小的一个重要财务比率，它反映了企业在一个会计年度内应收账款的周转次数，可以用来分析企业应收账款的变现速度和管理效率。这一比率越高，说明企业催收账款的速度越快，可以减少坏账损失，而且资产的流动性强，企业的短期偿债能力也会增强，在一定程度上可以弥补流动比率低的不利影响。但是，如果应收账款周转率过高，可能是企业奉行了比较严格的信用政策、信用标准和付款条件过于苛刻的结果。这样会限制企业销售量的扩大，从而会影响企业的盈利水平。这种情况往往表现为存货周转率同时偏低。如果企业的应收账款周转率过低，则说明企业催收账款的效率太低，或者信用政策十分宽松，这样会影响企业资金利用率和资金的正常周转。

用应收账款周转次数来反映应收账款的周转情况是比较常见的，如上面计算的甲公司应收账款周转率为14，表明该公司1年内应收账款周转次数为14次。此外，也可以用应收账款平均收账期来反映应收账款的周转情况。其计算公式为：

$$\begin{aligned}\text{应收账款平均收账期}&=\frac{360}{\text{应收账款周转率}}\\&=\frac{\text{应收账款平均余额}\times 360}{\text{赊销收入净额}}\end{aligned} \tag{3－16}$$

应收账款平均收账期表示应收账款周转一次所需天数。平均收账期越短，说明企业的应收账款周转速度越快。根据甲公司的应收账款周转率，计算出的应收账款平均收账期为：

$$\text{应收账款平均收账期}=\frac{360}{14}=25.7(\text{天})$$

甲公司的应收账款平均收账期为25.7天，说明甲公司从赊销产品到收回账款的平均天数为25.7天。应收账款平均收账期与应收账款周转率成反比例变化，对该指标的分析是制定企业信用政策的一个重要依据。

2. 存货周转率

存货周转率，也称存货利用率，是企业一定时期的营业成本与平均存货的比率。其计算公式为：

$$存货周转率=\frac{营业成本}{平均存货} \tag{3-17}$$

$$平均存货=\frac{期初存货余额+期末存货余额}{2} \tag{3-18}$$

公式中的销售成本可以从利润表中得知，平均存货是期初存货余额与期末存货余额的平均数，可以根据资产负债表计算得出。如果企业生产经营活动具有很强的季节性，则年度内各季度的销售成本与存货都会有较大幅度的波动，因此，平均存货应该按季度或月份余额来计算，先计算出各月份或各季度的平均存货，然后再计算全年的平均存货。根据表3—1和表3—2的有关数据，甲公司2006年的存货周转率为：

$$平均存货=\frac{580+690}{2}=635(万元)$$

$$存货周转率=\frac{4\ 190.4}{635}=6.60$$

存货周转率说明了一定时期内企业存货周转的次数，可以用来测定企业存货的变现速度，衡量企业的销售能力及存货是否过量。存货周转率反映了企业的销售效率和存货使用效率。在正常情况下，如果企业经营顺利，存货周转率越高，说明存货周转得越快，企业的销售能力越强，营运资金占用在存货上的金额也会越少。但是，存货周转率过高，也可能说明企业管理方面存在一些问题，如存货水平太低，甚至经常缺货，或者采购次数过于频繁，批量太小等。存货周转率过低，常常是库存管理不力，销售状况不好，造成存货积压，说明企业在产品销售方面存在一定的问题，应当采取积极的销售策略，但也可能是企业调整了经营方针，因某种原因增大库存的结果，因此，对存货周转率的分析，要深入调查企业库存的构成，结合实际情况作出判断。

存货周转状况也可以用存货周转天数来表示。其计算公式为：

$$存货周转(天数)=\frac{360}{存货周转期}=\frac{平均存货\times 360}{营业成本} \tag{3-19}$$

存货周转天数表示存货周转一次所需要的时间，天数越短说明存货周转得越快。前面计算的存货周转率为6.60，表明一年存货周转6.60次，因此存货周转天数为：

$$存货周转天数=\frac{360}{6.60}=54.55(天)$$

3. 流动资产周转率

流动资产周转率是营业收入与流动资产平均余额的比率，它反映的是全部流动资产的利用效率。其计算公式为：

$$流动资产周转率=\frac{营业收入}{流动资产平均余额} \tag{3-20}$$

$$流动资产平均余额=\frac{流动资产期初余额+流动资产期末余额}{2} \tag{3-21}$$

流动资产周转率表明在一个会计年度内企业流动资产周转的次数，它反映了流动资产周转的速度。该指标越高，说明企业流动资产的利用效率越好。根据表 3—1 和表 3—2 的有关数据，甲公司 2006 年的流动资产周转率为：

$$流动资产平均余额=\frac{1\ 710+1\ 980}{2}=1\ 845\ (万元)$$

$$流动资产周转率=\frac{9\ 571.4}{1\ 845}=5.2$$

流动资产周转率是分析流动资产周转情况的一个综合指标，流动资产周转快，可以节约流动资金，提高资金的利用效率。但是，究竟流动资产周转率为多少才算好，并没有一个确定的标准。通常分析流动资产周转率应比较企业历年的数据并结合行业特点。

4. 固定资产周转率

固定资产周转率，也称固定资产利用率，是企业营业收入与固定资产平均净值的比率。其计算公式为：

$$固定资产周转率=\frac{营业收入}{固定资产平均余额} \quad (3-22)$$

$$固定资产平均余额=\frac{期初固定资产净值+期末固定资产净值}{2} \quad (3-23)$$

这项比率主要用于分析对厂房、设备等固定资产的利用效率，该比率越高，说明固定资产的利用率越高，管理水平越好。如果固定资产周转率与同行业平均水平相比偏低，说明企业的生产效率较低，可能会影响企业的获利能力。根据表 3—1 和表 3—2 的有关数据，甲公司 2006 年的固定资产周转率为：

$$固定资产周转率=\frac{9\ 571.4}{(1\ 800+2\ 150)/2}=4.9$$

5. 总资产周转率

总资产周转率，也称总资产利用率，是企业营业收入与资产平均总额的比率。其计算公式为：

$$总资产周转率=\frac{营业收入}{资产平均余额} \quad (3-24)$$

$$资产平均总额=\frac{期初资产总额+期末资产总额}{2} \quad (3-25)$$

公式中的销售收入一般用销售收入净额，即扣除销售退回、销售折扣和折让后的净额。总资产周转率可用来分析企业全部资产的使用效率，如果这个比率较低，说明企业利用其资产进行经营的效率较差，会影响企业的获利能力，企业应该采取措施提高销售收入或处置资产，以提高总资产利用率。根据表 3—1 和表 3—2 的有关数据，甲公司 2006 年的总资产周转率为：

$$总资产周转率=\frac{9\ 571.4}{(3\ 800+4\ 500)/2}=2.3$$

3.2.3　企业获利能力分析

获利能力是指企业赚取利润的能力。盈利是企业的重要经营目标，是企业生存和发展的物质基础，它不仅关系到企业所有者的利益，也是企业偿还债务的一个重要来源。

因此,企业的债权人、所有者以及管理者都十分关心企业的获利能力。获利能力分析是企业财务分析的重要组成部分,也是评价企业经营管理水平的重要依据。企业的各项经营活动都会影响到企业的盈利,但是,对企业获利能力分析,一般只分析企业正常的经营活动的获利能力,不涉及非正常的经营活动。这是因为一些非正常的、特殊的经营活动,虽然也会给企业带来收益,但它不是经常的和持久的,不能将其作为企业的一种获利能力加以评价。

评价企业获利能力的财务比率主要有资产报酬率、股东权益报酬率、销售净利率、成本费用净利率等,对于股份有限公司,还应分析每股利润与每股现金流量、每股股利与股利发放率、每股净资产、市盈率等。

1. 资产报酬率

资产报酬率,也称资产收益率、资产利润率或投资报酬率,是企业在一定时期内的净利润与资产平均总额的比率。其计算公式为:

$$资产报酬率=\frac{净利润}{资产平均总额}\times 100\% \qquad (3-26)$$

根据表 3—1 和表 3—2 的有关数据,甲公司 2006 年的资产报酬率为:

$$资产报酬率=\frac{1\ 260}{(3\ 800+4\ 500)/2}\times 100\%=30.36\%$$

资产报酬率主要用来衡量企业利用资产获取利润的能力,它反映了企业总资产的利用效率。甲公司的资产报酬率为 30.36%,说明甲公司每 100 元的资产可以赚取 30.36 元的净利润。这一比率越高,说明企业的获利能力越强。

在市场经济比较发达的社会,各行业之间的竞争十分激烈,资本通过市场竞争会流向利润率较高的行业,这会使各行业的资产报酬率趋于平均化。但这并不否定个别企业因其先进的技术、良好的商业信誉而获得高于同行业平均水平的资产报酬率。在分析企业的资产报酬率时,通常要与该企业前期、与同行业平均水平和先进水平进行比较,这样才能判断企业资产报酬率的变动趋势以及在同行业中所处的地位,从而可以了解企业的资产利用效率,发现经营管理中存在的问题。如果某企业的资产报酬率偏低,说明该企业资产利用效率较低,经营管理存在问题,应该调整经营方针,加强经营管理,挖掘潜力,增收节支,提高资产的利用效率。

在用资产报酬率分析企业的获利能力和资产利用效率的同时,也可以用资产现金流量回报率进一步评价企业的资产的利用效率。其计算公式为:

$$资产现金流量回报率=\frac{经营活动现金净流量}{资产平均总额}\times 100\% \qquad (3-27)$$

该指标客观地反映了企业在利用资产进行经营活动过程中获得现金的能力,因而更进一步反映了资产的利用效率,该比率越高,说明企业的经营活动越有效率。

2. 股东权益报酬率

股东权益报酬率,也称净资产收益率、净值报酬率或所有者权益报酬率,它是一定时期企业的净利润与股东权益平均总额的比率。其计算公式为:

$$股东权益报酬率=\frac{净利润}{股东权益平均总额}\times 100\% \qquad (3-28)$$

$$股东权益平均总额=\frac{期初股东权益+期末股东权益}{2} \tag{3-29}$$

根据表3—1和表3—2的有关数据，甲公司2006年的股东权益报酬率为：

$$股东权益报酬率=\frac{1\ 260}{(1\ 976+2\ 430)/2}\times 100\%=57.19\%$$

股东权益报酬率是评价企业获利能力的一个重要财务比率，它反映了企业股东获取投资报酬的高低。该比率越高，说明企业的获利能力越强。股东权益报酬率也可以用以下公式表示：

$$股东权益报酬率=资产报酬率\times平均权益乘数 \tag{3-30}$$

由此可见，股东权益报酬率取决于企业的资产报酬率和权益乘数两个因素。因此，提高股东权益报酬率可以有两种途径：一是在权益乘数，即企业资金结构一定的情况下，通过增收节支，提高资产利用效率，来提高资产报酬率；二是在资产报酬率大于负债利息率的情况下，可以通过增大权益乘数，即提高资产负债率，来提高股东权益报酬率。但是，第一种途径不会增加企业的财务风险，而第二种途径会导致企业的财务风险的增大。

3. 销售净利率

销售净利率是企业净利润与营业收入净额的比率。其计算公式为：

$$销售净利率=\frac{净利润}{营业收入净额}\times 100\% \tag{3-31}$$

销售净利率说明了企业净利润占销售收入的比例，它可以评价企业通过销售赚取利润的能力。销售净利率表明企业每100元销售净收入可实现的净利润是多少。该比率越高，企业通过扩大销售获取收益的能力越强。根据表3－2的有关数据，甲公司2006年的销售净利率为：

$$销售净利率=\frac{1\ 260}{9\ 571.4}\times 100\%=13.2\%$$

从计算可知，甲公司的销售净利率为13.2%，说明每100元的销售收入可为公司提供13.2元的净利润。评价企业的销售净利率时，应比较企业历年的指标，从而判断企业销售净利率的变化趋势。但是，销售净利率受行业特点影响较大，因此，还应该结合不同行业的具体情况分析。

前面介绍了资产报酬率，该比率可以分解为总资产周转率与销售净利率的乘积，其计算公式为：

$$资产报酬率=总资产周转率\times销售净利率 \tag{3-32}$$

由此可见，资产报酬率主要取决于总资产周转率与销售净利率两个因素。企业的销售净利率越大，资产周转速度越快，则资产报酬率越高。因此，提高资产报酬率可以从两个方面入手：一方面加强资产管理，提高资产利用率；另一方面加强销售管理，增加销售收入，节约成本费用，提高利润水平。

4. 成本费用净利率

成本费用净利率是企业净利润与成本费用总额的比率，它反映了企业生产经营过程中发生的耗费与获得的收益之间的关系。其计算公式为：

$$成本费用净利率=\frac{净利润}{成本费用总额}\times 100\% \tag{3-33}$$

公式中，成本费用是企业为了取得利润而付出的代价，主要包括营业成本、销售费用、销售税金、管理费用、财务费用和所得税等。这一比率越高，说明企业为获取收益而付出的代价越小，企业的获利能力越强。因此，通过这个比率不仅可以评价企业获利能力的高低，也可以评价企业对成本费用的控制能力和经营管理水平。根据表3—2的有关数据，甲公司2006年的成本费用总额为8 167.40万元(4 190.40+676+1 370+1 050+325+556)，则甲公司2006年的成本费用净利率为：

$$成本费用净利率=\frac{1\ 260}{8\ 167.40}\times100\%=15.43\%$$

甲公司的成本费用净利率为15.43%，说明该公司每耗费100元，可以获取15.43元的净利润。

5. 每股利润与每股现金流量

(1)每股利润。

每股利润，也称每股收益或每股盈余，是股份公司税后利润分析的一个重要指标，主要是针对普通股而言的。每股利润是税后净利润扣除优先股股利后的余额，除以发行在外的普通股平均股数。其计算公式为：

$$每股利润=\frac{净利润-优先股股利}{发行在外的普通股平均股数} \tag{3-34}$$

每股利润是股份公司发行在外的普通股每股所取得的利润，它可以反映股份公司获利能力的大小。每股利润越高，说明股份公司的获利能力越强。根据表3—2的资料，假定发行在外的普通股平均股数为1 500万股，并且没有优先股，则甲公司2006年的普通股每股利润为：

$$每股利润=\frac{1\ 260}{1\ 500}=0.84(元)$$

虽然每股利润可以很直观地反映股份公司的获利能力以及股东的报酬，但是，它是一个绝对指标，在分析每股利润时，还应结合流通在外的股数。如果某一股份公司采用股本扩张的政策，大量配股或以股票股利的形式分配股利，这样必然摊薄每股利润，使每股利润减少。同时，分析者还应注意到每股股价的高低，如果甲乙两个公司的每股利润都是0.84元，但是乙公司股价为25元，而甲公司的股价为16元，则投资于甲乙两公司的风险和报酬很显然是不同的。因此，投资者不能只片面地分析每股利润，最好结合股东权益报酬率来分析公司的获利能力。

(2)每股现金流量。

注重股利分配的投资者应当注意，每股利润的高低虽然与股利分配有密切的关系，但它不是决定股利分配的唯一因素。如果某一公司的每股利润很高，但是因为缺乏现金，那么也无法分配现金股利。因此，还有必要分析公司的每股现金流量。每股现金流量越高，说明公司越有能力支付现金股利。每股现金流量是经营活动现金净流量扣除优先股股利后的余额，再除以发行在外的普通股平均股数。其计算公式为：

$$每股现金流量=\frac{经营活动现金净流量-优先股股利}{发行在外的普通股平均股数} \tag{3-35}$$

根据表3—3的有关数据，甲公司2006年的每股现金流量为：

$$每股利润=\frac{1\ 320}{1\ 500}=0.88(元)$$

在计算每股利润和每股现金流量时,公式中的分母用公司发行在外的普通股平均股数。如果年度内普通股的股数未发生变化,则发行在外的普通股平均股数就是年末普通股总数;如果年度内普通股的股数发生了变化,则发行在外的普通股平均股数应当使用按月计算的加权平均发行在外的普通股股数。其计算公式为:

$$加权平均发行在外的普通股股数=\frac{\sum(发行在外普通股股数\times发行在外月份数)}{12} \quad (3-36)$$

6. 每股股利与股利发放率

(1)每股股利。

每股股利是普通股分配的现金股利总额除以发行在外的普通股股数,它反映了普通股获得的现金股利的多少。其计算公式为:

$$每股股利=\frac{现金股利总额-优先股股利}{发行在外的普通股股数} \quad (3-37)$$

每股股利的高低,不仅取决于公司获利能力的强弱,还取决于公司股利政策和现金是否充裕。倾向于分配现金股利的投资者,应当比较分析公司历年的每股股利,从而了解公司的股利政策。

(2)股利发放率。

股利发放率,也称股利支付率,是普通股每股股利与每股利润的比率。它表明股份公司的净收益中有多少用于股利的分派。其计算公式为:

$$股利发放率=\frac{每股股利}{每股利润}\times100\% \quad (3-38)$$

假定甲公司2006年度分配的普通股每股股利为0.21元,则该公司的股利发放率为:

$$股利发放率=\frac{0.21}{0.84}\times100\%=25\%$$

甲公司的股利发放率为25%,说明甲公司将利润的25%用于支付普通股股利。股利发放率主要取决于公司的股利政策,没有一个具体的标准来判断股利发放率是大好还是小好。一般而言,如果一家公司的现金量比较充裕,并且目前没有更好的投资项目,则可能会倾向于发放现金股利;如果公司有较好的投资项目,则可能会少发股利,而将资金用于投资。

7. 每股净资产

每股净资产,也称每股账面价值,是股东权益总额除以发行在外的股票股数。其计算公式为:

$$每股净资产=\frac{股东权益总额}{发行在外的股票股数} \quad (3-39)$$

每股净资产并没有一个确定的标准,但是,投资者可以比较分析公司历年的每股净资产的变动趋势,来了解公司的发展趋势和获利能力。根据表3-1的有关数据,甲公司2006年末的每股净资产为:

$$每股净资产=\frac{2\ 430}{1\ 500}=1.62(元)$$

8. 市盈率

市盈率，也称价格盈余比率或价格与收益比率，是指普通股每股市价与每股利润的比率。其计算公式为：

$$\text{市盈率} = \frac{\text{每股市价}}{\text{每股利润}} \tag{3－40}$$

市盈率是反映股份公司获利能力的一个重要财务比率。投资者对这个比率十分重视。这一比率是投资者作出投资决策的重要参考因素之一。一般来说，市盈率高，说明投资者对该公司的发展前景看好，愿意出较高的价格购买该公司股票，所以一些成长性较好的高科技公司股票的市盈率通常要高一些。但是，也应注意，如果某一种股票的市盈率过高，则也意味着这种股票具有较高的投资风险。

假定 2006 年末，甲公司的股票价格为每股 16 元，则其市盈率为：

$$\text{市盈率} = \frac{16}{0.84} = 19.05$$

3.3 财务综合分析

单独分析任何一类财务指标，都不足以全面地评价企业的财务状况和经营效果，只有对各种财务指标进行系统、综合的分析，才能对企业的财务状况作出全面、合理的评价。因此，必须对企业进行综合的财务分析。这里介绍两种常用的综合分析法：财务比率综合评分法和杜邦分析法。

3.3.1 财务比率综合评分法

财务比率反映了企业财务报表各项目之间的对比关系，以此来揭示企业财务状况。但是，一项财务比率只能反映企业某一方面的财务状况。为了进行综合的财务分析，可以编制财务比率汇总表，详见表 3—4，这样，将反映企业财务状况的各类财务比率集中在一张表中，能够一目了然地反映出企业各方面的财务状况。并且，在编制财务比率汇总表时，可以结合比较分析法，将企业财务状况的综合分析与比较分析相结合。

企业财务状况的比较分析主要有两种：

1. 将企业本期的财务报表或财务比率同过去几个会计期间的财务报表或财务比率进行比较，这是纵向比较，可以分析企业的发展趋势，也就是在上节中介绍的趋势分析法。

2. 本企业的财务比率与同行业平均财务比率或同行业先进的财务比率相比较，这是横向比较，可以了解到企业在同行业中所处的水平，以便综合评价企业的财务状况。

横向比较分析法尽管在企业的综合财务分析中也是经常使用的，但是它存在以下两项缺点：①它需要企业找到同行业的平均财务比率或同行业先进的财务比率等资料作为参考标准，但在实际工作中，这些资料有时可能难以找到；②这种比较分析只能定性地描述企业的财务状况，如比同行业平均水平略好、与同行业平均水平相当或略差，而不能用定量的方式来评价企业的财务状况究竟处于何种程度。因此，为了克服这两个缺点，可以采用财务比率综合评分法。

财务比率综合评分法，最早是在 20 世纪初，由亚历山大·沃尔选择七项财务比率对企业的信用水平进行评分所使用的方法，所以也称为沃尔评分法。这种方法是通过对选定的几项财务比率进行评分，然后计算出综合得分，并据此评价企业的综合财务状况。

采用财务比率综合评分法，进行企业财务状况的综合分析，一般要遵循如下程序：

1. 选定评价企业财务状况的财务比率。在选择财务比率时需要：①具有全面性，要求反映企业的偿债能力、营运能力和获利能力的三大类财务比率都应当包括在内。②具有代表性，即要选择能够说明问题的重要的财务比率。③具有变化方向的一致性，即当财务比率增大时，表示财务状况的改善；反之，财务比率减小时，表示财务状况的恶化。

2. 根据各项财务比率的重要程度，确定其标准评分值，即重要性系数。各项财务比率的标准评分值之和应等于 100 分。各项财务比率评分值的确定是财务比率综合评分法的一个重要问题，它直接影响到对企业财务状况的评分多少。对各项财务比率的重要程度，不同的分析者会有截然不同的态度，但一般来说，应根据企业的经营活动的性质、企业的生产经营规模、市场形象和分析者的分析目的等因素来确定。

3. 规定各项财务比率评分值的上限和下限，即最高评分值和最低评分值。这主要是为了避免个别财务比率的异常给总分造成不合理的影响。

4. 确定各项财务比率的标准值。财务比率的标准值是指各项财务比率在本企业现时条件下最理想的数值，亦即最优值。财务比率的标准值，通常可以参照同行业的平均水平，并经过调整后确定。

5. 计算企业在一定时期各项财务比率的实际值。

6. 计算出各项财务比率实际值与标准值的比率，即关系比率。关系比率等于财务比率的实际值除以标准值。

7. 计算出各项财务比率的实际得分。各项财务比率的实际得分是关系比率和标准评分值的乘积，每项财务比率的得分都不得超过上限或下限，所有各项财务比率实际得分的合计数就是企业财务状况的综合得分。企业财务状况的综合得分就反映了企业综合财务状况是否良好。如果综合得分等于或接近 100 分，说明企业的财务状况是良好的，达到了预先确定的标准；如果综合得分低于 100 分很多，就说明企业的财务状况较差，应当采取适当的措施加以改善；如果综合得分超过 100 分很多，就说明企业的财务状况很理想。

下面采用财务比率综合评分法，对甲公司 2006 年的财务状况进行综合评价，详见表 3—4。

表 3—4　甲公司 2006 年财务比率综合评分表

财务比率	评分值(1)	上/下限(2)	标准值(3)	实际值(4)	关系比率 (5)=(4)/(3)	实际得分 (6)=(1)×(5)
流动比率	10	20/5	2	1.98	0.99	9.90
速动比率	10	20/5	1.2	1.29	1.08	10.80
资产/负债	12	20/5	2.10	2.17	1.03	12.36
存货周转率	10	20/5	6.50	6.60	1.02	10.20
应收账款周转率	8	20/4	13	14	1.1	8.8
总资产周转率	10	20/5	2.10	2.3	1.1	11
资产报酬率	15	30/7	31.50%	30.36%	0.96	14.40
股权报酬率	15	30/7	58.33%	57.19%	0.98	14.70
销售净利率	10	20/5	15%	13.2%	0.88	8.8
合计	100					100.96

根据表 3—4 的财务比率综合评分，甲公司财务状况的综合得分为 100.96 分，非常

接近100分，说明该公司的财务状况是优良的，与选定的标准基本是一致的。

3.3.2 杜邦分析法

利用前面介绍的趋势分析法和财务比率综合评分法，虽然可以了解企业各方面的财务状况，但是不能反映企业各方面财务状况之间的关系。例如，通过财务比率综合评分法，可以比较全面地分析企业的综合财务状况，但无法揭示企业各种财务比率之间的相互关系。实际上，企业的财务状况是一个完整的系统，内部各种因素都是相互依存、相互作用的，任何一个因素的变动都会引起企业整体财务状况的改变。因此，财务分析者在进行财务状况综合分析时，必须深入了解企业财务状况内部的各项因素及其相互之间的关系，这样才能比较全面地揭示企业财务状况的全貌。杜邦分析法正是这样的一种分析方法，它是利用几种主要的财务比率之间的关系综合地分析企业的财务状况，因这种分析法是由美国杜邦公司首创的，故称杜邦分析法。这种分析法一般用杜邦系统图来表示。图3—1就是甲公司2006年的杜邦分析系统图。

杜邦系统主要反映了以下几种主要的财务比率关系：

1. 股东权益报酬率与资产报酬率及权益乘数之间的关系

$$股东权益报酬率 = 资产报酬率 \times 权益乘数 \quad (3—41)$$

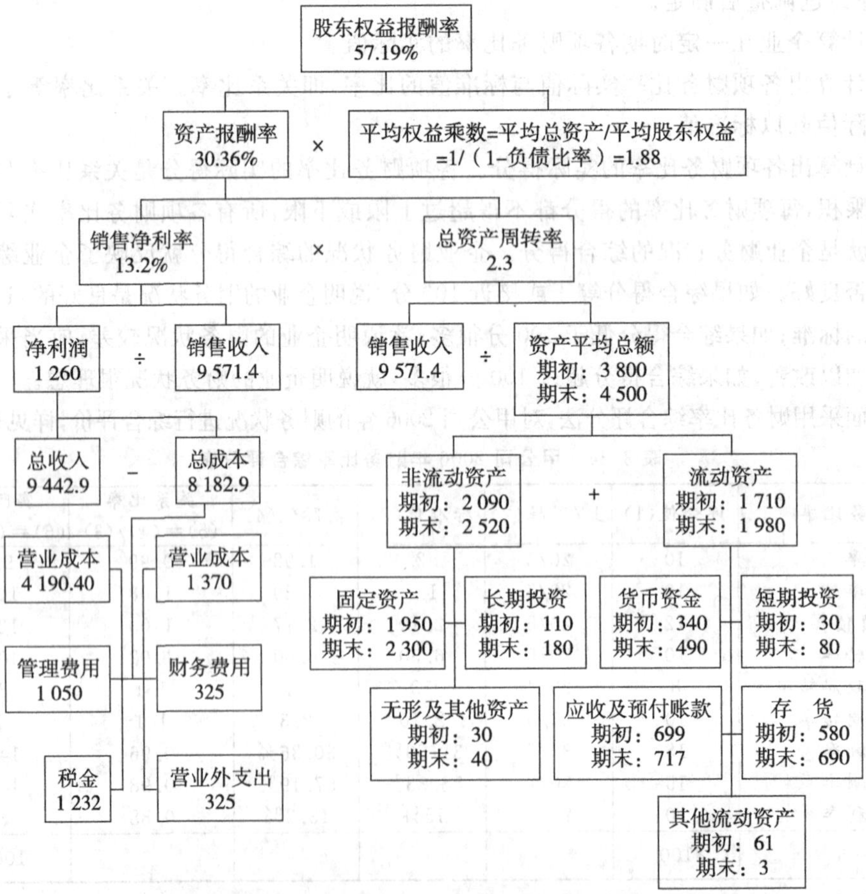

图3—1 甲公司2006年杜邦分析系统图

2. 资产报酬率与销售净利率及总资产周转率之间的关系

$$资产报酬率=销售净利率\times总资产周转率 \quad (3-42)$$

3. 销售净利率与净利润及销售收入之间的关系

$$销售净利率=\frac{净利润}{营业收入} \quad (3-43)$$

4. 总资产周转率与销售收入及资产总额之间的关系

$$总资产周转率=\frac{营业收入}{资产平均总额} \quad (3-44)$$

在上述公式中,“资产报酬率=销售净利率×总资产周转率”这一等式被称为杜邦等式。

杜邦系统在揭示上述几种关系之后,再将净利润、总资产进行层层分解,这样就可以全面、系统地揭示出企业的财务状况以及财务状况这个系统内部各个因素之间的相互关系。

杜邦分析是对企业财务状况进行的综合分析,它通过几种主要的财务指标之间的关系,直观、明了地反映出企业的财务状况。从杜邦分析系统可以了解到以下财务信息:

(1)从杜邦系统图可以看出,股东权益报酬率是一个综合性极强、最有代表性的财务比率,它是杜邦系统的核心。企业财务管理的重要目标之一就是实现股东财富最大化,股东权益报酬率正是反映了股东投入资金的获利能力,这一比率反映了企业筹资、投资和生产运营等各方面经营活动的效率。股东权益报酬率取决于企业资产报酬率和权益乘数。资产报酬率主要反映企业在运用资产进行生产经营活动的效率如何,而权益乘数则主要反映了企业的筹资情况,即企业资金来源结构如何。

(2)资产报酬率是反映企业获利能力的一个重要财务比率,它揭示了企业生产经营活动的效率,综合性也极强。企业的销售收入、成本费用、资产结构、资产周转速度以及资金占用量等各种因素,都直接影响到资产报酬率的高低。资产报酬率是销售净利率与总资产周转率的乘积。因此,可以从企业的销售活动与资产管理两个方面进行分析。

(3)从企业的销售方面看,销售净利率反映了企业净利润与销售收入之间的关系。一般来说,销售收入增加,企业的净利润也会随之增加,但是,要想提高销售净利率,必须一方面提高销售收入,另一方面降低各种成本费用,这样才能使净利润的增长高于销售收入的增长,使销售净利率提高。由此可见,提高销售净利率必须在以下两个方面下工夫:

①开拓市场,增加销售收入。在市场经济中,企业必须深入调查研究市场情况,了解市场的供需关系,在战略上,从长远利益出发,努力开发新产品;在策略上,保证产品的质量,加强营销手段,努力提高市场占有率。这些都是企业面向市场的外在能力。

②加强成本费用控制,降低耗费,增加利润。从杜邦系统中,可以分析企业的成本费用结构是否合理,以便发现企业在成本费用管理方面存在的问题,为加强成本费用管理提供依据。企业要想在激烈的市场竞争中立于不败之地,不仅要在营销与产品质量上下工夫,还要尽可能降低产品的成本,这样才能增强产品在市场上的竞争力。同时,要严格控制企业的管理费用、财务费用等各种间接费用,降低耗费,增加利润。这里尤其要研究

分析企业的利息费用与利润总额之间的关系，如果企业所承担的利息费用太多，就应当进一步分析企业的资金结构是否合理，负债比率是否过高，不合理的资金结构当然会影响到企业所有者的收益。

(4)在企业资产方面，主要应该分析以下两个方面：

①分析企业的资产结构是否合理，即流动资产与非流动资产的比例是否合理。资产结构实际上反映了企业资产的流动性，它不仅关系到企业的偿债能力，也会影响企业的获利能力。一般来说，如果企业流动资产中货币资金占的比重过大，就应当分析企业现金持有量是否合理，有无现金闲置现象，因为过量的现金会影响企业的获利能力；如果流动资产中的存货与应收账款过多，就会占用大量的资金，影响企业的资金周转。

②结合销售收入，分析企业的资产周转情况。资产周转速度直接影响到企业的获利能力，如果企业资产周转较慢，就会占用大量资金，增加资金成本，减少企业的利润。资产周转情况的分析，不仅要分析企业总资产周转率，更要分析企业的存货周转率与应收账款周转率，并将其周转情况与资金占用情况结合分析。

从上述两方面的分析，可以发现企业资产管理方面存在的问题，以便加强管理，提高资产的利用效率。

总之，从杜邦分析系统可以看出，企业的获利能力涉及生产经营活动的方方面面。股东权益报酬率与企业的筹资结构、销售规模、成本水平、资产管理等因素密切相关，这些因素构成一个完整的系统，系统内部各因素之间相互作用。只有协调好系统内部各个因素之间的关系，才能使股东权益报酬率得到提高，从而实现股东财富最大化的理财目标。

3.4 企业价值创造分析

3.4.1 EVA的涵义及计算方法

20世纪80年代美国一家咨询公司Stern Stewart创立了EVA(Economic Value Added)经济增加值评估指标法，同时在1993年9月《财富》杂志上完整地将其表述出来，它基于的逻辑前提是一个企业只有完成价值创造过程才是真正意义上的为投资者带来了财富。

EVA指标设计的基本思路是：理性的投资者都期望自己的资本投入获得的收益超过资本的机会成本，即获得增量收益；否则，他就会想方设法将已投入的资本转移投入到其他方面去。根据斯特思·斯图尔特咨询公司的解释，EVA是指企业资本收益与资本成本之间的差额，是指企业税后营业净利润与全部投入资本(债务资本和权益资本之和)成本之间的差额。差额是正数，说明企业创造了价值；反之，表示企业发生了价值损失；差额为零，说明企业利润仅能满足债权人和投资者预期获得的收益。EVA指标最重要的特点就是从股东角度重新定义企业的利润，考虑了企业投入的所有资本(包括权益资本)的成本，能全面衡量企业生产经营的真正盈利或创造的价值，显然，对全面准确评价企业经济效益有重要意义。

所谓经济增加值就是企业税后营业利润(NOPAT)减去企业资本成本总额的差额。

EVA＝NOPAT－TC×WACC

TC＝B＋D

WACC＝Ke×B/（B＋D）＋Kd×（1－T）×D /（B＋D）

其中：NOPAT 表示调整的税后经营净利润　TC 表示总资本投入额

WACC 表示资本成本　B 表示所有者权益　D 表示负债

Ke 表示权益资本成本　Kd 表示税前负债资本成本　T 表示所得税率

3.4.2 EVA 的优点和存在的问题

1. EVA 的优点

EVA 作为一个新型的企业价值评估指标，一种新型的管理系统，通过近年来学术界的研究以及企业界的实践，人们发现应用 EVA 要比其他经营业绩评价指标和价值评价指标如会计收益具有更多的优点，我们可以从以下几个方面来探讨新经济下 EVA 作为企业价值评估指标的有效性。

（1）EVA 能够更加真实地反映企业的经营业绩。考虑资本成本是 EVA 指标最具特点和最重要的方面，只有考虑了权益资本成本的经营业绩指标才能反映企业的真实盈利能力，那些盈利少于权益机会成本的企业的股东财富实际上是在减少，只有企业的收益超过企业的所有资本的成本，才能说明经营者为企业增加了价值，为股东创造了财富。如果企业的收益低于企业的所有资本的成本，则说明企业实质发生亏损，企业股东的财富受到侵蚀。EVA 原理明确指出，企业管理者必须考虑所有资本的回报。通过考虑所有资本的机会成本，EVA 表明了一个企业在每个会计年度所创造或损失的股东财富数量。

（2）EVA 显示了一种新型的企业价值观。为了增加公司的市场价值，经营者就必须表现得比同他们竞争资本的那些人更好。因此，一旦他们获得资本，他们在资本上获得的收益必须超过由其他风险相同的资本需求者提供的报酬率。如果他们完成了这个目标，企业投资者投入的资本就会获得增值，投资者就会加大投资，其他的潜在投资者也会把他们的资金投向这家公司，从而导致公司股票价格的上升，表明企业的市场价值得到了提高。如果他们不能完成这个目标，就表明存在资本的错误配置，投资者的资金就会流向别处，最终可能导致股价的下跌，表明企业的市场价值遭到贬低。

（3）EVA 指标的设计着眼于企业的长期发展，而不像净利润一样仅仅是一种短视指标。EVA 不鼓励以牺牲长期业绩的代价来夸大短期效果，也就是不鼓励诸如削减研究和开发费用的行为，而是着眼于企业的长远发展，鼓励企业的经营者进行能给企业带来长远利益的投资决策，如新产品的研究和开发人力资源的培养等等，这样就能够杜绝企业经营者短期行为的发生。因此，应用 EVA 不但符合企业的长期发展利益，而且也符合知识经济时代的要求。

2. EVA 的缺点

（1）EVA 公式的运用以一定的会计制度、一定的核算方式为基础。各国会计制度的不同，核算方式的不同决定了 EVA 对某一国家或地区的特殊性，从而也决定了各国对 EVA 研究，特别是应用研究不同的特色。EVA 决不能照搬挪用，必须在研究、分析、修正的基础上运用。例如:有研究显示,如果把研究支出作为费用处理,则在企业平稳期到来之前的大部分年份企业的 EVA 被低估,而在平稳期到来时,EVA 又被普遍高估。相反,如果把它作为资本化处理,更能反映真实的 EVA 大小。由此可见,当期支出是作为费用处理还是作为资本化处理对企业的 EVA 有着重大影响。而从我国目前的会计准则来看,对诸如企业中的研究和开发支出的会计处理又没有具体的规定。企业一般出于会计上稳健原则的考虑,多倾向于把它作为当期费用直接计入当年损益,因而前期 EVA 普遍偏低。

(2) 由于公司理财环境存在着不确定性,无法准确的计算公司的 EVA。这是因为精确的估算资金的成本是十分困难的,特别是具有很多不同业务单位的分权化公司集团,尽管资本资产定价模型为确定资金的风险成本提供了理论框架,但确定公司各部门的系统风险 β 即使可能也相当困难。

3.4.3 EVA 在企业价值评估中的运用

企业要加强对各经营部门的管理,必须选择恰当的核心指标来评价各部门及其管理人员的业绩,由于在业绩评价方面表现出很多优点,EVA 于问世至今的短短几年内已发展成为西方国家业绩评价的主要指标之一。

1. EVA 与企业的财务目标根本上是一致的

企业的财务目标是股东财富最大化。EVA 考虑权益资本的成本,从股东角度来定义企业利润,与投资决策更相关。投资项目的净现值就是股东增加的财富,因此,实现了净现值最大化就实现了股东财富最大化。而项目的净现值实质上是未来年度 EVA 的现值,因此,实现了各部门 EVA 最大化也就实现了公司股东财富最大化,两者在根本上是一致的。

2. EVA 促使企业管理人员关注长期价值的创造

以 EVA 为核心的指标体系向公司较为准确地传递了各部门的业绩信息,是各部门经营业绩的综合反映。它鼓励各部门的管理人员像关心短期利润一样去关注公司的长远发展,促使部门管理人员关注长期价值的创造。如果 EVA 系统设计适当,就可以使公司对各部门的目标设定、业绩评价、考核和激励联系起来,使 EVA 指标向公司较为准确地传递各部门的业绩信息,降低代理成本。

3. 以 EVA 为核心的指标体系具有综合评价功能,使企业的目标更明确

EVA 不仅仅是一个财务业绩指标,而且能作为一个综合的财务管理和激励报酬系统的核心发挥作用。传统地,许多企业采用不同的指标来满足不同目的需要。比如,用利润和市场份额作为各部门的战略规划目标;用净现值法进行固定资产投资决策;用利润评价利润中心的业绩,用投资报酬率评价投资中心的业绩;根据完成财务预算的情况发放奖金等。这种评价标准的不一致往往导致整个公司经营战略、业绩考核和奖惩不协调。而 EVA 能较好地将这些指标联系起来,使整个公司的活动都围绕如何提高 EVA 来开展。

4. 使用 EVA 指标应注意的问题

(1)实务中设计 EVA 指标时,应对营业利润和资产净额作一定的调整,以消除谨慎

原则对会计数据真实性的影响。经常需要调整的项目有：

不需支付利息的流动负债。企业资本的投入表现为企业的资产，因此，上述公式中采用的是“资产净额”，由于大多数流动负债是不需要支付利息的，因而可以不考虑这部分资本的机会成本。所以，在计算 EVA 时，资产净额中不包括不需支付利息的流动负债。

加上坏账准备的增加额新会计准则取消了后进先出法，由于计提坏账准备既会低估营业利润，又可能减少资产数额，低估资本成本，因此，必须在营业利润和资产中同时加上坏账准备的增加额。

研究开发费用(R&D)、市场开发费用，职工培训费用等是一种战略性支出，但现行会计准则和制度对当期发生研究开发费用、市场开发费用和职工培训费用要求计入当期的损益，这样会低估当期的 EVA，因此，公司为了鼓励各部门在创造公司长期利益方面增加投入，应该将研究开发费用、市场开发费用和职工培训费用予以资本化，并在其收益期间摊销。

(2)对 EVA 指标的修正。从理论上讲，在计算 EVA 的过程中，资产净额应使用资产的市场价值，因此，产生了修正的经济增加值(REVA)指标。它的定义为：

$$REVA_t = NOPAT_t - K_W \times (MV_{t-1})$$

其中，$NOPAT_t$ 是 t 期末公司调整的营业净利润。MV_{t-1} 是 t－1 期末公司资产的市场总价值，等于公司所有者权益的市场价值加上经过调整的公司负债价值(t－1 期的总负债减去无利息的流动负债)。K_w 为加权平均资本成本

该指标认为：公司用于创造利润的资本价值总额是其市场价值。因为：在任何一个会计年度的开始，投资者作为一个整体都可将公司按照当时的市场价值出售，然后将获得的收入投资到与原来公司风险水平相同的资产上，从而得到相当于公司加权平均资本成本的回报。如果投资者没有将其拥有的资产变现，这些投资者就放弃了获得其投资的加权资本成本的机会。在任何一个给定的时期内，如果一个公司真正为其投资者创造了利润，那么该公司的期末利润必须超过以期初资本的市场价值计算的资本成本，因为投资者投资到该公司的资本的实际价值是当时的市场价值。

(3)在现实经济生活中，一些公司，特别是国有企业既要完成其经济功能，又要履行其社会功能。这种双重职能的约束使得单纯用 EVA 指标来衡量业绩具有一定的局限性。因此，进行业绩评价时，还应该辅以其他财务指标和非财务指标。

本章小结

财务分析是财务管理的基础工作之一。财务分析是以企业财务报告提供的有关数据为主要依据，采用专门的方法，对企业过去的财务状况、经营成果及未来前景进行系统分析和评价的一项业务手段。财务分析的主要依据是财务报告，不同的财务报表使用主体往往需要通过财务分析来满足其特定的决策需求。但财务报表本身的局限性、真实性、可比性问题以及如何选用分析比较标准等问题在一定程度上制约了财务分析工作。

企业财务分析主要包括偿债能力分析、资产营运能力分析、盈利能力分析等方面。在此基础上，还可利用杜邦财务分析体系、沃尔评分法等方法对企业的财务状况进行综合分

析和评价。此外，近年来，不少人提出利用 EVA 分析指标对企业的经营业绩进行评价。

□复习思考题

1. 什么是财务分析？企业内部管理当局、投资者、债权人、财税部门等与企业相关的其他方面进行财务分析的目的分别是什么？

2. 财务分析指标的意义和作用是什么？

3. 杜邦财务分析体系的功能有哪些？

4. 与传统的企业业绩评价指标相比，EVA 有何优点和缺点？

第4章　资本成本与资本结构

□学习目标

通过本章的教学，要求学生了解资本成本的概念与作用；掌握个别资本成本、加权平均资本成本；掌握经营杠杆、财务杠杆和复合杠杆的计量方法；掌握资本结构的概念；掌握息税前利润——每股利润分析法、比较资金成本法；熟悉成本按习性分类的方法；熟悉经营杠杆、财务杠杆和复合杠杆的概念及其相互关系；熟悉经营杠杆、财务杠杆与财务风险以及复合杠杆与企业风险的关系.

4.1　资本成本及其影响因素

4.1.1　资本成本的概念

资本成本(cost of capital)是企业筹资管理的主要依据，也是企业投资管理的主要标准。只有企业投资的收益率超过筹资来源(包括普通股股东)所要求的收益率，企业普通股股东的价值才会增加，从而增加股东财富。资本成本决定了企业为了使其价值最大化而必须在新投资中所获得的收益率。

1.资本成本的概念

资本成本是指企业为取得和使用资金所付出的代价，它包括资金占用费和资金筹措费用。

(1)资金占用费。

资金占用费是指资金使用者在生产经营过程、投资过程中因使用资金而支付给资金所有者的报酬，它实际上也可以看成是投资者对特定投资项目所要求的收益率，包括无风险收益率和对特定投资项目所要求的风险补偿两部分所组成。

(2)资金筹措费用。

资金筹措费用是指企业在筹资过程中所发生的费用。

2.资本成本在企业财务管理中的重要作用

(1)评价投资项目。

资本成本是企业进行项目投资、制定投资方案的主要经济指标，对评价企业投资项目的可行性、选择投资方案具有重要作用。具体表现为以下两个方面：

①在利用净现值指标进行投资决策时，常以资本成本作为折现率。从投资人角度

看，资本成本是公司的投资者（包括股东和债权人）对接受投资企业的融资所要求的收益率，即与投资机会成本和投资风险相适应的回报率。

②在利用内部收益率指标进行决策时，一般以资本成本作为基准收益率。资本成本还可作为衡量公司经营业绩的标准，即经营利润率应高于资本成本，否则表明业绩欠佳。

(2)是企业选择资金来源、确定筹资方案的重要依据。

从筹资企业的角度看，资本成本表示公司为取得资金必须支付的代价，是其选择资金来源，确定筹资方案的重要依据，公司应力求采用成本最低的筹资方式。资金成本有个别资本成本、综合资本成本（加权平均资本成本）、边际资本成本等形式，它们在不同的情况下各有自己的作用，具体表现在以下几点：

①个别资本成本是企业选择筹资方式的参考标准。公司的筹资方式有许多种，包括发行股票、发行债券、银行借款等，其个别资本成本是不一样的，有高有低。所以，资本成本的高低便成为公司比较各种筹资方式优劣的一个依据。

②综合资本成本是确定最优资本结构的主要参数。一般而言，公司的资本结构应保持在一个理想的目标结构水平。综合资本成本的高低是比较各个筹资组合方案，做出资本结构决策的基本依据，公司一般会选择加权平均资本成本最低的资本结构。

4.1.2 资本成本的影响因素

在市场经济环境中，多方面因素的综合作用决定着企业资本成本的高低。其中主要因素有总体经济环境、证券市场条件、企业内部的经营和融资状况、项目融资规模。

1. 总体经济环境

总体经济环境决定了整个经济中资本的供给和需求，以及预期通货膨胀的水平。总体经济环境变化的影响，反映在无风险报酬率上。显然如果整个社会经济中的资金需求和供给发生变动，或通货膨胀水平发生变化，投资者也会相应改变其所要求的收益率。具体地说，如果货币需求增加，而供给没有相应增加，投资者便会提高其投资的收益率，企业的资本成本就会上升；反之，投资者则会降低其要求的投资收益率，使资本成本下降。如果通货膨胀水平上升，货币购买力下降，投资者也会提出更高的收益率来补偿预期的投资损失，导致企业资本成本上升。

2. 证券市场条件

证券市场条件影响证券投资的风险。证券市场条件包括证券的市场流动难易程度和价格波动程度。如果某种证券的市场流动性不好，投资者想买进或卖出证券相对困难，变现风险加大，要求的收益率就会提高；或者虽然存在对某证券的需求，但其价格波动较大，投资的风险大，要求的收益率也会提高。

3. 企业内部的经营和融资状况

企业内部的经营和融资状况是指经营风险和财务风险的大小。经营风险是企业投资决策的结果，表现在资产收益率的变动上；财务风险是企业筹资决策的结果，表现在普通股收益率的变动上。如果企业的经营风险和财务风险大，投资者便会有较高的收益率要求。

4. 融资规模

融资规模是影响企业资本成本的另一个因素。企业的融资规模大，资本成本就高。例如，企业发行的证券金额很大，资金筹集费和资金用资费都会上升，而且证券发行规模增大还会降低其发行价格，由此也会增加企业的成本。

4.2　资本成本的确定

个别资本成本是指使用各种长期资金的资本成本。个别资本成本的计算包括：负债成本、优先股成本和普通股成本等。在比较资本成本时，由于公司规模不同，我们均采用相对数来表示。

4.2.1　个别资本成本测算原理

在公司理财上，通常用资本成本的相对数即资本成本率作为衡量资本成本高低的标准，以便于对在不同条件下筹集资金的资本成本进行分析和比较。资本成本的计算公式为：

$$个别资本成本=\frac{用资费用}{筹资额-筹资费用}$$

1. 债务资金成本的计算

(1)长期借款资本成本。

长期借款利息是用税前利息支付的，公司实际上少缴了一部分所得税，企业实际负担的费用为：利息×(1 － 所得税率)。因此，其计算公式为：

银行借款成本＝年利息×(1－所得税率)/[筹资额×(1－筹资费率)]

$$K_L=\frac{I_L\times(1-T)}{L\times(1-F_L)} \tag{4-1}$$

上式是不考虑货币的时间价值的计算公式。

如果考虑货币的时间价值，则计算公式为：

$$L(1-F_L)=\sum_{t=1}^{n}\frac{I_t}{(1+K)^t}+\frac{P}{(1+K)^n} \tag{4-2}$$

$$K_L=K(1-T)$$

式中 I_t 为长期借款年利息；L 为长期借款筹资额；F_L 长期借款筹资费用率；K 为所得税前的长期借款资本成本率；K_L为所得税后的长期借款资本成本率；P 为第 n 年末应偿还的本金；T 为所得税税率。

【例 4-1】 设 A 公司向银行借了一笔 100 万元的长期借款，年利率为 11%，期限为 3 年，每年付息一次，到期一次还本。假定 A 公司筹资费用率为 2%，所得税率为 30%，问 A 公司这笔长期借款的成本是多少？

解：K_L＝100×11%×(1－30%)/[100×(1－2%)]＝7.86%

长期借款的筹资费用主要是借款手续费，一般数额相对很小，为了简化计算，也可忽略不计。这样长期借款成本可以按下列公式计算：

$K_L=11\%\times(1-30\%)=7.7\%$

如果考虑货币时间价值

$$L(1-F_L)=\sum_{t=1}^{n}\frac{I_t}{(1+K)^t}+\frac{P}{(1+K)^n}$$

$$100\times(1-2\%)=\frac{100\times11\%}{(1+K)}+\frac{100\times11\%}{(1+K)^2}+\frac{100\times11\%}{(1+K)^3}+\frac{100}{(1+K)^3}$$

$K=11.83\%$

$K_L=11.83\%\times(1-30\%)=8.28\%$

(2)债券的资本成本。

由于债券和银行借款同属于企业的债务，因此两者的资金成本计算公式基本相同。但由于发行债券的筹资费用大，所以其资金成本通常高于长期借款资金成本。债券资本成本的计算公式为：

债券成本＝年利息×(1－所得税率)/筹资额×(1－筹资费率)

$$K_b=\frac{I_b\times(1-T)}{D\times(1-F_b)} \qquad (4-3)$$

式中：K_b—债券资本成本；I_b—债券年利息；D—债券筹资额；F_b—债券筹资费用率。

若考虑货币时间价值，债券资本成本计算如下：

$$D(1-F_b)=\sum_{t=1}^{n}\frac{I_t}{(1+K)^t}+\frac{P}{(1+K)^n} \qquad (4-4)$$

$$K_b=K(1-T)$$

上面(4－2)式和(4－4)式是考虑货币的时间价值情况下计算的长期借款资本成本和债券资本成本，这是一种简单的考虑所得税影响计算资本成本的方法。实际上，这种计算方法是不准确的，因为可以抵税的是利息额，而不是折现率。债务价格(溢价或折价)和手续费都会影响折现率的计算，但与利息抵税无关。只有在平价发行、无手续费的情况下，简便算法才是成立的。

考虑货币时间价值，更正确的算法是：

长期借款：$$L(1-F_L)=\sum_{t=1}^{n}\frac{I_t(1-T)}{(1+K)^t}+\frac{P}{(1+K)^n} \qquad (4-5)$$

债券：$$D(1-F_b)=\sum_{t=1}^{n}\frac{I_t(1-T)}{(1+K)^t}+\frac{P}{(1+K)^n} \qquad (4-6)$$

续前例，如果用公式(4－5)来计算，则长期借款资本成本为：

$100\times(1-2\%)=$

$$\frac{100\times11\%\times(1-30\%)}{(1+K_b)}+\frac{100\times11\%\times(1-30\%)}{(1+K_b)^2}+\frac{100\times11\%\times(1-30\%)}{(1+K_b)^3}+\frac{100}{(1+K_b)^3}$$

$K_b=8.48\%$

2.权益资本成本

权益资本是指企业的所有者投入企业的资本。根据它们的不同的形式，可分为普通股成本(cost of common stock)、留存收益成本(cost of retained earnings)以及优先股成本(cost of preferred stock)等。

(1)普通股成本(股利折现模型法)。

普通股股权资本有两种来源：一是发行新股的普通股；二是留存收益。通常，前者也可称为外部股权成本；后者则相应地称为内部股权成本。

普通股的资本成本就是普通股投资的必要收益率。普通股的资本成本是通过计算普通股的价值来确定的。普通股的价值等于该股票未来期望股利的现值之和，计算公式为：

$$P_0=\frac{D_1}{(1+K_c)^1}+\frac{D_2}{(1+K_c)^2}+\frac{D_3}{(1+K_c)^3}+\cdots+\frac{D_n}{(1+K_c)^n} \quad (4-7)$$

式中：P_0—普通股现行市价

$D_1,D_2\cdots\cdots D_n$—从第1年到第n年的未来期望股利

K_c—普通股资本成本

如果现金股利以固定的年增长率递增，且递增小于投资者要求的收益率，则有：

$$K_c=\frac{D_1}{P_0}+g \quad (4-8)$$

式中：g—年增长率

由于普通股现金股利是在税后支付的，没有节税作用，故该成本又是税后成本。

如果是发行新的普通股，那么，应将筹资费用考虑进来，则有：

$$K_c=\frac{D_1}{P_0(1-F_c)}+g \quad (4-9)$$

式中：F_c—为筹资费用率

【例4-2】 某公司的普通股预计1年后的股利为0.26元/股，预计公司的现金股利能以每年15.48%的增长率持续增长。如果该公司普通股当前的市价为50元/股，发行费用率为2%。则所发的普通股的资本成本为：

解：根据公式4—9所发普通股成本为：$\frac{0.26}{50\times(1-2\%)}+15.48\%=16\%$

注意：在运用此方法进行实际计算时，很多人对D_1的使用产生问题，有的题目中给出的已知条件是今年的红利，而有的题目又给出了第一年的红利，因此必须结合题目的上下文来判断，在适用固定增长率的情况下，D_1是第一年的红利。

(2)普通股成本(资本资产定价模型方法)。

$$K_c=R_f+\beta(R_M-R_f)$$

式中：R_f—无风险报酬率；

β—股票的贝塔系数

R_M—平均风险股票必要报酬率；

【例4-3】 设C股票的β系数等于0.4，D股票的β系数等于2，如果无风险收益率为9%，市场期望的收益率为13%，那么C股票和D股票的预期收益率为多少？

解：由公式 $K_c=R_f+\beta(R_M-R_f)$

C股票的资本成本为 $K_c=9\%+(13\%-9\%)\times0.4=10.6\%$

D股票的资本成本为 $K_c=9\%+(13\%-9\%)\times2=17\%$

(3)普通股的成本(风险溢价法)。

股利折现模型和CAPM法理论具有较可靠的证据，但在实际应用中显得比较复杂，面临一些困难。为了操作的方便，也可以考虑采用这种在理论上比较粗糙的方法，即风

险溢价法。这种方法是根据“风险越大，要求的报酬率越高”的原理，普通股股东对公司的投资风险大于债券投资者，因而会在债券投资者要求的收益率上再加上一定的风险溢价。依照这一理论，普通股的成本公式为：

$$K_c = K_b + RP_S \tag{4-10}$$

式中：RP_S—股东对预期承担的比债券持有人更大风险而要求追加的收益率（风险溢价）

这里，风险溢价是凭借经验估计的。资本市场的经验表明，公司普通股的风险溢价对公司自己的债券来讲，大约在3%～5%之间，当市场利率达到历史性最高点时，风险溢价通常较低，在3%左右；当市场利率处于历史性最低点时，风险溢价通常较高，在5%左右；而通常情况下，常常采用4%的平均风险溢价。

(4)优先股成本。

企业发行优先股，要支付筹资费用，定期支付股利。但它与债券不同，股利在税后支付，且没有固定的到期日。优先股的成本计算公式：

优先股成本＝每年股利/发行总额(1－筹资费率)

$$K_p = \frac{D_p}{P_0(1-F_p)} \tag{4-11}$$

式中：K_p—优先股成本

D_p—优先股每年的股利

P_0—发行优先股总额

F_p—等资费率

【例4-4】 某企业发行200万优先股，筹资费率为4%，每年支付10%的股利，则优先股的成本为：

$K_p=200\times10\%/[200\times(1-4\%)]=10.42\%$

4.2.2 加权平均资本成本的确定

公司的融资可以完全依赖普通股权益，在这种情况下，资本成本应该是公司对股东权益所要求的报酬率。然而，在大部分公司中，会利用债务筹集相当大的一部分资金，因为债务资金成本低于普通股的资本成本，也有许多公司使用优先股权益筹集资金。对这样的公司来讲，资本成本必须综合反映所使用的多种来源的资金的加权平均成本(weighted average cost of capital,WACC)，而不仅仅是权益资本的成本。

比如某个公司的债务资本成本为12%，权益资本成本为14.4%。进一步，假设该公司决定以债务方式为明年的某个项目筹集资金。有人可能会认为这个项目的资本成本为12%，因为这个项目只使用了通过借款筹集的资金。然而，这个观点是不正确的。如果该公司通过债务为这个项目筹集资金，那么公司会用掉一部分通过债务融资的能力。在随后的年份中，当公司需要扩张时会发现，为避免负债比率过高，必须额外增加权益资本的比重。

举例来说，假设某个公司在2005年间以12%的利率大量借入资金，为一个收益率为13.5%的项目筹集资金，以至于在这个过程中，用尽了所有的债务融资能力。在2006年，有一个收益率为14%的新的可行项目，其收益率高于2005年的项目，但公司无法接受它,因为他们要用成本为14.4%的权益资本来筹集资金。因此任何公司在考虑筹资资本成本时必须用发展的眼光看问题。在资本成本的计算中,应该采用各种资金来源的加权平均资本成本,无论这个项目所使用的具体的融资方式如何。

加权平均资本成本的计算:

加权平均资本成本是指企业以各种资本在企业全部资本中所占的比重为权数,对各种长期资金的资本成本加权平均计算出来的资本总成本。加权平均资本成本可用来确定具有平均风险投资项目所要求收益率。其计算公式为:

$$K_w = \sum_{j=1}^{n} K_j W_j \qquad (4-12)$$

式中:K_w—加权平均资本成本

K_j—第 j 种个别资本成本

W_j—第 j 种个别资本占全部资本的比重

【例 4-5】 某公司账面长期资金总额2 000万元,其中长期借款400万元,长期债券200万元,普通股600万元,留存收益为800万元。其资本成本分别为9%,8%,12%,10%。该公司加权平均资本成本为多少?

解:

个别资本占全部资本比重:

长期借款:W_1=400/2 000=20%

长期债券:W_2=200/2 000=10%

普通股:W_3=600/2 000—30%

留存收益:W_4=800/2 000=40%

加权平均资本成本为:

K_w=9%×20%+8%×10%+12%×30%+10%×40%=10.2%

4.3 杠杆作用

自然科学的杠杆效应,是指通过利用杠杆,可以用一个较小的力量便可以产生较大效果的现象。财务管理中也存在着类似的杠杆效应,表现为:由于固定费用(如生产经营方面的固定成本或财务方面的固定费用)的存在,当某一财务变量以较小幅度变动时,另一相关变量会以较大幅度变动。了解这些杠杆的原理,有助于企业合理地规避风险,提高财务管理水平。

财务管理中的杠杆效应有三种形式,即经营杠杆、财务杠杆和复合杠杆,要说明这些杠杆的原理,需要首先了解成本习性、边际贡献、息税前利润和每股利润等概念。

4.3.1 成本习性、边际贡献、息税前利润与每股利润

1.成本习性及分类

成本习性是指成本总额与业务量(如产量、销量或产销量)之间在数量上的依存关系。根据成本习性的不同,可以把企业的整个成本分成三类:

(1)固定成本。

固定成本,是指其总额在一定时期和一定业务量范围内不随业务量发生任何变动的那部分成本。属于固定成本的主要有按直线法计提的折旧费、保险费、管理人员工资、办公费等,这些费用每年支出水平基本相同,即使产销量在一定范围内变动,它们也保持固定不变。对于固定成本来说,成本总额是不变的,但单位固定成本随业务量的增加而逐渐下降。固定成本还可进一步区分为约束性固定成本和酌量性固定成本两类:

①约束性固定成本,属于企业"经营能力"成本,是企业为维持一定的业务量所必须负担的最低成本。

②酌量性固定成本,属于企业"经营方针"成本,是企业根据经营方针确定的一定时期(通常为一年)的成本。

(2)变动成本。

变动成本是指其总额随着业务量成正比例变动的那部分成本。直接材料、直接人工等都属于变动成本,但产品单位成本中的直接材料、直接人工将保持不变。

应当指出的是,无论是固定成本还是变动成本都强调一个相关业务量范围,一旦超过这个范围,单位的变动成本可能改变,固定成本总额也可能改变。

(3)混合成本。

有些成本虽然也随业务量的变动而变动,但不成同比例变动,这类成本称为混合成本。混合成本按其与业务量的关系又可分为半变动成本和半固定成本。

①半变动成本。它通常有一个初始量,类似于固定成本,在这个初始量的基础上随产量的增长而增长,又类似于变动成本。

②半固定成本。这类成本随产量的变化而呈阶梯型增长,产量在一定限度内,这种成本不变,当产量增长到一定限度后,这种成本就跳跃到一个新水平。

混合成本是一种过渡性的分类,混合成本最终分解成固定成本和变动成本两块,所以企业所有的成本都可以分成固定成本和变动成本两部分。

(4)总成本习性模型。

从以上分析中可以知道,成本按习性可划分为固定成本、变动成本和混合成本等三类,同时混合成本又可以按一定的方法分解为半变动部分和半固定部分,这样,总成本习性模型可表示为:

$$y = a + bx \tag{4-13}$$

其中:y 指总成本,a 指固定成本,b 指单位变动成本,x 指业务量(如产销量,这里假定产量与销量相等,下同)。

在总成本习性模型中,若能求出 a 和 b 的值,就可利用其进行成本预测、成本决策和其他短期决策。

2. 边际贡献

边际贡献是指销售收入与变动成本的差额。边际贡献也是一种利润。计算公式为:

边际贡献=销售收入-变动成本

=(销售单价-单位变动成本)×产销量=单位边际贡献×产销量

3. 息税前利润

息税前利润是指企业支付利息和交纳所得税之前的利润和。其计算公式为：

息税前利润＝销售收入总额－变动成本总额－固定成本

＝(销售单价－单位变动成本)×产销量－固定成本

4. 每股利润

每股利润是指税后净利扣除优先股股利后与发行在外普通股股数之比。

【例 4-6】 某企业只生产和销售甲产品，其总成本习性模型为 $y=20\,000+1.5x$。假定该企业 2006 年甲产品的销售量为 10 000 件，每件售价为 5 元。计算 2006 年该企业的边际贡献、2006 年的息税前利润。

解：2006 年企业的边际贡献＝销售收入－变动成本

＝10 000×5－10 000×1.5

＝(5－1.5)×10 000＝35 000(元)

2006 年企业的息税前利润＝销售收入总额－变动成本总额－固定成本

＝(销售单价－单位变动成本)×产销量－固定成本

＝边际贡献总额－固定成本

＝35 000－20 000＝15 000(元)

4.3.2 经营杠杆

在上面的探讨中我们可以看出，经营风险部分取决于公司经营过程中固定成本的比例，如果固定成本比例较高，即使销售收入很少的下降也会导致权益收益率大幅度的下降。因此，在其他条件保持不变的情况下，公司的固定成本比例越高，公司的经营风险越大。在公司的总成本中，如果固定成本的比例较高，那么该公司的经营杠杆(Operating leverage)程度较高。在物理学中，杠杆作用是指通过使用杠杆以便用很小的力举起较重的物体。在政治学中，如果人们利用杠杆，就可以通过较少的语言和行动实现较大的愿望。而在经营领域，较高的杠杆意味着在其他因素保持不变的情况下，销售方面很小的变化会引起权益收益率的很大变化。

1. 经营杠杆系数

经营杠杆是由于固定成本的存在，而引起的息税前利润变动率大于销售变动率的现象。经营杠杆的大小一般用经营杠杆系数(Degree of operating leverage，DOL)来表示。经营杠杆系数是指息税前利润的变动率相当于销售量变动率的倍数，或者说息税前利润随着销售量的变动而发生变动的程度。计算公式：

$$DOL=\frac{\Delta EBIT/EBIT}{\Delta Q/Q} \qquad (4-14)$$

式中：DOL—经营杠杆系数；$\Delta EBIT$—息税前利润变动额；$EBIT$—变动前的息税前利润；ΔQ—销售量变动额；Q—变动前的销售量。

如果 $DOL=1.5$，则说明息税前利润变动的速度是销售量变动速度的 1.5 倍。

假定企业的成本－销量－利润保持线性关系，可变成本在销售收入中所占比例不变，固定成本也保持不变，经营杠杆系数可通过销售量或销售额和成本来表示。这时简化的公式有两个：

$$DOL_q = \frac{Q(P-V)}{Q(P-V)-F} \quad (4-15)$$

$$= \frac{EBIT+F}{EBIT} \quad (4-16)$$

式中：DOL_q—销售量为 Q 时的经营杠杆系数；P—产品单位销售价格；V—产品单位变动成本；F—总固定成本。

$$DOL_s = \frac{S-VC}{S-VC-F} \quad (4-17)$$

式中：DOL_s—销售额为 S 时的经营杠杆系数；S—销售额；VC—变动成本总额。

(4—15)式与(4—16)式的推导如下：

$$\Delta EBIT = EBIT_2 - EBIT_1$$
$$= [Q_2(P-V)-F]-[Q_1(P-V)-F]$$
$$= (Q_2-Q_1)(P-V)$$
$$= \Delta Q(P-V)$$

$$\Delta EBIT/EBIT = \frac{\Delta Q(P-V)}{Q(P-V)-F}$$

$$DOL = \frac{\Delta EBIT/EBIT}{\Delta Q/Q}$$
$$= \frac{\Delta Q(P-V)}{Q(P-V)-F} \times \frac{Q}{\Delta Q}$$
$$= \frac{Q(P-V)}{Q(P-V)-F}$$
$$= \frac{EBIT+F}{EBIT}$$

上式说明：

①经营杠杆作用产生于固定成本；

②一般情况下，经营杠杆系数大于 1(DOL>1)。当固定成本为 0 时，经营杠杆系数等于 1，(即 F=0 时，DOL=1)，经营杠杆效益为 0；

③ 将上式变形：

$$\frac{\Delta EBIT}{EBIT} = DOL \cdot \frac{\Delta Q}{Q}$$

可看出，由于 $DOL>1$，可知$\frac{\Delta EBIT}{EBIT} > \frac{\Delta Q}{Q}$，即息税前利润变动率大于业务量变动率。式中，$DOL$ 起到的是一种放大作用，DOL 的数值越大，放大作用越大，但这里的放大是双向的，既放大收益，又放大风险。

例如，若 $DOL=3$ 当$\frac{\Delta Q}{Q}=10\%$ 时，$\frac{\Delta EBIT}{EBIT}=3\times 10\%=30\%$

当$\frac{\Delta Q}{Q}=-10\%$时，$\frac{\Delta EBIT}{EBIT}=3\times(-10\%)=-30\%$

即：当业务量扩大时，经营杠杆放大了收益；当业务量减少时，经营杠杆放大了损失。

【例 4-7】 宏远公司的固定经营成本为 2 500 万元，销售单价为 10 元，单位变动成本为5元，计算当销售量为1 000万件时，该公司的经营杠杆系数。

解：由公式$DOL_q=\frac{Q(P-V)}{Q(P-V)-F}$可得

$$DOL_q=\frac{1\,000\times(10-5)}{1\,000\times(10-5)-2\,500}=2$$

上题中如果销售量为2 000万件、500万件，则经营杠杆系数为多少？

$$DOL_q=\frac{2\,000\times(10-5)}{2\,000\times(10-5)-2\,500}=1.33$$

$$DOL_q=\frac{500\times(10-5)}{500\times(10-5)-2\,500}\to\infty$$

以上的计算结果说明：

(1)在固定成本不变的情况下，经营杠杆系数说明了销售额增长(减少)所引起利润增长(减少)的幅度。比如，当销售量为1 000万件时，经营杠杆系数为2，说明销售量增长1倍时，息税前利润将增长2倍；反之，当企业销售量下降1倍时，息税前利润将下降2倍。企业固定经营成本相对于变动经营成本越高，经营杠杆系数越大。同理，当销售量为2 000万件时，经营杠杆系数为1.33，说明销售量的增长(减少)将引起息税前利润1.33倍的增长(减少)。

(2)在固定成本不变的情况下，销售额越大，经营杠杆系数越小，经营风险也就越小；反之，销售额越小，经营杠杆系数越大，经营风险也就越大。比如当销售量为2 000万件时，经营杠杆系数为1.33；当销售量为1 000万件时，经营杠杆系数为2。显然后者息税前利润的不稳定性大于前者，故后者的经营风险大于前者。

(3)当销售额达到盈亏平衡点时，营业杠杆就趋于∞，此时企业经营只能保本。企业往往可以通过增加销售额，降低产品单位变动成本，降低固定成本等措施，使经营杠杆系数下降，降低经营风险。

2. 经营杠杆与经营风险

经营风险(Business risk)是企业未使用债务经营时的内在风险。在公司的经营中，股东面临一定的内在风险——公司的经营风险，公司的经营风险可以定义为公司未来经营收益的内在不确定性。

影响企业经营风险的因素很多，主要有：

(1)需求的波动性。

在其他方面不变的情况下，对公司产品的需求越稳定，公司的经营风险越小。

(2)销售价格的波动性。

相对于产品价格更稳定的同类公司而言，那些产品在波动性较强的市场上销售的公司则面临较高的经营风险。

(3)投入成本的波动性。

产品成本是收入的抵减，成本不稳定，会导致利润不稳定，因此如果公司经营的各种投入品成本波动较大，则公司面临较高的经营风险。

(4)随着投入成本变动调整价格的能力。

当投入成本上升时，有些公司比其他公司更有能力提高其产品的价格。因此公司随着产品成本的变动，调整价格的能力越强，公司的经营风险越低。

(5)公司经营中固定成本的比重：经营杠杆。

在企业的全部成本中，固定成本所占比重较大时，单位产品分摊的固定成本额就越多，若产量发生变动，单位产品分摊的固定成本会随之变动，最后导致利润更大幅度地变动，经营风险就大。

(6)及时高效地开发新产品的能力。

在高科技行业，比如制药和计算机行业，成功的经营依赖于不断地推出新产品。公司的产品陈旧过时得越快，公司的经营风险就越大。

企业经营风险的大小和经营杠杆系数有重要的关系。一般来说，在其他因素不变的情况下，固定成本越高，经营杠杆系数越大，经营风险则越大。但是必须指出，经营杠杆系数虽然能够表明经营风险的大小，但它本身并不是利润不稳定的根源。引起企业经营风险的主要原因是市场需求和成本等因素的不确定性，经营杠杆只是放大了销售额和生产成本等不确定因素对利润的影响程度。所以，经营杠杆系数反映的是一种"潜在风险"，这种风险只有在销售和成本变动的条件下才会产生作用。

4.3.3 财务杠杆

1.财务杠杆概念

财务杠杆(Financial leverage)是指由于债务的存在而导致普通股股东权益变动大于息税前利润变动的杠杆效应。不论企业营业利润多少，债务的利息和优先股的股利通常都是固定不变的。当息税前利润增大时，每1元盈余所负担的固定财务费用就会相对减少，这能给普通股股东带来更多的盈余；反之，当息税前利润减少时，每1元盈余所负担的固定财务费用就会相对增加，这就会大幅度减少普通股的盈余。这种由于债务的存在而导致普通股股东权益变动大于息税前利润变动的杠杆效应，称之为财务杠杆。

2.财务杠杆系数

财务杠杆作用的大小通常用财务杠杆系数表示。财务杠杆系数越大，表明财务杠杆作用越大，财务风险也就越大；财务杠杆系数越小，表明财务杠杆作用越小，财务风险也就越小。财务杠杆系数计算公式：

$$DFL=\frac{\Delta EPS/EPS}{\Delta EBIT/EBIT} \tag{4-18}$$

式中：DFL—财务杠杆系数；ΔEPS—普通股每股收益变动额；EPS—变动前的普通股每股收益。

上面的公式还可以推导为：

$$DFL=\frac{EBIT}{EBIT-I} \tag{4-19}$$

$$=\frac{Q(P-V)-F}{Q(P-V)-F-I} \tag{4-20}$$

$$=\frac{\text{息税前利润}}{\text{税前利润}}$$

式中：I—债务利息

(4—19)式与(4—20)式的推导如下：

$$\Delta EPS = EPS_2 - EPS_1$$

$$= \frac{(EBIT_2 - I)(1-T)}{N} - \frac{(EBIT_1 - I)(1-T)}{N}$$

$$= \frac{(EBIT_2 - EBIT_1)(1-T)}{N}$$

$$= \frac{\Delta EBIT(1-T)}{N}$$

$$\frac{\Delta EPS}{EPS} = \frac{\Delta EBIT(1-T)/N}{(EBIT-I)(1-T)/N}$$

$$= \frac{\Delta EBIT}{EBIT-I}$$

$$DFL = \frac{\Delta EPS/EPS}{\Delta EBIT/EBIT} = \frac{\Delta EBIT/(EBIT-I)}{\Delta EBIT/EBIT}$$

$$= \frac{EBIT}{EBIT-I}$$

$$= \frac{Q(P-V)-F}{Q(P-V)-F-I}$$

上式说明：

①财务杠杆效益产生于企业负债；

②一般情况下，财务杠杆度大于1($DFL>1$)。当企业负债为0时，利息为0，财务杠杆系数等于1，(即$I=0$时，$DFL=1$)财务杠杆效益为0；

③ 将上式变形：

$$\frac{\Delta EPS}{EPS} = DFL \cdot \frac{\Delta EBIT}{EBIT}$$

可看出，由于$DFL>1$，可知$\frac{\Delta EPS}{EPS} > \frac{\Delta EBIT}{EBIT}$，即每股利润变动率大于营业利润变动率。式中，$DFL$起到的是一种放大作用，$DFL$的数值越大，放大作用越大，但这里的放大是双向的，既放大收益，又放大风险。

例如，若$DFL=3$ 当$\frac{\Delta EBIT}{EBIT} = 10\%$ 时，$\frac{\Delta EPS}{EPS} = 3\times 10\% = 30\%$

当$\frac{\Delta EBIT}{EBIT} = -10\%$时，$\frac{\Delta EPS}{EPS} = 3\times(-10\%) = -30\%$

即：当营业利润扩大时，财务杠杆放大了收益；当营业利润减少时，财务杠杆放大了损失。

财务杠杆利益是指企业利用债务筹资这个杠杆而给企业所有者带来的额外收益。说明：经营杠杆影响企业的息税前利润；财务杠杆影响企业的税后利润。

【例 4-8】 某投资项目需资金100万元，若负债利息率10%，投资后营业利润率(或息税前利润率)有12%和8%两种情况，假设不考虑所得税，两种情况下投资人资本利润率的计算如下表：

表 4－1　负债对资本利润率的影响　　单位：万元

	权益资本	负债	利息	利润	资本利润率%
营业利润率 12%	100	0	0	12	12
	60	40	4	8	13.33
	40	60	6	6	15
营业利润率 8%	100	0	0	8	8
	60	40	4	4	6.7
	40	60	6	2	5

从表中可以看出：

(1)当营业利润率高于负债利息率时，负债可以提高投资人的资本利润率，即获得财务杠杆效益，而且，负债率越高，杠杆效益越高；

(2)当营业利润率低于负债利息率时，负债将降低投资人的资本利润率，即遭受财务杠杆损失，而且，负债率越高，杠杆损失越大。

若公司发行优先股，由于优先股的股利也是一笔固定支出，虽然在税后利润中支付，也存在财务杠杆作用。此时，财务杠杆系数的计算公式为：

$$DFL = \frac{EBIT}{EBIT - I - \frac{D_P}{1-T}} \tag{4-21}$$

式中：D_p—优先股股利；T—所得税税率。

3. 财务风险分析

财务风险(Financial risk)也称融资风险或筹资风险，是由于公司决定通过债务融资而给公司的普通股股东增加的风险。尤其是指财务杠杆导致企业所有者收益变动的风险，甚至可能导致企业破产的风险。一般地讲，企业在经营中总会发生借入资本。影响财务风险的因素：①资本供求的变化；②利率水平的变动；③获利能力的变化；④资本结构的变化，即财务杠杆的利用程度。其中财务杠杆对财务风险的影响最为综合。企业利用财务杠杆可能会产生好的效果，也可能会产生坏的效果。在企业息税前利润较多，增长幅度较大时，适当地利用负债性资金，发挥财务杠杆作用，可增加每股利润，使股票价格上涨，增加企业价值。财务杠杆系数越大，对财务杠杆利益的影响就越强，财务风险也就越高。

4.3.4 复合杠杆

复合杠杆是同时使用固定的经营费用和财务费用以期望提高企业股东收益。是销售量变动对每股利润的影响，或者说每股收益对企业销售量变动的敏感性。复合杠杆作用的计量一般用复合杠杆系数(DTL)来表示。计算公式如下：

$$复合杠杆系数\ DTL = \frac{每股收益变动率}{业务量变动率}$$

$$= \frac{\Delta EPS/EPS}{\Delta Q/Q} \tag{4-22}$$

$$= \frac{\Delta EPS/EPS}{\Delta EBIT/EBIT} \cdot \frac{\Delta EBIT/EBIT}{\Delta Q/Q}$$

$$
\begin{aligned}
&= DFL \cdot DOL \\
&= \frac{EBIT}{EBIT-I} \cdot \frac{EBIT+F}{EBIT} \\
&= \frac{EBIT+a}{EBIT-I} \\
&= \frac{Q(P-V)-F}{Q(P-V)-F-I} \cdot \frac{Q(P-V)}{Q(P-V)-F} \\
&= \frac{Q(P-V)}{Q(P-V)-F-I} \qquad (4-23)
\end{aligned}
$$

上式说明：

复合杠杆作用产生于企业固定成本和负债经营，是营业杠杆与财务杠杆作用的叠加；

一般情况下，复合杠杆度大于1($DTL>1$)。如果企业不存在固定成本和负债，复合杠杆系数为1($DTL=1$)，复合杠杆作用为0。

【例4-9】 某公司全部资本为750万元，债务资本比率为0.4，债务利率为12%，固定成本总额为80万元，变动成本率为60%，在销售额为400万元时，总税前利润为80万元。

【要求】计算该公司的复合杠杆系数 。

解：$DOL=\dfrac{400-400\times60\%}{400-400\times60\%-80}=2$

$DFL=\dfrac{80}{80-750\times0.4\times12\%}=1.8$

$DTL=2\times1.8=3.6$

这表明，销售每增加(或减少)1倍，就会造成每股盈余增加(或减少)3.6倍。

4.4　资本结构决策

4.4.1　资本结构概念

资本结构是企业筹资决策的核心问题，它是指企业各种资本的构成及其比例关系。资本结构有广义和狭义之分。广义的资本结构是指企业全部资金的来源构成及其比例关系，不仅包括长期资本，还包括短期资本。狭义的资本结构仅指企业各种长期资本的构成及其比例关系。企业筹资的渠道和方式尽管多种，但企业资本归结起来不外乎是权益资本和债务资本两大部分。研究资本结构就是研究权益资本和债务资本的构成比例问题。许多年来，财务理论关注着企业资本结构(即财务杠杆)对企业市场价值和平均资本成本的影响，试图回答的问题是，企业应使用多少的负债是最优的？

4.4.2　资本结构理论

1. 净收益理论(net income theory)

该理论认为，当企业资本结构发生变化时，个别资本成本并不随之改变。利用债务可以降低企业的综合资金成本，提高公司的市场价值。这是因为，负债的资本成本比权益资本成本低，因此负债程度越高，综合资金成本越接近债务成本，企业价值越大。当负债比率达到100%时，企业价值将达到最大。如果用 K_b 表示债务资本成本、K_s 表示权益资本成本、K_w 表示加权资本成本、V 表示企业总价值，则净收益理论可用图 4—1 所示：

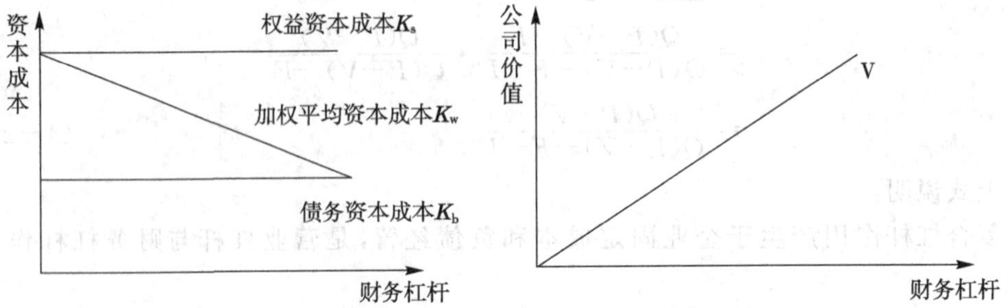

图 4—1 净收益理论资本成本与公司价值示意图

2. 净营运收入理论(net operating income theory)

净营运收入理论认为，不论财务杠杆如何变化，企业加权平均资本成本都是固定的，因而企业的总价值也是固定不变的。这是因为企业利用财务杠杆时，即使债务成本本身不变，但由于加大了权益风险，也会使权益成本上升，于是加权平均资本成本不会因为负债比率的提高而降低，而是维持不变。因此，资本结构与公司价值无关，决定公司价值的应是其营业收益。在这种理论下，资本成本与公司总价值之间的关系，可用图形描述，见图 4—2：

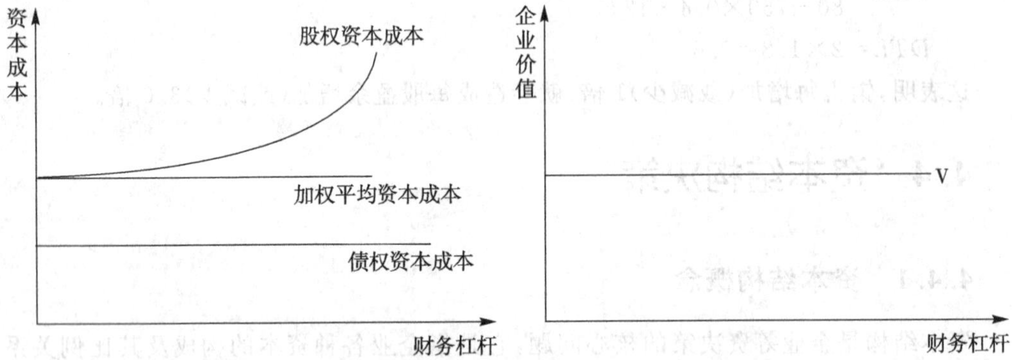

图 4—2 净营运收入理论资本成本与公司价值示意图

按照这种理论推论，不存在最佳资本结构，筹资决策也就无关紧要。可见，净营运收入理论和净收益理论是完全相反的两种结论。

3. 传统理论(traditional theory)

传统理论是一种介于净收益理论和净营运收入理论之间的理论。传统理论认为，企业利用财务杠杆尽管会导致权益成本的上升，但在一定程度内却不能完全抵消利用成本率低的债务所获得的好处，因此会使加权平均资本成本下降，企业总价值上升。但是，超过一定程度地利用财务杠杆，权益资本成本的上升就不再能为债务的低成本所抵消，加权平均资本成本便会上升。以后，债务资本成本也会上升，它和权益资本成本的上升共同作用，使加权平均资本成本上升加快。加权平均资本成本从下降变为上升的转折点，是加权平均资本成本的最低点，这时的负债比率就是企业的最佳资本结构。这种理论可以用图4—3描述。

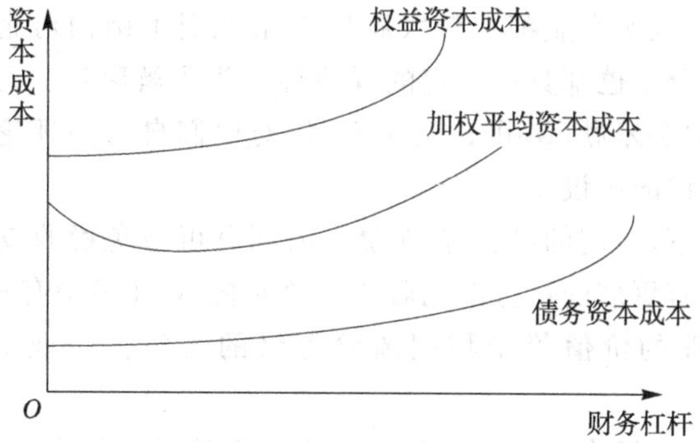

图4—3　传统理论资本成本示意图

以上三种理论统称为“早期资本结构理论”。它们的共同点是：(1)都是在企业和个人所得税税率为零的条件下提出的；(2)同时考虑了资本结构对资本成本和企业价值的双重影响；(3)均是在1958年以前产生，不少人认为这些理论不是建立在周密分析的基础上的。

4. MM理论

现代资本结构理论的代表为莫迪格利尼(Modigliani)和米勒(Miller)，他们提出了著名的MM理论，对传统资本结构理论提出了挑战。MM理论模型分为无企业税的MM模型和有企业税的MM模型。

(1)无企业税MM模型。

无企业税MM理论是在一系列假设的前提条件下提出的，包括：

①公司在无税收的环境中经营，即不考虑缴纳所得税因素；

②公司营业风险的高低由息税前利润标准差来衡量，公司经营风险决定企业的风险等级，即不考虑财务风险对企业风险等级的影响；

③投资者对所有公司未来盈利及风险的预期相同，即假设在理想的市场条件下，所有的投资者对市场上所有企业的盈利能力和风险等级的认识是统一的；

④投资者不支付债券交易成本，所有债务利率相同，即市场上所有债务资本率相同；

⑤公司为零增长公司，即年均盈利额不变；

⑥个人和公司均可以发行无风险债券，并有无风险利率；

⑦公司无破产成本；

⑧公司的股利政策与公司价值无关，公司发行新债时不会影响已有债券的市场价值。

在以上假设的基础上，MM理论认为，无论资本结构怎样安排，公司的总价值均不受其影响，投资者的总价值不变。该模型有三个命题：

命题一：无论有无负债，公司的价值取决于潜在的获利能力和风险水平。

命题二：负债企业的股本成本等于同一风险等级中某一无负债企业的股本成本加上根据无负债企业的股本成本与负债企业的债务成本之差以及负债比率确定的风险补偿。

命题三：内涵报酬率大于加权平均资本成本，是进行投资决策的基本前提。

(2)有税收 MM 模型。

MM 理论模型虽然在逻辑推理上得到了肯定,但是其资本结构和企业价值无关的理论在实践中面临挑战,现实企业都在较大程度上重视资本结构对企业价值的影响,资产负债率在各个部门的分布也都具有一定的规律性。为了解释这一理论与实际的差异,莫迪格利尼(Modigliani)和米勒(Miller)于 1963 年对他们自己的理论进行了修正,其要点拓宽了没有公司所得税的假设。

在企业税的影响下,他们的结论是负债会因利息可减免税收支出而增加企业价值,对投资者来说意味着有更多的可分配的收入。修正的 MM 模型有三个基本命题。

命题一:负债企业的价值等于相同风险等级的无负债企业的价值加上赋税节余价值。

命题二:负债企业的股本成本等于相同风险等级的无负债企业股本成本加上无负债企业的股本成本和负债成本之差以及负债额和企业税率决定的风险报酬。

命题三:在投资项目中,只有内涵报酬率等于或大于某个临界点收益率时,才能被接受。

5. 权衡理论

自从 1970 年后期以来,许多学者已经开始认识到企业破产成本将在某种程度上抵消了利息省税的净效益。MM 理论经过不断放宽假设,继续研究,几经发展,学者在此基础上又提出了税负利益——破产成本的权衡理论。权衡理论描述了负债的避税效益与破产成本之间的权衡,这一理论认为存在着最优资本结构。资本结构的权衡理论指出,负债可以为企业带来税收屏蔽的好处,但随着负债比率的提高,企业的债务成本也随之增大,由此引起财务危机成本和代理成本的上升。当负债比率达到某一点时,边际负债的税收屏蔽效益恰好与边际财务危机成本和代理成本相等,企业价值在此时达到了最大化,这就是企业的最佳负债率或最佳资本结构。权衡理论把资本结构决策视为在利息的税收屏蔽与财务危机成本之间进行的权衡。如图 4—4 所示:

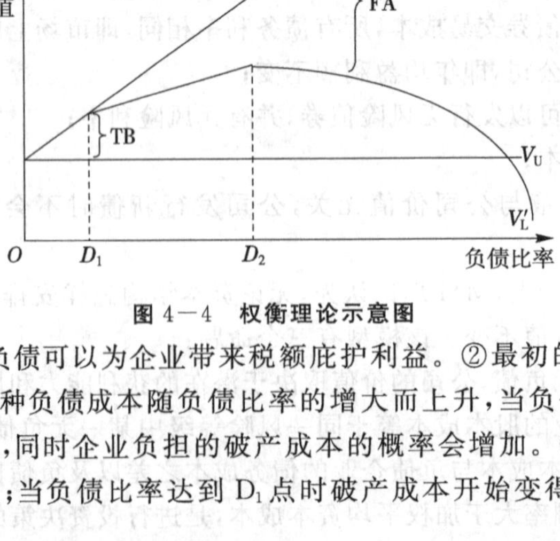

图 4—4 权衡理论示意图

图 4—4 说明:①负债可以为企业带来税额庇护利益。②最初的 MM 理论假设在现实中不存在,事实是各种负债成本随负债比率的增大而上升,当负债比率达到某一程度时,息税前盈余会下降,同时企业负担的破产成本的概率会增加。③当负债比率未超过 D_1 时,破产成本不明显;当负债比率达到 D_1 点时破产成本开始变得重要,负债税额庇护

利益开始被破产成本所抵消；当负债比率达到 D_2 点时，边际负债税额庇护利益恰好与边际破产成本相等，企业价值最大，达到最佳资本结构；负债比率超过 D_2 点后，破产成本大于负债税额庇护利益，导致企业价值下降。

图中：V_L—只有负债税额庇护而没有破产成本的企业价值

V_U—无负债时企业价值

V_L'—同时存在负债税额庇护、破产成本的企业价值

TB—负债税额庇护利益的现值

FA—破产成本

D_1—破产成本变得重要时的负债水平

D_2—最佳资本结构

此后，在资本结构的研究中提出的理论还有：融资顺序理论（啄食顺序理论）、代理理论、信号传递理论等等。各种各样的资本结构理论为企业融资决策提供了有价值的参考，可以指导决策行为。但是也应指出，由于融资活动本身和外部环境的复杂性，目前仍难以准确地显示出存在财务杠杆、每股收益、资本成本及企业价值之间的关系，所以在一定程度上融资决策还要依赖有关人员的经验和主观判断。

4.4.3　最优资本结构决策

从上面的分析可看出，负债资金是一把“双刃剑”，适当利用负债可以降低企业资金成本，但企业负债比率过高时，会带来很大的财务风险。为此，企业必须权衡财务风险和资本成本的关系，确定最佳资本结构。最佳资本结构是指在一定条件下使企业加权平均成本最低，企业价值最大的资金结构。从理论上讲，最佳资本结构是存在的，但由于企业内部和外部环境和条件的变化，寻找最优资金结构是很困难的。

筹资决策的目标就是要确定最佳的资本结构以求得股权权益最大化（即普通股每股收益最多或自有资金利润率最高）或资本成本最小化。资本结构决策的方法有许多种，常见的有每股利润分析法和资本成本比较法。

1. *每股收益无差别点*（EBIT—EPS）

企业的盈利能力是用息税前利润（EBIT）表示的，股东财富用每股收益（EPS）来表示。将以上两个方面联系起来，分析资本结构和每股收益之间的关系，进而来确定合理的资本结构的方法，叫息税前利润——每股收益分析法，简写为 EBIT—EPS 分析法。这种方法要确定每股收益的无差别点。每股收益无差别点是指两种筹资方式下普通股每股收益相等时的息税前利润点，即息税前利润平衡点，国内有人称之为筹资无差别点。根据每股收益无差别点可以分析判断在什么情况下运用债务筹资来安排和调整资本结构。

计算公式为：

$$EPS=\frac{(S-VC-F-I)(1-T)}{N}=\frac{(EBIT-I)(1-T)}{N} \qquad (4-24)$$

式中：S—销售额

VC—变动成本总额

F—固定成本总额

I—利息

T—所得税税率

在每股收益无差别点上，无论是采用负债融资，还是采用权益融资，每股收益都是相等的。要使负债融资与权益融资的每股收益相等，则有下列公式成立：

$$\frac{(\overline{EBIT}-I_1)(1-T)}{N_1}=\frac{(\overline{EBIT}-I_2)(1-T)}{N_2} \qquad (4-25)$$

或 $$\frac{(\overline{S}-VC_1-F_1-I_1)(1-T)}{N_1}=\frac{(\overline{S}-VC_2-F_2-I_2)(1-T)}{N_2} \qquad (4-26)$$

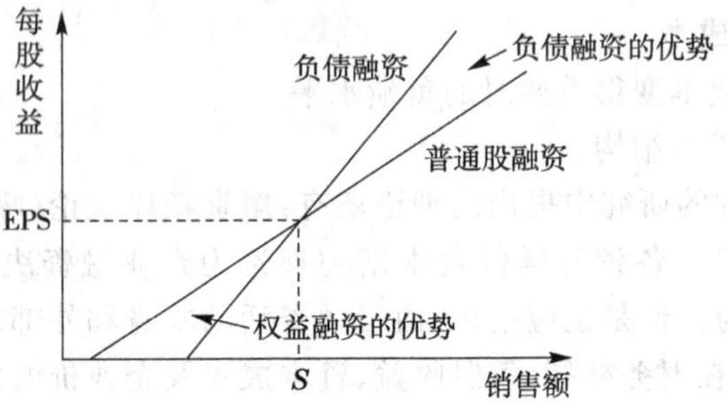

图 4－5 每股收益无差别点分析示意图

从图 4－5 中可以看出：

(1)当息税前利润或销售额等于每股利润无差别点时，普通股筹资和债务筹资均可；

(2)当息税前利润或销售额大于每股利润无差别点时，采用债务筹资有优势；

(3)当息税前利润或销售额小于每股利润无差别点时，采用普通股筹资有优势。

【例 4-10】 某公司原有资本 700 万元，其中债务资本 200 万元(每年负担利息 24 万元)，普通股资本 500 万元(发行普通股 10 万股，每股面值 50 元)。由于扩大业务，需要追加筹资 300 万元，其筹资方式有两种：

一是全部发行普通股：增发 6 万股，每股面值为 50 元；

二是全部筹借长期债务：债务利率仍为 12%，利息 36 万元。

公司的变动成本率为 60%，固定成本为 180 万元，所得税税率为 33%。

计算每股收益无差别点的销售额

解：$$\frac{(S-0.6S-180-24)\times(1-33\%)}{10+6}=\frac{(S-0.6S-180-24-36)\times(1-33\%)}{10}$$

$S=750$(万元)

此时的每股收益额为：

$$\frac{(750-750\times0.6-180-24)\times(1-33\%)}{10+6}=4.02(\text{元})$$

本题中，当销售额等于 750 万元时，债务融资和权益融资的每股收益是相等的，都等于 4.02 元。但当销售额高于 750 万元时，由图 4－5 我们知道，此时运用债务融资有利；当销售额低于 750 万元时，运用权益融资可获得较高的每股收益。

这种方法只考虑了资金结构对每股收益的影响，并假定每股收益最大，股票价格也就最高。但把资金结构对风险的影响置之不理，是不全面的。因为随着负债的增加，投资者的风险加大，股票价格和企业价值也会有下降的趋势，所以，单纯地用 EBIT—EPS 分析法有时会做出错误的决策。但在市场不完善的时候，投资人主要根据每股收益的多少作出决策，每股收益的增加也的确有利于股票价格的上升。

2. 资本成本比较法

资本成本比较法是指在企业的若干个备选筹资方案中，分别计算各方案的加权平均资金成本，从中选出加权平均资本成本最低的方案，以此进行资本结构决策的方法。

企业的资本结构决策可分为初始资本结构决策和追加资本结构决策两种情况。

(1)初始资本结构决策。

企业对拟定的筹资总额可以采用多种筹资方式来筹集，同时每种筹资方式的筹资数额亦可有不同安排，由此形成若干个资本结构(或筹资方案)可供选择。

【例 4-11】 某企业初创时有如下三个筹资方案可供选择，有关资料如下：

表 4－2 三个初始筹资方案

筹资方式	筹资方案 A		筹资方案 B		筹资方案 C	
	筹资额(万元)	资金成本(%)	筹资额(万元)	资金成本(%)	筹资额(万元)	资金成本(%)
长期借款	80	6	100	6.5	160	7
债券	200	7	300	8	240	7.5
优先股	120	12	200	12	100	12
普通股	600	15	400	15	500	15

下面分别测算三个筹资方案的加权平均资金成本，并比较其高低，从而确定最佳筹资方案，亦即最优资本结构。

方案 A

①计算各种方式的筹资额占筹资总额的比重。

长期借款 80÷1 000＝0.08

债券 200÷1 000＝0.2

优先股 120÷1 000＝0.12

普通股 600÷1 000＝0.6

②计算加权平均资金成本

0.08×6%＋0.2×7%＋0.12×12%＋0.6×15%＝12.32%

方案 B

①计算各种方式的筹资额占筹资总额的比重。

长期借款 100÷1 000＝0.1

债券 300÷1 000＝0.3

优先股 200÷1 000＝0.2

普通股 400÷1 000＝0.4

②计算加权平均资金成本

0.1×6.5%＋0.3×8%＋0.2×12%＋0.4×15%＝11.45%

方案 C

①计算各种方式的筹资额占筹资总额的比重。

长期借款 160÷1 000＝0.16

债券　240÷1 000＝0.24

优先股　100÷1 000＝0.1

普通股　500÷1 000＝0.5

②计算加权平均资金成本

0.16×7%＋0.24×7.5%＋0.1×12%＋0.5×15%＝11.62%

比较以上三个筹资方案的加权平均资金成本，方案B的最低，其形成的资本结构可确定为该企业的最佳资本结构。企业可按此方案筹集资金。

(2)追加资本结构决策。

企业在持续的生产经营过程中，由于扩大业务或对外投资的需要，有时需要追加筹资。因追加筹资以及筹资环境的变化，企业原有的资本结构就会发生变化，从而原定的最佳资本结构也未必仍是最优的。因此，企业应在资本结构不断变化中寻求最佳结构，保持资本结构的最优化。

【例4-12】 续前例，针对方案B，该某企业现有两个追加筹资方案可供选择，有关资料整理如下表4－3所示：

表4－3　两个追加投资方案

筹资方式	追加筹资方案A		追加筹资方案B	
	追加筹资额(万元)	资金成本(%)	追加筹资额(万元)	资金成本(%)
长期借款	100	7	120	7.5
优先股	40	13	40	13
普通股	60	16	40	16
合计	200		200	

追加筹资方案的边际资金成本也要按加权平均资本成本计算，根据表4－3的有关资料，两个追加筹资方案的综合资金成本计算如下。

方案A

100÷200×7%＋40÷200×13%＋60÷200×16%＝10.9%

方案B

120÷200×7.5%＋40÷200×13%＋40÷200×16%＝10.3%

两种追加筹资方案相比，方案B的边际资金成本低于方案A，因此，应选择追加筹资方案B。

备选追加筹资方案与原有资本结构汇总的综合资金成本率比较法。

若采用追加筹资方案A，追加筹资后的综合资金成本计算为：

$100\div1\,200\times6.5\%+100\div1\,200\times7\%+300\div1\,200\times8\%+200\div1\,200\times12\%+40\div1\,200\times13\%+\frac{400}{1\,200}\times15\%+\frac{600}{1\,200}\times16\%=11.69\%$

若采用追加筹资方案B，追加筹资后的综合资金成本计算为：

$100\div1\,200\times6.5\%+120\div1\,200\times7.5\%+300\div1\,200\times8\%+200\div1\,200\times12\%+40\div1\,200\times13\%+\frac{400}{1\,200}\times15\%+\frac{40}{1\,200}\times16\%=11.59\%$

通过以上的计算可以看出，增加筹资方案 A 和增加筹资方案 B 比较，该公司应该选取 B 方案。和单纯计算追加的资本成本的结论是一致的。

3. 公司价值比较法

公司价值比较法是在充分反映公司财务风险的前提下，以公司价值的大小为标准，通过计算和比较各种资本结构下公司的市场总价值来确定最佳资本结构的方法。最佳资本结构亦即公司市场价值最大的资本结构。公司价值等于公司债务的市场价值与公司股票市场价值之和，即 $V=S+B$。

假设公司的经营利润是可以永续的，股东和债权人的投入及要求的报酬不变，股票的市场价则可以表示为：

$$S=\frac{(EBIT-I)(1-T)}{K_s} \tag{4-27}$$

式中：S—股票的市场价值

K_s—权益资本成本

$EBIT$—息税前利润

I—利息费用

T—所得税税率

采用资本资产定价模型计算股票的资本成本 K_s：

$$K_s=R_f+\beta(R_M-R_f) \tag{4-28}$$

式中：R_f—无风险报酬率

R_M—平均风险股票必要报酬率

公司的资本成本，则应用加权平均资本成本（K_W）来表示。其公式为：

加权平均资本成本＝税前债务资本成本×债务额占总资本的比重×（1－所得税税率）＋权益资本成本×股票额占总资本的比重

即：$$K_w=K_b\left(\frac{B}{V}\right)(1-T)+K_s\left(\frac{S}{V}\right) \tag{4-29}$$

式中：K_b—税前的债务资本成本

B—债务额

S—权益资本额

V—企业价值

【例 4-13】 某公司息税前盈余为 500 万元，资金全部由普通股资本组成，股票账面价值 2 000 万元，所得税税率 40%。该公司认为目前的资本结构不够合理，准备用发行债务购回部分股票的办法予以调整。经咨询调查，目前的债务利率和权益资本的成本情况如下：

表 4—4 不同债务水平对公司债务资本成本和权益资本成本的影响

债券的市场价值(百万元)	税前债务资本成本 K_b(%)	股票的β值	无风险报酬率 R_f(%)	平均风险股票必要报酬率 R_M(%)	权益资本 K_S(%)
0		1.2	10	14	14.8
2	10	1.25	10	14	15
4	10	1.3	10	14	15.2
6	12	1.4	10	14	15.6
8	14	1.55	10	14	16.2
10	16	2.1	10	14	18.4

根据表中的资料,运用公式即可以计算出筹借不同金额的债务时公司的价值和资本成本,见下表:

表 4—5 公司市场价值和资本成本

债券的市场价值(百万元)	股票的市场价值(百万元)	公司的市场价值(百万元)	税前债务资本成本 K_b(%)	权益资本成本 K_S(%)	加权平均资本成本 K_w(%)
0	20.27	20.27		14.8	14.8
2	19.2	21.2	10	15	14.15
4	18.16	22.16	10	15.2	13.54
6	16.46	22.46	12	15.6	13.36
8	14.37	22.37	14	16.2	13.41
10	11.09	21.09	16	18.4	14.23

从表中可以看出,在没有债务的情况下,公司的总价值就是其原有的股票的市场价值。当公司用债务资本部分地替换权益资本时,一开始公司总价值上升,加权平均资本成本下降;在债务达到 600 万元时,公司总价值最高,加权平均资本成本最低;债务超过 600 万元后,公司总价值下降,加权平均资本成本上升。因此,债务为 600 万元时的资本结构是该公司的最佳资本结构。

□本章小结

资本成本是指企业为取得和使用资金所付出的代价,它包括资金占用费和资金筹措费用。是对资金时间价值和对风险的考虑。从融资角度看,资本成本是指企业筹措资金所需支付的代价,从投资的角度看,资本成本是指企业投资所要求的最低可接受报酬率。在长期投资决策中,资本成本是各单项资本成本的加权平均值。

经营杠杆是指由于存在固定成本而造成的营业利润变动率大于产销量变动率的现象;经营杠杆系数是指息税前利润变动率相对产销量变动率的倍数,它反映了息税前利润对产销量变动的敏感性。

财务杠杆是指由于财务费用的存在,使普通股每股收益的变动幅度大于营业利润变动幅度的现象。财务杠杆系数是普通股每股收益变动率相对于息税前利润变动率的倍数,它反映了每股收益变动对息税前利润变动的敏感性。

复合杠杆是指经营杠杆和财务杠杆同时发挥作用。

企业的资本结构又称融资结构,是指企业取得长期资本的各项来源、组成及其相互关系。资本结构理论包括早期的资本结构理论和现代资本结构理论。现代资本结构理论主要包括:MM 理论、权衡理论、代理理论、顺序融资理论等,MM 理论是奠定现代资本结构理论的基础。

资本结构决策分析方法主要包括:每股收益无差别点法、比较资本成本法、公司价值比较法。

□复习思考题

一、思考题

1. 什么是资本成本、加权平均资本成本?它们在企业决策中发挥了怎样的作用?

2. 什么是经营杠杆?经营杠杆的意义?

3. 什么是财务杠杆?财务杠杆的意义?

4. 影响企业资本结构的因素有哪些?

5. 什么是每股收益无差别点?如何利用它确定公司筹资方案?

二、计算题

1. 某公司发行普通股共计 800 万股,预计第一年股利率 14%,以后每年增长 1%,筹资费用率 3%,求该股票的资本成本是多少?

2. 某一个期间市场风险报酬率为 10%,平均风险要求的报酬率为 15%,长信公司普通股 β 值为 1.2。计算留存收益的成本为多少?

3. 某企业年销售额为 300 万元,息税前利润为 100 万元,固定成本为 34 万元,变动成本率 60%,全部资本为 240 万元,负债比率为 50%,负债利息率为 10%。

要求:分别计算该企业的经营杠杆系数、财务杠杆系数和复合杠杆系数。

4. 某企业只生产和销售 A 产品,其总成本习性模型为 $Y=10\ 000+3X$。假定该企业 2006 年度 A 产品销售量为 10 000 件,每件售价为 5 元;按市场预测 2007 年 A 产品的销售数量将增长 10%。要求:

(1)计算 2006 年该企业的边际贡献总额。

(2)计算 2006 年该企业的息税前利润。

(3)计算销售量为 10 000 件时的经营杠杆系数。

(4)计算 2007 年息税前利润增长率。

(5)假定企业 2006 年发生负债利息 5 000 元,且无优先股息,计算复合杠杆系数。

5. 已知某公司当前资金结构如下:

筹资方式	金额(万元)
长期债券(年利率8%)	1 000
普通股(4 500万股)	4 500
留存收益	2 000
合计	7 500

因生产发展,公司年初准备增加资金2 500万元,现有两个筹资方案可供选择:甲方案为增加发行1 000万股普通股,每股市价2.5元;乙方案为按面值发行每年年末付息、票面利率为10%的公司债券2 500万元。假定股票与债券的发行费用均可忽略不计;适用的企业所得税税率为33%。

要求:

(1)计算两种筹资方案下每股利润无差别点的息税前利润。

(2)计算处于每股利润无差别点时乙方案的财务杠杆系数。

(3)如果公司预计息税前利润为1 200万元,指出该公司应采用的筹资方案。

(4)如果公司预计息税前利润为1 600万元,指出该公司应采用的筹资方案。

6. 某公司拟筹资500万元,现有甲、乙两个备选方案如下表:

筹资方式	甲方案		乙方案	
	筹资金额	资本成本	筹资金额	资本成本
长期借款	80	7%	110	7.5%
公司债券	120	8.5%	40	8%
普通股	300	14%	350	14%
合计	500		500	

试确定哪一种方案较优?

第5章　融资方式

□学习目标

通过本章的学习，要求掌握筹资的动机、渠道方式；掌握企业资金需要量的预测方法；掌握权益资金筹措的方式、特点和要求；掌握负债资金筹措的方式、特点和要求；熟悉筹资的基本原则。

5.1　企业筹资的动机与原则

5.1.1　企业筹资的概念

企业筹资是指企业作为筹资主体根据其生产经营、对外投资和调整资本结构等需要，通过筹资渠道和金融市场，运用筹资方式，经济有效地筹措和集中资本的活动，企业筹资活动是企业的一项基本财务活动，企业筹资管理是企业财务管理的一项主要内容。

资本是企业经营活动的一个基本要素，是企业创建和生存发展的一个必要条件。一个企业从创建到生存发展的整个过程都需要筹集资本。企业最初创建就需要筹资，以获得设立一个企业必需的初始资本；在取得会计师事务所验资证明，据以到工商管理部门办理注册登记后，才能开展正常的生产经营活动。

任何企业在生存发展过程中，都需要始终维持一定的资本规模，由于生产经营活动的发展变化，往往需要追加筹资。例如，有的企业为了增加经营收入，降低成本费用，提高利润水平，需要根据市场需求变化，扩大生产经营规模，调整生产经营结构，研制开发新产品，所有这些经营策略的实施通常都要求有一定的资本条件。企业为了稳定一定的供求关系并获得一定的投资利益，对外开展投资活动，往往也需要筹集资本。例如，有的企业为了保证其产品生产所必需的原材料的供应，向供应厂商投资并获得控制权。企业根据内外部环境的变化，适时采取调整企业资本结构的策略，也需要及时地筹集资本。例如，有的企业由于资本结构不合理，负债比率过高，偿债压力过重，财务风险过高，主动通过筹资来调整资本结构。企业持续的生产经营活动，不断地产生对资本的需求，这就需要筹措和集中资本；同时，企业因开展对外投资活动和调整资本结构，也需要筹措和集中资本。

5.1.2　企业筹资的动机

企业筹资的基本目的是为了自身的生存与发展。企业在持续的生存与发展中，其具体的筹资活动通常受特定的筹资动机所驱使。企业筹资的具体动机是多种多样的。例如，为购置设备、引进新技术、开发新产品而筹资；为对外投资、并购其他企业而筹资；为现金周转与调度而筹资；为偿付债务和调整资本结构而筹资，等等。在企业筹资的实际中，这些具体的筹资动机有时是单一的，有时是结合的，归纳起来有三种基本类型，即扩张性筹资动机、调整性筹资动机和混合性筹资动机。企业筹资的动机对筹资行为及其结果产生直接的影响。

1. 扩张性筹资动机

扩张性筹资动机是指企业因扩大生产经营规模或增加对外投资而产生的追加筹资的动机。处于成长期、具有良好发展前景的企业通常会产生这种筹资动机。例如，企业产品供不应求，需要增加市场供应；开发生产适销对路的新产品；追加有利的对外投资规模；开拓有发展前途的对外投资领域等，往往都需要追加筹资。扩张性筹资动机所产生的直接结果，是企业资产总额和资本总额的增加。

2. 调整性筹资动机

企业的调整性筹资动机是企业因调整现有的资本结构需要而产生的筹资动机。资本结构是指企业各种筹资方式的结合及其比例关系。一个企业在不同时期由于筹资方式的不同结合会形成不尽相同的资本结构。随着相关情况的变化，现有的资本结构可能不再合理，需要相应地予以调整，使之趋于合理。

企业产生调整性筹资动机的原因有很多。例如，一个企业有些债务到期必须偿付，企业虽然具有足够的偿债能力偿付这些债务，但为了调整现有的资本结构，仍然举债，从而使资本结构更加合理。再如，一个企业由于客观情况的变化，现有的资本结构中债务筹资所占的比例过大，财务风险过高，偿债压力过重，需要降低债权筹资的比例，采取债转股等措施予以调整，使资本结构适应客观情况的变化而趋于合理。

3. 混合性筹资动机

企业同时既为扩张规模又为调整资本结构而产生的筹资动机，可称为混合性筹资动机。即这种混合性筹资动机中兼容了扩张性筹资和调整性筹资两种筹资动机。在这种混合性筹资动机的驱使下，企业通过筹资，既扩大了资产和资本的规模，又调整了资本结构。

5.1.3 企业筹资的基本原则

企业筹资是企业的基本财务活动，是企业扩大生产经营规模和调整资本结构必须采取的行动。为了经济有效地筹集资本，企业筹资必须遵循下列基本原则：

1. 效益性原则

企业筹资与投资在效益上应当相互权衡。企业投资是决定企业是否要筹资的重要因素，投资收益与资本成本相比较，决定着是否要追加筹资，而一旦采纳某项投资项目，其投资数量就决定了所需筹资的数量。因此，企业在筹资活动中，一方面需要认真分析投资机会，讲究投资效益，避免不顾投资效益的盲目筹资；另一方面，由于不同筹资方式的资本成本高低不尽相同，也需要综合研究各种筹资方式，寻求最优的筹资组合，以便降低资本成本，经济有效地筹集资本。

2. 合理性原则

企业筹资必须合理确定所需筹资的数量。企业筹资不论通过哪些筹资渠道，运用哪些筹资方式，都要预先确定筹资的数量。企业筹资固然应当广开财路，但必须有合理的限度，使所需筹资的数量与投资所需数量达到平衡，避免因筹资数量不足而影响投资活动或因筹资数量过剩而影响筹资效益。

企业筹资还必须合理确定资本结构。合理地确定企业的资本结构，主要有两方面的内容：一方面是合理确定股权资本与债权资本的结构，也就是合理确定企业债权资本的规模或比例问题，债权资本的规模应当与股权资本的规模和偿债能力的要求相适应。在这方面，既要避免债权资本过多，导致财务风险过高，偿债负担过重，又要有效地利用债务经营，提高股权资本的收益水平；另一方面是合理确定长期资本与短期资本的结构，也就是合理确定企业全部资本的期限结构问题，这要与企业资产所需持有的期限相匹配。

3. 及时性原则

企业筹资必须根据企业资本的投放时间安排予以筹划，及时取得资本来源，使筹资与投资在时间上相协调。企业投资一般都有投放时间上的要求，尤其是证券投资，其投资的时间性要求非常重要，筹资必须与此相配合，避免筹资过早而造成投资前的资本闲置或筹资滞后而贻误投资的有利时机。

4. 合法性原则

企业的筹资活动，影响着社会资本及资源的流向和流量，涉及相关主体的经济权益。为此，必须遵守国家有关法律法规，依法履行约定的责任，维护有关各方的合法权益，避免非法筹资行为给企业本身及相关主体造成损失。

5.1.4 企业筹资的渠道与方式

企业筹资需要通过一定的筹资渠道，运用一定的筹资方式进行。不同的筹资渠道和筹资方式各有特点和适用性，为此需要加以分析研究。筹资渠道与筹资方式既有联系，又有区别。同一筹资渠道的资本往往可以采用不同的筹资方式取得，而同一筹资方式又往往可以筹集不同筹资渠道的资本，这也需要把握两者之间的有效配合。

1. 企业筹资渠道

企业的筹资渠道是指企业筹集资本来源的方向与通道，体现着资本的源泉和流量。筹资渠道主要是由社会资本的提供者及数量分布所决定的。目前，我国社会资本的提供者众多，数量分布广泛，为企业筹资提供了广泛的资本来源。认识企业筹资渠道的种类及其特点和适用性，有利于企业充分开拓和利用筹资渠道，实现各种筹资渠道的合理组合，有效地筹集资本。

企业的筹资渠道可以归纳为如下七种：

(1)政府财政资本。政府财政资本历来是国有企业筹资的主要来源，政策性很强，通常只有国有企业才能利用。现在的国有企业，包括国有独资公司，其筹资来源的大部分，是在过去由政府通过中央和地方财政部门以拨款方式投资而形成的。政府财政资本具有广阔的源泉和稳固的基础，并在国有企业资本金预算中安排，今后仍然是国有企业权益资本筹资的重要渠道。

(2)银行信贷资本。银行信贷资本是各类企业筹资的重要来源。银行一般分为商业性银行和政策性银行。在我国，商业性银行主要有中国工商银行、中国农业银行、中国建设银行、中国银行以及交通银行等；政策性银行有国家开发银行、农业发展银行和中国进出口银行。商业性银行可以为各类企业提供各种商业性贷款；政策性银行主要为特定企业提供一定的政策性贷款。银行信贷资本拥有居民储蓄、单位存款等经常性的资本来源，贷款方式灵活多样，可以适应各类企业债权资本筹集的需要。

(3)非银行金融机构资本。非银行金融机构资本也可以为一些企业提供一定的筹资来源。非银行金融机构是指除了银行以外的各种金融机构及金融中介机构。在我国，非银行金融机构主要有租赁公司、保险公司、企业集团的财务公司以及信托投资公司、证券公司。它们有的集聚社会资本，融资融物；有的承销证券，提供信托服务，为一些企业直接筹集资本或为一些公司发行证券筹资提供承销信托服务。这种筹资渠道的财力虽然比银行要小，但具有广阔的发展前景。

(4)其他法人资本。其他法人资本有时亦可为筹资企业提供一定的筹资来源。在我国，法人可分为企业法人、事业法人和团体法人等。它们在日常的资本运营周转中，有时也可能形成部分暂时闲置的资本，为了让其发挥一定的效益，也需要相互融通，这就为企业筹资提供了一定的筹资来源。

(5)民间资本。民间资本可以为企业直接提供筹资来源。我国企业和事业单位的职工和广大城乡居民持有大笔的货币资本，可以对一些企业直接进行投资，为企业筹资提供资本来源。

(6)企业内部资本。企业内部资本主要是指企业通过提留盈余公积和保留未分配利润而形成的资本。这是企业内部形成的筹资渠道，比较便捷，有盈利的企业通常都可以加以利用。

(7)国外和我国港澳台资本。在改革开放的条件下，国外以及我国香港、澳门和台湾地区的投资者持有的资本，亦可加以吸收，从而形成所谓外商投资企业的筹资渠道。

在上述各种筹资渠道中，政府财政资本、其他法人资本、民间资本、企业内部资本、国外和我国港澳台资本，可以成为特定企业股权资本的筹资渠道；银行信贷资本、非银行金融机构资本、其他法人资本、民间资本、国外和我国港澳台资本，可以成为特定企业债权资本的筹资渠道。

2. 企业筹资方式

企业筹资方式是指企业筹集资本所采取的具体形式和工具，体现着资本的属性和期限。这里，资本属性是指资本的股权或债权性质。筹资方式取决于企业资本的组织形式和金融工具的开发利用程度。目前，我国企业资本的组织形式多种多样，金融工具得到比较广泛的开发和利用，为企业筹资提供了良好的条件。认识企业筹资方式的种类及其特点和适用性，有利于企业准确地开发和利用各种筹资方式，实现各种筹资方式的合理组合，有效地筹集资本。

一般而言，企业筹资方式有以下七种：

(1)吸收直接投资。吸收直接投资是企业以协议形式筹集政府、法人、自然人等直接投入的资本,形成企业投入资本的一种筹资方式。该筹资方式不以股票为媒介,适用于非股份制企业,是非股份制企业取得股权资本的基本方式。

(2)发行股票。发行股票是股份公司按照公司章程依法发售股票直接筹资,形成公司股本的一种筹资方式。发行股票筹资要以股票为媒介,仅适用于股份公司,是股份公司取得股权资本的基本方式。

(3)发行债券。发行债券是企业按照债券发行协议通过发售债券直接筹资,形成企业债权资本的一种筹资方式。在我国,股份有限公司、国有独资公司等可以采用发行债券筹资方式,依法发行公司债券,获得大额的长期债权资本。

(4)发行商业本票。发行商业本票是大型工商企业或金融企业获得短期债权资本的一种筹资方式。它是一种新兴的短期筹资方式,目前在我国还不普遍。

(5)银行借款。银行借款是各类企业按照借款合同从银行等金融机构借入各种款项的筹资方式。它广泛适用于各类企业,是企业获得长期和短期债权资本的主要筹资方式。

(6)商业信用。商业信用是企业通过赊购商品、预收货款等商品交易行为筹集短期债权资本的一种筹资方式。这种筹资方式比较灵活,为各类企业所采用。

(7)租赁筹资。租赁筹资是企业按照租赁合同租入资产从而筹集资本的特殊筹资方式。各类企业都可以采用租赁筹资方式,租入所需资产,并形成企业的债权资本。

在上列各种筹资方式中,吸收直接投资和发行股票筹资方式可为企业取得永久性股权资本;发行债券和租赁筹资方式主要为企业获得长期债权资本;发行商业本票和商业信用筹资方式通常是为企业筹集短期债权资本;银行借款筹资方式既可以用于筹集长期债权资本,也可以用于筹集短期债权资本。

5.2　企业筹资数量预测

5.2.1　筹资数量预测的基本依据

1. 法律依据

(1)注册资本限额的规定。我国《公司法》根据行业的不同特点,规定了不同的法定资本的最低限额。

(2)企业负债限额的规定。我国《公司法》为保障债权人的利益,规定公司累计债权总额不得超过公司净资产的一定比例。

2. 企业经营规模依据

一般而言,公司经营规模越大,所需资本越多;反之,所需资本越少。

3. 其他因素

利息率的高低、对外投资数额的多寡等都会对融资数额的预测产生一定的影响。

5.2.2 筹资数量预测的因素分析法

该方法是以有关资本项目上年度的实际平均需要量为基础，根据预测年度的生产经营任务和加速资本周转的要求，进行分析调整，来预测资本需要量的一种方法。公式为：

资本需要量=(上年资本实际平均占用量—不合理平均占用额)×(1±预测年度销售增减率)×(1±预测期资本周转速度变动率)

5.2.3 筹资数量预测的销售百分比法

销售百分比法是根据销售额与资产负债表及利润表项目之间的比例关系，预测各项目短期资本需要量的方法。一般借助于预测利润表和预测资产负债表；通过预测利润表预测企业留用利润这种内部资本来源的增加额，通过预测资产负债表预测企业资本需要总额和外部筹资的增加额。

【例 5-1】 ABC 公司2005 年的财务数据如下：

表 5－1　2005 年 ABC 公司的有关财务数据

项目	金额(万元)	占销售收入(4 000 万元)百分比
流动资产	4 000	100%
长期资产	略	无稳定的百分比关系
应付账款	400	10%
其他负债	略	无稳定的百分比关系
当年的销售收入净利润	200	5%
分配股利	60	
留存收益	140	

假设该公司的实收资本始终保持不变，2006 年预计销售收入将达到 5 000 万元。

要求：

1. 需要补充多少外部融资？

2. 如果利润留存率是 100%，销售净利率提高到 6%，目标销售收入是 4 500 万元。要求计算是否需要从外部融资，如果需要，需要补充多少外部资金。

根据表 5－1 的数据计算步骤如下：

(1)区分变动性项目和非变动性项目。

变动性项目是指随销售收入变动而呈同比率变动的项目。

变动性项目：货币资金、应收账款、存货、应付账款等。非变动性项目：固定资产、对外投资、实收资本等。

(2)计算变动性项目的销售百分比。

变动性项目的销售百分比= 基期变动性资产(或负债)/基期销售收入

(3)计算需追加的外部筹资额。

外界资金需要量=增加的资产－增加的负债－增加的留存收益

增加的资产=增量收入×基期变动性资产占基期销售收入的百分比

增加的负债=增量收入×基期变动性负债占基期销售收入的百分比

增加的留存收益=预计销售收入×销售净利率×收益留存率

所以需要补充的外部融资为：

$$1\ 000\times100\%-1\ 000\times10\%-5\ 000\times5\%\times(1-60/200)=725(\text{万元})$$

如果利润留存率是100%，销售净利率提高到6%，目标销售收入是4 500万元。需要补充外部资金为：

$$500\times100\%-500\times10\%-4\ 500\times6\%\times100\%=230(\text{万元})$$

5.2.4 预测筹资数量的线性回归分析法

线性回归分析法是假定资本需要量与营业业务量之间存在线性关系并建立数学模型，然后根据历史有关资料，用回归直线方程确定参数预测资本需要量的方法。其预测模型为：

$$y=a+bx$$

式中：y——资本需要总额；

a——不变资本总额；

b——单位业务量所需要的可变资本额；

x——产销量。

不变资本是指在一定的营业规模内不随业务量变动的资本，主要包括为维持营业而需要的最低数额的现金、原材料的保险储备、必要的成品或商品储备以及固定资产占用的资本。可变资本是指随营业业务量变动而同比例变动的资本，一般包括在最低储备以外的现金、存货、应收账款等所占用的资本。

运用上列预测模型，在利用历史资本确定a，b数值的条件下，即可预测一定产销量x所需要的资本总量y。

【例5-2】 乙企业2001—2005年的产销量和资本需要量如表5—2所示。假定2006年预计产销量为78 000件。试预测2006年资本需要量。

表5—2 乙企业产销量与资本需要额表

年度	产销量(x)(万件)	资本需要额(y)(万元)
2001	6.0	500
2002	5.5	475
2003	5.0	450
2004	6.5	520
2005	7.0	550

预测过程如下：

(1)根据表5—2的资料，可计算整理出表5—3的数据。

表5—3 回归直线方程数据计算表

年度	产销量x(万件)	资本需要总额y(万元)	xy	x^2
2001	6.0	500	3 000	36
2002	5.5	475	2612.5	30.25
2003	5.0	450	2250	25
2004	6.5	520	3380	42.25
2005	7.0	550	3850	49
$n=5$	$\sum x=30$	$\sum y=2495$	$\sum xy=15092.5$	$\sum x^2=182.5$

(2)将表5－3的数据代入下列方程组：

$$\begin{cases}\sum y = na + b\sum x \\ \sum xy = a\sum x + b\sum x^2\end{cases}$$

得

$$\begin{cases}2495 = 5a + 30b \\ 15092.5 = 30a + 182.5b\end{cases}$$

求得

$$\begin{cases}a = 205 \\ b = 49\end{cases}$$

(3)将 $a=205$ 万元，$b=49$ 万元 代入 $y=a+bx$，得

$$y = 205 + 49x$$

(4)将2006年预计产销量7.8万件代入上式，测得资本需要额为：

$$205+49\times7.8=587.2(\text{万元})$$

运用线性回归法必须注意以下几个问题：(1)资本需要额与营业业务量之间线性关系的假定应符合实际情况；(2)确定 a，b 数值，应利用预测年度前连续若干年的历史资料，一般要有3年以上的资料；(3)应考虑价格等因素的变动情况。

5.3 权益资金融资

权益资金融资主要有吸收直接投资和发行普通股两种方式。

5.3.1 吸收直接投资

1. 吸收直接投资的含义和主体

(1)吸收直接投资的含义。按照国际惯例，企业的全部资本按其所有权的归属，可以分为股权资本和债权资本。企业的股权资本一般由投入资本(或股本)和留存收益构成。根据我国有关财务制度的规定，企业的股权资本包括资本金、资本公积金、盈余公积金和未分配利润。

企业的资本金是企业所有者为创办和发展企业而投入的资本，是企业股权资本最基本的部分。企业资本金因企业组织形式的不同而有不同的表现形式，在股份制企业中称为“股本”，在非股份制企业中则称为“投入资本”。

吸收直接投资是指非股份制企业以协议等形式吸收国家、其他企业、个人和外商等的直接投入的资本，形成企业投入资本的一种筹资方式。吸收直接投资不以股票为媒介，适用于非股份制企业。它是非股份制企业筹集股权资本的一种基本方式。

(2)吸收直接投资的主体。一般而言，吸收直接投资的主体是指进行吸收直接投资的企业。从法律上讲，现代企业主要有三种法律形式，也可以说是三种企业制度，即独资制、合伙制和公司制。在我国，公司制企业又分为股份制企业(包括股份有限公司和有限责任公司)和国有独资公司。可见，采用吸收直接投资的主体只能是非股份制企业，包括

个人独资企业、个人合伙企业和国有独资公司。

目前在我国，吸收直接投资的主体按照所有制标准进行分类，可以分为国有独资企业、个人独资企业和个人合伙企业等。

2. 吸收直接投资的类型

吸收直接投资可以有多种类型，企业可根据规定选择采用，筹措所需要的股权资本。

(1)吸收直接投资按所形成股权资本的构成分类：

①国有资本，主要为国家财政拨款而形成企业的国有资本。

②法人资本，其他企业、事业单位等法人的直接投资而形成的法人资本。

③个人资本，本企业内部职工和城乡居民的直接投资而形成企业的个人资本。

④外商资本，外国投资者和我国港澳台地区投资者的直接投资而形成外商资本。

(2)吸收直接投资按投资者的出资形式分类：

①现金投资。现金投资是企业筹集投入资本所乐于采用的形式。企业有了现金，可用于购置资产、支付费用，比较灵活方便。因此，企业一般争取投资者以现金方式出资。各国法规大多都对现金出资比例作出了规定，或由融资各方协商确定。

②非现金投资。非现金投资主要有两类形式：一是筹集实物资产投资，即投资者以房屋、建筑物、设备等固定资产和材料、燃料、产品等流动资产作价投资。二是筹集无形资产投资，即投资者以专利权、商标权、商誉、非专利技术、土地使用权等无形资产作价投资。

3. 吸收直接投资的条件和要求

企业采用吸收直接投资方式筹措股权资本，必须符合一定的条件和要求，主要有以下几个方面：

(1)主体条件。采用吸收直接投资方式筹措投入资本的企业，应当是非股份制企业，包括个人独资企业、个人合伙企业和国有独资公司。而股份制企业按规定应以发行股票方式取得股本。

(2)需要要求。向企业投入资本的出资者以现金、实物资产、无形资产出资时，必须符合企业生产经营和科研开发的需要。

(3)消化要求。企业筹集的投入资本，如果是实物和无形资产，则必须在技术上能够消化，企业经过努力在工艺、人员操作方面能够适应。

4. 吸收直接投资的程序

企业吸收直接投资，一般应遵循如下程序：

(1)确定投入资本筹资的数量。企业新建或扩大规模而进行投入资本筹资时，应当合理确定所需投入资本筹资的数量。国有独资企业的增资，须由国家授权投资的机构或国家授权的部门决定；合资或合营企业的增资须由出资各方协商决定。

(2)选择投入资本筹资的具体形式。企业面向哪些方向、采用何种具体形式进行投入资本筹资，需要由企业和投资者双向选择，协商确定。企业应根据其生产经营等活动的需要以及协议等规定，选择投入资本筹资的具体方向和形式。

(3)签署决定、合同或协议等文件。企业投入资本筹资，不论是为了新建还是为了增资，都应当由有关方面签署决定或协议等书面文件。对于国有企业，应由国家授权投资机构等签署创建或增资拨款决定;对于合资企业,应由合资各方共同签订合资或增资协议。

(4)取得资本来源。签署拨款决定或投资协议后,应按规定或计划取得资本来源。吸收国家以现金投资的,通常有拨款计划,确定拨款期限、每期数额及划拨方式,企业可按计划取得现金。吸收出资各方以实物资产和无形资产出资的,应结合具体情况,采用适当方法,进行合理估价,然后办理产权的转移手续,取得资产。

5. 吸收直接投资的优缺点

吸收直接投资是我国企业筹资中最早采用的一种方式,也曾是我国国有企业、集体企业、合资或联营企业普遍采用的筹资方式。它既有优点,也有不足。

吸收直接投资的优点主要有:

(1)吸收直接投资所筹的资本属于企业的股权资本,与债权资本相比较,它能提高企业的资信和借款能力。

(2)吸收直接投资不仅可以筹集现金,而且能够直接获得所需的先进设备和技术,与仅筹集现金的筹资方式相比较,它能尽快地形成生产经营能力。

(3)吸收直接投资的财务风险较低。

吸收直接投资的缺点主要有:

(1)吸收直接投资通常资本成本较高。

(2)吸收直接投资由于没有证券为媒介,产权关系有时不够明晰,也不便于产权的交易。

5.3.2 发行普通股

股票是股份有限公司签发的证明股东所持股份的凭证,是为筹措股权资本而发行的有价证券。它代表持股人在公司中拥有的所有权。股票持有人即为公司的股东。公司股东作为出资人按投入公司的资本额享有所有者的资产收益、公司重大决策和选择管理者的权利,并以其所持股份为限对公司承担责任。

发行股票是股份有限公司筹措股权资本的基本方式。本节阐述股票筹资中发行普通股的实务操作。第五节将介绍发行优先股筹资这个特殊问题。

1. 股票的种类

股份有限公司根据筹资者和投资者的需要,发行各种不同的股票。股票的种类很多,可按不同的标准进行分类。

(1)股票按股东的权利和义务分类。股票一般按股东权利和义务的不同分为普通股和优先股两种基本类型。

普通股是公司发行的代表着股东享有平等的权利、义务,不加特别限制,股利不固定的股票。普通股是最基本的股票,通常情况下,股份有限公司只发行普通股。

普通股在权利和义务方面的特点是:①普通股股东享有公司的经营管理权;②普通股股利分配在优先股之后进行,并依公司盈利情况而定;③公司解散清算时,普通股股东对公司剩余财产的请求权位于优先股之后;④公司增发新股时,普通股股东具有认购优先权,可以优先认购公司所发行的股票。

优先股是公司发行的优先于普通股股东分取股利和公司剩余财产的股票。多数国家的公司法规定，优先股可以在公司设立时发行，也可以在公司增发新股时发行。但有些国家的法律则规定，优先股只能在特殊情况下，如公司增发新股或清理债务时才准发行。

(2)股票按是否记入股东名册分类。股票按是否记入股东名册分为记名股票和无记名股票。

记名股票的股东姓名或名称要记入公司的股东名册。我国《公司法》规定，公司向发起人、法人发行的股票，应为记名股票。记名股票一律用股东本名，其转让由股东以背书方式进行。

无记名股票的股东姓名或名称不记入公司的股东名册，公司只记载股票数量、编号及发行日期。公司对社会公众发行的股票可以为无记名股票。无记名股票的转让，由股东将该股票交付给受让人后即发生转让效力。

(3)股票按发行时间的先后分类。股票按发行时间的先后可分为始发股和新股。始发股是设立时发行的股票。新股是公司增资时发行的股票。始发股和新股发行的具体条件、目的、价格不尽相同，但同类股东的权利、义务是相同的。

(4)股票按发行对象和上市地区分类。我国目前的股票还按发行对象和上市地区，分为A股、B股和H股。A股是供我国个人或法人买卖的、以人民币标明票面价值并以人民币认购和交易的股票；B股和H股是专供外国和我国港澳台地区的投资者买卖的，以人民币标明面值但以外币认购和交易的股票(2001年起也允许境内居民以合法取得的外币买卖)，A股、B股在深圳、上海上市，H股在香港上市。

2. 股票发行的基本要求

股份公司发行股票，分为设立发行和增资发行，但不论是设立发行还是增资发行，根据我国《公司法》、《证券法》等规定，都必须依循下列基本要求：

(1)股份有限公司的资本划分为股份，每股金额相等。

(2)公司的股份采取股票的形式。

(3)股份的发行实行公开、公平、公正的原则，必须同股同权，同权同利。

(4)同次发行的股票，每股的发行条件和价格应当相同。各个单位或者个人所认购的股份，每股应当支付相同价额。

(5)股票发行价格可以按票面金额，也可以超过票面金额，但不得低于票面金额。即可以按面额发行或溢价发行，但不得折价发行。

(6)公司对公开发行股票所筹集资金，必须按照招股说明书所列资金用途使用。

3. 普通股筹资的优缺点

股份有限公司运用普通股筹集股权资本，与优先股相比，与公司债券、长期借款等筹资方式相比，有其优点和缺点。

(1)普通股筹资的优点。

①普通股筹资没有固定的股利负担。公司有盈利，并认为适于分配股利，就可以分给股东；公司盈利较少，或虽有盈利但资本短缺或有更有利的投资机会，也可以少支付或不支付股利。而债券或借款的利息无论企业是否盈利及盈利多少，都必须予以支付。

②普通股股本没有固定的到期日，不需要偿还，它是公司的永久性资本，除非公司清算时才予以偿还。这对于保证公司对资本的最低需要，促进公司长期持续稳定经营具有重要意义。

③利用普通股筹资的风险小。由于普通股股本没有固定的到期日，一般也不用支付固定的股利，不存在还本付息的风险。

④发行普通股筹集股权资本能增强公司的信誉。普通股股本以及由此产生的资本公积金和盈余公积金等，是公司筹措债权资本的基础。有了较多的股权资本，就有利于提高公司的信用价值，同时也为利用更多的债务筹资提供强有力的支持。

(2)普通股筹资的缺点。

①资本成本较高。一般而言，普通股筹资的成本要高于债权资本。这主要是由于投资于普通股风险较高，相应要求较高的报酬，并且股利应从所得税后利润中支付，而债务筹资其债权人风险较低，支付利息允许在税前扣除。此外，普通股发行成本也较高，一般来说发行证券费用最高的是普通股，其次是优先股，再次是公司债券，最后是长期借款。

②利用普通股筹资，出售新股票，增加新股东，可能会分散公司的控制权；而且，新股东对公司已积累的盈余具有分享权，这就会降低普通股的每股净收益，从而可能引起普通股市价的下跌。

5.4 负债资金融资

长期债务性筹资一般有发行债券、长期借款和租赁筹资三种方式。

5.4.1 发行债券

公司债券是公司依照法定程序发行的、约定在一定期限还本付息的有价证券。发行债券是公司筹集债权资本的重要方式。按照我国《公司法》和国际惯例，股份有限公司和有限责任公司发行的债券称为公司债券，习惯上又称公司债。公司发行债券通常是为其大型投资项目一次筹集大笔长期资本。

1. 债券的种类

公司债券按不同标准可以分为以下几类。

(1)记名债券与无记名债券。

①记名债券是在券面上记有持券人的姓名或名称。对于这种债券，公司只对记名人偿本，持券人凭印鉴支取利息。记名债券的转让，由债券持有人以背书等方式进行，并由发行公司将受让人的姓名或名称载于公司债券存根簿。

②无记名债券是指在券面上不记持券人的姓名或名称，还本付息以债券为凭，一般实行剪票付息。其转让由债券持有人将债券交付给受让人后即发挥效力。

(2)抵押债券与信用债券。

①抵押债券又称有担保债券，是指发行公司以特定财产作为担保品的债券。它按担保品的不同，又可分为不动产抵押债券、动产抵押债券、信托抵押债券。信托抵押债券是指公司以其持有的有价证券为担保而发行的债券。抵押债券还可按抵押品的先后担保

顺序分为第一抵押债券和第二抵押债券。

公司解体清算时，只有在第一抵押债券持有人的债权已获清偿后，第二抵押债券持有人才有权索偿剩余的财产，因此后者要求的利率相对较高。

②信用债券又称无担保债券，是指发行公司没有抵押品担保，完全凭信用发行的债券。这种债券通常是由信誉良好的公司发行，利率一般略高于抵押债券。

(3)固定利率债券与浮动利率债券。

①固定利率债券的利率在发行债券时即已确定并载于债券券面。

②浮动利率债券的利率水平在发行债券之初不固定，而是根据有关利率如银行存贷利率水平等加以确定。

(4)上市债券与非上市债券。按照国际惯例，公司债券与股票一样，也有上市与非上市之区别。上市债券是经有关机构审批，可以在证券交易所买卖的债券。

债券上市对发行公司和投资者都有一定的好处，具体有：①上市债券因其符合一定的标准，信用度较高，能卖较好的价钱；②债券上市有利于提高发行公司的知名度；③上市债券成交速度快，变现能力强，更易于吸引投资者；④上市债券交易便利，成交价格比较合理，有利于公平筹资和投资。

发行公司欲使其债券上市，需要具备规定的条件标准，并提出申请，办理一定的程序。

2. 债券的信用评级

(1)债券评级的意义。公司公开发行债券通常由债券评信机构评定等级。债券的信用等级对于发行公司和投资者都有重要的影响。它直接影响着公司发行债券的效果和投资者的投资选择。

债券的评级制度最早源于美国。1909 年，美国人约翰·穆迪在《铁路投资分析》一文中，首先运用了债券评级的分析方法。从此，债券评级的方法推广开来，并逐渐形成评级制度，为许多国家所采用。实际中，各国并不强制债券发行者必须取得债券评级，但在发达的证券市场上，没有经过评级的债券往往不被广大投资者接受而难以推销。因此，发行债券的公司一般都自愿向债券评级机构申请评级。

我国的债券评级工作也在发展。根据中国人民银行的有关规定，凡是向社会公开发行的企业债券，需由中国人民银行及其授权的分行指定的资信评级机构或者公证机构进行评信。我国《证券法》规定，公司发行债券，必须向经认可的债券评信机构申请信用评级。

下面概要介绍比较流行的债券信用等级、债券评级程序和方法。

(2)债券的信用等级。债券的信用等级表示债券质量的优劣，反映债券偿本付息能力的强弱和债券投资风险的高低。

国外流行的债券信用等级，一般分为三等九级。这是由国际上著名的美国信用评定机构穆迪投资者服务公司和标准普尔公司分别采用的。现列示如表 5—4 所示。

表 5—4 债券信用等级表

标准普尔公司		穆迪公司	
AAA	最高级	Aaa	最高质量
AA	高级	Aa	高质量
A	上中级	A	上中质量
BBB	中级	Baa	下中质量
BB	中下级	Ba	具有投机因素
B	投机级	B	通常不值得正式投资
CCC	完全投机级	Caa	可能违约
CC	最大投机级	Ca	高投机性，经常违约
C	规定盈利付息但未能盈利付息	C	最低级

现以表 5—4 中标准普尔公司评定债券的信用等级为例，说明其表示的具体含义：

AAA，表示最高级债券，其还本付息能力最强，投资风险最低。

AA，高级债券，有很强的偿本付息能力，但保证程度略低于 AAA 级，投资风险略高于 AAA 级。

A，表示有较强的付息还本能力，但可能受环境和经济条件的不利影响。

BBB，表示有足够的付息偿本能力，但经济条件或环境的不利变化可能导致偿付能力的削弱。

BB，表示债券本息的支付能力有限，具有一定的投资风险。

B，表示投机性债券，风险较高。

CCC，表示完全投机性债券，风险很高。

CC，表示投机性最大的债券，风险最高。

C，最低级债券，一般表示未能付息的收益债券。

一般认为，只有前三个级别的债券是值得进行投资的债券。

根据美国标准普尔公司和穆迪公司的经验，世界各国、各地区结合自己的实际情况制定债券等级标准，这些标准在很大程度上完全相同。

标准普尔公司和穆迪公司还使用修正符号进一步区别 AAA（或 Aaa）级别以下的各级债券，以便更为具体地识别债券的质量。标准普尔公司用“+”和“—”区别同级债券质量的优劣。例如，A^+ 代表质优的 A 级债券，A^- 代表质劣的 A 级债券。穆迪公司在表示债券级别的英文字母后再加注 1，2，3，分别代表同级债券质量的优、中、差。

（3）债券的评级程序。公司债券评级的基本程序包括下述三个方面的内容：

①发行公司提出评级申请。债券的评级首先需由发行公司或其代理机构向债券评级机构提出正式的评级申请，并为接受评级审查提供有关资料，包括：1）公司概况；2）财务状况与计划；3）长期债务与自有资本的结构；4）债券发行概要等。在美国，债券的评级申请通常在实际发行债券之前提出。

②评级机构评定债券等级。债券评级机构接受申请后，组织由产业研究专家、财务分析专家及经济专家组成的评级工作小组，对有关资料进行调查、审查，并与发行公司座谈，以便深入分析，然后拟出草案提交评级委员会。评级委员会经过讨论，通过投票评定债券的等级，并征求发行公司的意见。如果发行公司同意，则此等级就被确定下来；如果

发行公司不同意,可申明理由提请重评更改等级。这种要求重评的申请仅限一次,第二次评定的级别不能再更改。评定的债券级别要向社会公告。

③评级机构跟踪检查。债券评级机构评定发行公司的债券之后,还要对发行公司从债券发售直至清偿的整个过程进行追踪调查,并定期审查,以确定是否有必要修正已发行、流通债券的原定等级。如果发行公司的信用、经营等情况发生了较大的变化,评级机构认为有必要作出新的评级,将根据具体情况调高或调低原定的债券等级,通知发行公司并予以公告。

(4)债券的评级方法。债券评级机构在评定债券等级中,需要进行分析判断,通常采用定性和定量分析相结合的方法。一般针对以下几个方面进行分析判断:

①公司发展前景。包括分析判断债券发行公司所处行业的状况,如是"朝阳产业"还是"夕阳产业",分析评级公司的发展前景、竞争能力、资源供应的可靠性等。

②公司的财务状况。包括分析评价公司的债务状况、偿债能力、盈利能力、周转能力和财务弹性,及其持续发展的稳定性和发展变化的趋势。

③公司债券的约定条件。包括分析评价公司发行债券有无担保及其他限制条件、债券期限、付息偿本方式等。

此外,对在外国或国际性证券市场上发行的债券,还要进行国际风险分析,主要是进行政治、社会、经济的风险分析,作出定性判断。

我国一些省市的评信机构对企业债券按行业分为工业企业债券和商业企业债券,按筹资用途分为用于技改项目的债券和用于新建项目的债券。在企业债券信用评级工作中,一般主要考察企业概况、企业素质、财务质量、项目状况、项目发展前景、偿债能力。其中,企业概况只作参考,不计入总分。其余五方面为:

①企业素质,主要考察企业领导群体素质、经营管理状况与竞争能力,占总分的10%。②财务质量,一般分资金实力、资金信用、周转能力、经济效益等内容,采用若干具体指标来测算、计分,占总分的35%,影响最大。③项目状况,主要考察项目的必要性和可行性,计分一般占15%左右。④项目发展前景,包括项目在行业中的地位、作用和市场竞争能力、主要经济指标增长前景预测等,计分最高占10%。⑤偿债能力,主要分析债券到期时偿还资金来源的偿债能力,包括偿债资金来源占全部到期债务的偿还能力和偿债资金来源占已发行全部到期债券的偿还能力,计分一般占30%左右。

在评估中,财务质量以定量分析为主,其余四个方面尚缺乏具体的定量指标,仍以定性分析为主,在操作中很大程度上依赖评估人员的经验与水平,弹性很大。

3. 债券筹资的优缺点

发行债券筹集资本,对发行公司既有利也有弊,应加以识别权衡,以便抉择。

(1)债券筹资的优点。

①债券成本较低。与股票的股利相比较而言,债券的利息允许在所得税前支付,发行公司可享受税上利益,故公司实际负担的债券成本一般低于股票成本。

②可利用财务杠杆。无论发行公司的盈利有多少,债券持有人一般只收取固定的利息,而更多的收益可用于分配给股东或留用公司经营,从而增加股东和公司的财富。

③保障股东控制权。债券持有人无权参与发行公司的管理决策,因此,公司发行债

券不会像增发新股那样可能会分散股东对公司的控制权。

④便于调整资本结构。在公司发行可转换债券以及可提前赎回债券的情况下，则便于公司主动且合理地调整资本结构。

(2)债券筹资的缺点。利用债券筹集资金，虽有前述优点，但也有明显的不足。

①财务风险较高。债券有固定的到期日，并需定期支付利息，发行公司必须承担按期付息偿本的义务。在公司经营不景气时，亦需向债券持有人付息偿本，这会给公司带来更大的财务困难，有时甚至导致破产。

②限制条件较多。发行债券的限制条件一般要比长期借款、租赁筹资的限制条件多且严格，从而限制了公司对债券筹资方式的使用，甚至会影响公司以后的筹资能力。

③筹资数量有限。公司利用债券筹资一般有一定额度的限制。多数国家对此都有限定。我国《公司法》规定，发行公司流通在外的债券累计总额不得超过公司净资产的40%。

5.4.2 长期借款

1. 长期借款的种类

长期借款是指企业向银行等金融机构以及向其他单位借入的、期限在1年以上的各种借款。长期银行借款与短期银行借款在借款信用条件方面基本相同。长期借款有不同的种类。

(1)按提供贷款的机构分类。长期借款按提供贷款的机构，可分为政策性银行贷款、商业性银行贷款和其他金融机构贷款。

①政策性银行贷款。即执行国家政策性贷款业务的银行(通称政策性银行)提供的贷款，通常为长期贷款。

②商业性银行贷款。包括短期贷款和长期贷款，其中长期贷款一般具有以下特征：1)期限长于1年；2)企业与银行之间要签订借款合同，含有对借款企业的具体限制条件；3)有规定的借款利率，可固定，亦可随基准利率的变动而变动；4)主要实行分期偿还方式，一般每期偿还金额相等，当然也有采用到期一次偿还方式的。

③其他金融机构贷款。其他金融机构对企业的贷款一般较商业银行贷款的期限更长，相应地，利率也较高，对借款企业的信用要求和担保的选择也比较严格。

(2)按有无抵押品作担保分类。长期借款按有无抵押品作担保，分为抵押贷款和信用贷款。

①抵押贷款是指以特定的抵押品为担保的贷款。作为贷款担保的抵押品可以是不动产、机器设备等实物资产，也可以是股票、债券等有价证券。它们必须是能够变现的资产。如果贷款到期时借款企业不能或不愿偿还贷款时，银行可取消企业对抵押品的赎回权，并有权处理抵押品。抵押贷款有利于降低银行贷款的风险，提高贷款的安全性。

②信用贷款是指不以抵押品作担保的贷款，即仅凭借款企业的信用或某保证人的信用而发放的贷款。信用贷款通常仅由借款企业出具签字的文书，一般是贷给那些资信优良的企业。对于这种贷款，由于风险较高，银行通常要收取较高的利息，并往往附加一定的条件限制。

(3)按贷款的用途分类。按贷款的用途,我国银行长期贷款通常分为基本建设贷款、更新改造贷款、科研开发和新产品试制贷款等。

2. 银行借款的信用条件

按照国际惯例,银行借款往往附加一些信用条件,主要有授信额度、周转授信协议、补偿性余额。

(1)授信额度。授信额度是借款企业与银行间正式或非正式协议规定的企业借款的最高限额。通常在授信额度内,企业可随时按需要向银行申请借款。例如,在正式协议下,约定一个企业的授信额度为 5 000 万元,如果该企业已借用 3 000 万元且尚未偿还,则该企业仍可申请 2 000 万元的贷款,银行将予以保证。但在非正式协议下,银行并不承担按最高借款限额保证贷款的法律义务。

(2)周转授信协议。周转授信协议是一种经常为大公司使用的正式授信额度。与一般授信额度不同,银行对周转信用额度负有法律义务,并因此向企业收取一定的承诺费用,一般按企业使用的授信额度的一定比率(0.2%左右)计算。

(3)补偿性余额。补偿性余额是银行要求借款企业将借款的 10%～20%的平均存款余额留存银行。银行通常都有这种要求,目的是降低银行贷款风险,提高贷款的有效利率,以便补偿银行的损失。例如,如果某企业需借款 80 000 元以清偿到期债务,贷款银行要求维持 20%的补偿性余额,那么该企业为了获取 80 000 元就必须借款 100 000 元。如果名义利率为 8%,则实际利率为:

$$\frac{100\ 000\times 8\%}{100\ 000\times(1-20\%)}=10\%$$

在银行附加上述信用条件下,企业取得的借款属于信用借款。

3. 借款合同的内容

借款合同是规定借贷当事人各方权利和义务的契约。借款企业提出的借款申请经贷款银行审查认可后,双方即可在平等协商的基础上签订借款合同。借款合同依法签订后,即具有法律约束力,借贷当事人各方必须遵守合同条款,履行合同约定的义务。

(1)借款合同的基本条款。根据我国有关法规,借款合同应具备下列基本条款:①借款种类;②借款用途;③借款金额;④借款利率;⑤借款期限;⑥还款资金来源及还款方式;⑦保证条款;⑧违约责任等。

其中,保证条款规定借款企业申请借款应具有银行规定比例的自有资本,拥有适销或适用的财产物资作贷款的保证,当借款企业无力偿还到期贷款时,贷款银行有权处理作为贷款保证的财产物资;必要时还可规定保证人,保证人必须具有足够代偿借款的财产,如借款企业不履行合同时,由保证人连带承担偿付本息的责任。

(2)借款合同的限制条款。由于长期贷款的期限长、风险较高,因此,除了合同的基本条款以外,按照国际惯例,银行对借款企业通常都约定一些限制性条款,归纳起来有如下三类:

①一般性限制条款,包括:企业需持有一定限度的现金及其他流动资产,保持其资产的合理流动性及支付能力;限制企业支付现金股利;限制企业资本支出的规模;限制企业借入其他长期资金等。

②例行性限制条款。多数借款合同都有这类条款，一般包括：企业定期向银行报送财务报表；不能出售太多的资产；债务到期要及时偿付；禁止应收账款的转让等。

③特殊性限制条款。例如，要求企业主要领导人购买人身保险，规定借款的用途不得改变等。这类限制条款，只有在特殊情形下才生效。

4. 长期借款的优缺点

长期借款与股票、债券等长期筹资方式相比，既有优点，也有不足之处。

(1)长期借款的优点。

①借款筹资速度快。企业利用长期借款筹资，一般所需时间较短，程序较为简单，可以快速获得现金。而发行股票、债券筹集长期资金，须做好发行前的各种工作，如印制证券等，发行也需一定时间，故耗时较长，程序复杂。

②借款成本较低。利用长期借款筹资，其利息可在所得税前列支，故可减少企业实际负担的成本，因此比股票筹资的成本要低得多；与债券相比，借款利率一般低于债券利率；此外，由于借款属于间接筹资，筹资费用也极少。

③借款弹性较大。在借款时，企业与银行直接商定贷款的时间、数额和利率等；在用款期间，企业如因财务状况发生某些变化，亦可与银行再行协商，变更借款数量及还款期限等。因此，长期借款筹资对企业具有较大的灵活性。

④企业利用借款筹资，与债券一样可以发挥财务杠杆的作用。

(2)长期借款的缺点。

①筹资风险较高。借款通常有固定的利息负担和固定的偿付期限，故借款企业的筹资风险较高。

②限制条件较多。这可能会影响企业以后的筹资和投资活动。

③筹资数量有限。一般不如股票、债券那样可以一次筹集到大笔资金。

5.4.3 租赁筹资

租赁是出租人以收取租金为条件，在契约或合同规定的期限内，将资产租借给承租人使用的一种经济行为。租赁行为实质上具有借贷属性，不过它直接涉及的是“物”而不是“钱”。在租赁业务中，出租人主要是各种专业租赁公司，承租人主要是其他各类企业，租赁物大多为设备等固定资产。

租赁活动在历史上由来已久。现代租赁已经成为企业筹集资产的一种方式，用于补充或部分替代其他筹资方式。在租赁业务发达的条件下，它为企业所普遍采用，是承租企业筹资的一种特殊方式。

1. 租赁的种类

现代租赁的种类很多，通常按性质分为营运租赁和融资租赁两大类。

(1)营运租赁。

①营运租赁的含义。营运租赁又称经营租赁、服务租赁，是由出租人向承租企业提供租赁设备，并提供设备维修保养和人员培训等服务性业务。营运租赁通常为短期租赁。承租企业采用营运租赁的目的，主要不在于融通资本，而是为了获得设备的短期使用以及出租人提供的专门技术服务。从承租企业不需要先筹资再购买设备即可享有设

备使用权的角度来看，营运租赁也有短期筹资的功效。

②营运租赁的特点。主要有：承租企业根据需要可随时向出租人提出租赁资产；租赁期较短，不涉及长期而固定的义务；在设备租赁期间内，如有新设备出现或不需用租入设备时，承租企业可按规定提前解除租赁合同，这对承租企业比较有利；出租人提供专门服务；租赁期满或合同中止时，租赁设备由出租人收回。

(2)融资租赁。

①融资租赁的含义。融资租赁又称资本租赁、财务租赁，是由租赁公司按照承租企业的要求融资购买设备，并在契约或合同规定的较长期限内提供给承租企业使用的信用性业务。它是现代租赁的主要类型。承租企业采用融资的主要目的是为了融通资金。一般融资的对象是资金，而融资租赁集融资与融物于一身，具有借贷性质，是承租企业筹集长期借入资金的一种特殊方式。

②融资租赁的特点。融资租赁通常为长期租赁，可适应承租企业对设备的长期需要，故有时也称为资本租赁。其主要特点有：1)一般由承租企业向租赁公司提出正式申请，由租赁公司融资购进设备租给承租企业使用；2)租赁期限较长，大多为设备耐用年限的一半以上；3)租赁合同比较稳定，在规定的租期内非经双方同意，任何一方不得中途解约，这有利于维护双方的权益；4)由承租企业负责设备的维修保养和保险，但无权自行拆卸改装；5)租赁期满时，按事先约定的办法处置设备，一般有退租、续租、留购三种选择，通常由承租企业留购。

③融资租赁的形式。融资租赁按其业务的不同特点，可细分为如下三种具体形式：

1)直接租赁。直接租赁是融资租赁的典型形式，通常所说的融资租赁是指直接租赁形式。

2)售后租回。在这种形式下，制造企业按照协议先将其资产卖给租赁公司，再作为承租企业将所售资产租回使用，并按期向租赁公司支付租金。采用这种融资租赁形式，承租企业因出售资产而获得了一笔现金，同时因将其租回而保留了资产的使用权。这与抵押贷款有些相似。

3)杠杆租赁。杠杆租赁是国际上比较流行的一种融资租赁形式。它一般涉及承租人、出租人和贷款人三方当事人。从承租人的角度来看，它与其他融资租赁形式并无区别，同样是按合同的规定，在租期内获得资产的使用权，按期支付租金。但对出租人却不同，出租人只垫支购买资产所需现金的一部分（一般为20％～40％），其余部分（为60％～80％）则以该资产为担保向贷款人借资支付。因此，在这种情况下，租赁公司既是出租人又是借资人，据此既要收取租金又要支付债务，这种融资租赁形式，由于租赁收益一般大于借款成本支出，出租人借款购物出租可获得财务杠杆利益，故被称为杠杆租赁。

2. 融资租赁的程序

不同的租赁业务，其程序不同。融资租赁程序比较复杂，现介绍如下：

(1)选择租赁公司。企业决定采用租赁方式取得某项设备时，首先需了解各家租赁公司的经营范围、业务能力、资信情况以及与其他金融机构如银行的关系，取得租赁公司的融资条件和租赁费率等资料，加以分析比较，从中择优选择。

(2)办理租赁委托。企业选定租赁公司后,便可向其提出申请,办理委托。这时,承租企业需填写“租赁申请书”,说明所需设备的具体要求,同时还要向租赁公司提供财务状况文件,包括资产负债表、利润表和现金流量表等资料。

(3)签订购货协议。由承租企业与租赁公司的一方或双方合作组织选定设备供应厂商,并与其进行技术和商务谈判,在此基础上签订购货协议。

(4)签订租赁合同。租赁合同由承租企业与租赁公司签订。它是租赁业务的重要文件,具有法律效力。融资租赁合同的内容可分为一般条款和特殊条款两部分。

①一般条款,主要包括:1)合同说明。主要明确合同的性质、当事人身份、合同签订的日期等。2)名词释义。解释合同中所使用的重要名词,以避免歧义。3)租赁设备条款。详细列明设备的名称、规格型号、数量、技术性能、交货地点及使用地点等,这些内容亦可附表详列。4)租赁设备交货、验收和税务、使用条款。5)租赁期限及起租日期条款。6)租金支付条款。规定租金的构成、支付方式和货币名称,这些内容通常以附表形式列为合同附件。

②特殊条款,主要规定:1)购货协议与租赁合同的关系;2)租赁设备的产权归属;3)租期中不得退租;4)对出租人和承租人的保障;5)承租人违约及对出租人的补偿;6)设备的使用和保管、维修、保障责任;7)保险条款;8)租赁保证金和担保条款;9)租赁期满时对设备的处理条款等。

(5)办理验货、付款与保险。承租企业按购货协议收到租赁设备时,要进行验收,验收合格后签发交货及验收证书,并提交租赁公司,租赁公司据以向供应厂商支付设备价款。同时,承租企业向保险公司办理投保事宜。

(6)支付租金。承租企业在租期内按合同规定的租金数额、支付方式等,向租赁公司支付租金。

(7)合同期满处理设备。融资租赁合同期满时,承租企业根据合同约定,对设备退租、续租或留购。

3. 租赁筹资的优缺点

对承租企业而言,租赁尤其是融资租赁,是一种特殊的筹资方式。通过租赁,企业可不必预先筹措一笔相当于设备价款的现金,即可获得需用的设备。因此,与其他筹资方式相比较,租赁筹资颇具特点。

(1)租赁筹资的优点如下:

①迅速获得所需资产。融资租赁集“融资”与“融物”于一身,一般要比先筹措现金后再购置设备来得更快,可使企业尽快形成生产经营能力。

②租赁筹资限制较少。企业运用股票、债券、长期借款等筹资方式,都受到相当多的资格条件的限制,相比之下,租赁筹资的限制条件很少。

③免遭设备陈旧过时的风险。随着科学技术的不断进步,设备陈旧过时的风险很高,而多数租赁协议规定由出租人承担,承租企业可免遭这种风险。

④全部租金通常在整个租期内分期支付,可适当减低不能偿付的危险。

⑤租金费用可在所得税前扣除,承租企业能享受税上利益。

(2)租赁筹资的缺点。租赁筹资的主要缺点是成本较高,租金总额通常要高于设备价值的30%；承租企业在财务困难时期，支付固定的租金也将构成一项沉重的负担；另外，采用租赁筹资方式如不能享有设备残值，也可视为承租企业的一种机会损失。

5.5　混合融资

本章前述吸收直接投资、发行普通股、发行债券和融资租赁等长期筹资，分别为股权筹资或者债权筹资的单一属性。本节所谓混合性筹资是指兼具债权和股权筹资双重属性的长期筹资，通常包括发行优先股、发行可转换债券。此外，本节将附带介绍认股权证。

5.5.1　发行优先股

按照许多国家的公司法，优先股可以在公司设立时发行，也可以在公司增资发行新股时发行。有些国家的法律则规定，优先股只能在特定情况下，如公司增发新股或清偿债务时方可发行。公司发行优先股，在操作方面与发行普通股无较大差别。这里集中分析优先股的特殊之处。

1. 优先股的特征

优先股是相对普通股而言的，是较普通股具有某些优先权利，同时也受到一定限制的股票。优先股的含义主要体现在“优先权利”上，包括优先分配股利和优先分配公司剩余财产。具体的优先条件须由公司章程予以明确规定。

优先股与普通股具有某些共性，如优先股亦无到期日，公司运用优先股所筹资本，亦属股权资本。但是，它又具有公司债券的某些特征。因此，优先股被视为一种混合性证券。

优先股与普通股比较一般具有如下特征：

(1)优先分配固定的股利。优先股股东通常优先于普通股股东分配股利，且其股利一般是固定的，受公司经营状况和盈利水平的影响较少。所以，优先股类似固定利息的债券。

(2)优先分配公司剩余财产。当公司解散、破产等进行清算时，优先股股东优先于普通股股东分配公司的剩余财产。

(3)优先股股东一般无表决权。在公司股东大会上，优先股股东一般没有表决权，通常也无权过问公司的经营管理，仅在涉及优先股股东权益问题时享有表决权。因此，优先股股东不大可能控制整个公司。

(4)优先股可由公司赎回。发行优先股的公司，按照公司章程的有关规定，根据公司的需要，可以以一定的方式将所发行的优先股收回，以调整公司的资本结构。

2. 优先股的种类

优先股按其具体的权利不同，还可作进一步的分类。

(1)累积优先股和非累积优先股。累积优先股是指公司过去年度未支付股利，可以累积计算由以后年度的利润补足付清。非累积优先股则没有这种需求补付的权利。累积优先股比非累积优先股具有更大的吸引力，其发行也较为广泛。

(2)参与优先股和非参与优先股。当公司盈余在按规定分配给优先股和普通股后仍有盈余可供分配股利时,能够与普通股一道参与分配额外股利的优先股,即为参与优先股。其持有人可按规定的条件和比例将其调换为公司的普通股或公司债券。这种优先股能增加筹资和投资双方的灵活性,近年来在国外日益流行。不具有这种调换权的优先股,则属非参与优先股。

(3)可赎回优先股和不可赎回优先股。可赎回优先股是指股份有限公司出于减轻股利负担的目的,可按规定以原价购回的优先股。公司不能购回的优先股,则属于不可赎回优先股。

3. 发行优先股的动机

股份公司发行优先股,筹集股权资本只是其目的之一。由于优先股有其特性,公司发行优先股往往还有其他的动机:

(1)防止公司股权分散化。由于优先股股东一般没有表决权,发行优先股就可以避免公司股权分散,保障公司的原有控制权。

(2)调剂现金余缺。公司在需要现金时发行优先股,在现金充足时将可赎回的优先股收回,从而调整现金余缺。

(3)改善公司资本结构。公司在安排债权资本与股权资本的比例关系时,可较为便利地利用优先股的发行与调换来调整。

(4)维持举债能力。公司发行优先股,有利于巩固股权资本的基础,维持乃至增强公司的借款举债能力。

4. 发行优先股筹资的优缺点

股份有限公司运用优先股筹集股权资本,与普通股和其他筹资方式相比有其优点,也有一定的缺点。

(1)优先股筹资的优点:

①优先股一般没有固定的到期日,不用偿付本金。发行优先股筹集资本,实际上近乎得到一笔无限期的长期贷款,公司不承担还本义务,也无须再做筹资计划。对可赎回优先股,公司可在需要时按一定价格收回,这就使得利用这部分资本更有弹性。当财务状况较弱时发行优先股,而财务状况转强时收回,这有利于结合资本需求加以调剂,同时也便于掌握公司的资本结构。

②股利的支付既固定又有一定的灵活性。一般而言,优先股都采用固定股利,但对固定股利的支付并不构成公司的法定义务。如果公司财务状况不佳,可以暂时不支付优先股股利,即使如此,优先股股东也不能像公司债权人那样迫使公司破产。

③保持普通股股东对公司的控制权。当公司既想向外界筹措股权,又想保持原有股东的控制权时,利用优先股筹资尤为恰当。

④从法律上讲,优先股股本属于股权资本,发行优先股能加强公司的股权资本基础,可适当增强公司的信誉,提高公司的借款举债能力。

(2)发行优先股筹资的缺点:

①优先股成本虽低于普通股成本,但一般高于债券成本。

②对优先股筹资的制约因素较多。例如,为了保证优先股的固定股利,当企业盈利

不多时普通股就可能分不到股利。

③可能形成较重的财务负担。优先股要求支付固定股利，但又不能在税前扣除，当盈利下降时，优先股的股利可能会成为公司一项较重的财务负担，有时不得不延期支付，还会影响公司的形象。

5.5.2　发行可转换证券

1. 可转换证券的种类

从国内外的公司筹资实务来看，可转换证券一般有可转换债券和可转换优先股两种形式。

可转换债券有时简称可转债，是指由公司发行并规定债券持有人在一定期限内按约定的条件可将其转换为发行公司股票的债券。可转换优先股是指持有人在一定期限内依据约定的条件可将其转换为发行公司普通股或债券的优先股。此外，与可转换债券相类似的还有可交换债券，它允许持有人将其转换为另一公司普通股的债券，通常发行公司在该公司中拥有股东权益。

在公司筹资实务中，可转换债券发展很快，而可转换优先股和可交换债券并不多见，因此，下面仅介绍可转换债券。

2. 可转换债券的特性

从筹资公司的角度看，发行可转换债券具有债务与权益筹资的双重属性，属于一种混合性筹资。利用可转换债券筹资，发行公司赋予可转换债券的持有人可将其转换为该公司股票的权利。因而，对发行公司而言，在可转换债券转换之前需要定期向持有人支付利息。如果在规定的转换期限内，持有人未将可转换债券转换为股票，发行公司还需要到期偿付债券，在这种情形下，可转换债券筹资与普通债券筹资相类似，属于债权筹资属性。如果在规定的转换期限内，持有人将可转换债券转换为股票，则发行公司将债券负债转化为股东权益，从而具有股权筹资的属性。

3. 可转换债券的发行条件

根据我国证监会《上市公司证券发行管理办法》的规定，上市公司发行可转换债券，应当符合下列条件：

(1)最近3个会计年度连续盈利，加权平均净资产收益率不低于6%；

(2)本次发行后，累计债券余额不超过最近一期末净资产额的40%；

(3)最近3个会计年度实现的年均可分配利润不低于公司债券一年的利息。

4. 可转换债券的转换

可转换债券的转换涉及转换期限、转换价格和转换比率。

(1)可转换债券的转换期限。可转换债券的转换期限是指按发行公司的约定，持有人可将其转换为股票的期限。一般而言，可转换债券转换期限的长短与可转换债券的期限相关。在我国，可转换债券的期限按规定最短期限为3年，最长期限为5年。

按照规定，上市公司发行可转换债券，在发行结束后6个月内，持有人可以依据约定的条件随时将其转换为股票。

可转换债券转换为股票后，发行股票上市的证券交易所应当安排股票上市流通。

(2)可转换债券的转换价格。可转换债券的转换价格是指以可转换债券转换为股票的每股价格。这种转换价格通常由发行公司在发行可转换债券时约定。

按照我国的有关规定，上市公司发行可转换债券的，以发行可转换债券前一个月股票的平均价格为基准，上浮一定幅度作为转换价格。

例：某上市公司拟发行可转换债券，发行前一个月该公司股票的平均价格经测算为每股20元。预计本股票的未来价格有明显的上升趋势，因此确定上浮的幅度为25%。则该公司可转换债券的转换价格测算如下：

$$20\times(1+25\%)=25(\text{元})$$

可转换债券的转换价格并非是固定不变的。公司发行可转换债券并约定转换价格后，由于增发新股、配股及其他原因引起公司股份发生变动的，应当及时调整转换价格，并向社会公布。

(3)可转换债券的转换比率。可转换债券的转换比率是指每份可转换债券所能转换的股票数。它等于可转换债券的面值除以转换价格。

例：某上市公司发行的可转换债券每份面值为100元，转换价格为每股25元，则转换比率为：

$$\frac{100}{25}=4(\text{股})$$

即每份可转换债券可以转换4股股票。

可转换债券持有人请求转换时，其所持债券面额有时发生不足以转换为一股股票的余额，发行公司则应当以现金偿付。例如，前例每份可转换债券的面额为100元，转换价格在发行时为25元，发行后根据有关情况变化决定调整为每股27元。某持有人持有100份可转换债券，总面额10 000元，决定转换为股票，则其转换股票为370股(10 000/27)，同时可转换债券总面额尚有不足以转换为一股股票的余额10元。在这种情况下，发行公司应对该持有人交付股票370股，另付现金10元。

5．可转换债券筹资的优缺点

(1)可转换债券筹资的优点。发行可转换债券是一种特殊的筹资方式，其优点主要有：

①有利于降低资本成本。可转换债券的利率通常低于普通债券，故在转换前可转换债券的资本成本低于普通债券；转换为股票后，又可节省股票的发行成本，从而降低股票的资本成本。

②有利于筹集更多的资本。可转换债券的转换价格通常高于发行时的股票价格，因此，可转换债券转换后，其筹资额大于当时发行股票的筹资额。另外也有利于稳定公司的股价。

③有利于调整资本结构。可转换债券是一种具有债权筹资和股权筹资双重性质的筹资方式。可转换债券在转换前属于发行公司的一种债务，若发行公司希望可转换债券持有人转股，还可以借助诱导，促其转换，进而借以调整资本结构。

④有利于避免筹资损失。当公司的股票价格在一段时期内连续转换价格并超过某一幅度时，发行公司可按事先约定的价格赎回未转换的可转换债券，从而避免筹资上的

损失。

(2)可转换债券筹资的缺点。可转换债券筹资的不足主要有：

①转股后可转换债券筹资将失去利率较低的好处。

②若确需股票筹资，但股价并未上升，可转换债券持有人不愿转股时，发行公司将承受偿债压力。

③若可转换债券转股时股价高于转换价格，则发行遭受筹资损失。

④回售条款的规定可能使发行公司遭受损失。当公司的股票价格在一段时期内连续低于转换价格并达到一定幅度时，可转换债券持有人可按事先约定的价格将所持债券回售公司，从而使发行公司受损。

5.5.3　发行认股权证

1. 认股权证的特点

认股权证是由股份有限公司发行的可认购其股票的一种买入期权。它赋予持有者在一定期限内以事先约定的价格购买发行公司一定股份的权利。

对于筹资公司而言，发行认股权证是一种特殊的筹资手段。认股权证本身含有期权条款，其持有者在认购股份之前，对发行公司既不拥有债权也不拥有股权，而只是拥有股票认购权。尽管如此，发行公司可以通过发行认股权证筹得现金，还可用于公司成立时对承销商的一种补偿。

2. 认股权证的种类

在国内外的公司筹资实务中，认股权证的形式多种多样，可划分为不同种类。

(1)长期与短期的认股权证。认股权证按允许认股的期限分为长期认股权证和短期认股权证。长期认股权证的认股期限通常持续几年，有的是永久性的。短期认股权证的认股期限比较短，一般在90天以内。

(2)单独发行与附带发行的认股权证。认股权证按发行方式可分为单独发行的认股权证和附带发行的认股权证。单独发行的认股权证是指不依附于其他证券而独立发行的认股权证。附带发行的认股权证是指依附于债券、优先股、普通股或短期票据发行的认股权证。

(3)备兑认股权证与配股权证。备兑认股权证是每份备兑证按一定比例含有几家公司的若干股份。配股权证是确认股东配股权的证书，它按股东的持股比例定向派发，赋予股东以优惠的价格认购发行公司一定份数的新股。

3. 认股权证的作用

在公司的筹资实务中，认股权证的运用十分灵活，对发行公司具有一定的作用。

(1)为公司筹集额外的现金。认股权证不论是单独发行还是附带发行，大多都为发行公司筹集一笔额外现金，从而增强公司的资本实力和运营能力。

(2)促进其他筹资方式的运用。单独发行的认股权证有利于将来发售股票。

附带发行的认股权证可促进其所依附证券发行的效率。例如，认股权证依附于债券发行，用以促进债券的发售。

□本章小结

本章主要从企业筹资的原则、动机出发，讨论企业筹资的渠道和方式。按照资本的所有权性质，把企业的全部资本划分为权益性资本和债务性资本两大类，并从这两类资本入手讨论筹资问题。

权益资本也称股权资本、自有资本，是企业依法取得并长期拥有、自主调配运用的资本，如实收资本、留存收益等，权益资金筹资主要有投入资本筹资和发行普通股两种方式。

债权资本，亦称借入资本或债务资本，是企业依法筹措并依约使用、按期偿还的资金来源，如债券、银行借款等，长期债权性或债务性筹资一般有发行债券筹资、长期借款筹资和租赁筹资三种方式。

此外，混合性筹资是指兼具债权和股权筹资双重属性的长期筹资，通常包括发行优先股筹资、发行可转换债券、认股权证筹资。

□复习思考题

1. 在不同的筹资方式中，股权资本、债权资本对企业有什么样的影响？
2. 从企业的角度，讨论权益筹资、负债筹资的优缺点。
3. 混合性筹资有何特点？对企业有何好处？

第6章　项目投资管理

□学习目标

通过本章的教学，要求学生熟悉项目投资的相关概念；掌握现金流量的估算方法；掌握项目投资各种评价指标的含义、特点及计算方法；掌握风险条件下项目投资决策方法和敏感性分析方法；理解项目风险的种类、控制方法及实物期权的相关知识；熟悉项目投资评价指标的运用。

6.1　项目投资概述

6.1.1　项目投资的含义

项目投资是一种以特定项目为对象，直接与新建项目或更新改造项目有关的长期投资行为。企业投资按内容不同可分为项目投资、证券投资、其他投资三种类型，几乎对所有企业尤其是工业企业而言，项目投资是其生存与发展过程中必然要面临的问题，是一般企业投资活动的主要内容。企业筹资的目的是为投资服务，企业资金分配与投资的好坏关系密切，因而，可以说投资活动是企业财务理财活动的核心环节，正确的项目投资决策是一般企业价值增值与生存发展的前提保证。

6.1.2　项目投资的类型

1. 按投资目的划分

工业企业投资项目主要分为新建项目和更新改造项目两大类。

(1)新建项目。

新建项目是企业以新增生产能力为目的的投资项目，属于外延式扩大再生产类型。例如，企业扩大现有产品的生产规模或生产新产品等。新建项目按其涉及的内容不同还可以进一步细分为单纯固定资产投资项目和完整工业投资项目两种类型。单纯固定资产投资项目又简称固定资产投资，其特点在于：投资只包括为取得固定资产而发生的垫支资本投入，不涉及周转资本的投入；而完整工业投资项目则不仅包括固定资产投资，而且也涉及流动资产投资，甚至包括其他长期资产项目，如无形资产、递延资产的投资。因此，不能将项目投资简单地等同于固定资产投资。

(2)更新改造项目。

更新改造项目是以恢复或改善现有生产能力为目的的投资项目，是企业对原有资产由于损耗而进行的替换。企业资产更新的原因有两种：一种是旧资产老化时，企业如果想继续维持现有的经营模式和规模，必须重新购置该种资产；另一种是指技术进步等原因引起原有资产的无形损耗，即使原有资产能够继续使用，但是为了提高竞争力，降低成本，企业必须使用先进的资产替代旧资产，这种情况属于内涵式扩大再生产类型。

2. 按可供选择的投资项目之间的关系划分

投资项目可分为独立项目、互斥项目和相关项目三类。

(1)独立项目。

独立项目一般是指为达到投资目的，只有一种投资项目可供选择或虽有两种以上投资项目，但接受一个投资项目不会影响其他的项目被同时接受。此时的投资决策主要是依据一定的原则和评价标准，判断方案的可行性。尽管如此，对于只有一种投资项目可供选择的可行性决策问题仍可是两种方案的比较选择，即投资此项目与不投资此项目的选择。

(2)互斥项目。

互斥项目是指为达到投资目的，可供选择的投资项目有两种以上，而企业一定时期的投资规模受到限制或出于控制风险的需要，只能选出一个最佳项目进行投资。例如，企业有剩余生产能力可以利用，决定开发生产新产品，如果有 A、B、C 三种新产品可供开发，企业可能只能从中选择一种产品进行生产。

(3)相关项目。

相关项目是指不能独立存在，必须依赖于其他项目的实施而存在的项目。例如，企业如果决定新建一个生产车间以扩大原有产品的生产能力，但原来的供电系统容量太低，不能满足新增设备对电力的需要，需更新企业原来的供电系统，则新建车间与更新电力系统就是两个相关投资项目。

6.1.3 项目计算期的构成与资金构成内容

1. 项目计算期的构成

项目计算期是指投资项目从投资建设开始到最终清理结束的整个过程的全部时间，即该项目的有效持续期间。完整的项目计算期(记作 n)包括建设期(记作 s，s≥0)与经营期(记作 p)。建设期是指从投资建设时起到项目建成投产时为止所经过的时间，一般将建设期的第一年初，即建设起点定义为第 0 年，建设期的最后一年末，即第 s 年称为投产日。经营期是从项目建成投产时起到最终清理结束时止所经历的时间，经营期的最后一年年末，即项目计算期的最后一年年末称为项目终结点，被定义为第 n 年。项目计算期与建设期、经营期的关系如下：

项目计算期(n)＝建设期(s)＋经营期(p)

2. 资金构成内容

(1)原始总投资。

原始总投资又称原始投资额，是反映投资项目所需现实资金的价值指标。它等于企业为使项目完全达到设计生产能力、开展正常经营而投入的全部现实资金，包括建设投资和流动资产投资。

(2)投资总额。

投资总额是反映项目投资总体规模的价值指标，它等于原始总投资与建设期资本化利息之和。其中建设期资本化利息是指在建设期发生的与构建固定资产、无形资产等长期资产有关的借款利息。投资总额与原始总投资的关系如下：

投资总额＝原始总投资＋资本化利息

【例 6-1】 昌盛公司拟新建一条流水生产线，需要在建设起点一次投入固定资产投资 180 万元，无形资产投资 20 万元。项目建设期一年，建设期资本化利息 16 万元，全部计入固定资产原值。项目建成投产第一年初投入流动资金 20 万元，第二年初追加 6 万元。

要求：计算项目固定资产原值、流动资金投资额、建设投资、原始总投资与投资总额。

解：固定资产原值＝180＋16＝196(万元)

流动资金投资额＝20＋6＝26(万元)

建设投资＝180＋20＝200(万元)

原始总投资＝200＋26＝226(万元)

投资总额＝226＋16＝242(万元)

6.1.4　项目投资资金的投入方式

资金投入方式是指投资主体将原始总投资注入具体项目的投入方式。从时间特征上看，它包括一次投入和分次投入两种形式。一次投入方式是指投资行为集中一次发生在项目计算期第一个年度的年初或年末；如果投资行为涉及两个或两个以上年度，或虽然只涉及一个年度但同时在该年度的年初和年末发生，则都属于分次投入方式。

从项目计算期与资金构成内容看可分为建设投资与流动资金投资。建设投资是在项目建设期内发生的，为形成一定生产能力而进行的投资，包括固定资产投资、无形资产投资和开办费投资三项内容。建设投资既可以采用年初预付的方式，也可采用年末结算的方式，

6.2　项目投资的现金流量

6.2.1　现金流量的含义及项目投资决策依据现金流量的原因

1. 现金流量的含义

在项目投资决策中，现金流量是指投资项目在其计算期内因资本循环而可能或应该发生的各项现金流入与现金流出的统称，它是评价项目财务可行性及优劣的主要依据。需要注意的是，这里的“现金”是广义的现金，其内容是以收付实现制为基础，反映广义资金运动为对象确定的。也就是说它不仅包括各种货币资金，而且还包括项目需要投入的企业各种非货币资源的变现价值(或重置价值)。例如，投资项目需要使用企业原有的厂房、设备等，则相关的现金流量是指原有厂房、设备的变现价值，而不是它们的账面价值。

2. 项目投资决策依据现金流量的原因

在项目投资决策中，不是直接用投资项目所产生的利润作为评价项目财务可行性与优劣的依据而是用现金流量，其原因主要出于以下几点考虑：

(1)从理论上说现金流量比利润更能准确反映投资项目的内在价值。

投资项目的价值既与投资所能带来的收益有关，也与项目本身的风险大小有关。一方面货币具有时间价值，不同时点的等量货币价值不同。这说明投资项目寿命期内现金的实际流入、流出发生的时间不同，对项目的内在价值会产生不同的影响。所以同利润相比，采用现金流量作为项目投资的评价依据更能准确反映这种影响，可以更好体现项目收益的实际内在价值，因为利润是以权责发生制为基础，以应收和应付作为收入实现与费用发生的标志进行配比的结果，它与项目现金收支的实际发生时间没有必然的联系。另一方面一个投资项目能否实际进行下去，并不取决于一定期间是否盈利，而是取决于有无实际的现金进行各项支付。实践中一些企业当期账面利润很大，而现金支付却捉襟见肘并不鲜见。项目投资一般回收期较长，若以没有实际收到现金的收入作为利润组成部分，那么这种利润是不可靠的，具有较大风险。因此，在项目投资决策中用现金流量而不采用并不稳健的期间利润作为决策依据也有利于降低决策的风险。

(2)以利润作为评价依据会降低不同方案的可比性。

在权责发生制下，期间利润的计算具有较强的主观性，因为利润作为收入与费用配比的结果，其收入与费用的确认与计量并没有统一客观的标准。所以不同的投资项目会因不同的业务场合、不同的会计方法而影响利润指标的相关性，降低不同方案之间的财务可比性。就是同样的投资项目也会因不同的会计人员采用不同的会计方法，其收入与费用计量的结果并不一定相等。例如，对收入而言，有时候应收账款确认为收入，而预收账款不作为收入；费用更会因存货计价、费用分摊、折旧方法等的影响而出现较大差异。而现金流量不受人为选择的影响，可以回避在权责发生制下必然要遇到的各种问题，从而增加不同投资项目之间的财务可比性。

另外，采用现金流量也使得应用货币时间价值的形式对投资项目进行动态评价成为可能。

6.2.2 确定现金流量的有关假设

尽管用现金流量作为项目投资决策的依据同利润相比有许多优点，但在实践中，由于不同投资项目因投资方式、主体、计算期构成等不同存在差异性；相关因素如价格、数量等因市场环境的变动存在不确定性等等，导致要具体确定一个投资项目的现金流量究竟应当包括哪些内容，或怎样确定其现金流量常常是件困难的事。为了克服现金流量确定的困难，简化现金流量的计算过程，在尽量不影响决策的可靠性前提下，本章对现金流量的确定作如下假设：

1. 营业收入假设。假设项目投产后每年实现的全部销售收入或业务收入作为当期的营业现金收入。它本应当按当期的现销收入与回收以前应收账款的合计数确认，为了简化计算，可假定正常经营年度内每期发生的赊销额与回收的应收账款大体相等，即不区分现销与赊销，将全部收入均视为当期现金收入。

2. 财务可行性分析假设。假设投资决策是从企业投资者的立场出发，投资决策者确定现金流量仅是为了进行项目的财务可行性分析，该项目已经具备国民经济可行性和技术可行性。

3. 全投资假设。假设在确定项目的现金流量时，只考虑全部投资的运动情况，而不具体区分自有资金与借入资金等具体形式的现金流量，即使实际存在借入资金也将其作为自有资金对待。

4. 建设期投入全部资金假设。不论项目的原始总投资是一次投入还是分次投入，除个别情况外，假设它们都是在建设期投入的，即在项目经营期没有原始投资投入。

5. 经营期与折旧年限一致假设。假设项目主要固定资产的折旧年限或使用年限与经营期相同。

6. 时点指标假设。为便于利用货币时间价值的形式，不论现金流量具体内容所涉及的价值指标实际是时点指标还是时期指标，均假设按照年初或年末的时点指标处理。其中，建设投资在建设期内有关年度的年初或年末发生，流动资金投资则在年末发生；经营期内各年的收入、成本、折旧、摊销、利润、税金等项目的确认均在年末发生；项目最终报废或清理均发生在终结点(但更新改造项目除外)。

7. 确定性假设。在分析项目投资常用的评价指标时，假设与项目现金流量有关的价格、产销量、成本水平、所得税率等因素均为已知常量。

6.2.3　现金流量的内容

1. 现金流量的构成

投资项目的现金流量，从时间特征上看包括以下三个部分：

(1)初始现金流量。初始现金流量是指投资初始状态所发生的现金流量，一般包括：①固定资产上的投资。包括固定资产的购买或建造成本、运输成本和安装成本等。②流动资产上的投资。包括对原材料、在产品、产成品和现金等流动资产的投资。③其他投资费用。指与长期投资有关的职工培训费、谈判费、注册费用等。④原有固定资产的变价收入。主要是指固定资产更新时原有固定资产的变卖收入。

(2)营业现金流量。营业现金流量是指项目投入运营后，在其寿命周期内由于生产经营活动所带来的现金流入和流出的数量。它一般按年计算，如果一个投资项目的销售收入等于营业现金收入，营业现金流量就等于销售收入扣除付现成本与所得税后的余额。

(3)终结现金流量。终结现金流量是指投资项目终结时所发生的现金流量，主要包括：固定资产的残值收入或变价收入；垫支在各种流动资产上的资金收回等。

2. 现金流量的具体内容

(1)现金流入量的内容。现金流入量是指能够使投资方案的现实货币资金增加的项目，主要包括营业收入、回收的固定资产残值及回收的流动资金等。

①营业收入。指项目投产后每年实现的全部销售收入或业务收入，它是经营期主要的现金流入量项目。

②回收的固定资产残值。指投资项目的固定资产在终结点报废清理或中途变价转

让处理时所回收的价值。

③回收的流动资金。指新建项目在项目计算期完全终止时因不再发生新的替代投资而回收的原垫付的全部流动资金投资额。如果在经营期不发生提前回收流动资金的情况,则在终结点一次回收的流动资金应等于各年垫支的流动资金投资额之和。

④其他现金流入。指除以上三项现金流入量以外的现金流入。

(2)现金流出量的内容。现金流出量是指能够使投资方案的现实货币资金减少或需要动用现金的项目,主要包括原始投资、垫支的流动资金、付现经营成本及各项税款等。

①建设投资。指在建设期内按一定生产规模和建设内容进行的固定资产、无形资产、开办费等各项投资的总称,它是建设期发生的主要现金流出量。其中,固定资产投资是各种类型的项目投资都要发生的内容。

②流动资金投资。指投资项目建成投产时,用于生产经营及其周转使用的营运资金投资,也称为垫支的流动资金。

③经营成本(付现经营成本)。指在经营期内为满足正常生产经营而动用现金支付的成本费用,又称付现成本。它是经营期最主要的现金流出量。需要指出的是,经营期如果有支付给债权人的利息发生,尽管是现金流出,但不作为付现成本看待。这主要是从全投资假设出发,将支付给债权人的利息与分配给所有者的利润同等看待的结果,既然后者不作为现金流出量的内容,前者也不应纳入这个范围。

④各项税款。指项目经营期依法缴纳的、单独列示的各项税款,包括营业税、所得税等。

⑤其他现金流出。指不包括在以上内容中的现金流出项目,如营业外净支出等。

6.2.4 净现金流量

1.净现金流量的含义

净现金流量又称现金净流量,是指在项目计算期内各年现金流入量与现金流出量之差。对投资项目现金流量的分析,最终是要确定项目计算期内各年净现金流量,它是计算项目投资决策评价指标的直接依据。

根据净现金流量的定义,可以将其理论计算公式归纳为:

某年净现金流量 = 该年现金流入量－该年现金流出量

或 $NCF_t = CI_t - CO_t (t = 0,1,2,\cdots,n)$

式中:NCF_t代表第 t 年净现金流量;CI_t代表第 t 年现金流入量;CO_t代表第 t 年现金流出量。

2.投资项目不同阶段净现金流量的简化计算公式

为了简化净现金流量的计算,可以根据项目计算期不同阶段上的现金流入量和现金流出量的具体内容,直接计算各阶段净现金流量。

(1)建设期净现金流量的简化计算公式。

若原始投资均发生在建设期内,则建设期净现金流量可按以下简化公式计算:

建设期某年净现金流量 =－该年原始投资额

或 $NCF_t = -I_t (t = 0,1,2,\cdots,s)$

式中：I_t代表建设期第 t 年的原始投资额；s 代表建设期的年数。

(2)经营期净现金流量的简化计算公式。

如果将经营期最末一年(终结点)的现金流量作为一种特殊的形式考虑，并假设其他经营年度没有回收额发生，且从企业投资主体考虑将所得税作为一项现金流出，则正常经营年度经营净现金流量可用以下公式计算：

经营期某年净现金流量＝营业收入－付现成本－所得税

或＝ 该年净利 ＋ 该年折旧 ＋ 该年摊销额

或 $NCF_t = P_t + D_t + M_t (t = s+1, s+2, \cdots, n-1)$

式中：P_t为第 t 年的净利润或营业净利润；D_t为第 t 年的折旧；M_t为第 t 年长期待摊费用的摊销额。

对于经营期最末一年(终结点)的净现金流量的计算，只需在上述各公式的基础上加上一个回收额即可。

例如，$NCF_n = P_n + D_n + M_n + R_n$

式中：R_n表示第 n 年的回收额；其他字母含义同上。

3. 净现金流量计算举例

(1)单纯固定资产投资项目净现金流量计算。

【例 6-2】 飞龙公司有一固定资产投资项目，需投资 200 万元，资金为银行借款，利率为 10%。项目建设期一年，使用寿命 5 年。建成投产后每年可获净利 20 万元，固定资产按直线法提取折旧，期末有净残值 20 万元，另经营期前两年每年需归还银行借款利息 22 万元。

要求：计算该项目各年净现金流量。

解：项目计算期 ＝ 1＋5 ＝ 6(年)

固定资产原值 ＝ 200＋200×10% ＝ 220(万元)

固定资产年折旧 ＝ (220－20)/5 ＝ 40(万元)

项目计算期各年净现金流量计算如下：

①建设期

$NCF_0 = -200$(万元)

$NCF_1 = 0$

②经营期正常年度

$NCF_{2\sim3} = 20+40+22 = 82$(万元)

$NCF_{4\sim5} = 20+40 = 60$(万元)

③经营期末一年

$NCF_6 = 20+40+20 = 80$(万元)

(2)完整工业投资项目净现金流量计算。

【例 6-3】 华星公司拟投资 1280 万元生产一种新产品，其中固定资产投资 1 000 万元，铺底流动资金投资 200 万元，职工培训等开办费投资 80 万元。项目建设期一年，建设期资本化利息 100 万元。固定资产与开办费投资均于建设起点投入，流动资金于第一年末投入。该项目固定资产使用寿命为 10 年，按直线法提取折旧，期满有残值 100 万元；开办费于项目投产后分5年摊销完毕；另从经营期第一年起连续5年每年归还借款利息110万元。预计项目投产后第一年至第五年净利分别为10万元、60万元、100万元、100万和100万元，从第六年至第八年每年净利为200万元，第九年净利为110万元，第十年净利为40万元；流动资金于终结点一次收回。

要求：计算项目各年净现金流量。

解：项目计算期 = 1+10 = 11(年)

固定资产原值 = 1 000+100 = 1 100(万元)

固定资产年折旧 = (1 100−100)/10= 100(万元)

经营期前5年各年开办费摊销额 = 80/5 = 16(万元)

项目计算期各年净现金流量计算如下：

①建设期

NCF_0 = −1 000−80 = −1080(万元)

NCF_1 = −200(万元)

②经营期正常年度

NCF_2 = 10+100+16+110 = 236(万元)

NCF_3 = 60+100+16+110 = 286(万元)

$NCF_{4\sim6}$ = 100+100+16+110 = 326(万元)

$NCF_{7\sim9}$ = 200+100 = 300(万元)

NCF_{10} = 110+100 = 210(万元)

③经营期末一年

NCF_{11} = 40+100+100+200 = 440(万元)

【例6-4】 申达公司有一工业投资项目需投资625万元，其中固定资产投资500万元，流动资金投资120万元，开办费5万元。项目建设期一年，建设期资本化利息50万元。固定资产与开办费投资均于建设起点投入，流动资金于第一年末投入。该项目固定资产使用寿命为10年，按直线法提取折旧，期满有残值50万元，开办费于项目投产后第一年一次摊销完毕。预计项目投产后各年营业收入(不含增值税)均为160万，第一年至第五年每年经营成本(付现成本)均为40万元，从第六年起经营成本每年增加5万元，该企业所得税率为40%，流动资金于终结点一次收回。

要求：计算项目各年净现金流量。

解：根据所给资料先计算下列相关指标

项目计算期 = 1+10 = 11(年)

固定资产原值 = 500+50 = 550(万元)

固定资产年折旧额 = (550−50)/10 = 50(万元)

经营期某年总成本 = 该年付现成本 + 该年非付现成本

则：经营期第1年总成本 = 40+50+5+55 = 150(万元)

经营期第2～5年每年总成本 = 40+50+55 = 145(万元)

经营期第6年总成本 = 45+50 = 95(万元)

同理，经营期第7～10年各年总成本分别为：100万元，105万元，110万元和115万元。

经营期某年净利润 ＝（该年营业收入－该年总成本）×（1－所得税率）

则:经营期第 1 年净利润 ＝（160－150）×（1－40％）＝ 6(万元)

经营期第 2～5 年各年净利润 ＝(160－145)×(1－40％)＝ 9(万元)

经营期第 6 年净利润 ＝(160－95)×(1－40％)＝ 39(万元)

同理,经营期第 7～10 年各年净利润分别为:36 万元,33 万元,30 万元和 27 万元。

经营期某年所得税 ＝（该年营业收入－该年总成本）×所得税率

则:经营期第 1 年所得税 ＝（160－150）×40％ ＝ 4(万元)

经营期第 2～5 年所得税 ＝（160－145）×40％ ＝ 6(万元)

经营期第 6 年所得税 ＝（160－95）×40％ ＝ 26(万元)

同理,经营期第 7～10 年各年所得税分别为:24 万元,22 万元,20 万元和 18 万元。

项目计算期各年净现金流量计算如下：

①建设期

$NCF_0 = -500-5 = -505$(万元)

$NCF_1 = -120$(万元)

②经营期正常年度

a. 经营期某年净现金流量 ＝ 营业收入－付现成本－所得税

$NCF_2 = 160-40-4 = 116$(万元)

$NCF_{3\sim6} = 160-40-6 = 114$(万元)

$NCF_7 = 160-45-26 = 89$(万元)

$NCF_8 = 160-50-24 = 86$(万元)

$NCF_9 = 160-55-22 = 83$(万元)

$NCF_{10} = 160-60-20 = 80$(万元)

b. 经营期某年净现金流量＝ 该年净利＋该年折旧＋该年摊销额

$NCF_2 = 6+50+5=61$(万元)

$NCF_{3\sim6} = 9+50=59$(万元)

$NCF_7 = 39+50 = 89$(万元)

$NCF_8 = 36+50 = 86$(万元)

$NCF_9 = 33+50 = 83$(万元)

$NCF_{10} = 30+50 = 80$(万元)

③经营期末一年

a. 经营期末年净现金流量 ＝ 营业收入－付现成本－所得税 ＋ 回收额

$NCF_{11} = 160-65-18+120+50 = 247$(万元)

b. 经营期末年净现金流量＝该年净利＋该年折旧＋该年摊销额＋回收额

$NCF_{11} = 27+50+120+50 = 247$(万元)

(3)固定资产更新改造项目净现金流量计算。

【例 6-5】 文泰公司打算变卖一套尚可使用 6 年的旧设备,另购置一套新设备来替换它。新设备投资额为 140 万元,使用期限 6 年,期末有残值 20 万元。旧设备原值 100 万元,已提折旧 40 万元,如继续使用,6 年后残值为零;现出售得价款 50 万元。新旧设备的替换将在当年内完成,即更新设备的建设期为零,并且均按直线法计提折旧。使用新设备可使企业每年增加营业收入 40 万元，增加付现成本 10 万元。企业所得税率为 40%。

要求：计算项目计算期各年差量净现金流量(△NCF)并编制差量现金流量表。

解：项目计算期 ＝ 6(年)

更新设备比继续使用旧设备增加的投资额 ＝ 140－50 ＝ 90(万元)

每年因更新改造而增加的折旧额 ＝ (140－20)/6－60/6 ＝ 10(万元)

经营期每年净利润增加额 ＝ (40－10－10)×(1－40%) ＝ 12(万元)

因发生处理固定资产净损失而抵减的所得税额＝ (60－50)×40% ＝ 4(万元)

经营期末年残值增加额 ＝ 20－0 ＝ 20(万元)

项目计算期各年差量净现金流量：

$\triangle NCF_0$ ＝ －90＋4＝86(万元)

$\triangle NCF_1$ ＝ 12＋10＝22(万元)

$\triangle NCF_{2\sim5}$ ＝ 12＋10 ＝ 22(万元)

$\triangle NCF_6$ ＝ 12＋10＋20 ＝ 42(万元)

根据上述资料编制项目差量现金流量表如表 6－1 所示。

表 6－1 某固定资产更新项目差量现金流量表 单位：万元

项目计算期(第 t 年)	建设期	经营期						合计
	0	1	2	3	4	5	6	
1 现金流入量△								
1.1 营业收入△	0	40	40	40	40	40	40	240
1.2 回收固定资产余值△	0	0	0	0	0	0	20	24
1.3 抵减所得税额△	4[①]	0	0	0	0	0	0	0
1.4 现金流入量合计△	4	40	40	40	40	40	60	264
2 现金流出量△								
2.1 固定资产投资△	90	0	0	0	0	0	0	90
2.2 经营成本△	0	10	10	10	10	10	10	60
2.3 所得税△[①]	0	8	8	8	8	8	8	44
2.4 现金流出量合计△	90	14	18	18	18	18	18	194
3 净现金流量△	－86	26	22	22	22	22	42	66

注：①经营期第 1～6 年各年所得税增加额 ＝ (40－10－10)×40% ＝ 8(万元)

6.3 项目投资决策指标

项目投资决策指标是衡量投资项目可行性及评价投资项目优劣，以便据以进行方案决策的定量化标准与尺度，它是由一系列综合反映长期投资项目的效益和投入产出关系的量化指标所构成。根据指标计算过程中有没有考虑货币时间价值因素，可将其分为折现评价指标与非折现评价指标两大类。熟练掌握各类评价指标的计算及特点是正确分析投资项目财务可行性与优劣的保证。

6.3.1 折现评价指标

所谓折现评价指标又称动态评价指标，是指在指标的计算过程中利用了货币时间价值的计算形式的指标，主要有净现值、净现值率、现值指数和内含报酬率等指标。折现评价指标由于计算过程考虑了货币时间价值因素，因而计算比较繁杂，理解与掌握需要以货币时间价值的各种现值与终值公式的透彻理解为基础，也正因为其考虑了货币时间价值，因而与非折现评价指标相比，其更加科学合理，是项目投资主要的评价指标。

1. 净现值

(1)净现值的概念。

净现值(记作 NPV)是指在项目计算期内，按行业基准折现率或其他设定折现率计算的各年净现金流量现值的代数和。

净现值的基本计算公式为：

$$净现值(NPV)=\sum_{t=0}^{n}\frac{NCF_t}{(1+i)^t}=\sum_{t=0}^{n}NCF_t(P/F,i,t)$$

式中：NCF_t代表第 t 年的净现金流量；$(P/F,i,t)$为第 t 年的复利现值系数；i 为设定折现率或行业基准折现率。

对于全部投资均发生在建设期，经营期不再有追加投资的投资项目，其净现值可理解为项日未来报酬总现值与初始投资现值的差额。用公式表示为：

$$\begin{aligned}净现值(NPV)&=未来报酬总现值-初始投资现值\\&=\sum_{t=s+1}^{n}\frac{NCF_t}{(1+i)^t}-\sum_{t=0}^{s}\frac{I_t}{(1+i)^t}\end{aligned}$$

式中：I_t为建设期第 t 年的投资额。因为建设期第 t 年的净现金流量为$-I_t$，所以上式可用净现值的基本计算公式推导而来。

(2)净现值的特点。

净现值是一个折现的绝对量正指标，是投资决策评价指标中最重要的指标之一。同非折现指标相比，其优点表现在指标的计算考虑了货币时间价值因素，并全部利用了项目计算期各年净现金流量的信息，因而用其评价投资项目的可行性与优劣比非折现指标更加科学合理；其缺点是计算繁杂，理解较困难。同其他折现指标相比，净现值是绝对数，而其他折现指标除了动态投资回收期外，基本都是相对数，因而用净现值指标评价互斥方案的优劣时，不同投资方案的净现值会因各方案初始投资额或项目计算期的差异而降低可比性，所以净现值指标的运用存在一定的局限性。另外，同其他指标相比，净现值无法直接反映投资项目的实际收益率水平。尽管如此，净现值的计算在形式上同其他多数折现指标关系密切，并且作为绝对数正指标，用其作为决策标准容易被一般人理解和接受，因而，实践中净现值指标仍是运用最广泛的投资决策指标之一。

净现值指标的决策标准是：若 NPV≥0，投资方案在财务上是可行的；若 NPV ＜ 0，则投资方案在财务上是不可行的。对于多个互斥方案的选优问题，在各方案投资额相同且计算期相同的情况下，以净现值最大的方案为最优方案。如果各方案的投资额不同或项目计算期不一样，用净现值指标评价方案的优劣时就需要慎重。

【例 6-6】 根据例 6－2 资料，如果投资项目要求报酬率为 10%，试计算方案的净现值，并判断方案的可行性。

解：(1)根据基本公式计算如下。

$$NPV = \sum_{t=0}^{n}\frac{NCF_t}{(1+i)^t} = \sum_{t=0}^{n}NCF_t(P/F,i,t)$$

$$= -200+0+82\times(P/F,10\%,2)+82\times(P/F,10\%,3)+60\times(P/F,10\%,4)+60\times(P/F,10\%,5)+80\times(P/F,10\%,6)$$

$$= -200+82\times0.826+82\times0.751+60\times0.683+60\times0.621+80\times0.564$$

$$= 52.67(万元)$$

因为投资项目的净现值 $NPV = 52.67$ 万元 > 0，所以方案可行。

(2)其他计算方法。

$$NPV = \sum_{t=s+1}^{n}\frac{NCF_t}{(1+i)^t} - \sum_{t=0}^{n}\frac{I_t}{(1+i)^t}$$

$$= 82\times(P/F,10\%,2)+82\times(P/F,10\%,3)+60\times(P/F,10\%,4)+60\times(P/F,10\%,5)+80\times(P/F,10\%,6)-200$$

$$=82\times0.826+82\times0.751+60\times0.683+60\times0.621+80\times0.564-200$$

$$= 252.67-200$$

$$= 52.67(万元)$$

或 $NPV =$ 未来报酬总现值－初始投资现值

$$= 82\times(P/A,10\%,2)\times(P/F,10\%,1)+80\times(P/F,10\%,6)+60\times(P/A,10\%,2)\times(P/F,10\%,3)-200$$

$$= 82\times1.736\times0.909+80\times0.564+60\times1.736\times0.751-200$$

$$= 52.74(万元)$$

以上计算表明，净现值具体计算方法很多，要根据所给条件灵活运用货币时间价值的相关公式，以便简化计算过程，节约所需时间。

2. 净现值率

(1)净现值率的概念。

净现值率(记作 NPVR)是指投资项目的净现值占原始投资现值的比率，反映单位投资现值所创造的净现值大小。

净现值率的计算公式为：

$$净现值率(NPVR) = \frac{NPV}{\sum_{t=0}^{s}I_t\cdot(1+i)^{-t}}$$

(2)净现值率的特点。

净现值率是一个折现的相对量正指标，其优点在于可以从动态的角度反映投资项目的资金投入与净产出之间的关系，衡量投入资金的使用效率，在净现值已知的情况下其计算比其他折现指标简单。其不足与净现值指标相似，就是无法直接反映投资项目的实际收益率。

净现值率指标的决策标准是：若 $NPVR\geqslant 0$，投资方案在财务上是可行的；若 $NPVR<0$，则投资方案在财务上是不可行的。

【例 6-7】 根据例 6－6 资料计算投资方案的净现值率。

$$解：NPVR=\frac{NPV}{\sum_{t=0}^{s}I_t\cdot(1+i)^{-t}}=\frac{52.67}{200}\approx 26\%$$

因为投资项目的净现值率 NPVR ＝ 26％ ＞0，所以方案可行。

3. 现值指数

(1)现值指数的概念。

现值指数(记作 PI)也称为获利指数，是指投资项目经营期净现金流量的现值之和与原始投资现值之和的比值，反映单位投资的获利能力。

现值指数的计算公式为：

$$现值指数(PI)=\frac{未来报酬总现值}{初始投资现值}=净现值率+1$$

$$=\frac{\sum_{t=s+1}^{n}NCF_t(P/F,i,t)}{\sum_{t=0}^{s}I_t(P/F,i,t)}=NPVR+1$$

(2)现值指数的特点。

现值指数也是一个折现的相对量正指标，其优点是能从动态的角度反映投资项目的资金投入与总产出之间的关系，一定程度上能弥补净现值指标不能对初始投资额不同的互斥投资项目进行选优的缺陷。其不足是无法直接反映投资项目的实际收益率，单独运用现值指数指标会掩盖投资项目的绝对收益水平。

现值指数指标的决策标准是：若 PI≥1，说明投资方案在财务上是可行的，方案实施后的实际报酬率高于等于行业基准折现率或设定报酬率；若 PI＜ 1，说明投资方案在财务上是不可行的，方案实施后的实际报酬率低于行业基准折现率或设定报酬率。

需要指出的是，尽管从理论上看现值指数作为相对量指标比净现值绝对量指标在互斥方案的选优中更能增加不同方案之间指标的可比性；但实践中，考虑到投资机会因素，企业看重一定时间的投资所得常常重于一定投资的报酬所得，因而在互斥方案选优中，当两种评价指标的评价出现矛盾时，有时净现值指标的选择对企业更加有利。

【例 6-8】 根据例 6－6 资料计算投资项目的现值指数。

$$解：PI=\frac{\sum_{t=s+1}^{n}NCF_t(P/F,i,t)}{\sum_{t=0}^{s}I_t(P/F,i,t)}=\frac{\sum_{t=1}^{5}NCF_t(P/F,10\%,t)}{200}$$

$$=\frac{252.67}{200}\approx 1.26$$

因为投资项目的现值指数 PI ＝ 1.26＞1，所以方案可行。

以上对三种折现指标的计算，其折现率是行业基准折现率或投资者要求的报酬率，如果折现率为资本成本，则当方案的 NPV＝0，或 NPVR＝0，或 PI＝1 时，可认为投资方案在财务上是不可行的。

4. 内含报酬率

(1)内含报酬率的概念。

内含报酬率(记作 IRR)也叫内部收益率,是指投资项目实际可望达到的报酬率,也可以理解为能使投资项目的净现值等于零的折现率。

显然,内含报酬率 IRR 满足下列等式:

$$\sum_{t=0}^{n}\frac{NCF_t}{(1+IRR)^t}=\sum_{t=0}^{n}NCF_t\times(P/F,IRR,t)=0$$

在项目所有投资都发生在建设期的情况下,根据内含报酬率的定义,在折现率为内含报酬率 IRR 的条件下,有:

未来报酬总现值－初始投资现值＝0

即:$\sum_{t=s+1}^{n}\frac{NCF_t}{(1+IRR)^t}-\sum_{t=0}^{s}\frac{I_t}{(1+IRR)^t}=0$

(2)内含报酬率的特点。

内含报酬率是一个折现的相对量正指标,它能从动态的角度直接反映投资项目的实际收益率水平,并且计算过程不受行业基准收益率的影响,比较客观。因而,实践中内含报酬率几乎是投资项目可行性研究报告中必然要计算分析的一项财务评价指标。尽管如此,内含报酬率指标也存在一些不足,需要在实践运用中加以重视,主要是:有时内含报酬率高的方案不一定是最优方案,因为内含报酬率作为相对指标同现值指数一样,不能反映一定时间企业项目投资的绝对收益水平;另外如果在项目经营期出现大量追加投资的情况或项目的净现金流量是正负交错的,则可能没有内含报酬率或出现多个内含报酬率。

内含报酬率指标的决策标准是:若 IRR≥i_c(i_c为行业基准折现率或投资者要求的报酬率),则投资方案在财务上是可行的;若 IRR ＜ i_c,则方案不可行。对于多个互斥方案的选优问题,一般以 IRR 最大的方案(或内含报酬率与资本成本的差最大的方案)为最优方案。

(3)内含报酬率的计算

内含报酬率是项目投资最常用的财务分析指标之一,其计算方法有两种:

ⅰ简便算法

采用此方法必须满足下列条件:

①$NCF_0=-I$(I 建设期为 0 且为建设起点一次投入的原始投资)

②I 建设期为 0 且 $NCF_1=NCF_2=\cdots=NCF_n$

计算步骤如下:

①先求年金现值系数$(P/A,IRR,n)$

因为内含报酬率要求:未来报酬总现值－初始投资额现值 ＝0

所以有:各年净现金流量(NCF)×年金现值系数$(P/A,IRR,n)=I$

即:$(P/A,IRR,n)=\frac{I}{NCF}$

②查"1 元的年金现值表",若能直接查到上面所计算的年金现值系数值,其所对应的折现率即为内含报酬率;否则,找出与上述年金现值系数值(设为 C)同期相邻近的一个比

其值略小(设为 C_m),一个比其值略大(设为 C_{m+1})的两个年金现值系数值及其所对应的两个折现率分别设为 i_m 与 i_{m+1},然后用插值法求内含报酬率的近似值,公式如下:

$$IRR = i_m + \frac{C_m - C}{C_m - C_{m+1}} \times (i_{m+1} - i_m)$$

为控制误差,i_{m+1} 与 i_m 之差不得大于5%。

ⅱ 逐次测试法

当投资项目不符合直接应用简便算法的条件时,必须按此方法计算内含报酬率。该法的具体步骤如下:

①自己先设定一个折现率 i_1,代入有关计算净现值的公式,求出按 i_1 为折现率的净现值 NPV_1,并进行下面的判断。

a. 若净现值 $NPV_1 = 0$,则内含报酬率 $IRR = i_1$,计算结束;

b. 若净现值 $NPV_1 > 0$,则内含报酬率 $IRR > i_1$,应重新设定 $i_2 > i_1$,再将 i_2 代入有关计算净现值的公式,求出按 i_2 为折现率的净现值 NPV_2,并进行下一轮的判断。

c. 若净现值 $NPV_1 < 0$,则内含报酬率 $IRR < i_1$,应重新设定 $i_2 < i_1$,再将 i_2 代入有关计算净现值的公式,求出按 i_3 为折现率的净现值 NPV_3,并进行下一轮的判断。

②经过逐次测试判断,最终能够得到两个最为接近零的一个正净现值 NPV_m 和一个负净现值 NPV_{m+1} 及其所对应的折现率 i_m 和 i_{m+1},然后用插值法求内含报酬率的近似值,公式如下:

$$IRR = i_m + \frac{NPV_m - 0}{NPV_m - NPV_{m+1}} \times (i_{m+1} - i_m)$$

【例 6-9】 某企业进行一项固定资产投资,投资于建设起点一次投入,无建设期,生产经营期为8年,该投资方案资金成本为10%,各年净现金流量见表6—2。要求计算投资项目的内含报酬率并作出方案取舍的决策。

表6—2 投资方案净现金流量 单位:万元

年 份	净现金流量
0	−1 500
1	327.5
2	327.5
3	327.5
4	327.5
5	327.5
6	327.5
7	327.5
8	327.5

解:因为投资项目满足两个基本条件,所以可用简便算法计算项目的内含报酬率。首先,计算年金现值系数如下:

$$年金现值系数(P/A, IRR, n) = \frac{I}{NCF} = \frac{1\,500}{327.5} \approx 4.58$$

查年金现值系数表,无法直接查到4.58,查与其相邻的年金现值系数和对应的折现率如表6—3所示:

表 6－3

年金现值系数	折现率
4.639	14%
4.58	?
4.344	16%

采用插值法计算内含报酬率：

$$投资方案的内含报酬率\ IRR = 14\% + \frac{4.639-4.58}{4.639-4.344} \times (16\%-14\%)$$

$$=14\%+0.4\%$$

$$=14.4\%$$

该投资方案的内含报酬率 $IRR = 14.4\% > 10\%$，该方案可行。

【例 6-10】 根据例 6－2 资料，如果投资项目的要求报酬率为 10%，试计算方案的内含报酬率，并判断方案的可行性。

解：根据题意该题只能采用逐次测试法计算内含报酬率，过程如下：

①设 $i_1=14\%$

$$NPV_1 = -200 + 82\times(P/F,14\%,2) + 82\times(P/F,14\%,3) + 60\times(P/F,14\%,4) + 60\times(P/F,14\%,5) + 80\times(P/F,14\%,6)$$

$$= -200 + 82\times0.769 + 82\times0.675 + 60\times0.592 + 60\times0.519 + 80\times0.456$$

$$= 21.55(万元) > 0$$

②设 $i_2=16\%$

$$NPV_2 = -200 + 82\times(P/F,16\%,2) + 82\times(P/F,16\%,3) + 60\times(P/F,16\%,4) + 60\times(P/F,16\%,5) + 80\times(P/F,16\%,6)$$

$$= -200 + 82\times0.743 + 82\times0.641 + 60\times0.552 + 60\times0.476 + 80\times0.410$$

$$= 7.97(万元) > 0$$

③设 $i_3=18\%$

$$NPV_3 = -200 + 82\times(P/F,18\%,2) + 82\times(P/F,18\%,3) + 60\times(P/F,18\%,4) + 60\times(P/F,18\%,5) + 80\times(P/F,18\%,6)$$

$$= -200 + 82\times0.718 + 82\times0.609 + 60\times0.516 + 60\times0.437 + 80\times0.370$$

$$= -4.41(万元) < 0$$

通过以上计算可以看出，$16\% < IRR < 18\%$，应用插值法：

$$IRR = 16\% + \frac{7.97-0}{7.97-(-4.41)} \times (18\%-16\%) = 17.29\%$$

该投资项目的内含报酬率 $IRR = 17.29\% > 10\%$，该方案可行。

6.3.2 非折现评价指标

非折现评价指标也称静态评价指标，是指在指标的计算过程中没有考虑货币时间价值因素的指标，主要有投资报酬率、会计收益率和静态投资回收期等指标。因为非折现评价指标的计算不考虑货币时间价值因素，因而计算简单，容易理解；但同折现评价指标比，非折现评价指标不够科学，在项目投资决策分析中只作为次要或辅助指标使用，当折现评价指标与非折现评价指标对同一投资项目的评价出现矛盾时，应以折现评价指标的评价结果为准。

1.投资报酬率

(1)投资报酬率的概念。

投资报酬率(记作 *ROI*)也称投资利润率，是指项目达产期正常年度利润或年平均利润占投资总额的百分比。

投资报酬率的计算公式为：

$$投资报酬率(ROI)=\frac{年利润或年均利润}{投资总额}\times 100\%$$

式中：年利润是指项目达产后正常经营年度的利润额；年均利润是指项目经营期各年净利润的和与经营期期数的比值；投资总额为原始投资额与建设期资本化利息之和。

(2)投资报酬率的特点。

投资报酬率是一个非折现的相对量正指标，其优点是计算简单，容易理解，并且该指标不受建设期的长短、投资的方式、回收额的有无以及净现金流量大小等条件的影响，能够反映投资项目的收益水平。其缺点是该指标没有考虑货币时间价值因素，不能真实反映投资项目的经济效益水平，并且该指标的分子是时期指标，而分母是时点指标，由于两指标的计算口径不同，导致其比值的可比性差，所以该指标只作为项目投资决策的辅助指标使用。

投资报酬率指标的决策标准是：当项目投资报酬率高于项目设定报酬率或行业基准报酬率时，方案可行；反之，方案不可行。对于互斥方案的选优，以投资报酬率最大的方案为优。

【例 6-11】 某投资项目建设期原始总投资 900 万元，资本化利息 100 万元；经营期各年净收益分别为：80 万、140 万、200 万、200 万和 160 万元。如果项目要求的必要投资报酬率为 12%。

要求：计算项目的投资报酬率并判断方案的财务可行性。

解：投资总额 = 900 + 100 = 1 000(万元)

年平均利润 = (80 + 140 + 200 + 200 + 160) ÷ 5 = 156(万元)

投资报酬率 = 156 ÷ 1 000 = 15.6%

因为投资报酬率 ROI = 15.6%>12%，所以方案可行。

2.会计收益率

(1)会计收益率的概念。

会计收益率(记作 ARR)是指投资项目年平均净收益与该项目平均投资额的比率。

会计收益率的计算公式为：

$$会计收益率(ARR)=\frac{年平均净收益}{年平均原始投资额}\times 100\%$$

式中：年平均净收益是指投资项目经营期各年净利润的平均值；年平均原始投资额是指项目原始投资总额的一半。

(2)会计收益率的特点。

会计收益率也是一个非折现相对量正指标，该指标与投资报酬率相比优缺点相似。

只是会计收益率计算公式中的分子与分母指标都是时期指标，因而同投资报酬率相比，其更具可比性；但实践中会计收益率的分母指标有不同计算口径与方法，从而也降低了该指标的可比性。所以，在项目投资评价中该指标也作为辅助指标使用。

会计收益率指标的决策标准是：当项目会计收益率高于项目设定收益率或行业基准收益率时，方案可行；反之，方案不可行。对于互斥方案的选优，以会计收益率最大的方案为优。

【例 6-12】 根据例 6－11 资料计算会计收益率，如行业基准收益率为 26%，判断项目是否可取。

$$解:会计收益率 = \frac{年平均净收益}{年平均原始投资额}\times 100\%$$

$$= \frac{156}{900\div 2}\times 100\% = 34.7\%$$

因为会计收益率(ARR) ＝ 34.7%＞26%，所以方案可取。

3. 静态投资回收期

(1)静态投资回收期的概念。

静态投资回收期简称回收期，是指以投资项目经营期各年净现金流量来回收项目原始投资所需的年限。该指标有两种形式：一种是包括建设期的投资回收期，记作 PP；另一种是不包括建设期的投资回收期，记作 PP′。当建设期为 S 时，两者的关系为：PP ＝ PP′＋S，显然两者只要知道其一，另一个就可据此公式推导出来。

静态投资回收期的计算公式为：

$$\sum_{t=0}^{pp} NCF_t = 0 \qquad PP' = \sum_{t=0}^{pp} NCF_t - S$$

(2)静态投资回收期的特点。

静态投资回收期是一个非折现绝对量逆指标。其优点是能够直观地反映项目投资返本的期限，有利于决策者控制投资风险，并且计算简便，理解容易，该指标是实践中应用最为广泛的项目投资评价指标之一。但由于该指标没有考虑货币时间价值因素，且不考虑回收期满后项目继续经营的现金流量变化情况，故该指标也存在明显不足，仅用该指标并不能准确评价投资项目的经济效益，在项目投资决策评价中，该指标作为次要指标必须与其他折现评价指标结合使用。如果是对投资项目进行可行性分析，则包括建设期的投资回收期比不包括建设期的投资回收期应用更加广泛。

静态投资回收期指标的决策标准是：$PP\leqslant \frac{n}{2}$，即包括建设期的投资回收期小于等于项目计算期的一半；或 $PP'\leqslant \frac{p}{2}$，即不包括建设期的投资回收期小于等于项目经营期的一半，则方案可行，否则不可行。在互斥方案的选优中，以回收期最小的方案为最优方案，因为回收期越短，投资回收得越快，则项目风险就越小。

(3)静态投资回收期的计算。

根据投资项目资金投入方式及各年净现金流量的特点不同，静态投资回收期的计算可分为特殊方法与一般方法两种。

①特殊方法

采用此法需要同时满足三个条件，即：①所有投资需发生在建设期内；②经营期前若干年(设为前 M 年)各年净现金流量必须相等；③前 M 年净现金流量的和要大于或等于原始总投资。当一个投资项目同时满足以上三个条件时，可以采用以下公式首先计算不包括建设期的回收期。

$$不包括建设期的投资回收期(PP')=\frac{\sum_{t=0}^{s}I_t}{NCF}$$

式中：I_t表示第 t 年的原始投资额；NCF 表示经营期前 M 年各年相等的净现金流量。

在计算出不包括建设期的投资回收期 PP'后，包括建设期的投资回收期可用公式：$PP = PP' + S$ 计算。

【例 6-13】 某投资项目计算期各年净现金流量如表 6－4 所示，试计算项目投资回收期，并据此判断方案的可行性。

表 6－4 某项目计算期净现金流量表 单位：万元

年份	0	1	2	3	4	5	6
净现金流量	－200	0	110	110	110	80	105

解：经一般分析可知，该投资项目满足回收期特殊算法的三个条件，并且有 $S=1$ 年；$P=5$ 年，$\frac{P}{2}=2.5$ 年；$n=P+S=1+5=6$(年)，$\frac{n}{2}=3$ 年。

则：$PP'-\frac{\sum_{t=0}^{s}I_t}{NCF}=\frac{200+0}{110}=1.82$(年)

$PP = PP' + S = 1.82 + 1 = 2.82$(年)

因为 $PP'=1.82$ 年$<\frac{P}{2}$(2.5 年)；$PP=2.82$ 年$<\frac{n}{2}$(3 年)

所以仅从回收期来看，该方案是可行的。

②一般方法

当投资项目不能同时满足以上所说的三个条件时，就要通过列表计算“累计净现金流量”的方式来确定包括建设期的投资回收期，然后可再算出不包括建设期的投资回收期，这种方法就称为一般方法。实际上这种方法适合所有情况，但该法计算繁杂，所以一般当投资项目不能同时满足上述三个条件时才采用。

【例 6-14】 如例 6－13 中经营期第一年净现金流量不是 110 万元，而是 100 万元，则此投资项目静态投资回收期的计算需采用一般方法。

首先列表计算项目累计净现金流量，如下表 6－5 所示：

表 6－5 某项目净现金流量表 单位：万元

年份	0	1	2	3	4	5	6
净现金流量	－200	0	100	110	110	80	105
累计净现金流量	－200	－200	－100	10	120	200	305

其次对表 6－5 进行分析可知，包括建设期的回收期大于 2 年小于 3 年，第三年能提供 110 万元的净现金流量，其中有 100 万元要用于回收投资，所以包括建设期的投资回收期为：

$$PP = 2 + 100 \div 110 = 2.91(年)$$

不包括建设期的投资回收期为：

$$PP' = PP - S = 2.91 - 1 = 1.91(年)$$

6.3.3 项目投资评价指标的应用

1. 独立项目的决策

独立项目的决策主要是从经济上评价投资方案的可行性。在独立项目中，各独立项目的投资及收益与成本的发生并不受其他项目采纳与否的影响，选择某一项目并不排斥选择其他项目，所以独立项目的取舍只取决于项目本身的经济价值。正因如此，对独立项目的决策分析可直接运用前述折现或非折现指标评价方案的可行性，决定方案的取舍。

一般对某一独立项目进行可行性分析，只要 NPV＞0，就会有 NPVR＞0，PI＞1，IRR＞i_c，四者之间不会出现矛盾。但对同一项目同时采用折现指标和非折现指标进行评价，可能会出现矛盾。此时，应如前所述，要以折现指标的评价为准。另外，如前所述，当投资项目在经营期大量追加投资或投资项目的现金流量多次改变符号，即现金流入和流出是交错型时，投资项目会存在多个内部收益率或出现没有内部收益率的情况，这时使用内部收益率指标评价项目的可行性就存在着明显的不足，遇到这种情况可以 NPV 指标为主评价项目的可行性。

2. 互斥项目的决策

在一组待选的互斥项目中，选择某一项目意味着放弃其他项目，此时的决策属于多方案选优问题，具体方法介绍以下两种。

(1)排序法。

此种方法是指，根据选定的评价指标计算各互斥项目的指标值，如 NPV、IRR 或 PI、NPVR 等，并将各指标值按降序排列，然后进行项目选优，通常选择指标值最大的项目为最优方案。一般情况，当分别用 NPV 与 IRR 或 NPV 与 PI(或 NPVR)两个指标一起来对一组互斥项目进行评价，并按指标值排列方案的优劣时其结果会保持一致，但在某些情况下其排序会出现矛盾。具体分析如下：

①NPV 与 IRR 的比较

用 NPV 和 IRR 指标评价互斥项目的优劣，其结果不一致的情形有两种情况：一是不同项目的投资规模差异较大；二是不同项目大量的现金流入发生的时间差异较大。以下举例说明这两种现象。

ⅰ项目投资规模不同。假设有两个投资项目 A 和 B，其有关资料如表 6－6 所示。

表 6－6 投资项目 A 和 B 的有关资料 单位：元

项目	NCF0	NCF1	NCF2	NCF3	NCF4	IRR(%)	NPV(12%)	PI
A	－27 000	10 000	10 000	10 000	10 000	18%	3 473	1.12
B	－56 000	20 000	20 000	20 000	20 000	16%	4 746	1.08

上述 A 和 B 两投资项目的内部收益率均大于资本成本 12%，净现值均大于零，说明两个方案均可行。如果两个项目只能选取一个，按内部收益率标准应选择 A 项目，按净现值标准应选择 B 项目，这两种标准的结论是矛盾的。此时可采用增量收益分析法进行

决策分析，具体做法是：将投资额大的项目与投资额小的项目进行比较，确定增量投资额与各年增量现金净流量，以此为基础计算增量内部收益率或增量净现值。如果增量内部收益率大于资本成本或增量净现值大于零，则选择投资额大的方案为最优方案，反之选择投资额小的方案为最优方案。上例采用此法计算结果如表6—7所示。

表6—7 项目B与项目A比较增量计算资料 单位：元

项目	NCF0	NCF1	NCF2	NCF3	NCF4	IRR(%)	NPV(12%)	PI
△(B—A)	—2 900	10 000	10 000	10 000	10 000	14%	1 373	1.05

以上计算结果表明，增量内部收益率 = 14%>12%，增量净现值 = 1373元>0，所以无论用哪个指标判断，都应该选择投资额大的B方案为最优方案。

ⅱ项目现金流量发生时间不一致。当两个投资项目投资额相同，但大量现金流入发生的时间差异较大，也会引起两种评价标准在互斥项目选择上的不一致。

假设有两个投资项目C和D，其有关资料见表6—8。

表6—8 投资项目C和D的有关资料 单位：元

项目	NCF0	NCF1	NCF2	NCF3	IRR(%)	NPV(8%)
C	—10 000	8 000	4 000	1 000	20%	1 631
D	—10 000	1 000	4 500	9 700	18%	2 484

从表6—8可知，根据内部收益率标准，应选择项目C，而根据净现值标准，应选择项目D。造成这一差异的原因是这两个投资项目大量现金流入量的发生时间差异较大。项目C总的现金流入量小于项目D，但发生的时间早，当投资贴现率较高时，远期现金流入量的现值低，影响小，投资收益主要取决于近期现金流入量的高低，这时项目C具有一定的优势。当投资贴现率较低时，远期现金流入量的现值增大，这时项目D会有一定的优势。

与上例相同，此例也可以采用增量收益分析法解决这一问题。此时因为两方案投资额相同，所以如果是用项目D的各年现金流量减去项目C的各年现金流量，用两方案的差额现金流量计算增量内部收益率或增量净现值。如果增量内部收益率大于资本成本或增量净现值大于零，则应选择D方案，反之选择C方案。要是用项目C的各年现金流量减去项目D的各年现金流量，用两方案的差额现金流量计算增量内部收益率或增量净现值。如果增量内部收益率大于资本成本或增量净现值大于零，则应选择C方案，反之选择D方案。现将项目D与项目C比较，计算结果如表6—9所示。

表6—9 项目D与C比较增量计算资料 单位：元

项目	NCF0	NCF1	NCF2	NCF3	IRR(%)	NPV(8%)
△(D—C)	0	—7 000	500	8 700	15%	853

从表6—9可知，增量内部收益率=15%>8%，增量净现值=853元>0，因此应接受D项目，这样可使投资净现值增加853元。

②NPV与PI比较

NPV与PI评价指标之间的关系可表述为：如果NPV > 0，则PI>1；如果NPV=0，则PI=1；如果NPV < 0，则PI< 1。在一般情况下，采用NPV和PI评价投资项目，得出的结论常常是一致的，但在投资规模不同的互斥项目的选择中，则有可能得出相反的

结论。如前例的A和B两个项目。如果按PI标准评价,则项目A优于B;如果按NPV标准评价,则项目B优于A。在这种情况下同样可采用增量收益分析法,通过计算增量NPV或增量PI来进一步分析两个投资项目的优劣。如表6-7所示,将项目B与项目A比较,通过计算得到的增量NPV为1373元大于零,增量PI等于1.05大于1,所以B方案优于A方案,企业应选择B项目投资,这样可使企业获得更多的净现值。

增量收益分析法不仅在互斥项目采用不同评价指标出现矛盾时可以采用,对于互斥项目一般在正常情况下也可以采用此方法评价方案的优劣。其基本做法与上述相同。

(2)年均成本法。

对于重置投资项目或更新改造项目,如果新旧设备的更替或旧设备的改造并没有引起原来收入的变化,只是成本费用发生了改变,此时只要比较各方案成本的高低就能确定方案的优劣。如果各方案的计算期相同,则既可以比较总成本,也可以比较年均成本,并可以按照实际现金流量计算分析;如果各方案的计算期不同,则只能比较方案的年均成本,并且要站在"局外人"的角度来分析新旧设备的更替问题。年均成本是项目年平均投资成本与年平均运行成本之和,计算公式为:

$$年均成本 = 投资额摊销 + 年均运行成本 - 残值摊销$$

采用年均成本法评价方案的优劣时,以年均成本小的方案为优。

【例6-15】 兴隆公司目前使用的A型设备是5年前购置的,原价200 000元,使用年限10年,预计还可使用5年,每年付现成本46 000元,期末无残值。目前市场上有一种更先进的B型设备,价值250 000元,预计可使用10年,年付现成本30 000元,期末有残值10 000元。此时如果用B设备更换A设备,不会引起原来的收入变化,且A设备可作价80 000万元,并知公司要求的最低投资报酬率为12%。问:该公司是继续使用旧设备还是更新设备(假设不考虑所得税因素)?

解:因为设备更新不会引起收入变化,且新旧设备的使用年限不同,所以应采用年均成本法站在"局外人"的角度进行决策分析。

$$A设备的年均成本=\frac{80\ 000}{(P/A,12\%,5)}+4\ 600$$

$$=\frac{80\ 000}{3.605}=68\ 191.4(元)$$

$$B设备的年均成本=\frac{250\ 000}{(P/A,12\%,10)}-\frac{10\ 000}{(F/A,12\%,10)}+30\ 000$$

$$=\frac{250\ 000}{5.65}-\frac{10\ 000}{17.55}+30\ 000=73\ 677.9(元)$$

因为B设备的年均成本大于A设备的年均成本,所以应继续使用旧设备。

3. 资本限量决策

资本限量决策是指企业资金有一定限度,不能投资于所有可接受的项目。也就是说,有很多获利项目可供投资,但无法筹集到足够的资金。这种情况下,企业选择哪些项目进行投资,既能满足对资金的需求,又能使企业获得最大收益,就需要采用专门的方法进行决策。下面介绍两种常用方法:

(1)现值指数法。

现值指数法的基本步骤如下：

①计算所有投资项目的净现值和现值指数，只接受 PI≥1 的投资项目；

②根据资本限量将投资项目进行组合，初步分析剔除一些不必要的组合，然后计算出剩余各组合的加权平均现值指数；

③选择加权平均现值指数最大的一组项目作为最佳投资组合。

(2)净现值法。

净现值法的基本步骤为：

①计算所有项目的净现值，只选择 NPV≥0 的项目；

②在资本限量条件下，将所有 NPV≥0 的项目进行组合，初步分析剔除一些不必要的组合，然后计算剩余各组合净现值总额；

③选择净现值总额最大的一组项目作为最佳投资组合。

【例 6-16】 远东公司可用于投资的资本最大限量为 750 000 元，现公司有 A、B、C、D、E 五个可行投资项目可供选择。其中 B 与 E，C 与 D 为互斥项目，不能同时出现在同一组合中。假设各组合未用完资本可用于投资有价证券，并设定现值指数为 1，其他资料如表 6—10 所示。

表 6—10　远东公司可行项目资料表　　单位：元

投资项目	初始投资	现值指数	净现值
A	300 000	1.42	126 000
B	200 000	1.16	32 000
C	150 000	1.36	54 000
D	420 000	1.28	117 600
E	180 000	1.56	100 800

要求：根据上表资料为远东公司确定最佳投资组合。

解：根据给定资料确定满足资本限量条件的投资组合有：ABC，ACE，AB，AC，AD，AE，BC，BD，CE，DE 共十种组合。初步分析可将 AB，AC，AE，BC，CE 五种组合剔除，因为这五种组合都包含在其他几种组合之中。将剩余五种组合计算各组合加权平均现值指数及各组合净现值合计数如下表 6—11 所示。

表 6—11　投资组合加权平均现值指数与净现值合计计算表　　单位：元

项目组合	原始投资	加权平均现值指数	净现值合计
ABC	650 000	1.28	212 000
ACE	630 000	1.37	280 800
AD	720 000	1.32	243 600
BD	620 000	1.20	149 600
DE	600 000	1.29	218 400

表中加权平均现值指数计算方法如下：

如 ABC 组合：

$$\overline{PI}=1.42\times\frac{300\ 000}{750\ 000}+1.16\times\frac{200\ 000}{750\ 000}+1.36\times\frac{150\ 000}{750\ 000}+1\times\frac{10\ 000}{750\ 000}=1.28$$

同理，可依此方法计算其他各组合加权平均现值指数的值。具体结果如表 6—11 所示。通过以上计算可得出，远东公司应选择 ACE 组合进行投资，其加权平均现值指数最大,净现值合计也最大,所以它是最优组合。

6.4 风险条件下的项目投资决策

前面在讨论项目投资的主要评价指标及应用时,是以现金流量作为项目投资决策分析的主要依据,并假定项目计算期各年的现金流量发生额与发生时间是已知的、确定的。但是,实际上投资活动由于涉及的时间长,未来的不确定因素多,因而投资活动本身必然包含着风险。当风险大到不容忽视,足以影响方案的选择时,投资决策就必须考虑风险因素,这就需要采用新的投资决策方法对投资项目的可行性进行分析或进行多方案选优。实践中,这样的方法有许多,这里主要介绍风险调整贴现率法和肯定当量法两种常用方法。

6.4.1 风险调整贴现率法

风险调整贴现率法是通过无风险收益(零风险投资的收益率)与风险报酬组成的调整贴现率来作为投资项目要求的收益率,以此来解决投资中隐含的风险,使经过调整的投资收益率与项目可能发生的风险水平相适应,使之能够达到"可接受的水平"的一种风险型投资决策技术。这种方法的基本思路是对于高风险的项目,采用较高的贴现率计算净现值,然后根据净现值法的规则来选择方案。其实质就是调整净现值公式的分母,项目的风险越大,贴现率就越高,项目收益的现值就越小。问题的关键是如何根据风险的大小来确定包括了风险的贴现率即风险调整贴现率。确定一个含有风险的贴现率有若干不同的方法,如用资本成本定价模型计算确定贴现率、根据项目的类别调整贴现率以及根据项目的标准离差率调整贴现率等。资本成本定价模型在其他章节已经讲过,下面说明运用后两种方法确定含有风险贴现率的过程。

1. 根据项目的类别调整贴现率

不同的项目其风险大小通常不同,企业可根据以往的经验将经常发生的某些类型的风险项目,预先根据项目风险的大小及投资者对风险的态度规定高低不等的贴现率,以供项目投资决策时采用。从某种意义上说,这种方法主要是根据投资者的主观意愿来决定风险调整贴现率。例如,万隆公司根据经验将不同投资类型项目的贴现率规定不同的值,见表6—12所示。

表6—12 不同类型投资项目的风险调整贴现率

投资项目	风险调整贴现率
重置项目	12% + 2% = 14%
改扩建项目	12% + 4% = 16%
新建项目	12% + 6% = 18%
研发项目	12% + 10% = 22%

2. 根据项目的标准离差率调整贴现率

这种方法是企业根据同类项目的风险报酬斜率和反映本项目风险程度的标准离差率来估计项目的风险报酬率,然后加上无风险收益率,即得到该项目的风险调整贴现率。其计算公式为:

$$K = r + b \cdot Q$$

式中：K 表示风险调整贴现率；r 表示无风险收益率；b 表示风险报酬斜率；

Q 表示风险程度。

按风险调整贴现率法进行投资决策的基本步骤是：

(1)确定一个适当的零投资风险的贴现率(收益率)。

可以考虑以政府的长期债券利率为参照依据确定无风险贴现率，因为政府债券在一般情况下的偿付信用是无风险的。

(2)确定风险报酬率。

①风险程度的计算

a. 计算方案各年的现金流入的期望值(E)；

b. 计算方案各年的现金流入的标准差(d)；

c. 计算方案现金流入总的离散程度，即综合标准差(D)；

d. 计算方案各年的综合风险程度，即综合变化系数(Q)。

②确定风险报酬斜率

风险报酬斜率取决于投资者的风险回避程度，是经验数据，要根据历史资料用统计方法或高低点法或直线回归分析法求出。如果投资者愿意冒险，风险报酬斜率就小，风险溢价不大；如果投资者不愿意冒险，风险报酬斜率就大，风险报酬率就比较大。

③根据公式：$\theta = b \cdot Q$ 确定项目的风险报酬率

(3)根据公式：$K = r + b \cdot Q$ 确定项目的风险调整贴现率。

(4)以"风险调整贴现率"为贴现率计算方案的净现值，并根据净现值法的规则来选择方案。

下面通过一个例子来说明怎样计算风险程度 Q 和风险报酬斜率 b，以及根据风险调整贴现率来选择方案。

【例 6-17】 万隆公司中等风险程度的投资项目要求的投资收益率为 12%，无风险收益率为 6%。现在有三个投资项目，有关资料如表 6－13 所示。要求采用风险调整贴现率法进行风险项目投资决策。

表 6－13 万隆公司三种投资项目的有关数据 单位：万元

年份	甲方案		乙方案		丙方案	
	NCF	概率	NCF	概率	NCF	概率
0	－4 500	1	－1 500	1	－1 500	1
1	3 000 2 000 1 000	0.25 0.5 0.25				
2	4 000 3 000 2 000	0.2 0.6 0.2				
3	2 500 2 000 1 500	0.3 0.4 0.3	1 500 4 000 6 500	0.2 0.6 0.2	3 000 4 000 5 000	0.1 0.8 0.1

表 6－13 的资料表明，甲、乙、丙三个方案的现金流量都带有不确定性，即风险。这

种不确定性可以用标准离差率来反映。该决策的过程是：首先，计算衡量风险的指标，即标准离差率（变化系数）；其次，确定风险报酬斜率；再次，计算含有风险的贴现率；最后，求出净现值。下面先以甲方案为例来说明其过程。

(1)计算甲方案风险程度。

①计算各年甲方案现金流入量的期望值。用$\overline{E}_i(i=1,2,3)$表示第i年现金流入量的期望值，E_{ij}表示第i年第j种状态下的现金流入量，相应的概率为p_{ij}。

则：$\overline{E}_i=\sum_{j=1}^{n}E_{ij}\cdot P_{ij}$

式中：i表示年份；j表示状态；n表示状态总数。

计算得：

$\overline{E}_1=3\ 000\times0.25+2\ 000\times0.50+1\ 000\times0.25=2\ 000$(万元)

$\overline{E}_2=4\ 000\times0.20+3\ 000\times0.60+2\ 000\times0.20=3\ 000$(万元)

$\overline{E}_3=2\ 500\times0.30+2\ 000\times0.40+1\ 500\times0.30=2\ 000$(万元)

②计算甲方案各年现金流入量的标准差。计算标准差的公式为：

$$\delta_i=\sqrt{\sum_{j=1}^{n}[(E_{ij}-\overline{E}_i)^2\cdot P_{ij}]}$$

式中：$d_i(i=1,2,3)$表示第i年现金流入量的标准差。

将相关数据代入上式计算得：

$$\delta_1=\sqrt{(3\ 000-2\ 000)^2\times0.25+(2\ 000-2\ 000)^2\times0.50+(1\ 000-2\ 000)^2\times0.25}=707.10(\text{万元})$$

$$\delta_2=\sqrt{(4\ 000-3\ 000)^2\times0.20+(3\ 000-3\ 000)^2\times0.60+(2\ 000-3\ 000)^2\times0.20}=632.50(\text{万元})$$

$$\delta_3=\sqrt{(2\ 500-2\ 000)^2\times0.30+(2\ 000-2\ 000)^2\times0.40+(1\ 500-2\ 000)^2\times0.30}=387.30(\text{万元})$$

③计算甲方案年现金流入量的综合标准差。年现金流入量的综合标准差D的计算公式如下：

$$D=\sqrt{\sum_{i=1}^{m}\frac{{d_i}^2}{(1+r)^{2i}}}$$

式中：i表示年份；d_i表示第i年现金流入量标准差；r表示无风险贴现率；m表示年份总数。

将相关数据代入计算得：

$$D=\sqrt{\frac{707.10^2}{(1+6\%)^{2\times1}}+\frac{632.50^2}{(1+6\%)^{2\times2}}+\frac{387.30^2}{(1+6\%)^{2\times3}}}=931.46(\text{万元})$$

④计算甲方案标准离差率（变化系数）。标准差可以反映现金流量不确定性的大小，但是标准差是一个绝对数，其值受各种可能值的数值（现金流入量金额）大小的影响。如果各种可能值之间的比值及其概率分布相同，那么该数值越大，标准差也越大，因此，标准差不便于比较不同规模项目的风险大小。为了解决这个问题，引入了变化系数的概念。变化系数是标准差与期望值的比值，其计算公式为：

$$q=\frac{d}{\overline{E}}$$

式中：q 表示变化系数；d 表示标准差；$\overline{E}$表示期望值。

这样，为了综合反映各年的风险，对具有一系列现金流入的方案就用综合变化系数来描述。综合变化系数是综合标准差与现金流入预期现值的比值，其计算公式为：

$$Q=\frac{D}{EPV}$$

式中：Q 表示综合变化系数；D 表示综合标准差；EPV 表示现金流入预期现值。

而 EPV 可按下式计算：

$$EPV=\sum_{i=1}^{m}\frac{\overline{E}_i}{(1+r)^i}$$（因为此三个投资项目的建设期都为 0）

式中：i 表示年份；$\overline{E}_i$ 表示第 i 年现金流入量的期望值；r 表示无风险贴现率；m 表示年份总数。

本例甲方案现金流入预期现值 EPV 为：

$$EPV=\frac{2\ 000}{(1+6\%)^1}+\frac{3\ 000}{(1+6\%)^2}+\frac{2\ 000}{(1+6\%)^3}=6\ 236\text{（万元）}$$

甲方案的综合变化系数为：

$$Q=\frac{931.40}{6\ 236}=0.15$$

(2)确定风险报酬斜率。风险报酬斜率是直线方程 $K=r+b\cdot Q$ 的系数，是经验数据，它的高低反映风险程度变化对风险调整贴现率影响的大小。

假设万隆公司中等风险程度的项目变化系数为 0.30，则用高低点法计算风险报酬斜率为：

$$b=\frac{(12\%-6\%)}{0.30}=0.2$$

(3)计算甲方案含有风险的贴现率。在已知无风险收益率、风险报酬斜率和代表项目风险程度的综合变化系数的情况下，根据公式 $K=r+b\cdot Q$ 可以计算出含有风险的贴现率。即甲方案的风险调整贴现率为：

$$K=6\%+0.2\times0.15=9\%$$

(4)计算甲方案的净现值。根据得出的风险调整贴现率计算项目净现值 NPV 的计算公式为：

$$\overline{NPV}=\mathop{E}_{i=0}^{m}\frac{\overline{E_i}}{(1+k)^i}$$

式中：i 表示年份；$\overline{E}_i$ 表示第 i 年现金流入量的期望值；k 表示风险调整贴现率；m 表示年份总数。

计算得：$\overline{NPV}=-4\ 500+\frac{2\ 000}{(1+9\%)^1}+\frac{3\ 000}{(1+9\%)^2}+\frac{2\ 000}{(1+9\%)^3}=1\ 404$（万元）

根据同样方法可以对方案乙和丙进行分析。

方案乙和丙的现金流量的期望值分别为：

$$\overline{E}_{乙}=4\ 000\text{ 万元},\ \overline{E}_{丙}=4\ 000\text{ 万元}$$

方案乙和丙的现金流量的标准差分别为：

$$D_{乙}=1\ 581\text{ 万元},D_{丙}=447\text{ 万元}$$

方案乙和丙的现金流量的变化系数分别为：

$$Q_{乙}=\frac{1\ 581}{4\ 000}=0.40,Q_{丙}=\frac{447}{4\ 000}=0.11$$

方案乙和丙含有风险的贴现率分别为：

$$K_{乙}=6\%+0.2\times0.4=14\%,K_{丙}=6\%+0.2\times0.11=8.2\%$$

方案乙和丙的净现值分别为：

$$\overline{NPV}_{乙}=\frac{4\ 000}{(1+14\%)^3}-1\ 500=1\ 199.9(\text{万元})$$

$$\overline{NPV}_{丙}=\frac{4\ 000}{(1+8.2\%)^3}-1\ 500=1\ 657.8(\text{万元})$$

通过比较三个投资方案的净现值，三个方案的优先顺序为：丙＞甲＞乙。

采用贴现率调整法时，对风险大的项目采用较高的贴现率，对风险小的项目采用较小的贴现率。这种方法简单明了，符合逻辑，在实际中运用较为普遍。但是这种方法把风险报酬与时间价值混在一起，并依次进行现金流量的贴现，不论第 i 年为哪一年，第 i+1 年的复利现值系数总是小于第 i 年的复利现值系数，这意味着风险必然随着时间的推移而被人为地逐年扩大，这样处理有时与实际情况相反。有的投资项目，往往对前几年的现金流量没有把握，而对以后的现金流量却反而较有把握，如果按贴现率调整，则将不能正确地反映项目的风险程度。

6.4.2 肯定当量法

为了克服风险调整贴现率法的缺点，人们提出了肯定当量法。这种方法实际上是效用理论在风险投资决策中的直接应用。其基本思路是，先用一个系数把有风险的现金流量调整为无风险的现金流量，即决策者根据自己的风险偏好程度，将投资项目各年有风险的期望现金流量分别确定一个与之有同等效用的无风险现金流量，然后用无风险的贴现率去计算净现值。其计算公式为：

$$NPV=\sum_{i=0}^{n}\frac{a_i\cdot NCF_i}{(1+r)^i}$$

式中：a_i表示第 i 年现金流量的肯定当量系数，它在 0～1 之间；r 表示无风险的贴现率；NCF_i表示第 i 年净现金流量。

肯定当量系数是指不确定的 1 元期望现金流量相当于使投资者满意的肯定现金流量的比值，它可以把各年不确定的现金流量换算成确定的现金流量。其计算公式为：

$$\text{肯定当量系数}=\frac{\text{确定的现金流量}}{\text{不确定的现金流量}}$$

肯定当量系数可由经验丰富的决策分析人员凭主观判断确定，也可以根据各年现金流量不同的离散程度，即现金流量标准离差率（各年变化系数）确定。如将各年变化系数划分为不同档次，并为每一档次规定一个相应的肯定当量系数值，则变化系数与肯定当量系数的经验关系详见表 6－14 所示。

表 6－14 变化系数与肯定当量系数的经验关系

变化系数	肯定当量系数
0.01～0.07	1
0.08～0.15	0.9
0.16～0.23	0.8
0.24～0.32	0.7
0.33～0.42	0.6
0.43～0.54	0.5
0.55～0.70	0.4

根据上述原理和经验关系，根据例 6－17 资料采用肯定当量法进行风险项目的投资决策。

甲方案的净现值计算如下：

首先计算甲方案各年现金流量的标准差系数（各年现金流量的变化系数）：

$$q_1=\frac{d_1}{E_1}=\frac{701.1}{2\ 000}=0.35$$

$$q_2=\frac{d_2}{E_2}=\frac{632.5}{3\ 000}=0.21$$

$$q_3=\frac{d_3}{E_3}=\frac{387.3}{2\ 000}=0.19$$

查表 6－14 得：

$$a_1=0.6 \qquad a_2=0.8 \qquad a_3=0.8$$

计算甲方案的净现值：

$$NPV_{甲}=\frac{0.6\times 2\ 000}{(1+6\%)^1}+\frac{0.8\times 3\ 000}{(1+6\%)^2}+\frac{0.8\times 2\ 000}{(1+6\%)^3}-4\ 500=111(\text{万元})$$

用同样方法分别计算乙和丙方案的净现值：

$$q_{乙}=\frac{d_{乙}}{E_{乙}}=\frac{1\ 581}{4\ 000}=0.40 \qquad q_{丙}=\frac{d_{丙}}{E_{丙}}=\frac{447}{4\ 000}=0.11$$

查表 6－14 得：$a_{乙}=0.6$ $a_{丙}=0.9$

$$NPV_{乙}=\frac{0.6\times 4\ 000}{(1+6\%)^3}-1\ 500=516(\text{万元})$$

$$NPV_{丙}=\frac{0.9\times 4\ 000}{(1+6\%)^3}-1\ 500=1522(\text{万元})$$

计算结果表明，方案的优先次序为：丙＞乙＞甲，与风险调整贴现率法不同（丙＞甲＞乙），主要差别是甲和乙互换了位置。其原因是风险调整贴现率法是采用综合标准离差率来计算变化系数，进而调整贴现率；而肯定当量法是直接用各年现金流量的标准离差率作为变化系数，进而调整对应各年期望现金流量。此例中采用肯定当量法对甲方案第一年期望现金流量调整很大，从而影响了它的排序。

肯定当量法是通过对现金流量的调整来反映各年投资风险，并将风险因素与时间因素分开讨论，这在理论上是成立的。但是，肯定当量系数 a 很难确定，每个人都会有不同的估算，系数值差别很大。因此，该方法在实际中很少应用。

6.5 项目投资中的风险控制

项目投资由于需要的投入大，跨越的时间长，涉及的不确定因素多，因而常常隐含各种风险。这些潜在风险一旦导致项目投资失败，常会给企业带来较大损失。所以，搞好项目投资的风险分析与控制就显得尤为重要。

6.5.1 项目投资风险的种类

与投资项目有关的风险一般包括项目风险、公司风险和市场风险三种，下面分别简单加以介绍。

1. 项目风险

项目风险是指某一投资项目本身特有的风险，即不考虑公司和公司股东投资组合的影响，单纯反映特定项目未来收益(NPV 或 IRR)可能结果相对于预期值的离散程度。也就是说，如果公司股东只持有该公司一种股票，并且公司的资产中只有一个投资项目时，该投资项目所具有的风险。项目风险也称为项目的总体风险，通常受到公司风险与市场风险的共同影响。

2. 公司风险

如果不考虑公司股东的投资组合的影响，从公司角度考虑，投资项目所具有的风险就是公司风险，也叫公司特有的风险，包括经营风险和财务风险。通常，如果公司股东只持有该公司一种股票，并且公司同时进行多个项目的投资时，投资项目所具有的风险就是公司风险。公司风险反映了投资项目对公司多元化投资风险的影响，如果该投资项目在整个公司资产中所占的比重不大，而且项目的收益与公司其他资产的收益并不密切相关，那么该投资项目的风险就可以在与公司其他资产的组合中被分散掉。

3. 市场风险

如果同时考虑公司与公司股东投资组合的影响，从公司股东的角度考察，投资项目所具有的风险就是市场风险。或者说，如果公司股东同时持有多家公司的股票，并且公司同时进行多个项目的投资，此时该投资项目所具有的风险就是市场风险。市场风险反映了投资项目对公司股东多元化投资组合的影响，在投资项目的风险中，市场风险无法经由多角化投资加以消除。

以上三种风险中，公司风险与市场风险往往很难估计，通常它们又同项目总体风险高度相关，所以项目总体风险在投资项目风险分析中常用来替代项目的市场风险与公司风险。

6.5.2 项目总体风险的敏感性分析方法

确定项目的总体风险对项目的影响有四种技术方法：敏感性分析、情境分析、计算机模拟和决策树分析法。这里仅就敏感性分析方法作相关介绍。

敏感性分析是在确定性分析的基础上，通过进一步分析、预测项目主要不确定因素的变化对项目评价指标(如财务内部收益率、财务净现值等)的影响，从中找出敏感因素，分析、测算项目评价指标对其的敏感性程度，进而判断项目承受风险能力的一种不确定性分析方法。

一般来说，一个投资项目是否可行，经济效益如何常常受到许多因素的影响，例如：投资额、贴现率、项目计算期、产销量、销价、经营成本等等。这些因素在项目建设与生产经营的过程中，由于项目内部、外部环境的变化，常常会发生变化，其结果常常降低决策者对这些因素数量表现预测的准确性，进而影响决策结果的可靠性。敏感性分析可以使决策者在缺少资料的情况下，能够弥补和缩小对未来方案预测的误差，了解不确定因素对评价指标的影响幅度，明确各因素变化到什么程度时才会影响方案的可行性及经济效果的最优性，从而提高决策的准确性，降低决策的风险。此外，敏感性分析还可以启发决策者对那些较为敏感的因素重新进行分析研究，以提高预测的可靠性。

敏感性分析有单因素敏感性分析和多因素敏感性分析两种。

单因素敏感性分析是对单一不确定因素变化的影响进行分析，即假设各个不确定性因素之间相互独立，每次只考察一个因素，其他因素保持不变，以分析这个可变因素对经济评价指标的影响程度以及评价指标对其变化的敏感程度。单因素敏感性分析是敏感性分析的基本方法。

单因素敏感性分析的做法如下：

1. 确定敏感性分析的对象，也就是确定要分析的评价指标。在进行敏感性分析时，可根据不同投资项目的特点，挑选出最能反映项目经济效益的指标作为分析对象，如净现值、内部收益率或投资回收期等。根据投资项目现金流量中的收入，成本等基本数据资料，计算所要分析的评价指标的收益值(也称为规划值或初始值)。

2. 选择需要分析的不确定性因素。投资项目不确定因素的内容有许多，通常不需要对全部可能出现的不确定因素逐个分析，只是分析那些在成本收益构成中占比重较大，对经济效益指标有重大影响，并在项目计算期内最有可能发生变化的因素。

3. 计算各影响因素对评价指标的影响程度。这一步主要是根据现金流量表进行的。首先计算各个影响因素的变化所造成的现金流量的变化，然后再计算出因此所造成的评价指标的变化。通常对选取的不确定因素，可按其发生变化时增加(减少)一定百分比(±10%、±15%、±20%)分别计算出这些因素变化对项目现金流量造成的影响，进而分析评价指标的变化。

4. 确定敏感因素。敏感因素是指对评价指标产生较大影响的因素，可利用敏感系数来分析评价指标对各因素的敏感程度。具体做法是：设定要分析的影响因素均从初始值开始向不利方向变动，且各因素变动的相对程度均相同，分别计算在同一变动程度下各个影响因素对评价指标的影响程度，并将两者相比。其具体计算公式为：

$$敏感系数=\frac{评价指标变化率}{影响因素变化率}\times 100\%$$

其中：

$$评价指标变化率=\frac{指标变动后的值-指标初始值}{指标初始值}$$

敏感系数的实质是影响因素每变动1%，项目评价指标的变动百分率。其绝对值越大，说明项目评价指标对该因素越敏感，该因素潜在的风险也可能越大。其值为正，说明指标值与影响因素的值同向变动；其值为负，说明两者的变动方向相反。

5. 计算敏感因素的临界点。临界点是指敏感因素的变动范围，敏感因素在这个范围内变动不会影响项目的可行性，超出这个范围项目的净现值就会小于零或内部收益率会小于要求的报酬率，从而导致方案不可行。计算临界点可为项目的风险控制提供依据。临界点可用绝对数表示，也可用相对数表示，其绝对数的计算要根据评价指标的具体计算公式与指标评价标准来确定。如净现值指标，在其他各影响因素的值已知的情况下，设 NPV = 0，此时求出的敏感因素的值即为临界点的值；如果是内部收益率指标，在其他各影响因素的值已知的情况下，当折现率降到投资者要求的报酬率时，此时求出的敏感因素的值即为临界点的值。临界点相对数的计算只要参照评价指标变化率计算公式，将指标变动后的值改为临界点绝对数的值即可。

【例 6-18】 现代公司有一投资项目设计生产能力为年产甲产品 10 万台。已知初始投资额为 1550 万元，建设期为零，预计产品价格 50 元/台，年经营成本为 190 万元，运营年限 10 年，期末残值为 100 万元，行业基准收益率为 12%。试分析项目的可行性并进行敏感性分析（假设不考虑所得税等税收因素）。

解：本题选择净现值指标作为敏感性分析的对象，具体步骤如下：

(1)计算财务净现值（NPV_0）进行项目的可行性（确定性）分析。

NPV_0 = (500－190)×(P/A，12%，10)＋100×(P/F，12%，10)－1 550＝310×5.650＋100×0.322－1 550＝233.70（万元）

NPV_0 = 233.76 万元＞0，说明方案可行。

(2)选定不确定性因素。

根据题意本题选定投资额、单位产品价格和年经营成本作为需要分析的不确定性因素。

(3)计算各影响因素对评价指标的影响程度。

各影响因素在初始值的基础上按照±10%、±20%的幅度变动，逐一计算出相应的净现值指标的值，结果如表 6－15 所示。

表 6－15 敏感分析表 单位：万元

影响净现值变化的因素	各因素在不同变动情况下的净现值					各因素平均变动±1% NPV 变动幅度	
	－20%	－10%	0	＋10%	＋20%		
投资额	543.70	388.70	233.70	78.70	－76.30	－663%	＋663%
单位产品价格	－331.30	－48.80	233.70	516.20	798.70	＋1 209%	－1 209%
年经营成本	448.40	341.05	233.70	126.35	19.06	－459%	＋459%

(4)确定敏感因素。

$$投资额敏感系数=\frac{(78.76-233.76)\div 233.76}{10\%}=-6.63$$

$$单位产品价格敏感系数=\frac{(-48.75-233.76)\div 233.76}{-10\%}=12.09$$

$$年经营成本敏感系数=\frac{(126.41-233.76)\div 233.76}{10\%}=-4.59$$

以上计算表明产品单价是最敏感的因素，年经营成本相对最不敏感。

(5)计算产品单价的临界点。

设临界点产品单价为Y，则有：

$$(10\times Y-190)\times(P/A,12\%,10)+100\times(P/F,12\%,10)-1550=0$$

解得　$Y=45.86$(元)

$$单价临界点的相对值=(45.86-50)\div 50\times 100\%=-8.27\%$$

计算表明投资项目产品价格只要下降8.27%，原方案就不可行。采用同样方法也可计算出投资额的临界点为15.08%，年经营成本的临界点为21.79%。即在不影响投资项目的可行性前提下，投资额最高可上升15.08%，年经营成本最高可上升21.79%。

单因素敏感性分析在计算特定不确定因素对项目经济效益影响时，须假定其他因素不变。但实际中，可能会有两个或两个以上的不确定因素同时变动，此时单因素敏感性分析就很难准确反映项目承担风险的状况，因此尚需进行多因素敏感性分析。多因素敏感性分析是指在假定其他不确定性因素不变条件下，分析两种或两种以上不确定性因素同时发生变动对项目经济效益值的影响程度。多因素敏感性分析一般是在单因素敏感性分析基础上进行，且分析的基本原理与单因素敏感性分析大体相同，但需要注意的是，多因素敏感性分析须进一步假定同时变动的几个因素都是相互独立的，且各因素发生变化的概率相同。

【例6-19】　某项目初始投资200 000元，无建设期，寿命10年，残值20 000元，基准折现率为12%，预计项目年现金流入和流出分别为48 000元和8 000元。试对年现金流入和流出作双因素敏感性分析。

解：设x和y分别为年现金流入和流出的变化率，则净现值为：

$$\begin{aligned}NPV&=48\,000\times(1+x)\times(P/A,12\%,10)+20\,000\times(P/F,12\%,10)-8\,000\times\\&\quad(1+y)\times(P/A,12\%,10)-200\,000\\&=48\,000\times(1+x)\times 5.65+20\,000\times 0.322-8\,000\times(1+y)\times 5.65-200\,000\\&=32440+271\,200x-45200y\end{aligned}$$

所以，无论x、y如何变化，只要$NPV>0$，即$y<0.718+6x$方案就可行。

敏感性分析是一种动态不确定性分析，是项目评估中不可或缺的组成部分。它通过分析项目评价指标对各不确定性因素的敏感程度，找出敏感性因素及其最大变动幅度，据此判断项目承担风险的能力。但是，这种分析尚不能确定各种不确定性因素发生一定幅度变动的概率，因而其分析结论的准确性就会受到一定的影响。实际中，可能会出现这样的情形：敏感性分析找出的某个敏感性因素在未来发生不利变动的可能性很小，因而引起的项目风险不大；而另一因素在敏感性分析时表现出不太敏感，但其在未来发生不利变动的可能性却很大，进而可能会引起不小的项目风险。为了弥补敏感性分析的不足，在进行项目评估和决策分析时，尚须作进一步的概率分析。

6.5.3　项目投资风险控制方法

项目投资风险分析为风险控制提供了量化依据，风险控制是项目投资风险管理最后

一个环节,也是项目风险管理成败的关键所在。风险控制的作用在于改变公司所承受的投资项目的风险程度,其具体方法有以下几种:

1. 风险回避

这种方法是将风险的来源彻底消除或放弃可能导致损失的项目来达到回避风险的目的。前者也称为预防性风险回避,显然要达到完全消除风险来源的目的,需要投入相关的人力、物力和财力,这必然增加项目的成本,降低项目的收益。在进行项目的可行性分析和选优时,这部分费用需要事前认真分析与估计。而放弃项目尽管是控制风险的一种有效方法,公司可以借此避免风险所带来的潜在损失和它的不确定性,并且也不会有直接成本发生,但这是一种消极的风险处理方法,承担的机会成本较高,因为回避风险也会使公司失去因有关风险带来的可能收益。另外,当选择回避风险时,另一种新的风险可能因此会衍生出来,又或者会使公司现存的其他风险扩大起来。一般来说,以放弃项目的方式来回避风险主要适合以下几种情况:

(1)发生风险损失的概率极大;

(2)风险损失的概率和发生损失后果的严重性都很大;

(3)选择其他风险管理方法的成本都高于可能发生的损失。

2. 避免损失

避免损失是指公司对风险过高的项目采取预防措施,把风险带来的损失降至可接受水平。控制损失的主要预防策略可以是把项目的规模缩小,使其风险降低;也可以通过控制项目的发展速度,注意为项目发展过程中产生的边际风险预留充足的时间加以监管与处理。避免损失也可以通过改变或修改风险来源、改变来源所存在的环境以及投资组合理论的应用等等方法进行;或者根据风险衡量分析之后发现的主要风险分布环节或局域,对症下药,采取措施直接整治与纠正。

3. 降低损失的程度

当在损失发生前(或过程中)采取各种风险处理措施仍不能消除或减弱项目风险(不包括市场风险)时,就可以采用降低损失的办法,即把风险发生可能给企业造成的损失减小到最低程度。这与其他控制风险的方法不同,是在损失出现以后才实行的策略。具体可以通过以下应急措施方案来降低风险:(1)危机应变计划,它是公司在对一切有可能发生的危机和灾难做出评估后,事先制订的应变计划;(2)备份,它是指当资产因损毁而不能使用时,用后备的零件或设备继续项目的运营,这能减少间接损失;(3)风险隔离,即将损失与其他事物加以隔离,等等。

4. 风险转移

这种方法是将项目的风险转移到企业外部去的一种方法,风险承担者从本企业转变为其他企业、个人、或其他经济组织。风险转移可分为财务性风险转移与非财务性风险转移两种。

(1)财务性风险转移。财务性风险转移可以分为保险类风险转移和非保险类风险转移两种。财务性保险类风险转移是通过保险合约去对冲风险,以投保的形式将风险转移到其他人身上。尽管,经济风险一般不可以通过购买保险的方式转移风险,但有些是可以购买特别保险的方式如向银行购买保理业务，将应收账款风险转移给银行，其代价是支付一定的保理业务佣金。另外，公司亦可以选择以对冲的方式将风险转移到衍生工具的参与者身上。

(2)非财务性风险转移。公司可以选择将一切与风险有关的项目转移到第三者身上，又或者以契约的形式把风险转移到其他人身上，而保留会产生风险的项目。如果选择将有风险的项目转移到第三者身上，实际上与以完全放弃的形式去回避风险有一定的关系，因为两种方法均是试图把风险和可能附带的损失尽量减至最低。然而，两者也有区别，风险转移是将风险转嫁到他人身上，而回避风险最终的结果是并没有任何人需要承受风险。如果是通过契约的形式将项目风险转移到第三者身上，则承买人代替了让买人承担风险所附带的责任。

财务性风险转移与非财务性风险转移在意义上是有所不同的。在一般情况下，非财务性风险转移可以免除让买人承担风险，因为风险会完全转移到承买人身上。而财务性风险转移则不同，一旦承买人因为财务问题而不能兑现承诺时，让买人便要为此承受损失。

5. 风险保留

如果经过上述一系列的风险处理方法之后，还有剩下的风险就只有企业自我消化吸收了。企业因为承担风险而造成的财务损失，其需要的资金大多来自公司本身，公司可通过建立风险准备金等方式筹集。风险保留根据情况又可以分为主动的和被动的及有计划和没有计划的。当项目管理人员没有意识到风险暴露的存在而没有为这些可能出现的损失做准备的时候，这些均被归纳为被动或没有计划的风险保留。当项目管理者考虑了所有处理风险的可行办法后，决定放弃选择把可能出现的损失转移时，这种便是主动或有计划的风险保留，而自我保险便是一种有计划的风险保留。

以上是投资项目风险控制的常用方法，实践中以上方法可以单独使用，也可以组合使用，公司可以根据投资项目运行的具体情况进行选择。

6.6 项目投资中的实物期权分析

在一般的项目投资决策中，通常假定投资项目计算期内的现金流量一旦确定，其数额将不随项目的推进或项目延迟而发生改变，并且在项目的可行性分析与选优中，也没有考虑项目的实施可能对后续新的投资机会的出现所产生的影响。但实际上，一个投资项目一旦被采用或延迟实施，其现金流量可能因环境的变化而发生改变，并且也可能为后续新的投资机会的出现提供了平台作用。投资项目的这种不确定性给决策者提供了多种选择机会。例如，假定一个投资项目需要初始投资 1 000 万元(无建设期)，该项目的预期收益现值为 945 万元，因此，NPV ＝945－1 000 ＝ －55 万元。因为 NPV 为负值，按照传统的投资决策分析方法，该项目应予以舍弃。但是，如果考虑该投资项目隐含的期权价值(因延迟投资而出现现金流量的有利变化或为后续投资提供平台机会等)，采用实物期权分析法进行决策，也许该项目会是一个不错的可行方案。

6.6.1 实物期权的概念

期权是指投资者支付一定费用获得不必强制执行的选择权。期权有金融期权和实物期权之分，金融期权是赋予持有者在未来某一时刻买进或卖出某种金融资产(股票、基金、权证等)的权利，相应地称之为买入(看涨)期权或卖出(看跌)期权，该金融资产称之为标的资产。实物期权是把非金融资产(如土地、厂房、设备等)当作标的资产的一类期权，此时期权的交割是指进行实物投资或终止项目出售固定资产等。

实物期权理论的兴起源于学术界和实务界对传统投资评价的净现值技术的置疑。传统的净现值法(NPV)，尤其是将期望现金流按照风险调整折现率贴现的净现值法(DCF)应用最为广泛。而当投资对象是高度不确定的项目时，传统净现值理论低估了项目的实际投资价值，因为企业面对不确定作出的初始资源投资不仅给企业直接带来现金流，而且赋予企业对有价值的“增长机会”进一步投资的权利，但传统净现值理论在计算投资价值时忽略了这部分价值。

6.6.2 实物期权的分类

在实际的投资决策中，要应用实物期权方法，那么第一步就要识别并且定义实物期权，管理者对投资中含有的实物期权有正确的判断，是实行实物期权方法的前提。现实的公司经营中存在着各种不同种类的实物期权，最常见的实物期权有以下几种：

1. 增长期权

增长期权是指未来环境出现有利转变时进行跟进投资的选择权。这种情况下，早期投资是对未来增长机会跟进投资的先决条件。此种期权主要应用于基础设施以及战略性产业，尤其是高科技、研发产业、跨国运营、战略收购等领域。一个现时投资净现值为负数的项目之所以有价值，就在于这个项目能够给投资者未来继续投资提供一种决策的弹性。设想一个公司决定购买一片尚未开发但储藏大量石油的荒地，如果立即开采石油，成本远远高于其现行的市场价格。那么该公司为什么愿意支付一大笔资金购买这片看来无利可图的荒地呢？原因在于这片荒地内含增长期权。公司并不负有必须开采石油的义务，如果石油价格一直低于其开采成本，公司将不会开发这片荒地；如果未来石油价格一路上升且超过了开采成本，则投资荒地的公司将获利丰厚。根据期权估值理论，投资荒地的公司上方收益是“无限”的，而下方风险是锁定的，最大损失为购买荒地的支出。

2. 扩张(收缩)期权

该类期权指的是公司管理者可以依据先前的投资是否取得预期收益，及时追加投资或缩小原来投资项目的规模。如果未来的投资是否执行要视一个先期投资是否成功或是否有利可图，则后者可视为一个扩张期权；如果未来的投资行为是对现有投资项目的一种压缩，这种情况就是一个收缩期权。例如某房地产商决定投资生产家庭浴卫产品，如果投产后产品销路很好，效益到达或超过预期，则决定追加投资扩大产能或增加花色品种供应，这就是一个扩张期权。如果部分产能投产后，发现销路没有预期的好，效益没有达到预期水平，于是决定不再继续投资以实现原来的产能计划，这就是一个收缩期权。

3. 放弃期权

放弃期权是指在不利情境下永久放弃项目的营运或在投资项目未完成前中止项目，变现设备和资产的选择权。如果说扩大投资是一种"看涨期权"，目的在扩大上方投资收益，那么放弃投资则是一种"看跌期权"，意在规避下方投资风险。例如，某汽车生产厂家着手推出一款人货两用车，但这类货车的市场需求量不大，公司决策者如发现这一情况，可以及时决定放弃此投资项目，损失的只是部分设计和市场营销费用，如果执意生产损失可能会更大。放弃期权可以使公司在有利条件下获得收益，不利条件下减少损失。一般来说，一个投资项目发生以下两种情况时就应该放弃：其一，其放弃价值（项目出售时的市场价值）大于项目后继现金流量的现值；其二，现在放弃该项目比未来某个时刻放弃更好。

4. 延期期权

延期期权是指延期实施项目的选择权。如果管理者拥有有价值的资源，但并不立即投资，而是等待市场机会的出现以便更好的利用，这就存在一个延期期权。等待不但可使公司获得更多的相关信息，而且在某些情况下，等待（即持有期权而不急于行使）具有更高的价值。延期期权一般对于拥有专利技术、许可证、版权等市场准入壁垒的公司才有价值。如一家公司掌握某项新技术可用于开发生产某新产品，问题是如果立即投资生产预期收益与成本相差无几，所以不妨采用等待的策略。但等待也可能减少或延缓项目的现金流量，或引起更多的竞争者进入同一市场。因此，在项目决策时应权衡立即行使期权或等待的利弊得失。

5. 转换期权

转换期权是指管理者可根据市场需求变化改变产出类型或者在产出不变的情况下改变投入的选择权。如某家房地产开发公司取得一块土地用于建造楼房，如果该楼房在建成之后既可作为居住公寓又可作为商务楼，具体用途取决于当时市场对不同类型楼房的需求。则这种可转变用途的选择权就是一种转换期权，是包含在投资项目中的不容忽视的价值。

以上提到的各类包含于投资项目中的期权，它的价值是无法用传统的现金流贴现方法评估的。通常公司管理者们可凭借直觉与经验判断期权价值，也可利用相关公式计算期权价值。

6.6.3　实物期权的价值与决策应用

实物期权作为与金融期权相对应的一种期权，其魅力在于让投资者付出少许代价，在控制或有损失的基础上扩大获利空间。它有着与金融期权一样的相关特性，主要表现在以下四个方面：

1. 期权相关的权利和义务不对称

投资者获得期权后拥有的选择权，在有利的条件下可以行使权利，在不利的条件下可以选择放弃权利。因此，期权相关的权利和义务是不对称的。

2. 期权相关的成本和收益不对称

投资者付出一定成本可以获得期权，条件不利时不执行期权，损失是购买期权的成本;条件有利时行使权利,获得差价收益。也就是说,期权所有者付出的成本是固定的,而获得的收益有很多可能,可能是零,可能很大,因此,投资获得期权的成本与其持有期权的收益是不对称的。

3. 管理"不确定"以提高期权价值

投资者通过期权锁定了不确定的下界风险,这意味着不确定程度越高,标的资产的波动越大,投资者获得上界收益的可能性就越大,期权价值越高。

4. 运用复制组合对冲不确定

期权可通过标的资产与无风险资产动态复制而得,期权定价是通过标的资产动态反应的。决策者可以通过复制组合对冲不确定性,这使得决策者的效用函数不对期权定价产生影响。

与一般的金融期权同样,实物期权的价值主要受到以下六个变量的影响,又称为六个杠杆(变量)。因此,可以通过拉动这六个杠杆来提高实物期权的价值:

杠杆 1 增加项目预期收益现值。比如,在市场出现供不应求时,提高产品产量或提高产品销售价格而增加销售收入;

杠杆 2 减少项目预期费用现值。比如通过提高规模经济性,或通过协作和联合降低市场竞争;

杠杆 3 增加项目预期价值的不确定性,从而进一步增加了灵活性的价值,这是与净现值分析方法的重大差异;

杠杆 4 延长投资机会的持续时间以提高期权价值,因为它增加了整体的不确定性和灵活性;

杠杆 5 等待交割以减少价值损失;

杠杆 6 提高无风险利率,一般而言,任何对无风险利率上升的预期都会增加期权的价值,尽管它因为减少了交割价格的现值而对净现值产生了负效应。

实物期权价值的衡量(定价)方法,基本思想是通过其与金融期权的对称关系,在金融市场上找到相应的孪生证券,通过二项式公式和B－S模型予以解决。根据这一思想,目前学术界关于实物期权定价主要有离散型和连续型两种方式。其中离散型定价方式的核心思想是利用证券市场交易和现金资产组合来复制项目现金流,通过交易市场信息,利用无套利均衡分析方法对项目进行估价,假如资本市场是完全且有效的市场,其组合价值即项目价值,它的定价模型与金融期权二项式定价模型相对应。连续定价方式就是引入随机过程和ITO引理对实物期权进行研究分析。根据这一思路,McDonald和Siegel给出了可延迟项目的评价方法;Myers等人给出了放弃期权的定价模型;Kensingec等人给出了转换期权的连续定价模型等。

当考虑了实物期权因素后,不确定条件下投资项目的净现值应为:项目调整后的净价值 ＝ NPV ＋ 项目实物期权的价值

根据实物期权的性质,我们不难总结出运用实物期权方法进行投资决策的准则,如表6－16、表6－17所示:

表 6－16　买入(看涨)期权的决策分析

情形	不含实物期权的 NPV	买入期权的价值	决策
1	NPV>0	C_0<NPV	执行买入期权(马上投资)
2	NPV>0	C_0≥NPV	继续等待、出售或执行
3	NPV=0	C_0>NPV	继续等待或出售或放弃
4	NPV<0	C_0>0	继续等待或出售或放弃

这里选择进行继续等待与按照期权价格出售转让投资机会的效果是等价的，而选择执行或放弃的选择准则是：凡是在以合理的成本花费就可以拥有继续等待的机会和权利的话，就应首先选择前者。

表 6－17　卖出(看跌)期权的决策分析

情形	不含实物期权的 NPV	卖出期权的价值	决策
1	NPV<0	P_0≥｜NPV｜>0	继续经营
2	NPV<0	｜NPV｜>P_0>0	执行卖出期权

其中，表 6－16 中的买入(看涨)期权主要用于项目投资决策分析；而表 6－17 中的卖出(看跌)期权则是指收缩或放弃的期权，主要用于企业的经营活动决策分析。

不难看出，运用实物期权方法进行投资决策必须要配合 NPV 指标方可加以使用，实物期权方法只是作为对传统的项目投资决策方法 NPV 指标的一个补充和修正。尽管如此，在高风险的项目投资决策中，实物期权方法比净现值法有着明显的优点。因为用实物期权法估算的项目的实际价值是扩展的净现值，或者说是有灵活性的实物期权的净现值，而用净现值法估算的项目的实际价值是静态价值，是没有灵活性的净现值。

实物期权的应用范围很广，如各种类型的项目投资决策、企业价值评估、技术和无形资产价值评估、创业企业和风险投资评估等等。值得强调的是，实物期权方法不仅是一种与金融期权类似的用来定价投资的技术方法，更是一种"思维方法"。即使某些实物期权不能精确定价，实物期权方法仍然是一种改进战略投资思维方式的有价值的工具，甚至可以说作为一种战略决策时的思维工具更具有现实意义。

□本章小结

项目投资是一种以特定项目为对象，直接与新建项目或更新改造项目有关的长期投资行为。其基本范畴包括项目计算期与投资总额等，其中：项目计算期(n)＝建设期(s)＋经营期(p)；投资总额＝原始总投资＋资本化利息。

现金流量是评价项目财务可行性及优劣的主要依据。投资项目的现金流量，从时间特征上看包括初始现金流量、营业现金流量、终结现金流量；净现金流量又称现金净流量，是指在项目计算期内各年现金流入量与现金流出量之差。其中：

建设期某年净现金流量＝－该年原始投资额

经营期某年净现金流量＝营业收入－付现成本－所得税

或＝ 该年净利 ＋ 该年折旧 ＋ 该年摊销额 ＋ 该年利息

对于经营期最末一年(终结点)的净现金流量的计算,只需在上述各公式的基础上加上一个回收额即可。

项目投资决策指标是衡量投资项目可行性及评价投资项目优劣,以便据以进行方案决策的定量化标准与尺度,分为折现评价指标和非折现评价指标两类。所谓折现评价指标又称动态评价指标,是指在指标的计算过程中利用了货币时间价值的计算形式的指标,主要有净现值、净现值率、现值指数和内含报酬率等指标,它们是项目投资决策的主要评价指标。非折现评价指标也称静态评价指标,是指在指标的计算过程中没有考虑货币时间价值因素的指标,主要有投资报酬率、会计收益率和静态投资回收期等指标,它们属于次要或辅助评价指标。一般对某一独立项目进行可行性分析,只要 NPV>0,就会有 NPVR>0,PI>1,IRR>i_c,四者之间不会出现矛盾。但对同一项目同时采用折现指标和非折现指标进行评价,可能会出现矛盾,此时要以折现指标的评价为准。对于互斥项目的决策可采用排序法、年均成本法等,出现矛盾时可用增量收益分析法解决,增量收益分析法也可用于一般互斥项目的决策。资本限量决策是指企业资金有一定限度,不能投资于所有可接受的项目,此时可采用现值指数法和净现值法按照一定步骤解决。

对于风险较大项目的决策可用风险调整贴现率法和肯定当量法两种方法解决。风险调整贴现率法是通过无风险收益(零风险投资的收益率)与风险报酬组成的调整贴现率来作为投资项目要求的收益率,以此来解决投资中隐含的风险的一种风险型投资决策技术。肯定当量法是先用一个系数把有风险的现金流量调整为无风险的现金流量,然后用无风险的贴现率去计算净现值。

与投资项目有关的风险一般包括项目风险、公司风险和市场风险三种。敏感性分析是确定项目总体风险的常用技术,它是在确定性分析的基础上,通过进一步分析、预测项目主要不确定因素的变化对项目评价指标(如财务内部收益率、财务净现值等)的影响,从中找出敏感因素,分析、测算项目评价指标对其的敏感性程度,进而判断项目承受风险能力的一种不确定性分析方法。风险控制方法有风险回避、避免损失、降低损失的程度、风险转移与风险保留五种。

所谓实物期权,宽泛地说,是以期权概念定义的现实选择权,是与金融期权相对应的概念。最常见的实物期权有:增长期权、扩张(收缩)期权、放弃期权、延期期权、转换期权等几种。实物期权的价值主要受到六个变量的影响,其价值的衡量(定价)方法,基本思想是通过其与金融期权的对称关系,在金融市场上找到相应的孪生证券,通过二项式公式和B-S模型予以解决。当考虑了实物期权因素后,不确定条件下投资项目的净现值应为:项目调整后的净价值 = NPV + 项目实物期权的价值。实物期权方法不仅是一种与金融期权类似的用来定价投资的技术方法,更是一种"思维方法",是一种改进战略投资思维方式的有价值的工具。

□复习思考题

一、思考题

1. 简述项目投资的含义及类型。

2. 项目投资决策使用现金流量而不使用利润的原因是什么?

3.与项目投资有关的现金流量一般包括哪些内容,如何计算?

4.项目投资评价指标的种类有哪些?各自的含义、特点是什么?这些指标应当如何计算及用于评价方案的可行性与优劣?

5.当使用不同的折现指标评价一组互斥项目的优劣出现矛盾时,如何进行多方案选优?

6.什么叫年均成本法?其使用的条件是什么,如何做?

7.如何进行资本限量决策?

8.风险调整贴现率法与肯定当量法的含义各是什么?

9.项目投资风险的控制方法有哪些,如何理解?

10.什么叫敏感性分析,其作用是什么,如何进行?

11.试述实物期权的含义与种类。

12.影响实物期权价值的因素有哪些,如何采用实物期权方法进行项目投资决策?

二、计算题

1.某企业拟新建一条生产线,需在建设起点一次投入固定资产投资 200 万元,无形资产 15 万元。项目建设期 1 年,建设期资本化利息 20 万元,全部计入固定资产原值。投产第一年预计流动资产需用额为 40 万元,其中流动负债 15 万元;投产第二年预计流动资产需用额为 68 万元,其中流动负债 22 万元。

要求:计算项目固定资产原值、流动资金投资额、建设投资、原始总投资与投资总额。

2.某工业投资项目原始投资为 300 万元,其中固定资产投资 240 万元,开办费投资 20 万元,流动资产投资 40 万元。建设期 1 年,建设期与购置固定资产有关的资本化利息 18 万元。固定资产与开办费投资于建设起点一次投入,流动资金于第一年末投入。该项目寿命期 8 年,固定资产按直线法折旧,期满有残值 18 万元,长期待摊费用于项目投产第一年起分 5 年摊销,另经营期第 1 年至第 3 年每年需归还借款利息 19.35 万元。预计投产后第 1 年净利为 12 万元,以后每年增加 4 万元。流动资金于终结点一次收回。

要求:计算项目计算期各年净现金流量。

3.某投资项目在建设期初需一次投入 400 万元,建设期 1 年,另需在建设期末垫支营运资金 80 万元。项目投产后使用寿命 6 年,每年销售收入均为 320 万元,付现成本第一年为 130 万元,以后随着设备陈旧,逐年将增加维修费 20 万元,按直线法计提折旧,设备期满有残值 40 万元。企业所得税率为 40%,项目资本成本 10%。要求:

①计算项目计算期各年净现金流量;

②计算项目净现值、净现值率与现值指数;

③判断项目的财务可行性。

4.某企业准备进行设备更新,旧设备原值 850 万元,使用期限 10 年,已经使用 5 年,期满有残值 50 万元,变现价值 400 万元。新设备购置款 720 万元,使用期限 5 年,期满有残值 20 万元。新旧设备均按直线法计提折旧,更新设备的建设期为零。使用新设备可使企业每年增加营业收入 320 万元,付现成本 120 万元。企业所得税率为 40%,设备更新的期望报酬率为 16%。要求:

①计算设备更新项目计算期各年差量净现金流量;

②用增量收益分析法计算项目的增量内含报酬率;

③判断项目的财务可行性。

5.某公司准备购入一设备以扩大现有生产能力，现在有甲、乙两个方案可供选择，其资料如表6－18所示。

表6－18 甲、乙方案投入产出状况 单位：万元

方案名称	各方案不同指标及其具体数值				
	投资额	使用寿命	残值	年营业收入	年付现成本
甲	60	8(年)	4	30	8
乙	80	8(年)	8	42	10

另乙方案随着设备的使用，需逐年增加维修费1万元，并需垫支营运资金6万元。假设建设期为零，设备采用直线法计提折旧，企业所得税率为30%，资本成本为12%。要求：

①计算甲、乙两方案的投资利润率和会计收益率；

②计算甲、乙两方案的静态投资回收期；

③计算甲、乙两方案的内含报酬率；

④分别用静态投资回收期法与内含报酬率法判断两方案的财务可行性并进行选优。

6. 某公司有一投资项目设计生产能力为年产A产品8万件。已知初始投资额为880万元，建设期为零，预计产品价格60元/件(不含增值税)，年付现成本为200万元，运营年限8年，期末残值为80万元，行业基准收益率为12%，所得税率为40%。

要求：用净现值法分析项目的可行性，并以产量、投资额、单价及年付现成本为不确定因素进行敏感性分析。

第7章　证券投资

□学习目标

通过本章的教学，要求学生了解影响证券投资决策的因素；掌握证券投资的风险与收益率；掌握企业债券投资目的、估价与优缺点；掌握企业股票投资的目的、估价与优缺点；掌握证券投资组合的策略和方法；掌握基金投资以及金融衍生产品投资的有关方法。

7.1　证券投资概述

7.1.1　证券投资的含义与种类

1. 证券投资的含义

证券是按照一国政府的有关法律法规发行，用以证明或设定权利所做成的书面凭证。它表明证券持有人或第三者有权取得该证券拥有的特定权益(财产所有权或债权)。证券投资是指投资者运用持有资金买卖有价证券，从而获取收益的一种投资行为。证券投资是企业对外投资的重要组成部分。

2. 证券投资的种类

金融市场上的证券很多，了解证券的种类对做好证券投资是非常重要的。按照不同的标准，证券主要分为以下5类。

(1) 按照证券的经济内容不同，可分为股票、债券和投资基金等。

股票是股份公司依照公司法的规定，为筹集资本发行的表示一定数额或一定比例股份的有价证券。股票的持有人就是公司的股东，对公司财产享有所有权和经营权，并可凭股票权益比例分享企业净收益，获得股利收入。

债券是发行者为筹集资金，向债权人发行的，按约定利率和时间支付利息，并按约定条件偿还本金的一种有价证券。债券的本质是债权债务的证明书，具有法律效力。债券购买者与发行者之间是一种债权债务关系，债券的发行人即债务人，债券购买者即债权人。

投资基金，是一种利益共享、风险共担的集合投资方式，即通过发行基金股份或受益凭证等有价证券聚集众多的不确定投资者的出资，交由专业投资机构经营运作，以规避投资风险并谋取投资收益的证券投资工具。

(2) 按照证券发行主体的不同，可分为政府证券、金融证券和公司证券。

政府证券是政府为筹集财政资金或建设资金，以其信誉作为担保，按照一定程序向社会公众投资者募集资金而发行的债权债务凭证。政府债券一类是由中央政府发行的，称之为国家债券，它占政府债券的绝大部分；另一类是由地方政府各职能部门发行的债券，称之为地方债券。中央政府一般都具有很好的偿债能力，所以各国政府证券都是无担保证券。

金融证券是指由商业银行或非银行金融机构为筹集信贷资金，向投资者发行的并承诺到期还本付息的有价证券。金融证券是以银行或非银行金融机构的信誉作为偿还担保的，一般不设特殊担保。

公司证券也称企业证券，是指公司或企业为筹集生产所需资金而发行的有价证券，包括股票和公司债券。公司证券的投资风险取决于公司经营状况、资产状况和财务状况，并同时受国家政治、经济状况的影响，具有较高的投资风险。

(3)按照证券所体现的权益关系，可分为所有权证券和债权证券。

所有权证券是指证券的持有人便是证券发行单位所有者的证券。该证券的持有人一般对发行单位都有一定的管理权和控制权。股票是典型的所有权证券，股东便是股票发行单位的所有者。债权证券是指证券的持有人便是证券发行单位债权人的证券。这种证券的持有人一般无权对发行单位进行管理和控制。当一个发行单位破产时，债权证券要优先清偿，而所有权证券在最后清偿，所有权证券一般要承担比较大的风险。

(4) 按照证券到期日的长短，可分为短期证券和长期证券。

短期证券是指期限短于一年的证券。例如短期国债、商业票据、银行承兑汇票等。长期证券是指期限长于一年的证券。例如股票、债券等。一般来说，短期证券的风险小、变现能力强，但收益相对较低；长期证券的收益率一般较高，但时间长，风险大。

(5)按照证券收益稳定状况的不同，可分为固定收益证券和变动收益证券。

固定收益证券，是指在证券票面上规定固定的收益率的证券。例如，债券和优先股票面一般有固定的股息率。变动收益证券，是指证券的票面上不标明固定的收益率，其收益情况随企业的经营状况而变动的证券。普通股就是最典型的变动收益证券。一般来说，固定收益证券风险小，但报酬不高；而变动收益证券风险大，但报酬较高。

证券还可以按照其他标准分类。各种分类并非是单一的分类，而是相互交叉和相关的。从多方面、多角度认识各种有价证券的特性，可以使企业根据不同的投资目的，做出合理的选择。

7.1.2 证券投资的目的

企业进行有价证券投资，重要的是以正确的投资目的指导自己的投资行为，把证券投资作为实现企业整体目标的手段之一，围绕企业的整体目标规划自己的证券投资行为。有价证券投资的目的一般来说分为短期和长期两种。

1. 短期证券投资的目的

(1)出于投机的目的。企业进行短期证券投资有时完全是出于投机的目的，以期获取较高的收益。投机是指通过预期市场行情的变化而赚取收益的经济行为。投机与证券市场是不可分割的，有证券市场就必然存在证券投机。企业出于投机的目的进行证券投资时，一般利用企业闲置不用的资金，主要通过买卖短期证券的方式，获取资本利得。

(2)与筹集长期资金相配合。处于成长期或扩张期的企业，通过发行长期证券所获得的资金一般并不是一次用完，而是逐渐、分次使用。这样，暂时不用的资金可以投资于短期有价证券，以获取一定收益，而当企业需要资金时，由于短期证券流动性较好，可以卖出证券以获取资金。

(3)调剂资金余缺，保持资金需求量均衡，满足季节性经营对现金的需求。现金这种资产不能给企业带来收益，因此，企业一般持有一定量的有价证券，以代替大量非盈利的现金余额。企业可以利用闲置的现金进行短期证券投资，以获取一定的收益。短期证券的投资多数情况下是出于预防的动机。在现金需求量增大时，出售有价证券，以增加现金。尤其是从事季节性生产经营的企业在一年的某些月份有剩余现金，而在其他几个月则出现现金短缺，这些企业通常的做法是：现金有剩余时购入有价证券，而在现金短缺时出售有价证券。

2. 长期证券投资的目的

(1)建立偿债基金和企业发展基金。为保证企业生产经营活动中未来的资金需要，如某些企业为了保证一些不可延展的债务按时偿还，企业可以事先将一部分资金投资于债券等收益稳定的证券，只要经过适当的投资组合，这种证券投资可以保证投资者在未来某一时期或某一期间内得到稳定的现金流入，从而保证企业在未来时点的资金支付。

(2)获得对相关企业的控制权。企业为扩大自己的经营范围、市场份额或影响力，需要控制某些特定的企业，这可以通过股票投资实现。如果企业的控制目标是上市公司，就可以通过在证券市场上购入目标公司的股票来达到自己的目的。

(3)进行多样化投资，分散投资风险。为减少投资风险，企业需要进行适度的多样化投资。在某些情况下，直接进行实业方面的多样化投资有一定的困难，而利用证券市场可以比较方便地投资于其他行业，达到投资多样化的目的，当证券投资的数量比较充分时，投资的风险能有效地得到分散。

7.1.3 证券投资的影响因素

企业进行进证券投资时受到多种因素影响，主要表现为以下几种。

1. 宏观经济因素

宏观经济因素是指从国民经济宏观角度出发考察，对证券投资产生影响的一些因素。主要包括以下几个方面。

(1)经济发展水平因素。经济发展水平反映一国在一定时期内经济发展状况和趋势。如果经济发展水平呈上升趋势，则此时进行证券投资一般会获得比较好的收益；反之，收益则会降低。投资者可以通过对经济发展水平的预期来估计股市的大致走向。

(2)通货膨胀因素。通货膨胀对证券投资影响很大。一方面，通货膨胀会降低投资者的实际收益水平。因为投资者进行投资时考虑的是实际报酬率，而不是名义报酬率，实际报酬率等于名义报酬率减去通货膨胀率。只有当实际报酬率为正值时，才说明投资者的实际购买力增长了。另一方面，通货膨胀严重影响股票价格，影响证券投资。一般认为，通货膨胀率较低时，危害并不大而且对股票价格有推动作用。因为通货膨胀主要是由货币供给量增多造成,供给量增多,开始时一般能刺激生产,增加企业利润,从而增加可分派股利。股利的增加会使股票更具有吸引力,于是股票价格上涨。但是当通货膨胀持续进行时,会恶化经济环境,影响经济的协调发展,危及整个社会的稳定,国家将采取一系列的紧缩政策,抑制通货膨胀的加速,减少股票市场的资金供应,从而导致股价下降。

(3)利率因素。利率是影响国民经济发展的重要因素,利率水平的高低反映一个国家一定时期的经济状况。利率对证券投资也具有重大影响。利率升高时,投资者自然会选择安全又有一定收益的银行储蓄,从而大量资金从证券市场中转移出来,造成证券供大于求,价格下跌。同时,由于利率上升,企业资金成本增加,利润减少,导致企业派发的股利将减少甚至发不出股利,这会使股票投资的风险增大,收益减少,从而引起股价下跌;反之,当利率下降时,企业的利润增加,派发给股东的股利将增加,从而吸引投资者进行股票投资,引起股价上涨。

(4)汇率因素。汇率的变化也会影响证券价格。如果本国货币贬值,可能会导致资本流出本国,从而使股票价格下跌。

2.行业因素

(1)行业的市场类型。行业的市场类型根据行业中拥有的企业数量、产品性质、企业控制价格的能力、新产品进入该市场的难易程度等因素可以分为四种:完全竞争、不完全竞争或垄断竞争、寡头垄断、完全垄断。上述四种市场类型,从竞争程度来看是依次递减的。某个行业的竞争程度越大,则企业的产品价格和利润受供求关系的影响越大,企业经营失败的可能性越大,因此,投资于该行业证券的风险越大;反之,则相对风险越小。

(2)行业的生命周期。一般来说,行业的生命周期分为初创期、成长期、成熟期和衰退期四个阶段。在行业初创期,产品的研究、开发费用很高,导致产品成本和价格较高,但其市场需求因大众缺乏了解而相对较小,因而这时企业的销售收入低,盈利情况也不尽如人意。在行业的成长期,新产品的市场需求不断增加,利润也在迅速增加,竞争的激烈程度也在不断加剧。在成熟期,各企业之间的竞争逐渐由价格竞争转为非价格竞争,例如提高产品质量、改善产品性能和提高售后服务等。企业的利润增长速度较成长期大为降低,但从利润总量上看要比成长期大得多,企业所占的市场比例比较稳定,因而企业遭受的风险较小。在衰退期,因为新技术不断涌现,新产品不断问世,人们的消费倾向不断发生变化,企业产品的数量下降、利润减少、市场逐渐萎缩,其股票不被看好。

3.企业经营管理因素

在选定所投资的行业后,需要进一步考虑行业内的企业的经营管理情况。主要包括以下几方面:企业的竞争能力、企业的盈利能力、企业的营运能力、企业的创新能力和企业的偿债能力。企业的竞争能力越强,说明企业的发展前途越好,企业的证券也越具有吸引力,因此竞争能力是评价企业经营管理的重要标准。企业的盈利能力越强,所发行的证券越安全,报酬率也会越高,因此,盈利能力是进行证券投资的一个必须考虑的因素。企业营运能力越强,企业内部人力资源与生产资源配置越合理,生产经营效率就越高,企业就越有发展前途,其发行的证券就越受投资人的欢迎。能否充分利用生产能力,使企业生产和销售高效率进行,是衡量企业管理水平高低的一个重要方面。企业是否能及时地吸收并运用现代化的管理观念与方法，及时实现技术创新、体制创新和机制创新是企业能否成功的关键，因此在证券投资之前，也必须对企业创新能力进行考察。企业偿债能力是影响证券投资的主要因素，在进行证券投资前，必须认真分析企业偿债能力。

7.2 债券投资

7.2.1 债券概述

1. 债券投资的概念

债券投资是企业以债券作为投资对象的一种投资方式。债券投资已经成为多样化投资的一种重要形式。进行债券投资既可以获取利息收益，也可以通过低买高卖等方式，获得资本利得。

2. 债券投资的种类

(1)按有无抵押担保分类。可将债券分为信用债券、抵押债券和担保债券。

信用债券。信用债券包括无担保债券和附属信用债券。无担保债券是仅凭债券发行者的信用发行的、没有抵押品作抵押或担保人作担保的债券；附属信用债券是对债券发行者的普通资产和收益拥有次级要求权的信用债券。企业发行信用债券往往有许多限制条件。由于这种债券没有具体财产做抵押，因此，只有历史悠久，信誉良好的公司才能发行这种债券。

抵押债券。抵押债券是指以一定抵押品作抵押而发行的债券。当企业没有足够的资金偿还债券时，债权人可将抵押品拍卖以获取资金。抵押债券按抵押物品的不同，又可分为不动产抵押债券、设备抵押债券和证券抵押债券。

担保债券。担保债券是指由一定保证人作担保而发行的债券。当企业没有足够的资金偿还债券时，债权人可要求保证人偿还。保证人应是符合《担保法》的企业法人，且应同时具备以下条件：①净资产不能低于被保证人拟发行债券的本息；②近三年连续盈利，且有良好的业绩前景；③不涉及改组、解散等事宜或重大诉讼案件；④中国人民银行规定的其他条件。

(2)按债券是否记名分类。根据债券的票面上是否记名，分为记名债券和无记名债券。

记名债券是指在券面上注明债权人姓名或名称，同时在发行公司的债权人名册上进行登记的债券。转让记名债券时，除要交付债券外，还要在债券上背书和在公司债权人名册上更换债权人姓名或名称。投资者须凭印鉴领取本息。这种债券的优点是比较安全，缺点是转让时手续复杂。

无记名债券是指债券票面未注明债权人姓名或名称，也不用在债权人名册上登记债权人姓名或名称的债券。无记名债券在转让同时随即生效，无需背书，因而比较方便。

(3)债券的其他分类。除按上述几种标准分类外，还有其他一些形式的债券，这些债券主要有：

可转换债券。可转换债券是指在一定时期内，可以按规定的价格或一定比例，由持有人自由地选择转换为普通股的债券。

零票面利率债券。零票面利率债券是指票面利率为零或票面上不标明利息，按面值折价出售，到期按面值归还本金的债券。债券的面值与买价的差异就是投资人的收益。

浮动利率债券。浮动利率债券是指利息率随基本利率变动而变动的债券。发行浮动利率债券的主要目的是为了对付通货膨胀。

收益债券。收益债券是指在企业不盈利时，可暂时不付利息，而到获利时支付累积利息的债券。

7.2.2 债券投资的估价及收益率

1. 影响债券价值的因素

(1)债券的面值：包括两个基本内容：一是币种，二是票面金额。面值的币种可用本国货币，也可用外币，这取决于发行者的需要和债券的种类。债券的票面金额是债券到期时偿还债务的金额，面值印在债券上，固定不变，到期必须足额偿还。

(2)债券的期限：债券有明确的到期日，债券从发行日起，至到期日之间的时间称为债券的期限。债券的期限有日益缩短的趋势，在债券的期限内，公司必须定期支付利息，债券到期时，必须偿还本金。

(3)利率和利息：债券上通常载明利率，一般为固定利率，也有少数是浮动利率。债券的利率为年利率，面值与利率相乘可得出年利息。

(4)债券的价格：理论上债券的面值就是它的价格。但实际操作中，由于发行者的考虑或资金市场上供求关系、利息率的变化，债券的市场价格常常脱离它的面值，但差额并不大。发行者计算利息，偿付本金都以债券的面值为根据，而不以价格为根据。

2. 债券的估价

进行债券投资时，现金流出是债券的购买价格，现金流入是债券的利息和归还的本金或者出售时得到的现金。债券的价值也称债券的内在价值，是指债券未来现金流入按投资者要求的必要报酬率进行贴现的现值，由将来支付利息的现值与到期偿还本金的现值之和组成。只有债券的价值大于其购买价格，才能获取投资收益。所以，债券价值是进行债券投资决策时使用的主要指标之一。不同的计息方法，债券的估价模型各不相同。

(1)一般情况下的债券估价模型。指每年付息一次、到期偿还本金的债券价值的估价公式。其计算公式为：

$$V=\sum_{t=1}^{n}\frac{i\times M}{(1+k)^{t}}+\frac{M}{(1+k)^{n}}$$

式中，V 为债券价值；i 为债券票面利息率；M 为债券面值；k 为市场利率或投资人要求的必要收益率；n 为付息期数。

【例 7-1】 东方公司拟购买债券一批，该债券每张面值为 1 000 元，票面利率为 5%，5 年期，每年计算并支付利息一次，到期一次还本。同期市场利率为 6%，债券的市场价为 940 元，问是否购买该债券？

V =1 000×5%×(P/A,6%,5)+1 000×(P/F,6%,5)

=50×4.2 124+1 000×0.7 473

$=957.92$(元)

由于债券的价值957.92元大于其市价940元，如不考虑风险问题，该公司购买此债券是合算的。它可以获得大于6%的收益。

(2)到期一次还本付息且不计复利的债券估价模型。

$$V=\frac{M+M\times i\times n}{(1+k)^n}=M\times(1+i\times n)\times(P/F,k,n)$$

【例7-2】　A公司拟购买债券一批，该债券每张面值为1 000元，票面利率为5%，5年期，不计复利，到期一次还本付息。同期市场利率为8%，债券的市场价为900元，问该债券是否值得投资？

$V=(1\ 000\times5\%\times5+1\ 000)\times(P/F,8\%,5)$

$=1250\times0.6\ 806=850.75$(元)

由于债券的价值850.75元小于其市价900元，该债券不值得进行投资。

(3)零票面利率的债券的估价模型。零票面利率债券也称贴现发行的债券，该债券只标明金额，不标明利率，以低于面值的价格发行，到期按面值偿还。其估价公式为：

$$V=\frac{M}{(1+k)^n}=M\times(P/F,k,n)$$

【例7-3】　某债券每张面值为1 000元，期限为5年，无票面利息，到期按面值偿还。同期市场利率为5%，问该债券的市价为多少时值得投资？

$V=1\ 000\times(P/F,5\%,5)$

$=1\ 000\times0.7\ 835=783.50$(元)

只有债券的市价低于其价值783.50元时，该债券才值得进行投资。

3. 债券的收益率

债券的到期收益率是指购进债券后一直持有至到期日或转让日，所获得按复利计算的预期收益率。它是使未来现金流入现值等于债券买入价的贴现率。计算到期收益率的方法是求解含有折现率的方程：

债券购买价＝现金流入现值

以一般情况下分期付息到期还本的债券为例，该方程用公式表达为

$$P=I\times(P/A,i,n)+M\times(P/F,i,n)$$

式中P为债券的市价，I为每期的利息，M为面值，i为贴现率

【例7-4】　A公司于20××年2月1日购买了一批5年期的债券，该债券每张面值为1 000元，票面利率为8%，每年计算并支付利息一次，到期一次还本，购买价为每张1 105元。计算该债券的到期收益率。

$$1\ 105=1\ 000\times8\%\times(P/A,i,5)+1\ 000\times(P/F,i,5)$$

需要用“试误法”求解此方程。

用$i=8\%$试算：

$80\times(P/A,8\%,5)+1\ 000\times(P/F,8\%,5)$

$=80\times3.9\ 927+1\ 000\times0.6\ 806$

$=1\ 000$(元)

通过上述试算可知，$i=8\%$时，等式右边为1 000元，小于等式左边1 105元。所以，

收益率小于8%，应降低折现率进一步试算，用 $i=6\%$ 试算：

$80\times(P/A,6\%,5)+1\ 000\times(P/F,6\%,5)$

$=80\times4.2\ 124+1\ 000\times0.7\ 473$

$=1\ 084.29$（元）

$i=6\%$ 时，由于右边仍然小于等式左边，还应进一步降低折现率。再用 $i=4\%$ 试算：

$80\times(P/A,4\%,5)+1\ 000\times(P/F,4\%,5)$

$=80\times4.45\ 188\ 219+1\ 000\times0.8\ 219$

$=1\ 178.04$（元）

$i=4\%$ 时，由于右边高于等式左边，可以判断，收益率高于4%而低于6%。用内插法可计算出收益率：

$$R=4\%+\frac{1\ 178.04-1\ 105}{1\ 178.04-1\ 084.29}\times(6\%-4\%)=5.56\%$$

上述试误法比较麻烦，可以用下面的简便方法求出近似结果：

$$R=\frac{I+(M-P)\div N}{(M+P)\div 2}=\frac{80+(1\ 000-1\ 105)\div 5}{(1\ 000+1\ 105)\div 2}=5.6\%$$

通过上例可以得出结论：对于每年付息一次到期偿还本金的债券来说，溢价购买时，债券的到期收益率小于票面利率；折价购买时，债券的到期收益率大于票面利率；平价购买时，债券的到期收益率等于票面利率。

4. 债券投资的风险

债券投资和其他投资一样有风险。债券投资风险包括违约风险、利率风险、购买力风险、变现力风险和再投资风险。

（1）违约风险。违约风险是指债券的发行人不能履行合约规定的义务、无法按期支付利息和偿还本金而产生的风险。不同种类的债券违约风险是不同的。一般来说，政府债券以国家财政为担保，一般不会违约，可以看作是无违约风险的债券；由于金融机构的规模较大并且信誉较好，其发行的债券风险较政府债券高但又低于企业债券；工商企业的规模及信誉一般较金融机构差，因而其发行的债券风险较大。违约风险的大小通常通过对债券的信用评级表现出来，高信用等级的债券违约风险要比低信用等级的债券小。投资时不购买质量差的债券以避免违约风险。

（2）利率风险。利率风险是指由于市场利率上升而引起的债券价格下跌，从而使投资者遭受损失的风险。债券的价格随着市场利率的变动而变动。一般来说，债券价格与市场利率成反比变化，市场利率上升会引起债券市场价格下跌；市场利率下降会引起债券市场价格上升。当金融市场上资金供大于求时，市场利率就会下降，当其下跌到低于债券利率时，将会导致债券价格上升；相反，当市场利率上升到高于债券利率时，投资者将转向更有利可图的投资机会，从而导致债券价格下跌。此外，债券利率风险与债券持有期限的长短密切相关，期限越长，利率风险也越大。因此，即使债券的利息收入是固定不变的，但因市场利率的变化，其投资收益也是不确定的。减少利率风险的办法是分散债券的到期日。

（3）流动性风险。流动性风险是指债券持有人打算出售债券获取现金时，其所持债券不能按目前合理的市场价格在短期内出售而形成的风险，又称变现力风险。如果一种债券能在较短的时间内按市价大量出售，说明这种债券的流动性较强，投资于这种债券所承担的流动性风险较小；反之，如果一种债券很难按市价卖出，说明其流动性较差，投资者会因此而遭受损失。一般来说，政府债券以及一些著名的大公司债券的流动性较高，而不为人们所了解的小公司债券的流动性就较差。

(4)购买力风险。购买力风险也称通货膨胀风险，是指由于通货膨胀而使债券到期或出售时所获得现金的购买力减少的风险。在通货膨胀比较严重时期，通货膨胀风险对债券投资者的影响比较大，因为投资于债券只能得到一笔固定的利息收益，而由于货币贬值，这笔现金收入的购买力会下降。一般而言，在通货膨胀情况下，固定收益证券要比变动收益证券承受更大的通货膨胀风险，因此普通股票被认为比公司债券和其他有固定收益的证券能更好地避免通货膨胀风险。

(5)再投资风险。企业在选择购买长、短期债券时，购买了短期债券而没有购买长期债券，可能存在投资风险。例如，当长期债券的利率为8%，短期债券的利率为7%，为减少利率风险投资者购买了短期债券。在短期债券到期收回现金时，如果市场利率降低到5%，那么投资者只能找到报酬率大约为5%的投资机会，不如当初购买长期债券，此时仍可获得8%的收益。

7.2.3 债券投资的评价

1. 债券投资的优点

(1)资金安全性高。与股票相比，债券投资风险比较小。政府发行的债券有国家信誉作保证，其资金的安全性非常高，通常视为无风险债券。当企业破产时，企业债券的持有者拥有优先求偿权，先于股东分得企业资产，因此，其本金损失的可能性小。

(2)收入稳定性强。债券票面一般标有固定利息，债务人有按时支付利息的法定义务。因此，在正常情况下都能获得比较稳定的收入。

(3)市场流动性好。许多债券都具有较好的流动性。政府及信用等级较高企业发行的债券一般都可以在金融市场上进行出售和转让，流动性很好。

2. 债券投资的缺点

(1)购买力风险较大。债券的面值和利息率在债券发行时就已确定，如果投资期间的通货膨胀率比较高，则本金和利息的购买力将不同程度地减少；在通货膨胀率非常高时，投资者虽然名义上有收益，但实际上发生了损失。

(2)没有经营管理权。投资债券只是获得收益的手段，无权对被投资企业的经营管理施以影响并加以控制。

7.3 股票投资

7.3.1 股票投资概述

1. 股票投资的含义

股票投资是企业以股票作为投资对象的一种投资方式。股票投资主要分为普通股投资和优先股投资。普通股是享有普通权利、承担普通义务的股票。普通股投资收益是随着被投资企业利润的变动而变动的，根据股票发行公司的经营业绩好坏来确定收益的高低。优先股是依法发行的具有一定优先权利的股票。优先股股息率事先固定，一般不会随被投资企业经营情况而增减，而且一般不参与企业的分红，优先股先于普通股获得股息。

2. 股票投资的目的

企业进行股票投资的目的主要有两方面：(1)获利。作为一般的证券投资，企业分散投资于多种不同的股票，获取股利收入或通过股票的买卖差价赚取资本利得；(2)控股。企业集中投资于一种股票，拥有某一企业的大量股票，从而达到控制该企业的目的。

中小投资者一般是出于获利的目的进行投资，应注意进行有效的投资组合，以避免出现较高的投资风险；出于控股目的的投资者应集中资金投资于目标公司，以达到相对控股地位。

7.3.2 股票估价

股票价值的计算是股票投资的基础，投资中应将股票的价值和股票的市价进行对比，以决定是否买入、卖出或继续持有。股票价值也称股票的内在价值，指股票带给投资者的未来现金流入的现值，由一系列未来股利的现值和将来出售股票售价的现值之和组成。

1. 短期持有股票、未来准备出售的股票估价模型

$$V=\sum_{t=1}^{n}\frac{D_t}{(1+k)^t}+\frac{V_n}{(1+k)^n}$$

式中：V 为股票内在价值；V_n为未来出售时预计的股票价格；k 为投资人要求的必要报酬率；D_t为第 t 期的预期股利；n 为预计持有股票的期数。

【例 7-5】 某公司准备购买 ABC 公司发行的股票，预期每年每股可获得股利 5 元，3 年后出售可得 120 元，预期报酬率为 10%，求该股的价值。

解：$V=5\times(P/A,10\%,3)+120\times(P/F,10\%,3)$

$=5\times2.4869+120\times0.7513$

$=102.59$(元)

2. 长期持有股票，股利稳定不变的股票估价模型

在每年股利稳定不变，投资人持有期间很长的情况下，投资人未来所获得的现金流入是一个永续年金，则股票的估价模型可简化为：

$$V=\frac{D}{k}$$

式中：V 为股票内在价值；D 为每年固定股利；k 为投资人要求的必要报酬率。

【例 7-6】 某投资者准备长期持有 A 公司股票，每年每股可分配股利 2 元，最低报酬率为 16%，计算该股票的价值。

$$V=\frac{D}{k}=\frac{2}{16\%}=12.5\text{(元)}$$

这表明 A 公司股票每年给投资者带来 2 元的收益，在市场报酬率为 16% 的条件下，价值是 12.5 元。当然，该股的市场估价不一定是 12.5 元，还要看投资者对风险的态度，可能高于或低于 12.5 元。

3. 长期持有股票，股利固定增长的股票估价模型

设上年股利为 D_0，每年股利预计增长率为 g，则预计第一年股利 $D_1=D_0\times(1+g)^1$，预计第二年股利 $D_2=D_0\times(1+g)^2$，……，依次类推，预计第 n 年股利 $D_n=D_0\times(1+g)^n$，根据模型 $V=\sum_{t=1}^{n}\frac{D_t}{(1+k)^t}+\frac{V_n}{(1+k)^n}$，当 $n\to\infty$ 时，可知此时股票的价值为：

$$V=\sum_{t=1}^{n}\frac{D_t}{(1+k)^t}=\sum_{t=1}^{n}\frac{D_0\times(1+g)^t}{(1+k)^t} \quad ①$$

公式两边同时乘以 $\frac{(1+k)}{(1+g)}$ 得：

$$\frac{(1+k)}{(1+g)}V=\sum_{t=1}^{n}\frac{D_0\times(1+g)^t}{(1+k)^t}\times\frac{(1+k)}{(1+g)} \quad ②$$

公式②减去公式①，计算可得：

$$\frac{(1+k)}{(1+g)}V-V=D_0-D_0\times\frac{(1+g)^n}{(1+k)^n}$$

当 $K>g$，$n\to\infty$ 时，$D_0\times\frac{(1+g)^n}{(1+k)^n}\to 0$

因此，股利固定增长的股票估价模型为：

$$V=\frac{D_0\times(1+g)}{k-g}=\frac{D_1}{k-g}$$

式中：D_1 为第 1 年的预期股利，g 为股利增长率，k 为必要报酬率。

【例 7-7】 某投资者准备长期持有 B 公司股票，上年每股可分配股利 2 元，预计以后每年股利增长率为 6%，最低报酬率为 16%，计算该股票的价值。

$$V=\frac{D_1}{k-g}=\frac{2\times(1+6\%)}{16\%-6\%}=21.2(\text{元})$$

4. 长期持有股票，非固定成长股票估价模型

在现实中，有的公司股利不是固定的。例如，在一段时间里高速增长，在另一段时间里正常固定成长或固定不变。这种情况下，要求分段计算，才能确定股票的价值。

【例 7-8】 某投资者持有 C 公司股票，要求的最低报酬率为 15%。预计 C 公司未来 3 年股利高速增长，成长率为 20%。在此以后转为正常增长，增长率为 12%。公司最近支付股利是 2 元。计算该公司股票的价值（计算过程保留 3 位小数）。

首先，计算高速增长期的股票价值，见下表：

年份	股利	复利现值系数	现值(PVD_t)
1	2×1.2=2.4	0.870	2.088
2	2.4×1.2=2.88	0.756	2.177
3	2.88×1.2=3.456	0.658	2.274
合计(3 年的股利现值之和)			6.539

其次，计算第三年底的股票内在价值：

$$P_3=\frac{D_4}{k-g}=\frac{3.456\times(1+12\%)}{15\%-12\%}=129.02(\text{元})$$

计算其现值 $PV_{P3}=129.02\times(P/F,15\%,3)=129.02\times0.658=84.90$(元)

最后计算股票的价值 $V=6.539+84.90=91.439$(元)

7.3.3 股票投资收益

股票的收益是指投资者从购入股票开始到出售股票为止整个持有期间的收入，由股利和资本利得两方面组成。股票收益主要取决于股份公司的经营业绩和股票市场的价格变化，但与投资者的经验与技巧也有一定关系。

1. 本期收益率

本期股利收益率，是指股份公司以现金派发股利与本期股票价格的比率。用下列公式表示：

$$\text{本期收益率}=\frac{\text{本年现金股利}}{\text{本期股票价格}}\times100\%$$

【例 7-9】 某公司股票现行每股市价为 50 元，上年每股发放现金股利 2 元，则本期收益率为：

$$\text{本期收益率}=\frac{2}{50}\times100\%=4\%$$

2. 持有期收益率

持有期收益率是指投资者买入股票持有一定时期后又卖出该股票，在投资者持有该股票期间的收益率。如投资者持有股票时间不超过一年，不用考虑资金时间价值，其持有期收益率可按如下公式计算：

$$\text{持有期收益率}=\frac{\dfrac{\text{出售价格}-\text{购买价格}}{\text{持有年限}}+\text{年现金股利}}{\text{本期股票价格}}\times100\%$$

【例 7-10】 某投资者 2005 年 6 月 1 日投资 6 万元购买某种股票 1 万股，在 2006 年的 4 月 30 日每股分得现金股利 1 元，并于 2006 年 5 月 31 日以每股 8 元的价格将该股票全部售出。要求计算该股票的投资收益率。

解：$\text{收益率}=\frac{\frac{8-6}{1}+1}{8}\times100\%=37.5\%$

3. 长期股票投资收益率

如投资者持有股票时间超过一年，需要考虑资金时间价值，其持有期收益率可按如下公式计算：

$$V=\sum_{t=1}^{n}\frac{D_t}{(1+i)^t}+\frac{F}{(1+i)^n}$$

式中：V 为股票的购买价格；F 为股票的出售价格；D_t 为股票投资报酬（各年获得的股利）；n 为投资期限；i 为股票投资收益率。

上述公式对于任何成长型股票来说是通用的。在各年股利呈固定比例增长的情况下，我们假设股票价格是公平的市场价格，证券市场处于均衡状态；在任何一时点证券价格都能反映有关该公司的任何可获得的公开信息，而且证券价格对新信息能迅速做出反应。在这种假设条件下，股票的期望收益率等于其必要报酬率。

根据固定增长股利模型，我们知道：$P=\frac{D_1}{R-g}$

如果把公式移项整理，求 R，可以得到长期持有且股利固定增长情况下的股票投资收益率为：

$$R=\frac{D_1}{P}+g$$

【例 7-11】 有一只股票的价格为 20 元，预计下一期的股利是 2 元，该股利将以大约 10%的速度持续增长。该股的期望报酬率为：

$$R=2/20+10\%=20\%$$

7.3.4 股票投资评价

股票投资是一种高风险、高收益、价格波动性大的投资，具有以下的优缺点：

1. 股票投资的优点

(1)投资收益高。普通股的价格波动大，但从长期看，只要选择得当，业绩良好公司的股票价格总是上涨的居多，都能取得优厚的投资收益。

(2)购买力风险低。普通股的股利不固定，在通货膨胀率比较高时，由于物价普遍上涨，股份公司盈利增加，股利的支付也随之增加，因此，与固定收益证券相比，普通股能有效地降低购买力风险。

(3)拥有经营控制权。普通股股东是股份公司的所有者，有权监督和控制企业的生产经营情况。如果想要拥有企业的控制权，就可以通过购买企业的股票取得。

2. 股票投资的缺点

(1)求偿权居于最后。普通股股东对企业资产和盈利的求偿均在债权人和优先股股东之后，居于最后。

(2) 股票价格不稳定。普通股的价格受诸多因素影响，如政治因素、经济因素、投资人心理因素、企业的盈利情况、风险情况，都会影响股票价格。因此，这也使得股票投资具有较高的投资风险。

(3)收入不稳定。普通股股利的多少，要取决于企业经营状况和财务状况以及股利政策而定，股利是否发放以及发放多少均无法律上的保证，其收入的风险也远远大于固定收入证券。

7.4 基金投资

7.4.1 基金的种类

通俗地讲，基金就是集中众多投资者的资金，统一交给专家投资于股票和债券等证券,为众多投资者谋利的一种投资工具。基金投资是企业以基金作为投资对象的一种投资方式。基金按照不同的标准划分为不同的种类。

1.根据组织形态的不同,可分为契约型基金和公司型基金

(1)契约型基金。契约型基金又称为单位信托基金,是指把受益人(投资者)、管理人、托管人三者作为基金的当事人,由管理人与托管人通过签订信托契约的形式发行受益凭证而设立的一种基金。契约型基金由基金管理人负责基金的管理操作;由基金托管人作为基金资产的名义持有人,负责基金资产的保管和处置,对基金管理人的运作实行监督。

(2)公司型基金。公司型基金是按照公司法以公司形态组成的,它以发行股份的方式募集资金,一般投资者购买该公司的股份即为认购基金,也就成为该公司的股东,凭其持有的基金份额依法享有投资收益。

契约型基金与公司型基金的比较。①资金的性质不同。契约型基金的资金是信托财产,公司型基金的资金为公司法人的资本。②投资者的地位不同。契约型基金的投资者购买受益凭证后成为基金契约的当事人之一,即受益人;公司型基金的投资者购买基金公司的股票后成为该公司的股东,以股息或红利形式取得收益。因此,契约型基金的投资者没有管理基金资产的权利,而公司型基金的股东通过股东大会和董事会享有管理基金公司的权利。③基金的运营依据不同。契约型基金依据基金契约运营基金,公司型基金依据基金公司章程运营基金。

2.根据变现方式的不同,可分为封闭式基金和开放式基金

(1)封闭式基金。封闭式基金是指基金的发起人在设立基金时,限定了基金单位的发行总额,筹集到这个总额后,基金即宣告成立,并进行封闭,在一定时期内不再接受新的投资。基金单位的流通采取在交易所上市的办法,通过二级市场进行竞价交易。

(2) 开放式基金。开放式基金是指基金发起人在设立基金时,基金单位的总数是不固定的,可视经营策略和发展需要追加发行。投资者也可根据市场状况和各自的投资决策,或者要求发行机构按现期净资产值扣除手续费后赎回股份或受益凭证,或者再买入股份或受益凭证,增加基金单位份额的持有比例。

封闭式基金与开放式基金的比较。①期限不同。封闭式基金通常有固定的封闭期,而开放式基金没有固定期限,投资者可随时向基金管理人赎回。②基金单位的发行规模要求不同。封闭式基金在招募说明书中列明其基金规模,开放式基金没有发行规模限制。③基金单位转让方式不同。封闭式基金的基金单位在封闭期限内不能要求基金公司赎回。开放式基金的投资者则可以在首次发行结束一段时间(多为3个月)后,随时向基金管理人或中介机构提出购买或赎回申请。④基金单位的交易价格计算标准不同。封闭式基金的买卖价格受市场供求关系的影响,并不必然反映公司的净资产值。开放式基金的交易价格则取决于基金的每单位资产净值的大小,基本不受市场供求影响。⑤投资策略不同。封闭式基金的基金单位数不变,资本不会减少,因此基金可进行长期投资。开放式基金因基金单位可随时赎回,为应付投资者随时赎回兑现,基金资产不能全部用来投资,更不能把全部资本用来进行长线投资,必须保持基金资产的流动性。

3. 根据投资标的不同，可分为股票基金、债券基金、货币基金、期货基金、期权基金、认股权基金、专门基金等

(1)股票基金。股票基金是所有基金品种中最为流行的一种类型，它是指投资于股票的投资基金，其投资对象通常包括普通股和优先股，其风险程度较个人投资股票市场要低得多，且具有较强的变现性和流动性，因此它也是一种比较受欢迎的基金类型。

(2) 债券基金。债券基金是指投资管理公司为稳健型投资者设计的，投资于政府债券、企业债券等各类债券品种的投资基金。债券基金一般情况下定期派息，其风险和收益水平通常较股票基金低。

(3)货币基金。货币基金是指由货币存款构成投资组合，协助投资者参与外汇市场投资，赚取较高利息的投资基金。其投资工具包括银行短期存款、国库券、政府公债、公司债券、银行承兑票据及商业票据等。这类基金的投资风险小，投资成本低，安全性和流动性较高，在整个基金市场上属于低风险的安全基金。

(4)期货基金。期货基金是指投资于期货市场以获取较高投资回报的投资基金。由于期货市场具有高风险和高回报的特点，因此投资期货基金既可能获得较高的投资收益，同时也面临着较大的投资风险。

(5)期权基金。期权基金就是以期权作为主要投资对象的基金。期权交易就是期权购买者向期权出售者支付一定费用后，取得在规定时期内的任何时候，以事先确定好的协定价格，向期权出售者购买或出售一定数量的某种商品合约权利的一种买卖。

(6)认股权证基金。认股权证基金就是指以认股权证为主要投资对象的基金。认股权证是指由股份有限公司发行的、能够按照特定的价格，在特定的时间内购买一定数量该公司股票的选择权凭证。由于认股权证的价格是由公司的股价决定的，一般来说，认股权证的投资风险较通常的股票要大得多。因此，认股权证基金也属于高风险基金。

(7)专门基金。专门基金由股票基金发展演化而成，属于分类行业股票基金或次级股票基金，它包括：黄金基金、资源基金、科技基金、地产基金等，这类基金的投资风险较大，收益水平比较容易受到市场行情的影响。

7.4.2 基金投资的收益

投资基金的收益直接决定着基金投资者的权益，投资基金的费用直接影响着基金的净资产值，基金的收益是指通过基金的经营运作所获得的经营利润，它是基金日常管理的重要内容。不论何种类型的基金，其收益来源和方式主要有利息收益、股利收益、资本利得与资本增值三种。

1. 利息收益

投资基金投资于政府债券、可转让定期存单、商业票据和债券等金融工具，其主要收益就是利息。另外，开放型基金为了应变投资者随时可能的赎回行为，按规定必须保持一定比例的现款(例如，我国台湾地区的规定是净资产值的5%)，这些现款也会带来一定的利息收入。一般来说，债券基金和货币市场基金的收益主要来源是利息。

2. 股利收益

除了债券基金和货币市场基金外，绝大部分基金的投资方向都是股票，包括上市公司的股票和非上市公司的股权，股利收益是这部分基金投资收益的定期来源。

3. 资本利得和资本增值

基金投资的资本利得是基金所持的金融资产出售价格高于购买成本之间的差价利润；如果金融资产的出售价格低于购买成本，称为资本损失。如果基金目前没有出售所持的金融资产，其金融资产的市值高于购买成本的部分，是未实现的资本利得，一般称为资本增值。资本利得是基金投资收益中最重要和最主要的部分，因为绝大部分基金的投资目标就是谋取资本的迅速或长期增值。

7.4.3 基金单位价值和基金收益率

1. 基金的单位价值

基金单位价值是指在基金投资上所能带来的现金净流量。它取决于目前能给投资者带来的现金流量，用基金的净资产价值来表达，这与股票、债券等证券的价值确定依据不同，债券、股票的价值取决于未来的而不是现在的现金流量。基金净资产价值总额与基金单位总份额的比率，称作基金单位净值。基金单位净值是在某一时点每一基金单位（或基金股份）所具有的市场价值，计算公式为：

$$基金单位净值=\frac{基金净资产价值总额}{基金单位总份额}$$

式中，基金净资产价值总额＝基金资产总值－基金负债总额

开放型基金的柜台交易价格完全以基金单位净值为基础，通常采用两种报价形式：认购价（卖出价）和赎回价（买入价）。

$$基金认购价=基金单位净值+首次认购费$$

$$基金赎回价=基金单位净值-基金赎回费$$

在基金净资产价值的计算中，基金的负债除了以基金名义对外融资借款外，还包括应付投资者的分红、基金应付给基金经营公司的首次认购费、经理费用等各项基金费用。由于基金的负债金额相对固定，基金净资产的价值主要取决于基金资产总额。这里的基金资产总额并不是指资产总额的账面价值，而是指资产总额的市场价值。

2. 基金收益率

基金收益率用以反映基金增值的情况，它通过基金净资产的价值变化来衡量。由于基金净资产的价值是以市价计量的，基金资产的市场价值增加，意味着基金的投资收益增加，基金投资者的权益也随之增加。

$$基金收益率=\frac{年末持有份数\times基金单位净资产年末数-年初持有份数\times基金单位净资产年初数}{年初持有份数\times基金单位净资产年初数}\times100\%$$

式中，“持有份数”是指基金单位的持有份数。如果年末和年初基金单位持有份数相同，基金收益率就简化为基金单位净值在本年内的变化幅度。

【例7-12】 基金A在20××年12月31日资产总额为21 060万元，负债总额为1 060万元，已售出1亿基金单位。要求计算：

①基金 A 在 20××年 1 月 1 日的基金单位资产净值。

②若 20××年 1 月 1 日投资者持有的基金份数为 2 万份，20××年 12 月 31 日基金投资者持有份数不变，此时单位净值为 2.5 元。求该基金 20××年的收益率。

解：①20××年 1 月 1 日的基金单位资产净值计算如下：

$$基金单位资产净值=\frac{(基金总资产-基金总负债)}{已售出的基金单位总数}=\frac{21\,060\,万-1\,060\,万}{10\,000\,万}$$

$$=2(元/基金单位)$$

②基金 A20××年的收益率计算如下：

$$基金收益率=\frac{(20\,000\times2.5-20\,000\times2)}{20\,000\times2}\times100\%=25\%$$

7.4.4 基金投资的评价

1.基金投资的优点

基金投资的最大优点是能够在不承担太大风险的情况下获得较高的收益。原因在于投资基金具有专家理财优势，具有资金规模优势。

2.基金投资的缺点

无法获得很高的投资收益。投资基金在投资组合过程中，在降低风险的同时，也丧失了获得巨大收益的机会；在大盘整体大幅度下跌的情况下，投资人可能承担较大风险。

7.5 衍生金融工具投资

7.5.1 衍生金融工具的含义与种类

1.衍生金融工具投资的含义

衍生金融工具是在 20 世纪 70 年代初新一轮金融创新的背景下兴起和发展起来的。20 世纪 90 年代，衍生金融市场已经成为金融领域的主旋律。所谓衍生金融工具是指其价值派生于其基础金融资产（包括外汇、债券、股票和商品）价格及价格指数的一种金融合约。

2. 衍生金融工具投资的种类

衍生金融工具包括金融远期、期货、互换、期权四种基本类型以及大量的混合性金融衍生工具。

(1) 金融远期。全称金融远期合约，是指交易双方达成的、在未来某一特定日期、按一定方式以及预先商定的价格买卖、交割特定的某种或一揽子金融资产的协议或合约，如远期外汇合约、远期利率协议、远期股票合约、远期债券合约等。

(2)期货。全称金融期货合约，是指买卖双方在有组织的交易所内以公开竞价的形式达成的、在将来某一特定日期交割标准数量的特定金融工具的协议。主要包括货币期货、利率期货、股票指数期货等合约。它是一种远期合约。它最基本的特点是合约的标准化，即除了成交价格由交易所内交易各方通过竞价产生并不停波动外，每个合约项下资产的数量、金融工具或者指数、价格最小变动单位以及合约期限都是标准化的。期货通常是在每年的3月、6月、9月和12月进行实物交割或者清算。交割日期可以是固定的将来某日，也可以是交割月中的任意一天。

(3)互换。全称金融互换合约，是指两个或两个以上的交易当事人按照商定的条件，在约定的时间内交换彼此的支付流量的金融交易合约。主要包括货币互换与利率互换两类。

①货币互换。所谓货币互换，是指以一种货币表示的一定数量的资本及在此基础上产生的利息支付义务，与另一种货币表示的相应的资本额及在此基础上产生的利息支付义务进行相互交换。因此，货币互换的前提是：要存在两个在期限与金额上利益相同而对货币种类需要则相反的交易伙伴，然后双方按照预定的汇率进行资本额互换，完成互换后，每年按照约定的利率和资本额进行利息支付互换，协议到期后，再按原约定汇率将原资本额换回。这样，通过货币互换，可以使得交易双方达到降低融资成本，解决各自资产负债管理需求与资本市场需求之间矛盾的目的。

②利率互换。利率互换是指将计息方法不同，即一方以固定利率计息而另一方则以浮动利率计息，或利率水平不一致的同一币种的债券或债务进行转换的方式。与货币互换的不同之处在于，利率互换是在同一种货币之间展开的，并且利率互换一般不进行本金互换，而只是互换以不同利率为基础的资本筹措所产生的一连串利息的互换，并且即便是利息也无需全额交换，仅对双方利息的差额部分进行结算。

金融互换基本上在场外进行，交易条件由双方商定，故其灵活性与变动性更大。同时，由于少了交易所这一中间环节，手续较为简便，所受限制减少，当然这也给寻找交易伙伴带来不便。因此，金融互换多用于债务管理上，与其他金融衍生工具相比，它具有帮助筹措低成本资金、选择合适币种融资以及规避中长期利率和汇率风险的功能。

(4)期权。又称选择权合约，是指合约双方中支付选择权购买费的一方，有权在合约有效期内按照敲定价格与规定数量，向选择权卖出方买入或卖出某种或一揽子金融工具的合约。这里的所谓选择权并不是一种义务，即选择权的购得者根据未来价格的变动可以行使，也可以放弃，但当选择权行使时，无论价格的变动是否对自己有利，卖出选择权的一方必须履约。具体可分为看涨期权、看跌期权及双向期权等不同形式。

①看涨期权。又称买入期权或“敲进”，是指选择权拥有方有权在合约有效期间，按照敲定价格与数量向选择权卖方购入特定某种或一揽子金融工具的权利。由于买方的这种权利通常是在市场的实际价格高于敲定价格的情况下行使的，因此称为看涨期权。

②看跌期权。又称卖出期权或“敲出”，是指选择权的买方有权在合约有效期内的任何时间，按照敲定价格与数量向选择权卖方卖出特定某种或一揽子金融工具的权利。由于买方的这种权利通常是在市场的实际价格低于敲定价格的情况下行使的，因此称为看跌期权。

③双向期权。也叫“对敲”，即合约选择权购买方对同一金融合约同时购买看涨期权与看跌期权双重选择权权利，并依据对买入或卖出的有利时机，酌情行使买入选择权或卖出选择权。在价格上可以采取等价对敲方式，也可以采取异价对敲方式。

与金融期货合约相比较，金融期权合约有三个明显的特征：

①期权交易是非对称性的风险—收益机制，而期货交易则是对称性的风险—收益机

制。权利义务不对称。期权买入方在合约有效期内的任何时间都有权决定是否履约，而期权卖出方被抽中履约时，别无选择，必须无条件地依约履行义务。遭受损失的风险不对称。期权买入方损失的最高限度是付出的权利金，而期权卖出方的损失则没有底限。收益水平不对称。期权卖出方收益的上限是收取的权利金，而期权买入方则无收益上限。

可见，期权的非对称性风险—收益机制比期货更为灵活，从而在更大限度上满足了不同投资者的需要。基于上述不对称性，有时人们也把期权合约称为单向合约，而将期货合约称为双向合约。但必须明确的是，实现收益与风险的彼此对称，是投资决策的基本原则。金融期权上述所谓的风险与收益的非对称性，仅是就其外在表象而言的。由于期权卖方承受的风险很大，为取得平衡，在期权的设计上，通常要使期权卖方获利的可能性远远大于期权的买方，最终实现交易双方在收益与风险关系的相互对称。

②期权在合约金融工具的创造上大大优于期货。期权合约因种类、到期月份和敲定价格等的不同，可以创造出比期货合约几倍甚至数十倍的期权合约金融工具，从而演变出繁多的期权投资策略，为投资者提供比期货多得多的投资机会。

③期权合约与期货合约交易者关注的焦点不同。期权的到期交割价格在期权合约推出上市时就是敲定不变的，是合约中的一个常量，期权标准化合约中的唯一变量是期权权利金。而权利金又是由内涵价值与时间价值两部分构成。内涵价值是由标的物的市价与敲定价格相比而得到的，只有时间价值捉摸不定，难以把握，是交易各方关注的焦点，通常被称为"投机的权利金"；而期货到期交割的价格是个变量，这个价格的形成来自市场上所有参与者对该合约标的物金融工具到期日价格的预期，交易各方关注的焦点就是这一预期价格。

7.5.2 衍生金融工具的风险分析

1. 衍生金融工具风险的特征

(1)衍生金融工具集中了分散在社会各个领域的所有风险，并汇集在固定市场上加以释放。这种风险的集中性如果操作控制不好，很容易成为金融灾难的策源地。

(2)衍生金融工具具有较高的杠杆比率，投资者用少量的资金便可以控制几十倍、甚至上百倍的交易额，基础价格的轻微变动便会导致衍生金融工具账户资金的巨大变动。这种"收益与损失"放大的功能极易诱使人们以小搏大，参与投机。而投机的成功与否，取决于人们对市场价格预期的正确程度，从而使衍生金融工具投资笼罩上一层浓厚的赌博色彩。

(3)由于衍生金融工具交易以及风险过于集中，一旦一家银行或交易所出现倒闭或无法履约危机，便可能造成整个衍生金融工具市场流通不畅，引致一连串违约事件，酿成区域性甚至全球性金融危机。

(4)许多衍生金融工具刚刚推出，设计上可能会存在许多缺陷，有些设计上过于复杂，操作难度大，容易造成失误，再加上有关法规不尽完善，管理监控一时跟不上，也容易引起法律上的纠纷。

2. 衍生金融工具的总体风险类型

整体上讲，金融衍生工具交易的风险主要涉及市场风险、信用风险、流动性风险及法律风险等基本类型。

(1)市场风险,即因市场价格变动而给交易者造成损失的可能性。包括两部分:一是采用衍生金融工具保值仍无法完全规避的价格变动风险;二是衍生金融工具自身固有的杠杆性风险,即由于衍生金融工具强大的"收益与风险放大"杠杆功能,对基础金融工具市场利率、汇率、价格指数等变量因素反映的高敏感性与变动的高幅度性而产生的风险。

(2)信用风险,也叫履约风险,即交易伙伴的违约风险。这种风险主要表现在场外交易市场上。

(3)流动性风险,即衍生金融工具合约持有者无法在市场上找到出货或平仓机会的风险。流动性风险的大小取决于合约标准化程度、市场交易规则以及市场环境的变化。

(4)法律风险,指由于立法滞后、监管缺位、法规制定者对衍生金融工具的了解与熟悉程度不及或监管见解不尽相同以及一些衍生金融工具故意游离于法律管制的设计动因等原因,产生的使交易者的权益得不到法律有效保护的风险。

3.各种金融衍生工具的风险特征

(1)金融远期合约的风险特征。

远期合约最大的特点是既锁定了风险又锁定收益。远期合约在订立时交易双方便敲定了未来的交割价格,这样在合约有效期间,无论标的物的市场价格如何变动,对未来的交割价格都不会产生任何影响。这意味着交易双方在锁定了将来市价变动不利于自己的风险同时,也失去了将来市价变动有利于自己而获利的机会。所以,远期合约的市场风险极小。但在信用风险与流动性风险方面,远期合约却表现得十分突出。由于远期合约基本上是一对一的预约交易,一旦一方到期践约或无力履约,便会给另一方带来一定的损失。同时,远期合约的内容大多是由交易双方直接商定并到期实际交割,基本上没有流动性,一遇急需融资或到期不能履约,也无法转售出去,机会成本高,流动性风险大。不过,总体而言,由于远期合约交易规模小,流通转让性差,即便违约,损失也仅限于一方,不会形成连锁反应,对整个金融市场体系的安全不构成重大影响。

(2)金融期货合约的风险特征。

与远期合约相反,金融期货合约在风险上最大的特点就是对风险与收益的完全放开。金融期货合约是完全标准化的,交易所拥有完善的保证金制度、结算制度和数量限额制度,即便部分投资者违约,对其他投资者一般也不会产生太大影响,因为对场内的交易者,交易所或清算所承诺着全部的履约责任,而对于那些遭受损失而未能补足保证金的交易者,交易所将采取强制平仓措施以维持整个交易体系的安全,所以相关的信用风险很小;同时,由于期货交易合约的标准化、操作程序的系列化以及市场的大规模化,使得交易者可以随时随地对其交易部位进行快速抛补,因而流动性风险通常也很小;金融期货巨大的市场风险主要缘于低比率的保证金,由于保证金比率很低,使之对现货市场价格变动引起的交易双方损益程度产生了巨大的放大杠杆作用,以致现货市场上价格的任何轻微变动,都可能在期货市场这一杠杆上得以明显反映,导致风险与收益的大幅度波动。

(3)金融互换合约的风险特征。

在风险与收益关系的设计上,金融互换合约类似于金融远期合约,即对风险与收益均实行一次性双向锁定，但其灵活性要大于远期合约。因此，较之其他衍生金融工具，金融互换合约的市场风险通常是最小的。但由于限于场外交易，缺乏大规模的流通转让市场，故而信用风险与流动性风险很大。在此需要特别指出的是互换合约经常会涉及一些特殊风险，如兑换风险及替代风险等。

(4)金融期权合约的风险特征。

合约交易双方风险收益的非对称性是金融期权合约特有的风险机制。就期权买方而言，风险一次性锁定，最大损失不过是已经付出的权利金，但在看涨期权中，收益却可以很大甚至是无限量的；相反，对于期权卖方，收益被一次性锁定了，最大收益限于收取的买方权利金，然而在看涨期权中，其承担的损失却可能很大以致无限量。当然买卖双方风险收益的不对称性一般会通过彼此发生概率的不对称性而趋于平衡。因此，总体而言，期权合约的市场风险要小于期货合约。至于在信用风险与流动性风险等方面，期权合约与期货合约大致相似，只是期权风险可能会涉及更多的法律风险与难度更大的操作性风险。

7.5.3 衍生金融工具的投资策略

进行衍生金融工具投资时，应注意根据各种衍生金融工具的特点，采取不同的投资策略。实践中主要投资策略有以下几种。

1. 远期利率协议投资

远期利率协议交易者关注的焦点问题主要有两个：一是协议利率的确定；二是利息结付差额的计算。

(1)协议利率的确定。从理论上讲，协议利率是能够使远期协议的价值等于零的远期实际利率。但随着时间的推移，远期的实际利率随时都可能发生变化，从而不等于签约时的协议利率。远期实际利率与协议利率的偏离，必然导致交易双方间损益的相互转移。因此，合理确定协议利率，是签订远期利率协议时最核心的事宜。

(2)利息(基础的利息)结付差额的计算。远期利率协议由于牵涉到不同期限、不同计息基础以及不同计息方法的利息结付问题，所以，在确定出生息期间和基础协议利率后，需要进一步结合参照利率计算出生息期间的双方基础利息的结付差额。

2. 债券期货合约投资

(1)期货保证金。期货保证金主要包括交易保证金和结算保证金两类。交易保证金是期货合约买卖双方在清算所暂时储存的为维持其头寸地位而交纳的抵押金。每个期货合约的买卖都要交纳初始保证金，并每日随着其期货头寸的变化而不断进行调整，亦即包含有初始交易保证金与维持交易保证金两层含义。

(2)债券期货价格。在债券期货投资过程中，最大的难点在于如何确定债券期货的未来价值(未来交割价格，即期货价格)与现在价值(即时交割价格)。

3. 股票期权合约投资

在股票期权合约中，唯一的变量就是期权的权利金，又被称之为“投机的权利金”，是金融期权合约真正的价格，即期权价值或价格，它通常有两部分构成：内涵价值与时间价值。不需要任何关于股票价格概率分布的假定，就可以得出如下的结论：股票看涨期权的敲定价格一定低于届时的股票市价；而看跌期权的敲定价格一定高于届时的股票市价。若非如此，期权合约将不会执行。

4. 利率互换协议投资

利率互换协议最主要的原因是出于各自比较优势的考虑。比较优势理论应用到利率互换协议中，就是期望通过各自劣势的规避与优势互补，达到降低资金成本，实现价值增值目的。

在金融市场上，一些公司在固定利率市场具有比较优势，而另外一些公司则在浮动利率市场上具有比较优势。在取得新贷款时，一家公司期望借入浮动利率的贷款时却只能得到固定利率的贷款；相应，另一家公司想借入固定利率的贷款时得到的却是浮动利率贷款。由此便可能在两家公司间产生了利率互换的愿望。所以，利率互换具有将固定利率贷款转换为浮动利率贷款，或将浮动利率贷款转换成固定利率贷款的效应。需要说明的是，利率互换的前提在于固定利率与浮动利率之间利率差的存在。在协议条款既定的条件下，利率差越大，通过互换彼此获得的利息降低效果也就越加明显。所以，利率差成为利率互换合约的投资焦点。

7.6 证券投资组合

7.6.1 证券投资组合的意义

在进行证券投资时，不是将所有的资金都投向单一的某种证券，而是有选择地投向一组证券，这种同时投资多种证券的做法便叫证券的投资组合。人们进行证券投资的直接动机就是获得投资收益，所以投资决策的目标就是使投资收益最大化。由于投资收益受许多不确定性因素影响，投资者在作投资决策时只能根据经验和所掌握的资料对未来的收益进行估计。因为不确定性因素的存在，有可能使将来得到的投资收益偏离原来的预期，甚至可能发生亏损，这就是证券投资的风险。因此人们在进行证券投资时，总是希望尽可能减少风险，增加收益。通过有效地进行证券投资组合，便可消减证券风险，达到降低风险的目的。

7.6.2 证券投资组合的风险与收益率

1. 证券投资组合的风险

证券投资组合理论旨在探索如何通过有效的方法消除投资风险。证券投资组合的风险可以分为两种性质完全不同的风险，即非系统性风险和系统性风险。

(1)非系统性风险。非系统风险是指由于特定的经营环境或特定的事件变化引起的不确定性，从而对个别证券产生影响的特有性风险。它源于公司自身的特有的营业活动和财务活动，与某个具体的证券相关联，同整个证券市场无关。如一家公司的工人罢工、新产品的开发失败、失去重要的销售合同等。这类事件是非预期和随机发生的，它只能影响到一个或少数几个公司。这种风险可以通过多样化投资来分散，故也称可分散风险或公司特有风险。

投资者进行证券的组合投资，一个重要的目的就是为了分散掉可分散风险。实践证明，只要科学地选择足够多的证券进行组合投资，就能基本分散掉大部分可分散风险。假设投资人足够理性，都会选择充分投资组合，则非系统风险将与资本市场无关，市场不会对它给予任何补偿。

(2)系统性风险。是指由于外部经济环境发生变化引起整个证券市场的不确定性加强，从而对市场上所有的证券都产生影响的共同性风险。例如宏观经济状况的变化、国家税法的变化、国家财政政策和货币政策的变化、战争、世界能源状况的改变等都会使股票收益发生变动。这些风险影响到所有的证券，虽然影响程度的大小有区别，但是不管投资多样化有多充分，也不能消除全部的系统风险。因此，对投资者来说，不能通过证券组合分散掉，故称不可分散风险。不可分散风险的程度通常用贝他系数(β)来计量。

系统风险和非系统风险的关系见图 7—1 所示。

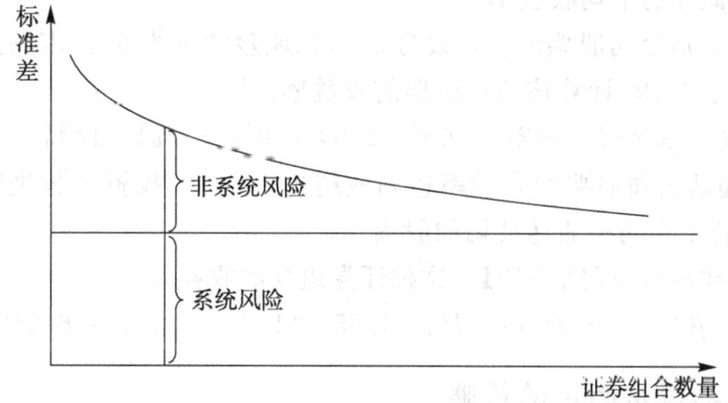

图 7—1 系统风险和非系统风险示意图

2.证券投资组合的风险收益率

投资者进行证券组合投资与进行单项投资一样，都要求对承担的风险进行补偿，股票的风险越大，要求的收益率就越高。但是，与单项投资不同，证券组合投资要求补偿的风险只是系统风险，而不要求对非系统风险进行补偿。如果有非系统风险的补偿存在，善于科学地进行投资组合的投资者将购买这部分股票，并抬高其价格，其最后的收益率只反映不能分散的风险。因此，证券组合的风险收益是投资者因承担不可分散风险而要求的，超过时间价值的那部分额外收益。可用下列公式计算：

$$R_p=\beta_p\times(R_m-R_F)$$

式中：R_p——证券组合的风险收益率；R_F——无风险收益率，一般用政府公债的利息率来衡量；R_m——所有股票或所有证券的平均收益率，简称市场收益率；β_p——证券组合的 β 系数。

【例 7-13】 京华公司持有由甲、乙、丙三种股票构成的证券组合，它们的 β 系数分别是 2.0、1.0 和 0.5，它们在证券组合中所占的比重分别为 60%、30%和 10%，股票的市场收益率为 14%，无风险收益率为 10%，试确定这种证券组合的风险收益率。

解：确定证券组合的贝他系数

$$\beta_p=\sum X_i\beta_i=60\%\times2.0+30\%\times1.0+10\%\times0.5=1.55$$

计算该证券组合的风险收益率

$$R_p = \beta_p \times (K_m - R_F) = 1.55 \times (14\% - 10\%) = 6.2\%$$

计算出风险收益率后，便可根据投资额和风险收益率计算出风险收益的数额。从以上计算中可以看出，在其他因素不变的情况下，风险收益取决于证券组合的 β 系数，β 系数越大，风险收益就越大；反之亦然。当然，证券组合收益的大小也受市场平均收益率和无风险收益率的影响。

3. 证券投资组合风险和收益率的关系

在西方金融学和财务管理学中，有许多模型论述风险和收益率的关系，其中一个最重要的模型为资本资产定价模型，在证券投资组合中运用广泛，这一模型为：

$$K_i = R_F + \beta_i \times (K_m - R_F)$$

式中：K_i—第 i 种股票或第 i 种证券组合的必要报酬率；R_F— 无风险收益率；K_m—所有股票或所有证券的平均收益率。

【例 7-14】 通达公司股票的 β 系数为 2.0，无风险利率为 6%，市场上所有股票的平均收益率为 10%。要求：计算该公司股票的收益率。

解析：$K_i = R_F + \beta_i \times (K_m - R_F) = 6\% + 2.0 \times (10\% - 6\%) = 14\%$

也就是说，通达公司股票的收益率达到或超过 14%时，投资方肯进行投资。如果低于 14%，则投资者不会购买通达公司的股票。

【例 7-15】 要求计算【例 7-13】中这种证券组合的收益率。

解：$K_i = R_F + \beta_i \times (K_m - R_F) = 10\% + 1.55 \times (14\% - 10\%) = 16.2\%$

7.6.3 证券投资组合的策略

证券投资组合策略是投资者根据市场上各种证券的具体情况以及投资者的承受能力与对风险的偏好，选择相应的证券组合方式。常见的证券投资组合策略有以下几种：

1. 保守型的投资组合策略

该组合策略要求尽量模拟证券市场现状，包括证券种类以及各证券的比重，将尽可能多的证券包括进来，以便分散掉全部可分散风险，从而得到与市场平均报酬率相同的投资报酬率。这种投资组合是一种比较典型的保守型投资组合策略，其所承担的风险与市场风险相近。保守型投资组合策略基本上能分散掉可分散风险，但所得到的收益也不会高于证券市场的平均收益。

2. 冒险型的投资组合策略

该组合策略要求尽可能多选择一些成长性较好的股票，而少选择低风险低报酬的股票，这样就可以使投资组合的收益高于证券市场的平均收益。这种组合的收益高，但风险也高于证券市场的平均风险。采用这种激进型的投资组合，如果做得好，可以取得远远超过市场平均报酬的投资收益，但如果失败，会发生较大的损失。

3. 适中型的投资组合策略

该组合策略认为，股票的价格主要由企业的经营业绩决定，只要企业的经济效益好，其优良的业绩终究会在股票的价格上得到体现。所以在进行股票投资时，要全面深入地进行证券投资分析，选择一些品质优良的股票组成投资组合，如果做得好，就可以获得较高的投资收益,而又不会承担太大的投资风险。

7.6.4 证券投资组合的具体方法

证券投资是一个充满风险的投资方式,由于风险的复杂性和多样性,投资者进行投资时必须防范风险,没有风险的证券投资是不存在的。而防范风险的最有效方法就是进行证券投资组合,以分散全部可分散风险。常用的证券投资组合方法主要有以下几种:

1.投资组合的三分法

比较流行的投资组合三分法是:三分之一的资金存入银行,以备不时之需;三分之一的资金投资于债券、股票等有价证券;三分之一的资金投资于房地产等不动产。同样,投资于有价证券的资金也要进行三分,即三分之一投资于风险较大、有发展前景的成长性股票;三分之一投资于安全性较高的债券或优先股等有价证券;三分之一投资于中等风险的有价证券。进行这种三分法的投资组合,能使投资者的资金分布在各种风险程度不同的领域,达到降低风险和增加收益的目的。

2.按风险等级和报酬高低进行投资组合

证券的风险大小可以分为不同的等级,收益也有高低之分。投资者可以测定出自己期望的投资收益率和所能承受的风险程度,然后在市场中选择相应风险和收益的证券作为投资组合。一般来说,在选择证券进行投资组合时,同等风险的证券应尽可能选择报酬高的;同等报酬的证券应尽可能选择风险低的;并且要选择一些风险呈负相关的证券进行投资组合,例如同时持有石油公司股票和汽车公司股票,这两种股票呈负相关关系,这样做能分散掉证券的非系统风险。

3.选择不同的行业、区域和市场的证券作为投资组合

这种投资组合的做法是:

(1)尽可能选择足够数量的证券进行投资组合,这样可以分散掉大部分可分散风险。根据投资专家们估计,在纽约证券市场随机购买40种股票,其大多数非系统风险都能被分散掉。

(2)选择证券的行业也应分散,不可集中投资于同一个行业的证券。可以避免某一行业不景气给投资带来的风险。

(3)选择证券的区域也应尽可能分散,这是为了避免因地区市场衰退而使投资遭受重大损失。

(4)将资金分散投资于不同的证券市场,这样可以防范同一证券市场的可分散风险。例如在我国,有时候上海证券市场和深圳证券市场就表现为一强一弱。

4.选择不同期限的投资进行组合

这种投资组合要求投资者根据未来的现金流量安排各种不同投资期限的证券,进行长、中、短期相结合的投资组合。同时,投资者可以根据可用资金的期限来安排投资,长期不用的资金可以进行长期投资,以获取较大的投资收益,近期可能要使用的资金,最好投资于风险较小、变现力较大的有价证券。

□本章小结

证券投资是企业对外投资的重要方式。本章阐述了证券投资的相关理论和方法。

证券投资按照不同的标准划分为不同的种类，了解证券的种类对做好证券投资是非常重要的。进行短期证券投资通常是出于投机的目的，或者是与筹集长期资金相配合，或者是调剂资金余缺确保资金需求量均衡。长期证券投资则通常是为了建立偿债基金和企业发展基金，或者是获得对相关企业的控制权，或者是进行多样化投资来分散投资风险。证券投资受到诸如经济发展水平、通货膨胀、利率、汇率等宏观因素的影响，还受到行业因素和企业经营管理因素的影响。

债券和股票是企业证券投资最为常用的工具。在进行债券和股票投资时，应正确掌握企业债券投资目的、估价与优缺点；掌握企业股票投资的目的、估价与优缺点；掌握债券和股票投资的风险以及投资收益率的测算。以便正确地进行投资决策。

基金投资种类按照不同标准划分为不同的类别。其收益来源和方式主要有利息、股利、资本利得、资本增值几种。与股票、债券等证券的价值确定依据不同，基金单位价值是指在基金投资上目前能给投资者带来的现金净流量。基金收益率通过基金净资产的价值变化来衡量。衍生金融工具投资主要包括金融远期、期货、期权、互换四种基本类型。衍生金融工具风险有其特征，其交易的风险主要涉及市场风险、信用风险、流动性风险及法律风险等基本类型，而且各种衍生金融工具又表现出各自的风险特征。进行投资时应注意对各种衍生金融工具采取不同的投资策略。

投资组合理论是投资的重要理论。投资组合的风险主要分为系统风险和非系统风险。只要科学地选择足够多的证券进行组合投资，就能基本分散掉大部分非系统风险。系统风险是不可以消除的，但单个证券受系统风险的影响程度又不一致，β系数就是用来反映个别股票相对于平均股票的变动程度的指标，而投资组合的系数是单个系数的加权平均数。常见的投资组合策略有保守型、冒险型以及适中型三种。常用的证券投资组合方法主要有：投资组合的三分法，按风险等级和报酬高低进行投资组合，选择不同的行业、区域和市场的证券进行投资组合，选择不同期限的投资进行组合。

□复习思考题

1. 进行证券投资的目的是什么？
2. 什么是债券的内在价值，如何估计其价值？
3. 股票估价模型有哪几种？
4. 什么是投资基金，基金投资收益来源于哪几方面？
5. 为什么要进行证券投资组合，证券投资组合的风险有哪些？
6. 衍生金融工具投资主要分为哪几种，各种衍生金融工具的风险有何特征？
7. 进行衍生金融工具投资有何策略？

第8章 营运资本管理

□学习目标

通过本章教学,要求学生了解营运资本的含义及其特征;掌握现金的持有动机与成本以及最佳现金持有量的计算;掌握应收账款的功能与成本以及信用政策的构成与决策;掌握存货的功能与成本以及存货的控制方法;掌握短期负债的管理方法。

8.1 营运资本概述

零营运资本是所有企业营运资本管理追求的目标,现实社会实践中也被广大企业管理者看成是营运资本管理的理想目标。但要实现零营运资本占用,只有营运资金管理各个环节整体优化,才能实现营运资金管理的最佳目标。

8.1.1 营运资本的含义

营运资本又称营运资金,是指流动资产减流动负债后的余额。

流动资产是指可以在一年或者超过一年的一个营业周期内变现或者耗用的资产,包括现金、交易金融性资产、应收及预付款项和存货;而流动负债是指将一年或者超过一年的一个营业周期内偿还的债务,包括短期借款、应付及预收款项等。

由营运资本和流动资产及流动负债的关系,我们可以分析出企业营运资本变化的原因。企业营运资本会因为长期负债、股东权益的增加,长期资产的减少而增加;反之会减少。如果一项经济业务只涉及流动资产或流动负债内部变化、或者引起流动资产和流动负债的同时增加或减少,则不会引起营运资本数额的变化。

8.1.2 营运资本的特点

由营运资本的经济含义决定营运资本特点表现为两个方面。

1.流动资产的特点

流动资产又称作经营性资产,与固定资产相比,有如下特点:

(1)投资回收期短。

投资于流动资产的资金一般在一年或一个营业周期内收回,对企业影响的时间较短。因此流动资产所需要的资金一般可通过商业信用、短期银行借款加以解决。

(2)流动性强。

流动资产在循环周转中,经过供产销三个阶段,其占用形态不断变化,即按现金→材料→在产品→产成品→应收账款→现金的顺序转化。

(3)具有并存性。

在流动资产周转过程中,每天不断有资金流入,也有资金流出,流入和流出总要占用一定的时间,从供产销某一时点看,各种不同形态的流动资产同时存在。因此,合理配置流动资产各项目比例,是保证流动资产得以顺利周转的必要条件。

(4)波动性。

占用在流动资产上的资金并非是一个常数,随着供产销的变化,其资金占用时高时低,波动很大;流动资产数量发生变动时,流动负债的数量也会发生相应的变动。

2. 流动负债的特点

与长期负债筹资相比,流动负债筹资具有如下特点:

(1)速度快。

申请短期借款往往比申请长期借款更容易,更便捷,通常在较短的时间内便可获得。当企业急需资金时,往往首先寻求短期借款。

(2)弹性大。

与长期债务相比,短期借款给债务人更大的灵活性。

(3) 成本低。

在正常情况下,短期负债融资所发生的利息支出低于长期负债的利息支出。某些"自然融资"(如应付税金、应计费用)则没有利息支出。

(4) 风险大。

尽管短期债务的成本低于长期债务,但其风险却大于长期债务。这主要表现两个方面:一是长期债务利息相对比较稳,即在相当长一段时间内保持不变。而短期债务的利率则随市场利率的变化而变化。另一方面,如果企业过多的筹措短期债务,当债务到期时,企业不得不在短期内筹措大量的资金偿债,容易导致企业财务状况恶化。

8.1.3 营运资本的管理原则

企业进行营运资本管理,必须遵循以下原则:

1. 认真分析生产经营状况,合理确定营运资本的需要数量。企业营运资本的需要数量与企业生产经营活动有直接关系。当企业产销两旺时,流动资产会不断增加,流动负债也会相应增加;而当企业产销量不断减少时,流动资产和流动负债也会相应减少。因此,企业财务人员应认真分析生产经营状况,采用一定的方法预测营运资本的需要数量,以便合理使用营运资本。

2. 在保证生产经营需要的前提下,节约使用资金。在营运资本管理中,要在保证生产经营需要的前提下充分挖掘资金潜力,精打细算地使用资金,从而提高资金使用效益。

3. 加速营运资本周转,提高资金的利用效果。营运资本周转是指企业的营运资本从现金投入生产经营开始,到最终转化为现金的过程。处于营运资本运动过程起点的货币资金与终点的货币资金是不相等的,后者应大于前者,这种增值能力以及营运资本周转速度决定了企业盈利能力的高低。营运资本周转率(年销售额/平均营运资金)是反映营运资本周转速度的重要指标，该指标越高，意味着企业用较少的营运资本实现较多的销售收入，营运资本效率越高。加快营运资本周转的关键是加强应收账款和存货的管理，从而提高应收账款和存货周转率。因为应收账款和存货是流动资产中非常重要的部分，是营运资本运动中的必经环节，它们周转速度加快，营运资本周转速度必然随之加快，获利能力也将随之增强。

4. 合理安排流动资产与流动负债的比例关系，保证企业有足够的短期偿债能力。一个企业若偿债能力不足，尤其是短期偿债能力不足，不能偿还到期债务，不仅会影响企业的信誉和以后的发展，而且可能直接威胁企业的生存。评判短期偿债能力强弱的主要依据是营运资本绝对额、流动资产与流动负债比(流动比率)和流动资产的流动性程度。营运资本数额越大，流动比率越高，流动资产的流动性越强，企业的短期偿债能力越强。因此，在营运资本管理中，要合理安排流动资产和流动负债的比例关系，保证企业有足够的偿债能力。

8.2 现金管理

8.2.1 现金管理概述

1. 现金的特点

现金是指随时可投入流通的交换媒介，是企业拥有资产中流动性最强的资产。狭义上的现金仅指企业的库存现金，但这里所讲的现金还包括银行存款、其他货币资金及作为现金替代品的短期有价证券投资等。

第一，现金具有普遍可接受性，是社会公认的价值变现形式。所以，它具有最直接的购买和支付能力，因而也最容易被挪用和偷盗，必须进行严格管理。

第二，现金是企业最特殊的资产形式，它一方面具有货币所特有的流通和储备功能；另一方面又具有资金的职能，它在企业整个经营的各个阶段和资金活动的全过程中，发挥着其他资产无法替代的作用。

第三，现金是企业生产经营活动过程中暂时间歇的资产，企业经营不可能没有现金，但持有过量现金却会降低其盈利能力。

第四，企业一定时期现金的持有量是其偿付能力的重要标志，也是衡量其财务风险的重要依据。

2. 企业持有现金的目的

(1)交易性需要。

交易性需要又称为支付需要，是指企业为满足生产经营活动中的各种现金支付需要。例如，用于购买固定资产和原材料、支付工资、缴纳税金等。由于企业的现金流入与现金流出在时间上和数量上通常有一定的差异，因此，必须保持一定的现金余额以支付频繁的支出需要，满足交易需要的现金数额受很多因素的制约。不同性质的企业对现金数额的要求并不相同，例如，公用事业企业的交易，大部分通过银行转账来实现，现金回收预测比较正确，现金需要量相对较少。相反，零售商业企业的交易均需通过现金来实现，所以现金需要量相对较多。一般来讲，企业的业务量越大，所要保持的现金余额也越大。

(2)预防性需要。

预防性需要是指企业保持一定的现金余额以应付意外的现金需求。企业生产经营活动中正常现金需要可通过资金预测和计划来估算，但许多意外事件的发生将会影响和改变企业的正常现金需要量。比如，自然灾害、生产事故、客户款项不能如期支付以及国家政策的某些突然变化等等，这些都会打破企业原先预计的现金收支平衡。因此，企业需要保持一定的额外现金余额来应付可能发生的意外情况。

(3)投机性需要。

企业持有现金的另一个可能的动机是投机，即通过在证券市场上的炒作，或物资供应市场上的投机买卖来获取投机收益。比如，当市场上股票价格下跌时购入，当股票价格上扬时抛出，以获取资本利得；当企业预计原材料价格将有较大幅度的上升时，可利用手中多余的现金以目前较低价格购入原材料，使将来价格上升时少受影响。

企业持有的现金总额，应小于上述三种需要的总和。对一般企业来说，最重要的是交易性需要的现金持有，而对于预防性需要和投机性需要，除了一部分金融企业和投资公司外，专门持有的企业是很少的，只要企业保持良好的财务状况和融资能力，对于偶发性的资金需求都可以通过临时的融资来解决。

3.现金管理目标

企业现金管理中最重要的目标之一，就是保证企业良好的支付能力。企业如果不能支付到期的款项，将大大地损害企业的商业信誉，造成企业的信用损失，甚至导致企业陷入财务危机。显然，保持一定的现金余额将有助于防止上述现象的发生。但另一方面由于现金不能为企业带来投资收益，过多的持有现金将降低企业的资金使用效率，从而降低企业的价值，因此，现金管理的目的是在满足企业正常生产经营活动现金需求的基础上，尽量节约资金使用，降低资金成本，提高资金使用效益，在流动性与盈利性之间做出最佳选择。

4.现金管理的内容

现金管理的内容包括：

(1)编制现金计划或预算，以便合理地估计未来的现金需求；

(2)对日常的现金收支进行监控，力求加速收款，延缓付款；

(3)用特定的方法确定目标现金余额。

当企业实际的现金余额与理想的现金余额不一致时，采用短期融资策略或采用归还短期借款和投资于有价证券等策略来达到理想的现金使用状况。

现金管理的内容如图 8—1 所示。

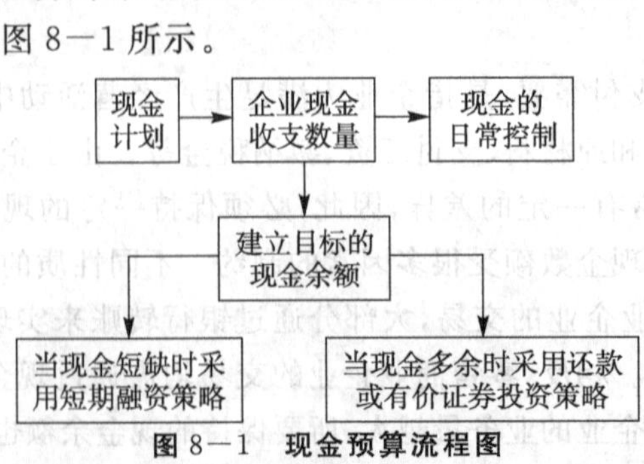

图 8—1　现金预算流程图

8.2.2　现金的日常管理

现金的日常管理是现金管理的一项经常性活动。其主要目的是在合理、合法前提下尽快收回现金，延迟支付现金，提高现金的周转速度。加强现金的日常管理，对于提高现金使用效率具有重要的意义。现金日常管理主要包括现金收入管理、现金支出管理和现金预算的管理。

1. 现金收入管理

企业在生产经营过程中，要尽可能加速现金回收，以提高现金的使用效率。一般来说，企业收到款项的时间主要包括票据邮寄时间、票据在企业的停留时间以及票据结算时间。为了加速现金的回收，就必须尽可能缩短收款的时间。因此，企业必须考虑如下三个问题：

①如何减少客户付款的票据邮寄时间；

②如何缩短票据停留在企业的时间；

③如何加快现金存入企业的银行账户过程。

通常，企业加快收款速度可采用以下方法。

(1)集中银行法。

集中银行法是指在收款比较集中的若干地区设立多个收款中心来代替通常只在公司总部设立的单一收款中心，并指定一个主要银行(通常是公司总部所在地的银行)作为集中银行，以加快账款回收速度的一种方法。采用集中银行法可以缩短收款时间，提高收款的效率。企业的客户只需将款项交到距其最近的收款中心即可，不必交到企业总部，各个收款中心的银行再将扣除补偿性余额的多余现金汇入企业总部的集中银行账户。

采用集中银行法的主要有以下两个方面：

①由各收款中心向各地区客户寄发付款账单，客户付款直接邮寄到最近的收款中心，因此，可以大大缩短账单和贷款的邮寄时间。

②各个收款中心收到客户寄来的支票，可以直接存入当地的银行，这样可以缩短支票兑现的时间。

总之，采用集中银行法收取现金可以尽量缩短收款的时间，加速现金回收，提高现金的使用效率。但是，这种方法也存在缺点，其主要缺点有以下两方面：

①各个收款中心的地方银行都要求有一定的补偿性余额，这样就增加了企业闲置的现金。设立的收款中心越多，补偿性余额也就越多，从而增加了现金的持有成本。

②设立收款中心需要一定的管理费用。收款中心设立得越多，发生的管理费用就越多，从而增加了企业的成本开支。

(2)锁箱法。

锁箱法也称邮政信箱法，是指企业在业务比较集中的地区租用专门的邮政信箱，并通知客户将款项直接寄到指定的邮政信箱，然后授权当地银行每天开启信箱，并及时进行票据结算的方法。由于客户直接将票据寄到当地指定的邮政信箱而不是企业总部，这样，就可以大大缩短票据的邮寄时间、加快款项回收速度，同时，也免除了企业办理收款及将款项存入银行等手续，缩短了票据停留在企业的时间。但是，采用锁箱法的成本较高。租用邮政信箱需要支付租金、授权当地银行开启邮政信箱、银行要收取额外的服务费用，同时，银行还要扣除一定数量的补偿性余额，这样，就增加了企业的费用支出。所以，企业在采用锁箱法时，要充分考虑到其优缺点，权衡利弊，以便取得较好的资金使用效果。

2. 现金支出管理

企业在加强现金收入管理的同时，还应当严格控制现金支出。与现金收入管理的加快收款速度相反，现金支出管理应当尽可能延迟现金支出的时间，在财务管理中，控制现金支出的方法主要有以下几种：

(1)运用现金浮游量。

现金浮游量是指企业账户上的现金余额与银行账户上所示的企业存款余额之间的差额。出现现金浮游量是由于企业提高收款效率和延迟付款时间所产生的结果。如果企业本身办理收款的效率高于接受其支票的企业的收款效率，就会产生现金浮游量，使企业账户上的现金余额小于其银行账户上所显示的存款余额。有时，企业账簿上的现金余额已经是零或者负数，而其银行账簿上企业的存款余额还有许多。这样，企业就可以充分利用这部分现金浮游量，大大地节约了现金，这就等于使用一笔无息贷款。一般来说，企业所能使用的现金浮游量多少主要取决于两个因素：第一，企业收到客户交来票据后，加速收款的能力；第二，企业在开出票据后，延迟付款的能力。有效率的企业会尽可能加快票据的兑现，并在允许的情况下，尽可能延缓所开出的票据的兑现时间。

(2)利用商业信用，控制付款时间。

企业在交易活动中要尽可能利用商业信用，延迟支付贷款的时间，这样可以最大限度地利用现金、提高现金使用效率、降低现金的成本。如企业在采购材料时，应当尽量争取最大的信用期限，并尽可能在折扣期限或者信用期限的最后一天支付货款。

(3)改进工资支付模式。

企业可以为支付工资而专门设立一个工资账户，代替全部采用现金支付工资的方法。为了最大限度地减少工资账户的存款余额，企业要合理预测开出的支付工资的支票到银行兑现的具体时间。一般来说，总是有一定比例的职工并不是立刻到工资账户上兑现工资，而是要在几日之后才去兑现。这样，企业就不必在发放工资的第一天就将全部工资款项都存入工资账户，而是陆续存入，以减少该款账的余额，达到充分利用现金的目的。例如，某企业每月的 15 日发放工资，根据以往经验，14 日、15 日、16 日、17 日以及 17 日以后兑现工资的比率分别为 10%、20%、30%、30%和 10%。这样，该企业就可以按照这一比率逐日陆续将款项存入银行账户中，既可以满足职工兑现工资的需要，又可减少工资账户的闲置现金，节约现金。

(4)力争使现金流出与现金流入同步。

企业在安排现金支出时，应当考虑到现金流入的时间，尽量使现金流出与现金流入同步。这样，可以减少交易性现金余额，并能减少有价证券转换为现金的次数，提高了现金的使用效率，节约了转换成本。

3. 现金预算管理

现金预算管理是现金日常管理的主要方法，现金计划与控制是通过编制现金预算实现的，现金预算的主要内容包括：

(1)现金收入。

现金收入主要包括以下几项内容：

①现金销售收入；

②应收账款收回；

③证券投资利息、股利收入；

④转让有价证券收入；

⑤发行新证券而收到的现金；

⑥其他现金收入。

(2)现金支出。

现金支出主要包括以下几项内容：

①各项营业费用的现金支出；

②支付应付账款支出；

③资本性支出；

④股利支山；

⑤债务本息支出；

⑥税金支付；

⑦其他现金支出。

(3)净现金流量。

净现金流量=现金收入-现金支出。

通过编制现金预算，企业可以有效的计划未来一定时期的现金流动，并可据以控制现金流动状况，提高现金管理效率和效果。

8.2.3　最佳现金持有量的确定

前面已经介绍现金管理的目的，现金是企业生产经营活动必不可少的资产。缺少现金的企业的日常支付就会发生困难，生产经营活动就会受到影响。但是，现金是一种盈利性较差的资产。如果企业持有的现金过多，就会使企业的收益下降，由此我们应正确认识到现金对企业财务既会产生有利影响，同时也会给企业财务带来不利影响。这样，就需要根据企业对现金的需求情况，确定理想的现金持有量，即最佳现金持有量。在财务管理中确定最佳现金持有量的方法很多，下面主要介绍因素分析模式、现金周转模式和存货模式等三种最常用的方法。

1. 因素分析模式

因素分析模式就是根据上年现金实际占用额以及本年有关因素的变动情况，对不合理的现金占用进行调整，来确定最佳现金余额的方法。这种方法在实际工作中具有较强的实用性，同时也比较简便易行。一般来说，现金持有量与企业的销售收入呈正比关系，销售收入增加，企业的现金需要量就会随之增加。因此，因素分析模式的计算公式可以表示如下：

最佳现金余额=(上年现金平均占用额-不合理占用额)×(1±预计销售收入变动百分比)

【例 8-1】 某企业 2008 年的现金实际平均占用额为 1 200 万元，经分析其中不合理的现金占用额为 40 万元。2009 年预计销售收入可比上年增长 5%。要求采用因素分析模式确定该企业 2009 年的最佳现金余额。

根据因素分析模式的计算公式，该企业 2009 年的最佳现金为余额为：

$$(1\,200-40)\times(1+5\%)=1\,218(\text{万元})$$

2. 现金周转模式

现金周转模式就是根据现金周转期来确定最佳现金持有量的方法。现金周转期是指现金投入从生产经营活动开始，经过生产经营活动等一系列过程，最终又转化为现金所需要的时间。在企业的全年现金需求总量一定的情况下，如果现金周转期越短，则企业的现金持有量就越小。现金周转期的计算公式为：

现金周转期＝应收账款周转期－应付账款周转期＋存货周转期

公式中，应收账款周转期是指从应收账款发生开始到收回应收账款所需要的时间；应付账款周转期是指从收到尚未付款的材料开始到偿还贷款支付现金所需要的时间；存货周转期是指从生产投入材料开始到产品出售为止所需要的时间。

现金周转期就是现金周转一次所需要的天数。根据现金周转期可以计算出现金周转率，即在一年中现金周转的次数。其计算公式为：

$$\text{现金周转率}=\frac{360}{\text{现金周转期}}$$

现金周转率越高，说明企业现金周转的速度越快，在全年现金需求总量一定的情况下，企业所需的现金持有量就越小。在企业全年的现金需求总量确定后，可以根据现金周转期或者现金周转率来计算最佳现金持有量，其计算公式为：

$$\text{最佳现金余额}=\frac{\text{年现金需求量}}{\text{现金周转率}}$$

或者

$$\text{最佳现金余额}=\frac{\text{年现金需求量}\times\text{现金周转期}}{360}$$

【例 8-2】 某企业的材料采购和产品销售都采用赊销方式，其应收账款的周转期为 50 天，应付账款的周转期为 40 天，存货的周转期 50 天。预计该企业 2009 年的现金需求总量为 1 080 万元。要求采用现金周转模式确定该企业 2009 年的最佳现金持有量。

首先，计算该企业的现金周转期为：现金周转期＝50－40＋50＝60(天)；

其次，计算该企业的现金周转率为：现金周转率＝360÷60＝6(次)；

最后，确定该要求的最佳现金余额为：最佳现金持有量＝1 080÷6＝180(万元)。

现金周转模式确定最佳现金余额方法简单明了，但是，要求企业的生产经营活动保持相对稳定。企业的生产和销售都比较平稳，并且要保持长期稳定的信用政策，否则，计算出的最佳现金余额是不确定的。

3. 成本分析模式

成本分析模式分是通过分析持有现金的成本，寻找持有成本最低的现金持有量。企业持有的现金，将会有三种成本，这一系列成本的产生便是现金给企业财务带来不利影响的具体表现。

(1)机会成本。

现金的机会成本又称作投资成本。现金作为企业的一项资金占用,是有代价的,这种代价是资金因被占用在现金状态而丧失投资于其他领域所获得的收益或者是资金的成本。企业的投资收益率或资金成本率越高,持有现金的机会成本越大。现金持有量越大,机会成本越大。企业为了经营业务,需要拥有一定的现金,付出相应的机会成本代价是必要的,但现金拥有量过多,机会成本代价大幅度上升就不合算了。持有成本的大小,通常用有价证券的利率来衡量。

(2)管理成本。

为了保证现金的安全性和完整性,企业应对现金采取一定的管理措施,会发生管理费用,如管理人员工资、安全措施费等,这些费用是现金的管理成本。当现金的持有量在一定的范围内变化时,管理成本是不变的,即是固定成本。

(3)短缺成本。

现金的短缺成本,是因缺乏必要的现金,不能应付业务开支所需,而使企业蒙受损失或为此付出的代价。现金的短缺成本一部分是确知的,可以量化。如不能进行及时采购导致的经营中断的损失;而另一部分是很难量化的,如不能进行按期偿债造成的信用损失。现金的短缺成本随现金持有量的增加而下降,随现金持有量的减少而上升。

当上述三项成本之和最小时的现金持有量,就是最佳现金持有量,如果把以上三种成本与持有量的关系放在一个图上(见图 8－2),就能表现出持有现金的总成本(总代价),找出最佳现金持有量的点。机会成本线向右上方倾斜,短缺成本线向右下方倾斜,管理成本线为平行于横轴的平行线,总成本线便是一条抛物线,该抛物线的最低点 M 即为持有现金的最低总成本。在 M 点左边,短缺成本随持有量的增长而下降的幅度大于机会成本上升的幅度,因此总成本下降;在 M 点右边,机会成本上升的幅度又会大于短缺成本下降的幅度,总成本上升,这一点在横轴上的量 Q,即是最佳现金持有量。

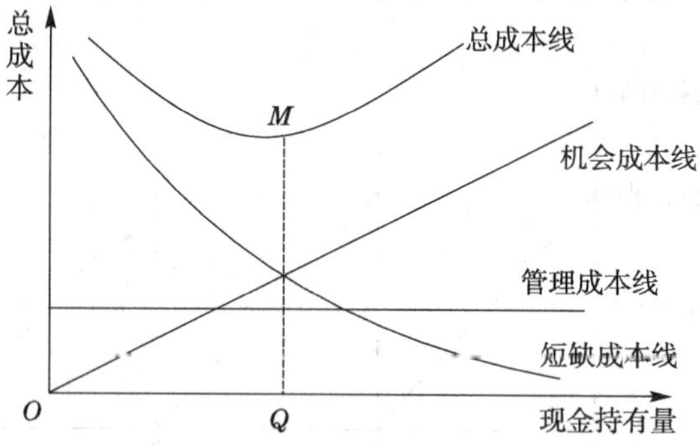

图 8－2　现金持有成本关系

最佳现金持有量的成本分析模式在实际当中的运用,一般是通过比较成本的方法来进行。可以先分别计算出各种方案的机会成本、管理成本、短缺成本之和,再从中选出总成本之和最低的现金持有量即为相对最佳现金持有量。

【例 8-3】 某企业有四种现金持有方案,它们各自的机会成本、管理成本、短缺成本见下表:

表 8－1　某企业现金持有成本分析表　　单位：元

项　目	甲方案	乙方案	丙方案	丁方案
现金持有量	35 000	60 000	85 000	100 000
机会成本	4 200	7 200	10 200	12 000
管理成本	2 000	2 000	2 000	2 000
短缺成本	10 000	8 750	3 500	1 500
总成本	16 200	17 950	15 700	15 500

将以上各方案的总成本加以比较可知，丁方案的总成本最低。也就是说当企业持有100 000元现金时，总成本为15 500元，总成本最低，对企业最合算，故100 000元是该企业的最佳现金持有量。

4.现金存货模式

存货模式又称现金有价证券配合模式。这个模式将持有现金的机会成本同证券买卖的交易成本进行权衡，用以解决企业现金的最佳持有量和一定时期内有价证券的最佳变现次数问题。

该模式确定现金最佳持有量要建立在这样一些条件之上：

①企业一定时期内收入与耗用的现金均匀、稳定且可预测；

②短期有价证券的利率或报酬率可知；

③每次将有价证券变现为现金的交易成本可知；

④一定时期内企业现金总需求量为已知。

现金持有量的总成本包括机会成本和交易成本。这里指的机会成本是指企业持有现金时丧失的将这些资金投资于证券可得的利息收入。这里的交易成本是指证券每次变现所花费的经纪费用等。机会成本和交易成本的变化方向恰好相反，机会成本随持有量的增大而增大，交易成本随持有量的增大而减少。下图给出了现金的持有量变动情况。

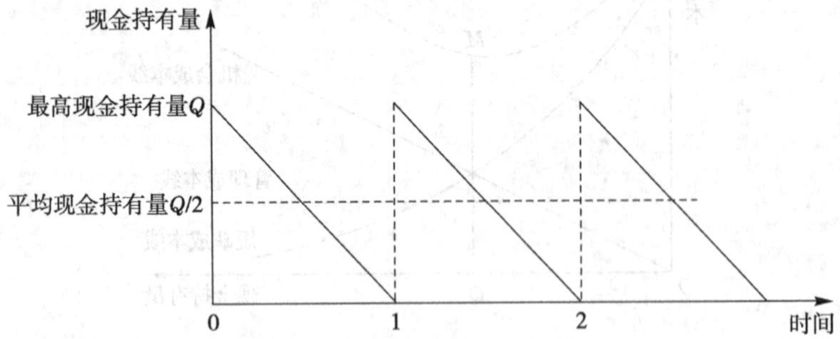

图 8－3　现金持有量变动情况

假设期初有现金Q元，当现金耗尽时，就需出售Q元的有价证券来补充现金资产。则现金持有总成本可用下列公式表示：

总成本＝机会成本＋交易成本

即：$TC=\frac{Q}{2}i+\frac{T}{Q}b$

式中：TC——总成本；

Q—— 现金持有量；

i ——有价证券的收益率；

T——在一定时期内现金总需要量；

b——有价证券的每次交易成本。

我们的目标是要权衡这两种成本，使它们的总成本最低，最佳现金持有量就是相对于总成本最底的那一点现金持有量 Q^*，其关系可用下图表示：

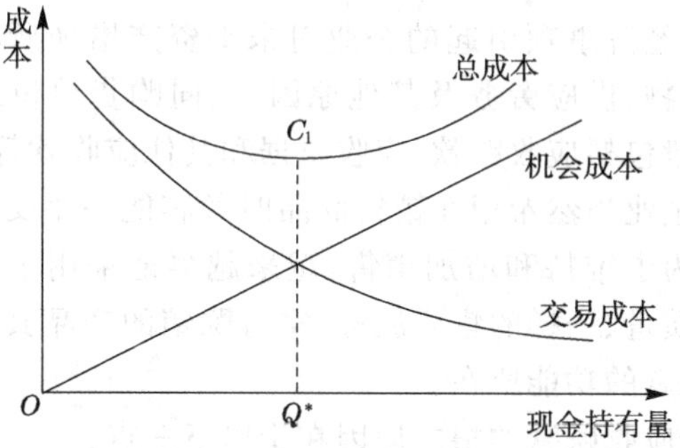

图 8—4 现金存货模式

最佳现金持有量可按总成本公式求导取得，当 TC 的一阶导数等于零时的持有量即为最佳持有量 Q^*。

由：$TC'=\frac{i}{2}-\frac{T}{Q^2}b=0$

可得下列公式：$Q^*=\sqrt{\frac{2bT}{i}}$

将最佳现金持有量代入总成本的计算公式，可得持有现金总成本（TC^*）的计算公式，即 $TC^*=\sqrt{2bTi}$

年内最佳现金交易次数 N^*：$N^*=\frac{T}{Q^*}$

【例 8-4】 某企业预计在年内经营所需现金为 300 000 元，准备用有价证券变现取得，其日常的收支较为均衡，每次有价证券的交易成本 150 元，有价证券年收益率为 10%，可求得

$$Q^*=\sqrt{\frac{2\times150\times300\ 000}{10\%}}=30\ 000（元）$$

$$N^*=\frac{300\ 000}{30\ 000}=10（次）$$

$$TC^*=\sqrt{2\times150\times300\ 000\times10\%}=3\ 000（元）$$

除上述模式确定现金最佳持有量外，当企业在现金流入与流出不稳定，但每日现金净流量的分布接近正态分布情况下，确定最佳现金持有量时可采用随机模式。这一模式的基本思想是制定一个现金控制区域，定出上限和下限。上限代表现金持有量的最高点，下限代表最低点。当现金持有量达到上限时则将超量现金转换为有价证券；当现金下降到下限时，则将有价证券转换为现金，从而使现金持有量经常处在两个极限之间，由此也就控制在合理区间内。

8.3 应收账款管理

8.3.1 应收账款的概述

1. 应收账款的意义

应收账款是指各类经济事项引起的企业对未来资产增加所具有的要求权。简单地讲是企业因对外销售货物、供应劳务及其他原因，应向购货单位或接受劳务的单位及其他单位收取的款项，一般包括应收账款、应收票据和其他应收款等。

现实可能条件下，企业当然希望在销售商品时顾客能一手交钱一手交货。但是随着市场竞争的加剧，企业为了维持和增加销售，越来越多地采用了赊销手段。对于同等的产品价格、类似的产品质量、一样的售后服务，实行赊销的产品其销售额将大于现销的销售额。这也正是应收账款的功能所在。

综合起来企业持有应收账款的根本原因在于以下三点：

(1)市场竞争的需要。

这是发生应收账款的主要原因。在市场经济的条件下，存在着激烈的商业竞争，竞争机制的作用迫使企业以各种手段扩大销售，除了依靠产品质量、价格、售后服务、广告等手段外，赊销也成了促销的手段之一。出于扩大销售的竞争需要，企业不得不以赊销或其他优惠方式招揽顾客，于是就产生了应收账款。

(2)减少存货，加速资金周转的需要。

企业持有产品，要增加库存，势必增加管理费用，相反，通过较为优惠的赊销条件，把存货转化为应收账款，减少各种支出，加速存货周转，提高资金效率。

(3)结算的需要。

在支票结算过程中，发货的时间和收到货款的时间也会有不同，这是因为货款结算需要时间的缘故。结算手段越是落后，结算所需时间越长，销售企业只能承认这种现实并承担由此引起的资金垫支。

因赊销引起的应收账款，是一种商业信用。因此前面两点可以认为是商业信用产生的应收账款。本节讨论的应收账款管理主要是针对这方面的。

2. 应收账款成本

企业占用在应收账款上的资金，会发生各种成本，主要包括以下几个方面：

(1)机会成本。

企业的资金如不占用在应收账款上(如剔除因赊销而扩大销售量这一因素)，可用于其他投资或存入银行而获取收益。这种因投放于应收账款而放弃的其他收益就是机会成本。确定该机会成本有三个因素：应收账款数额、企业进行其他投资的收益率及持有时间。其计算公式为：

$$\text{应收账款机会成本}=\text{维持赊销业务所需要资金}\times\text{资金成本率}$$

$$\text{维持赊销业务所需要资金}=\text{应收账款平均余额}\times\text{变动成本率}$$

$$\text{应收账款平均余额}=\frac{\text{年赊销额}}{360}\times\text{平均收账天数}$$

(2)管理成本。

应收账款的管理成本主要费用有:①调查客户信用情况的费用;②催收和组织收账的费用;③其他费用。

(3)坏账成本。

应收账款因不能收回而发生的损失,就是坏账成本。发生坏账的原因主要是因为客户破产、解散、财务状况恶化或拖欠时间较长等。一般来说应收账款数额越大,拖欠时间越长,发生坏账成本的可能性就越大。

3. 应收账款的管理目标

由于应收账款一方面可以提高销售收入,相应的也会产生成本支出,即收益与风险并存,这就要求企业在制定应收账款信用政策时,要在所增加的收益与这种政策所增加的成本之间做出权衡,只有当应收账款增加的收益超过所增加的成本时,才应实施赊销。应收账款的管理目标是:在发挥应收账款扩大销售,提高企业竞争力的同时,尽可能降低机会成本,减少坏账损失和管理成本,提高应收账款的效益。

良好的应收账款管理可以刺激销售,同时将应收账款控制在适当的水平上,不使应收账款占用过多资金,同时可以有效的防止过量的坏账发生和减少收款费用。相反如果企业不能对应收账款进行有效管理,赊销很可能给企业带来损失,使赊销变的得不偿失。

8.3.2 应收账款信用政策

应收账款管理的好坏在很大程度上取决于应收账款的信用政策。应收账款信用政策又称应收账款政策,是指企业为对应收账款进行规划与控制而确立的基本原则与行为规范,是企业财务政策的一个重要组成部分。怎样根据客户具体情况来制定信用政策,是一项具体而且重要的工作。企业对客户信用政策要求高,应收账款占用少,坏账损失也少,但销售收入也下降,反之则相反。应收账款信用政策包括:信用期间、信用标准、现金折扣政策。

1. 信用期间

信用期间是企业允许顾客从购货到付款之间的时间,或者说是企业给予顾客的付款期间。例如,若某企业允许顾客在购货后的50天内付款,则信用期间为50天。信用期过短,不足以吸引顾客,在竞争中会使销售额下降;信用期过长,对销售额增加固然有利,但只顾及销售增长而盲目放宽信用期间,所得的收益有时会被增长的费用所抵消,甚至造成利润减少。因此,信用期间企业必须慎重研究,细致分析,确定合理的信用期间。

信用期间的确定,主要是分析改变现行信用期对收入和成本的影响。延长信用期间,会使销售额增加,产生有利的影响;与此同时,应收账款、收账费用和坏账费也相应的增加,会产生不利影响。当前者大于后者时,可以延长信用期,否则不宜延长。

2. 信用标准

信用标准是指客户获得建立交易信用所应具备的条件。如果客户达不到信用标准条件,便不能享受企业的信用或只能享受较低的信用优惠。

信用标准的确定,应通过对客户资信程度的调查和分析,判断客户的信用等级,决定是否给予客户信用。客户的资信程度主要由五个因素构成:

(1)信用品质,信用品质是指客户履约或赖账的可能性,这是决定是否给予客户信用的首要因素,主要通过客户以往的付款履约记录进行评价。

(2)偿债能力,通过对客户财务报表的分析确定其偿还债务的能力。

(3)资本,主要是客户所拥有的资产总量和获利的可能性,表明客户可能偿还债务的背景。

(4)担保品,即客户拒付款项或无力支付款项时能用作抵押的资产,尤其是存货和应收账款数量和质量。

(5)经济情况,即不利的经济环境对客户偿债能力的影响及客户是否具有较强的应变能力。

3. 现金折扣政策

现金折扣政策是指在信用销售方式下,当销售实现以后,为了鼓励客户尽快付款而规定在短于信用期内付款时给予客户付款的优惠。它不同于商业折扣。现金折扣政策主要包括折扣期限与折扣率,折扣期限是为客户规定的可享受现金折扣的付款时间,现金折扣的通常表达方法为"折扣率/折扣期限",如"2/20,N/40"表示 20 天内付款可享受 2%的价格优惠,如在 20 天后付款无现金折扣,最后付款期限在 40 天。

信用期限和现金折扣政策结合使用举例:

【例 8-5】 某企业本年度的销售收入为 792 000 元,管理成本 2 000 元,信用期 60 天,坏账损失率为 15‰。在确定下年度的信用政策时,有 A、B 两个方案可供选择,有关内容表 8－2,假设销售利润率仍为 20%,企业投资报酬率为 15%。应采用何方案为好?

表 8－2 某企业信用政策的 A、B 方案表

信用政策 A		信用政策 B	
信用政策:信用期 60 天,无现金折扣		信用政策:信用期 30 天,现金折扣政策(2/10,N/30)	
预计销售额	936 000 元	预计销售额	954 000 元
变动成本率	75%	变动成本率	75%
预计坏账损失率	15‰	预计坏账损失率	15‰
预计管理成本	3 200 元	预计管理成本	1 200 元
预计享受现金折扣销售占总销售额比例	0	预计享受现金折扣销售占总销售额比例	50%
预计平均收款期	75 天	预计平均收款期	25 天

方案 A:

(1)收益的变化:(936 000－792 000)×20%＝28 800(元)

(2)成本的变化:

①机会成本的变化:$(\frac{936\ 000}{360}\times 75-\frac{792\ 000}{360}\times 60)\times 75\%\times 15\%=7\ 087.50$(元)

②坏账成本的变化:936 000×15‰－792 000×15‰＝2 160(元)

③管理成本的变化:3 200－2 000＝1 200(元)

总成本的变化:7 087.50＋2 160＋1 200＝10 447.5(元)

(3)净收益的变化:28 800－14 407.50＝18 352.5(元)

方案 B:

(1)收益的变化：(954 000－792 000)×20%＝32 400(元)

(2)成本的变化：

①机会成本的变化：$(\frac{954\ 000}{360}\times 25-\frac{792\ 000}{360}\times 60)\times 75\%\times 15\%=-7\ 396.88$(元)

②坏账成本的变化：954 000×15‰－792 000×15‰＝2 430(元)

③ 管理成本的变化：1 200－2 000＝－800(元)

④现金折扣支出：954 000×50%×2%＝9 540(元)

总成本的变化：－7 396.88＋2 430－800＋9 540＝3 773.12(元)

(3)净收益的变化：32 400－3 773.12＝28 626.88(元)

比较A、B两个方案，由于B方案可获得的利润多，所以应采用B方案的信用政策。

8.3.3 收账政策

收账政策是指企业针对客户违反信用条件，拖欠甚至拒付账款所采取的收账策略与措施。

在企业向客户提供商业信用时，必须考虑三个问题：其一，客户是否会拖欠或拒付账款，程度如何；其二，怎样最大限度地防止客户拖欠账款；其三，一旦账款遭到拖欠甚至拒付，企业应采取怎样的对策。一、二两个问题主要靠信用调查和严格信用审批制度，第三个问题则必须通过制定完善的收账方针，采取有效的收账措施予以解决。

从理论上讲，履约付款是客户不容置疑的责任与义务，债权企业有权通过法律途径要求客户履约付款。但如果企业对所有客户拖欠或拒付账款的行为均付诸法律解决，往往并不是最有效的办法，因为企业解决与客户账款纠纷的目的，主要不是争论谁是谁非，而在于怎样最有成效地将账款收回。实际上，各个客户拖欠或拒付账款的原因是不尽相同的，许多信用品质良好的客户也可能因为某些原因而无法如期付款。此时，如果企业直接向法院起诉，不仅需要花费相当数额的诉讼费，而且除非法院裁决客户破产，否则效果往往也不很理想。所以，通过法院强行收回账款一般是企业不得已而为之的最后的办法。基于这种考虑，企业如果能够同客户商量个折中的方案，也许能够将大部分账款收回。

通常的步骤是：当账款被客户拖欠或拒付时，企业应当首先分析现有的信用标准及信用审批制度是否存在纰漏；然后重新对违约客户的资信等级进行调查、评价。将信用品质恶劣的客户从信用名单中删除，对其所拖欠的款项可先通过信函、电讯或者派员前往等方式进行催收，态度可以渐加强硬，并提出警告。当这些措施无效时，可考虑通过法院裁决。为了提高诉讼效果，可以与其他经常被该客户拖欠或拒付账款的企业联合向法院起诉，以增强该客户信用品质不佳的证据力。对于信用记录一向正常的客户，在去电、去函的基础上，不妨派人与客户直接进行协商，彼此沟通意见，达成谅解妥协，既可密切相互间的关系，又有助于较为理想地解决账款拖欠问题，并且一旦将来彼此关系置换时，也有一个缓冲的余地。当然，如果双方无法取得谅解，也只能付诸法律进行最后裁决。

除上述收账政策外，有些国家还兴起了一种新的收账代理业务，即企业可以委托收账代理机构催收账款。但由于委托手续费往往较高，许多企业，尤其是那些资财较小、经济效益差的企业很难采用。

企业对拖欠的应收账款，无论采用何种方式进行催收，都需要付出一定的代价，即收账费用，如收款所花的邮电通讯费、派专人收款的差旅费和不得已时的法律诉讼费等。通常，企业为了扩大销售，增强竞争能力，往往对客户的逾期未付款项规定一个允许的拖欠期限，超过规定的期限，企业就应采取各种形式进行催收。如果企业制定的收款政策过宽，会导致逾期未付款项的客户拖延时间更长，对企业不利；收账政策过严，催收过急，又可能伤害无意拖欠的客户，影响企业未来的销售和利润。因此，企业在制定收账政策时，要权衡利弊，掌握好宽严界限。

一般而言，企业加强收账管理，及早收回账款，可以减少坏账损失，减少应收账款上的资金占用，但会增加收账费用。因此，制定收账政策就是要在增加收账费用与减少坏账损失、减少应收账款机会成本之间进行权衡，若前者小于后者，则说明制定的收账政策是可取的。

【例 8-6】 收账政策的确定

已知某企业应收账款原有的收账政策和拟改变的收账政策如表 7—3 所示：

表 8—3 某企业收账政策备选方案资料

项　目	现行收账政策	拟改变的收账政策
年收账费用(万元)	90	150
应收账款平均收账天数(天)	60	30
坏账损失占赊销额的百分比(%)	3	2
赊销额(万元)	7 200	7 200
变动成本率%	60	60

假设资金利润率为 10%，根据表中的资料，计算两种方案的收账总成本如表 8—4 所示。

表 8—4 收账政策分析评价表　　单位：万元

项　目	现行收账政策	拟改变的收账政策
赊销额	7 200	7 200
应收账款平均收账天数(天)	60	30
应收账款平均余额	7 200÷360×60=1 200	7 200÷360×30=600
应收账款占用的资金	1 200×60%=720	600×60%=360
收账成本：		
应收账款机会成本	720×10%=72	360×10%=36
坏账损失	7 200×3%=216	7 200×2%=144
年收账费用	90	150
收账总成本	378	330

影响企业信用标准、信用条件及收账政策的因素很多，如赊销额、赊销期限、收账期限、现金折扣、坏账损失、过剩生产能力、信用部门成本、机会成本、存货投资等的变化。这就使得信用政策的制定更为复杂，一般来说，理想的信用政策就是企业采取或松或紧的信用政策时所带来的收益最大的政策。

8.3.4 应收账款的日常管理

企业应收账款的日常管理主要包括如下要点。

1. 监督应收账款的收回

一般讲客户账款拖欠时间越长，款项收回的可能性越小，形成坏账的可能性越大，对此企业应实施严密的监督，随时掌握回收情况。对于应收账款的日常监督，可以通过编制账龄分析表来进行。

表 8—5 账龄分析表 （200＊年12月31日）

应收账款账龄	客户数量	金额（万元）	百分率（%）
信用期内	120	680	56.20
超过信用期 1～30 天	40	260	21.49
超过信用期 31～180 天	20	120	9.92
超过信用期 181～360 天	30	100	8.26
超过信用期 360 天以上	10	50	4.13
合计	220	1 210	100.0

通过对应收账款账龄分析，提示财务管理人员把催收逾期应收款项视为工作侧重点的同时，有必要进一步研究与制定新的信用政策。同时应建立购货单位的信用记录，特别是那些逾期付款的情况、原因和问题，应详细登记并对其信用程度加以分析，作为以后是否给予信用付款的依据。

2. 坏账损失的处理

在市场经济条件下，企业在商业信用的提供过程中坏账损失的发生是不可避免的。按现行企业财务制度规定，企业可以在发生坏账当期直接冲销，也可以从稳健原则考虑，于年度终了采用一定的方法计提坏账准备金。

3. 组织应收账款的收回

组织应收账款的收回是对应收账款管理中的一项重要工作，也是减少坏账的一项措施，也称为收账政策。一旦出现发生坏账的迹象，企业就要尽力催收。例如，在没有按时收到客户的货款时，对过期一周内的客户可不予打扰，对过期一周以上尚未付款的客户可以发出一封货款过期通知书，即催债信，对过期一个月的客户可再寄措辞更为严厉的催债信，对过期两个月的客户直接打电话催讨，如果过期三个月，可交由专门的收账公司催讨，或诉之于法庭。收账政策是应收账款决策的一个组成部分。企业在催收账款时，要在支出收账费用同时，在中断和该客户关系的危险与损失这笔账款之间进行抉择，企业应将不同的收账政策的收益与成本进行分析，从中找出最佳的收账政策。

8.4 存货管理

存货是企业生产经营过程中储存的供销售或耗用的物资，包括原材料、低值易耗品、在产品、产成品、商品等。存货在企业流动资产中一般都有占较大比重。因此，存货管理的好坏，对企业财务状况会产生很大影响。

8.4.1 存货管理的目标

1. 储备存货的原因

如果工业企业能在生产投料时随时购入所需的原材料。或者商业企业能在销售时随时购入该项商品,就不需要存货。但实际上,企业总有储存存货的需要,原因如下所述。

(1)防止停工待料。

实际上,企业很少能做到随时购入生产或销售所需的各种物资,即使是市场供应量充足的物资也如此。因为一方面,企业采购、生产和销售之间存在时间差异,即企业购入材料到投入生产,或者从产出产品到实现销售,都有一定的时间差异,另一方面,存货在运输过程中也需要一定的时间。出于以上考虑,企业需要储备一定的存货。此外,市场也不是一成不变的,原材料供应市场和产品销售市场总是会有变化,为了防止原材料市场供应中断和产品销售市场需求旺盛而造成缺货,也应当储备一定的存货。

(2)适应市场变化。

存货储备能增强企业在生产和销售方面的机动性以及适应市场变化的能力。企业有了足够的库存产成品,能有效地供应市场,满足顾客的需要。相反,若某种畅销产品库存不足,将会坐失目前的或未来的推销良机,并有可能因此而失去顾客。在通货膨胀时,适当地储存原材料存货,能使企业获得因市场物价上涨而带来的好处。

(3)降低进货成本。

很多企业为扩大销售规模,对购货方提供较优厚的商业折扣待遇,即购货达到一定数量时,便在价格上给予相应的折扣优惠。企业采取批量集中进货,可获得较多的商业折扣。此外,通过增加每次购货数量,减少购货次数,可以降低采购费用支出。即便在推崇以零存货为管理目标的今天,仍有不少企业采取大批量购货方式,原因就在于这种方式有助于降低购货成本,只要购货成本的降低额大于因存货增加而导致的储存等各项费用的增加额,便是可行的。

(4)维持生产均衡。

对于所生产产品属于季节性产品,生产所需材料的供应具有季节性的企业,为实行均衡生产,降低生产成本,就必须适当储备一定的半成品存货或保持一定的原材料存货。否则,这些企业若按照季节变动组织生产活动,难免会产生忙时超负荷运转,闲时生产能力得不到充分利用的情形,这也会导致生产成本的提高。其他企业在生产过程中,同样会因为各种原因导致生产水平的高低变化,拥有合理的存货可以缓冲这种变化对企业生产活动及获利能力的影响。

2. 储备存货的有关成本

与储备存货有关的成本,包括以下三种:

(1)取得成本

取得成本指为取得某种存货而花费的代价,通常由订货成本和购置成本两部分构成。

①订货成本

订货成本指取得订单的成本,如采购部门的办公费、采购人员差旅费、邮费、电报电话费等支出。订货成本中有一部分与订货次数无关，如常设采购机构的基本开支等，称为固定订货成本；另一部分与订货次数有关，这类成本与订货次数成正比，如差旅费、邮资等，称为变动订货成本。订货成本应为变动订货成本与固定订货成本之和；

②购置成本（TC_a）

购置成本指存货本身的价格，通常用数量与单价的乘积来确定，当存货价格保持不变，并且无数量折扣时，存货的购置成本是稳定的，若存货购置有数量折扣时，必须考虑订购批量变动时购置成本的变动。订货成本加上购置成本，即为存货的取得成本。其公式可表达为：

取得成本＝订货成本＋购置成本

＝固定订货成本＋变动订货成本＋购置成本

$$TC_a=F_1+\frac{D}{Q}K+DU$$

式中：TC_a——取得成本；

F_1——固定订货成本；

D——某一时期存货需要量；

Q——每次进货量；

K——每次订货的变动成本；

U——存货的单价。

(2)储存成本（TC_c）

储存成本指为储存存货而发生的成本，包括存货占用资金所应计的利息、仓储费用、保险费用、存货毁损和变质损失等等。储存成本分为固定储存成本和变动储存成本. 固定储存成本与存货数量的多少无关，如仓库折旧、仓库职工的固定月工资等. 变动储存成平与存货的数量有关，如存货资金的应计利息、存货的毁损和变质损失、存货的保险费用等，变动储存成本通常用平均存货量与单位存货的变动储存成本的乘积表示。储存成本的公式表达为

储存成本＝固定储存成本＋变动储存成本

$$TC_c=F_2+\frac{Q}{2}K_c$$

式中：TC_c——储存成本；

F_2——固定储存成本；

K_c——单位存货的变动储存成本。

(3)缺货成本（TC_s）

缺货成本指由于存货供应中断而造成的损失，包括材料供应中断造成的停工损失、产成品库存缺货造成的拖欠发货损失、丧失销售机会的损失和企业信誉损失。如果生产企业以紧急采购代用材料解决库存材料中断之急，那么缺货成本表现为紧急额外购入材料而超过正常开支的成本。

储备存货的总成本应为上述三种成本之和。它的计算公式为：

$$TC=TC_a+TC_c+TC_s$$

式中 ：TC——储存存货的总成本；

TC_s——缺货成本。

3. 存货管理的目标

企业因生产经营和降低成本的需要而应当储备一定的存货，但是，储备存货在降低存货短缺成本给企业增加效益的同时，也会增加存货取得和储存成本。进行存货管理，就要尽力在各种存货成本与存货效益之间做出权衡，达到两者的最佳结合，这就是存货管理的目标。

8.4.2 经济订货量基本模型

按照存货管理的目标，需要确定合理的进货批量和进货时间，使存货的总成本最低，这个批量叫做经济订货量或经济批量。确定了经济订货量，便可以相应地找出最适宜的进货时间和进货周期。影响存货成本的因素很多，在确定经济订货量的过程中，应先舍弃一些因素，要设立一些假设，在此基础上建立经济订货量的基本模型。

采用经济订货量基本模型确定经济订货量应满足以下的假设条件：

①存货市场供应充足且企业资金充裕，即企业需要订货时便可立即取得存货；

②能集中到货且不允许缺货，即无缺货成本；

③一定时期的存货需求量稳定，并且能预测：

④存货单价已知，不考虑现金折扣；

⑤每次变动订货成本和一定时期内的单位存货变动储存成本不变；

⑥存货均衡耗用。

在上述假设条件建立后，存货总成本的公式可以简化为：

$$TC=F_1+\frac{D}{Q}K+DU+F_2+\frac{Q}{2}K_c$$

当 F_1；K；D；U；F_2；K_c 为常量时，TC 的大小取决于 Q。为了求出 TC 的极值对其进行求导算，可得出下列公式：

$$TC'=\frac{K_c}{2}-\frac{DK}{Q^2}=0$$

解出：

$$Q^*=\sqrt{\frac{2KD}{K_c}}$$

而此时 TC 的二阶导数 $TC''=\frac{2DK}{Q^3}$，因 D,K,Q 均为正数，故 TC'' 必大于 0，说明 Q^* 为使总成本最低的订货量，即最佳订货量。

其他有关指标：

最佳订货次数 $N^*=\frac{D}{Q^*}=\sqrt{\frac{DKc}{2K}}$

货量有关的存货总成本 $TC(Q^*)=\sqrt{2KDKc}$

最佳订货周期 $t=\frac{1}{N^*}=\sqrt{\frac{2K}{DKc}}$

经济订货量占用资金 $I^*=\frac{Q^*}{2}U=\sqrt{\frac{KD}{2Kc}}U$

对于经济订货量基本模型的原理也可以用函数图来描述，见图 7—5

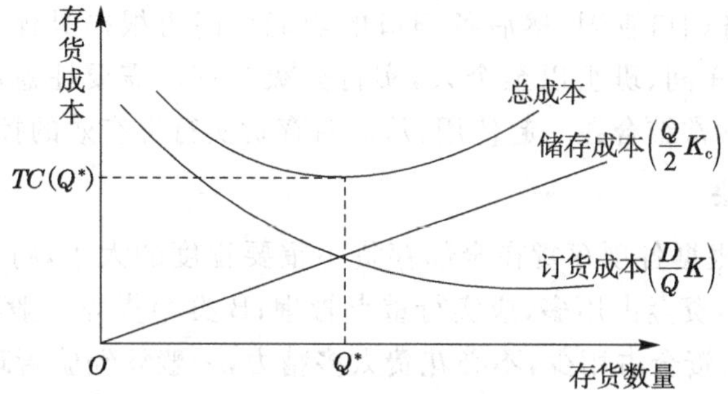

图 8—5 经济订货量基本模型

图 7—4 中，总成本为与存货储存量有关的成本，即

$$TC_{(Q)}=\frac{D}{Q}K+\frac{Q}{2}K$$

订货成本随订货量的增加而减少，储存成本则随订货量的增加而增加；当储存成本和订货成本相等时，总成本最低。

【例 8-7】 某商业企业 X 年需要销售某种商品 360 000 件，该商品单位成本为 100 元，每件的年储存成本为 2 元，每次订货成本为 2 500 元，则：

$$Q^*=\sqrt{\frac{2KD}{Kc}}=\sqrt{\frac{2\times 360\ 000\times 2\ 500}{2}}=30\ 000(\text{件})$$

$$N^*=\sqrt{\frac{DKc}{2K}}=\sqrt{\frac{360\ 000\times 2}{2\times 2\ 500}}=12(\text{次})$$

$$TC(Q^*)=\sqrt{2KDKc}=\sqrt{2\times 2\ 500\times 360\ 000\times 2}=60\ 000(\text{元})$$

$$t^*=\frac{1}{N^*}=\frac{1}{12}$$

$$I^*=\sqrt{\frac{KD}{2Kc}}U=\frac{Q^*}{2}U=\frac{30\ 000}{2}\times 100=1\ 500\ 000(\text{元})$$

8.4.3 其他存货控制方法

1. 定额控制

所谓定额控制，就是从满足生产经营的需求和最大限度地节约资金的角度出发，采用一定的核定方法，制定生产经营过程中存货资金占用的数量标准，并用于指导存货管理的实践，从而对存货进行有效的控制；定额控制是财务控制的一种方式，存货定额作为一种数量标准，是衡量存货资金运用效率的尺度。一旦确定下来，就成为各个部门、各个生产环节存货占用资金的计划依据，也可作为对各职能部门的存货管理水平进行评价的标准，在定额的执行中出现偏差是正常的。一般来说，在业务量一定的前提下，如果发现超定额偏差，应及时分析原因，并采取措施加以纠正，以通过纠正偏差来达到对存货的有效控制。此时，存货的定额控制是否成功，关键在于定额标准的制定是否科学合理并得到有效贯彻。

2. 分级归口控制

所谓分级归口控制，是指在厂长经理的领导下，以财务部门为核心，按照使用资金和管理资金相结合,物资管理和资金管理相结合的原则,将存货的定额和计划指标,按各职能部门所涉及的业务归口管理,然后各归口的职能部门再根据具体情况,将资金计划指标进行分解,落实到车间、班组以至个人,实行分级管理。需要注意的是,存货的分级归口控制和定额控制常常结合在一起使用,从而对存货实行更有效的控制。

3. ABC 控制法

ABC 控制法是根据各项存货在全部存货中重要程度的大小,将存货划分为 ABC 三类,A 类存货数量少,资金占用多,应实行重点管理;B 类存货为一般存货,应实行常规管理;C 类存货数量多,资金占用少,不必花费太多精力,一般凭经验管理即可。对存货进行分类并实行不同的控制方法,有利于抓住重点,从而有效地控制主要存货资金。一般来说,A 类存货的品种、数量通常约占全部存货品种数量的 5%－20%,资金约占存货总金额的 60%—80%;B 类存货的品种、数量通常约占全部存货的 20%－30%,资金约占存货总金额的 15%—30%;C 类存货的品种、数量约占全部存货的 60%－70%,资金约占存货总金额的 5%－15%。

对于 A 类存货,应保持严密控制,经常检查库存,详细、科学、准确地确定该类存货的经济批量及有关定额;对于 C 类存货,可采用比较简化的控制方式进行管理,如集中采购、适当加大安全的存量等,以节约订货费用,同时避免缺货损失;B 类存货的控制介于 A 类和 C 类存货之间,可根据其在生产中的重要程度和采购的难易程度分别采用 A 类和 C 类存货的控制方法。

4. 现代存货控制方法:JIT 和 MRPⅡ

JIT 和 MRPⅡ是两种比较先进的存货控制方法。JIT(just－in－time)的中文意义为适时性管理;它要求企业在生产经营的需要与材料物资的供应之间实现同步。使物资传送与作业加工速度处于同一节拍,最终将存货降低到最小限度,甚至没有存货(零库存);适时性管理的好处在于消除了大量的存货,节约了在储备存货上所占用的资金及相应的储存成本,从而提高生产效率及效益。当然,适时性管理也对供应商、员工、生产系统提出了更高的要求,只有这些要求能够得到满足,适时性管理才能取得成功。MRPⅡ(Manufacturing Resources Planning)是在 MRP(Material Requirements Planning)的基础上发展起来的。MRP 就是利用电子计算机把企业的各子系统有机地结合起来,从而形成一个面向整个企业的一体化系统。它首先根据市场需求预测和客户订单编制主生产计划,然后对产品进行分解,列出物料清单,进而对物料清单进行分析,得出基本零件和原材料不同的需求时间,最终确定物料的采购品种、数量和时间。在整个过程中,要不断进行信息反馈并适时做出调整,从而达到整个系统的动态优化。MRPⅡ的作用表现在降低存货资金占用,减少存货损耗,降低采购成本,提高采购效率等方面。

8.5 短期负债管理

8.5.1 短期负债管理概述

在生产经营过程中,有许多因素都会使公司出现临时资金短缺的问题。运用短期负债融资是企业处理这类问题最适宜的方法。因此，企业短期负债融资能力的大小在某种意义上反映了企业整体资本结构的合理程度、融资风险的大小和理财水平的高低。

短期负债融资与长期负债融资相比，有许多优点，但是也可能会给企业带来更多的融资风险。企业在选择融资方式时，必须正确地认识这一点，努力发挥其优点，减少融资风险。

1. 短期负债融资的优点

(1)融资灵活、迅速。一个企业如果要筹集长期资金，必须花费许多时间。因为资金出借人要对企业的财务状况和信用情况做详细的调查研究，资金的供求双方相互了解也需要花费较长的时间。而短期负债融资主要凭借企业的经济实力和在长期经营中建立的信誉获得短期资金的融通，从而能灵活、迅速地解决资金周转上的暂时性问题。

(2)融资成本相对较低。由于短期资金的融资费用很低或者为零，资金使用费也较低或者为零，而长期资金一般融资费用很高，且资金使用费也较高。

(3)有较大的融资弹性。当企业的生产经营活动具有季节性或周期性时，企业由此而产生的资金需求一般通过融资弹性较大的短期融资方式来解决。所以企业只要能够预测它的资金需求在较短时间内会消失，那么应该选择短期负债来融资，从而避免企业增加融资成本或改变企业目前的资本结构。

2. 短期负债融资的缺点

短期负债融资的缺点集中体现在短期负债融资所面临的风险较高。其主要原因是：

(1)由于短期负债的偿还期限较短，企业必须充分保证能及时获得现金收入，否则情况一旦有变，企业将会面临更大的资金短缺问题。

(2)短期负债融资是完全建立在公司信誉的基础之上，一旦企业不能归还短期负债，必然会极大地损害企业的形象和声誉。

(3)短期负债融资的归还一旦发生问题，会连锁影响到其他相应负债的归还。因为短期负债的归还时限相当短暂且不具有融通性，企业不可能在偿还时期上得到很大的宽限，因此常会因一项索赔引起一系列索赔。

短期负债融资方式可分为商业信用、商业票据和短期银行贷款三类。

8.5.2 商业信用融资的管理

商业信用是指商品交易中因延期付款或延期交货而形成的借贷关系，它是由商品交换中货与钱在时间上和空间上的分离而产生的直接信用行为。随着我国社会主义市场经济体制的建立和市场竞争的加剧，商业信用正日益广泛推行，成为企业筹集短期资金的一项重要来源。

1. 商业信用融资的主要表现形式

(1)赊购商品。这是一种最为典型的商业信用形式，它构成了企业一项重要的短期资金来源。在这种方式下，企业在购进商品或物资时，可以不立即支付货款，而是在一个约定期限后付款。这实际上等于企业从销货单位获得了一笔“短期借款”，并且这笔“短期借款”到期只需还本，不用付息，即企业在约定期限内可以无偿占用销货单位的这笔资金，可称之为免费信用。

(2)预收货款。这也是一种典型的商业信用形式。预收货款是指企业预先向购货方收取一部分货款或全部货款,而商品在一定时期后交付,这实质上相当于企业向购货方借入了一笔资金。这种形式多存在于生产周期长、单位商品价值高的行业,如造船业、专用机床制造业。对于生产紧俏商品的企业也可以利用这种融资方式。

2. 商业信用条件

企业在利用商业信用进行短期融资时,应根据信用条件加强商业信用的管理,努力降低融资成本和融资风险。

(1)延期付款但不提供现金折扣。在这种信用条件下,销售方允许购买方在交易发生后一定时期内按发票面额支付货款,但提前付款不能享受现金折扣的优惠。因此对于购买的企业来说,应尽量用足信用期,而不提前付款,当然,企业也不能为拖欠货款而影响企业信誉,从而丧失供应商。

(2)延期付款但提前付款能享受现金折扣。按照这种信用条件,购买方若提前付款,能享受一定的现金折扣,但企业必须在一定时期内付清账款。企业在确定是否享受现金折扣,或者说是否利用现金折扣期后信用期之前这一段时间的短期信用时,主要应比较由于放弃现金折扣而使用该笔资金的融资机会成本和同期银行借款的利息。如果前者大于后者,企业应享受现金折扣,如果后者大于前者,企业应放弃现金折扣。

【例 8-8】 某供应商提出的信用条件是 2/10,N/30。甲企业所欠货款为 100 万元,银行年利息率为 10%,那么甲企业应该在 10 天付款还是在 30 天付款合算?

如果甲企业在 10 天内付款:

只须偿还 100×(1−0.02)=98(万元)。

如果甲企业 30 天付款:

须偿还 100 万元。

虽然可以多 20 天赊账,但比 10 天还款多支付$\frac{100-98}{98}\%=2.04\%$的货款。如果按每 20 天多支付 2.04%的货款计算,甲企业相当于按照$\frac{2\%}{1-2\%}\times\frac{360}{30-10}=36.75\%$的年利率从供应商那里取得了为期 20 天的贷款。

因此,只要银行利率低于现金折扣所隐含的利率,企业就应该努力获得现金折扣。

3. 商业信用融资的优缺点

商业信用融资的优点主要表现在:

(1)商业信用融资是一种"自然性融资",伴随商品交易而自然产生,不需为此办理特别手续,使用比较方便。

(2)与银行借款融资相比,限制条件较少,选择余地较大。

(3)如果没有现金折扣或企业不放弃现金折扣,则企业使用商业信用融资并不发生融资成本。

商业信用融资的缺点主要表现在:商业信用融资的期限较短,对赊购商品引起的应付账款,如果放弃现金折扣,必须负担较高的机会成本。

8.5.3 商业汇票融资的管理

赊购商品和预收货款两种商业信用形式，实际上是基于企业之间的相互信任而存在的。但由于企业之间没有以书面文件的形式明确双方的权利和义务，也没有相应的担保，因而，一旦产生违约纠纷，往往难以处理和解决。而商业汇票给收款方按期收回货款提供了更大的保证。但是对付款方来说就因此承担了更大的融资风险。

商业汇票是指企业之间根据购销合同和双方达成的延期付款协议，由收款人或付款人开出，规定付款人到期向收款人或持票人无条件付款的票据。商业汇票按照承兑人的不同，可分为商业承兑汇票和银行承兑汇票两种。商业承兑汇票是由收款企业签发，经付款企业承兑，或由付款企业签发并承兑的汇票。银行承兑汇票是指由收款或付款企业签发、由付款企业向其开户银行申请，经银行审查同意，并由银行承兑的汇票。

商业汇票作为一种融资方式，对购货方来说，实际上是先收到商品后付款，相当于赊购商品，只不过是将欠款以票据的形式明确下来，构成企业的应付票据。但是商业汇票对购货方来说，具有更大的约束力。

商业汇票的融资期限一般比商业信用要长，根据商业惯例，商业信用的期限一般为30天，最长不能超过60天，而商业汇票的融资期限一般为1—6个月。

如果商业汇票是带息票据，其融资成本比商业信用要高。但是附息票据的利率一般要比同期银行借款低，而且节省了许多申请手续费用，同时还会免去诸如银行贷款经常遇到的规定额度限制而不能满足企业资金周转的窘迫，所以商业汇票仍不失为一种较好的短期融资方式。

8.5.4 短期银行借款融资的管理

短期银行借款是企业根据借款合同从银行或其他金融机构借入的期限在一年以内的款项。它主要用于企业流动资金的周转和使用，是企业筹集短期资金的另一重要方式。

1.银行短期借款的种类

(1)银行短期借款按照目的和用途分为生产周转借款和商品周转借款、临时借款、结算借款等。

①生产周转借款和商品周转借款。生产周转借款是工业企业生产经营过程中因所需经常周转资金占用不足，而向银行申请的借款。商品周转借款是商业企业经营商品购销业务所需的经常占用的资金不足，而向银行申请的借款。这两种周转借款都属于调节企业资金平均需求量以内的资金需求的借款，期限一般在一年以内。

②临时借款。临时借款是指企业由于季节性储备或集中到货、节假日供应等临时原因需要向银行申请的借款。临时借款企业要在借款前3—5天向银行提出申请，银行逐笔核贷，贷款期限根据实际需要确定，最长不超过半年。

③结算借款。结算借款是指企业向外地销售商品采用托收承付结算方式时，为抵补在途资金占用而向银行申请的贷款。结算借款的借款额度依据商品销售成本和代垫运杂费，贷款期限为预定托收货款收回的期限。

(2)银行短期借款按银行发放贷款的具体形式,可以分为信用借款、经济担保借款、抵押借款和贴现借款等。

①信用借款。信用借款是指完全凭借款人信用,不需借款人提供经济担保、财产抵押的借款方式。信用借款主要适用于经营时间长、经济实力强、借贷往来时间长、信誉好的企业。对于按国家有关规定,提供各类政策性贷款时,也采用信用借款的方式。

②经济担保借款。经济担保借款要求借款人以第三方经济信誉或财产作为还款保证,而取得借款的一种方式。经济担保借款要求借款企业、担保人、银行三方签订合法完整的借贷合同和担保合同,明确三方的权利和责任。

③抵押借款。抵押是指企业以某种资产作为担保,抵押给金融机构,以此获得一定数额的短期借款。企业要获得短期借款,必须有抵押物。如有价证券、应收账款和存货是常用的抵押品。应收账款抵押借款是借款企业以其应收账款的债权作为借款抵押品,贷款银行拥有应收账款的受偿权,还可以对借款企业行使追索权。因此运用应收账款抵押借款的企业仍要承担应收账款的违约风险。

④贴现借款。贴现借款是指当企业需要资金时,可以将未到期的应收票据交给银行,换取一笔资金。企业在办理应收票据贴现时,银行要收取一定的贴现息,并以票据的到期值扣除贴现息的金额向企业提供贷款。贴现借款和应收账款抵押借款一样,企业仍要承担应收票据的违约风险,即当应收票据到期而付款人不能付款时,贴现银行可以对贴现企业行使追索权。

2. 银行短期借款的成本

银行短期借款的利率会因不同借款企业、不同借款金额和不同借款时间而有所不同。例如银行对信誉好、经济实力强的企业只收取较低的利率,而向信誉差、经济实力弱的企业收取较高的利率。

此外,银行贷款利率有简单利率、贴现利率和附加利率等种类。所谓简单利率是指按单利计算并收取利息;贴现利率是银行对企业进行票据贴现时所使用的利率,因为银行是预先扣除贴现利息,而以票据的到期价值与贴现利息的差额贷给企业,因此,企业实际负担的利息率要高于贴现利率;附加利率是指即使企业分期偿还借款,企业可以利用的资金逐渐减少,但是每期支付的利息并不减少,因此企业实际负担的利息费用较高。

企业应根据不同的情况确定借款的成本,以便做出选择,使融资风险和融资成本都被控制在合理的水平。

3. 短期借款银行的选择

企业在选择短期借款银行时应从降低融资风险和融资成本的角度考虑,具体地说,应从以下几个方面考虑:

(1)银行与借款企业的关系。特别是在企业面临财务困难时,有的银行可能会对借款企业大力支持,帮助借款企业渡过难关,而有的银行可能会给借款企业施加更大的压力,迫使借款企业偿还借款,或付出昂贵的代价。

(2)银行对借款企业的咨询和服务。有的银行会主动帮助企业分析潜在的财务问题,提出解决问题的建议和方法,同企业交流有关信息,这对借款企业具有重要的价值。

(3)银行对贷款风险的政策。有的银行倾向于保守政策,只愿意对信誉好、实力强的企业贷款，从而承担较小的贷款风险。而有的银行富有开拓性，愿意对实力较弱、信誉一般的企业提供贷款。

4. 银行短期借款的优缺点

银行短期借款的优点主要表现在：与长期银行借款相比，融资效率较高，融资的弹性较大，企业可以根据需要随时借款，企业资金充足时及早偿还。

银行短期借款的缺点主要表现在：融资风险和融资成本较高，在存在补偿性余额和附加利率的情形下，更是如此。

□本章小结

营运资金是指流动资产减流动负债后的净额。企业持有现金出于交易性、预防性和投机性的需要，现金管理的目的是在资金的流动性和盈利性之间作出最佳选择，确定合理的现金持有量，使资金效益实现最大化。企业现金日常管理策略有：力争现金流量同步；加速收款，提高收现效率；合理使用现金浮游量；合理延缓应付款的支付。确定最佳现金持有量的方式有因素分析模式、现金周转模式、现金存货模式。应收账款的产生有其必然性，应收账款的回收直接影响企业资金流转顺畅与否，因此，需通过制定合理的信用政策对其进行有效的管理，信用政策包括信用期间、信用标准和现金折扣政策。存货管理要求明确存货投资的目的和成本，掌握存货经济批量的模型。根据经济订货量基本模型确定的最佳订货量，最佳订货周期，与存货数量有关的总成本。存货其他的控制方法有：定额控制，分级归口控制，ABC控制和现代存货控制方法：JIT和MRPⅡ。短期负债融资是具有许多长期负债不具有的特点。企业短期负债融资能力的大小在某种意义上反映了企业整体资本结构的合理程度、融资风险的大小和理财水平的高低。

□复习思考题

1. 什么是营运资本？简要说明营运资本政策及其风险与回报特征。
2. 简要说明现金管理的目标。最佳现金持有量的确定有哪些方法？
3. 简要说明现金日常管理的策略。
4. 简要说明应收账款管理的意义。
5. 如何确定应收账款的信用政策？如何监督应收账款的回收？
6. 简要说明存货管理的目标。
7. 简要说明如何进行存货的分级归口管理。
8. 简要说明存货控制方法。
9. 简要说明短期负债融资的主要方式及各自的优缺点。

第9章　利润分配管理

□学习目标

通过本章学习，使学生理解和掌握利润分配理论及相关政策，了解股利政策及影响、股票股利性质及影响、股票分割及影响、股票回购及影响。

9.1　利润分配概述

企业的利润要依法分配，为了规范企业利润分配，国家从不同角度制定了一系列法律法规。其主要包括会计制度方面法规、财务制度方面法规、税务制度方面法规等，从而达到使企业利润合理、合法使用的目的。

9.1.1　利润分配的原则

利润分配是财务管理的重要内容，其有广义和狭义两种，广义的利润分配是指对企业收入和利润进行分配的过程；狭义的利润分配则指企业净利润的分配。本书所讨论的利润分配是指对净利润的分配。

一个企业的利润分配不仅会影响企业的筹资和投资决策，而且还涉及国家、企业、投资者、职工等多方面的利益关系，涉及企业长远利益与近期利益、整体利益和局部利益等关系的处理与协调。为合理组织企业的财务活动和正确处理财务关系，企业在进行利润分配时应遵循以下原则。

1. 依法分配的原则

企业利润分配必须依法进行，这是正确处理各方利益关系的关键。为规范企业的利润分配行为，国家制定和颁布了企业利润分配的基本要求、一般程序和重大比例。

2. 兼顾各方利益的原则

利润分配是利用价值的形式对社会产品的分配，直接关系到有关各方的切身利益。因此利润分配要坚持全局观念，兼顾各方利益，如兼顾国家、股东和职工利益等。

3. 分配与积累并重原则

企业进行利润分配，应正确处理长远利益和近期利益辩证关系，将二者有机结合起来，坚持分配与积累并重的原则。考虑到未来发展需要，企业除按规定提取法定盈余公积金外，可适当留存一部分利润作为积累。这部分积累不仅为企业扩大再生产筹措了资金，同时也增强了企业经营安全性和稳定性。

4. 投资与收益对等原则

企业利润分配应当体现“谁投资谁收益”、收益大小与投资比例相适应，即投资与收益对等原则，这是正确处理投资者利益关系的关键。

9.1.2 利润分配顺序

企业的利润分配应按一定顺序进行。依据我国《公司法》的有关规定，利润分配应按下列顺序进行：

第一，计算可供分配利润。将本年净利润（或亏损）与年初未分配利润（或亏损）合并，计算可供分配利润。如果可供分配利润为负数（即亏损），则不能进行后续分配；如为正数（即本年累计盈利），则进行后续分配。

第二，计提法定公积金。按抵减年初累计亏损后的本年净利润计提法定公积金。如不存在年初累计亏损时，按本年税后利润计算提取法定公积金。

第三，计提任意盈余公积。由企业相关权力机构决定。

第四，向股东支付股利。

公司股东会或董事会违反上述利润分配顺序，在抵补亏损和提取法定公积金之前向股东分配利润的，必须将违反规定发放的利润退还给公司。

9.2 股利政策

股利政策是指公司对利润分配的有关事项及分配活动所采取的方针政策。公司在盈利后，其税后利润中应提多少任意盈余公积金，应向股东分配多少普通股股利，这是财务决策中一个十分重要的问题。公司股利政策的制定应充分考虑公司的实际情况，立足于公司价值最大化的理财目标。股利政策是公司筹资政策的重要组成部分，不同的股利政策会影响到公司当期的现金流量和内部筹资水平，并影响到筹资方式的选择。

9.2.1 确定利润分配时应考虑的因素

公司股利政策的形成受到多种因素的影响，公司不可能摆脱这些因素的制约。影响公司股利政策的因素主要有以下几个方面。

1. 法律因素

为保护债权人和股东的利益，有关法规对公司的股利分配作如下限制：

(1)资本保全。

规定公司不能用资本（包括股本和资本公积）发放股利，以维护公司资本的完整性，保护债权人的合法权益。

(2)企业积累。

这一规定要求股份公司在分配股利前，应当按法定的程序先提取各种公积金，以增强公司抵御风险的能力，维护投资者的利益。

(3)净利润。

规定公司年度累计净利润必须为正数时才可发放股利，以前年度亏损必须足额弥补。

(4)超额累计利润。

由于股东接受股利收入所缴纳的个人所得税要高于进行股票交易所获取的资本利得缴纳的税金,因此,西方国家在法律上明确规定公司不得超额累计利润。一旦公司保留的盈余超过法律认可的水平,将被加征额外税款,以防止少数股东利用操纵股利分配,达到其逃避个人所得税的目的。

2. 公司的因素

公司制定股利政策时,还应结合自身的具体情况,考虑以下几方面因素的影响:

(1)盈利的稳定性。

累计盈利是分配股利的基础,公司的股利政策在很大程度上会受其盈利稳定性的影响。盈利不稳定的公司一般只能采取低股利政策,以避免因盈利下降而造成无法支付股利,导致股价急剧下降的风险,盈利稳定的公司则在支付股利时有更大的灵活性,有可能支付比盈利不稳定的公司较高的股利。

(2)资产的流动性。

是指公司资产的变现能力。较多的支付现金股利会减少公司的现金持有量,降低公司资产的流动性。所以,保持一定的现金和其易于变现的流动资产,是维持企业正常经营的重要条件。

(3)债务考虑。

企业对外负债时,债权人为保护自身债权的安全性和收益性,要求在企业发放股利或投资分红时,有所限制。

(4)投资机会。

如果企业有良好的投资机会时,企业应将大部分盈余用于投资,而少发放股利;在企业暂时缺乏良好的投资机会时,则倾向于多发放现金股利,以防止保留大量现金造成资金浪费。

(5)资本成本。

与发行新股和举债筹资相比,采用留存收益,作为内部筹资的方式,不需要支付筹资费用,其资本成本较低。当企业筹措大量资金时,公司通常采取较低的股利政策。

(6)举债能力。

举债能力是企业筹资能力的一个重要方面,不同企业在资本市场上的举债能力会有一定的差异。公司在分配现金股利时,应当考虑到自身的举债能力如何,如果举债能力较强,则可采取比较宽松的政策;反之,就应该采取比较紧缩的股利政策,少发放现金股利。

3. 股东因素

公司股东的意愿也会在相当程度上影响公司的股利政策,主要表现在以下几个方面:

(1)稳定的收入与避税。

依靠股利为生的股东往往要求公司支付稳定的股利,而出于避税的考虑,一些高股利的股东往往反对公司发放较多的股利。

(2)控制权的稀释。

公司举借新债,除要付出一定的代价外,还会增加公司的财务风险。如果通过增资募股本的方式筹集资金,现有股东的控制权就有被稀释的可能。当他们没有足够的现金认购新股,来保持自己的控制权时,宁可同意公司不分配股利而反对募集新股。

4. 其他因素

公司的股利政策还可能受到其他方面因素的影响,如股东个人将股利进行其他投资的机会多少和所得报酬率的高低、国家的经济环境、通货膨胀的变动、公司股票价格走势及上市公司股利分配政策的平均水平的影响等等。

9.2.2　常见的股利政策

由于股利政策受多方面因素的影响,因此不同的公司在不同的时期结合自身的具体情况所制定的股利政策是各不相同的。一般来说,股利分配政策主要有以下几种:

1. 剩余股利政策

剩余股利政策是指当公司有良好的投资机会时,根据一定的目标资金结构(最佳资金结构),算出投资所需的权益资本,先从盈余当中留用,然后将剩余的盈余作为股利予以分配。采用这一政策时,应遵循以下四个步骤:

(1)根据投资项目和投资机会成本确定投资资本预算水平;

(2)确定最优资金结构,确定股东权益资本和债务资本的比率;

(3)确定按此资金结构预算所需筹集的股东权益数额;

(4)最大可能地利用留存收益来满足这一股东权益数额的需要;在留存收益仍有剩余的情况下才可能发放的股利。

实施剩余股利政策意味着公司只能将剩余的盈余用于发放股利,这样做的优点是保持理想的资金结构,使综合资金成本最低。其缺点是股利发放额每年随投资机会和盈利水平波动而波动,不利于投资者安排收入与支出,也不利于公司树立良好的形象。剩余股利政策一般适用于公司初创阶段。

【例 9-1】 某公司当年全部可用于分配股利的盈余为 800 万元,第二年的投资计划所需资金 1 000 万元,公司的目标资金结构为权益资本占 60%,债务资本占 40%,该公司当年流通在外的普通股 400 万股,根据剩余股利政策,该公司当年每股股利应为多少?

投资方案中所需的权益资本=1 000×60%=600 万元

当年可用于发放的股利额=800－600=200 万元

每股股利=200/400=0.5 元

2. 固定股利政策

固定股利政策是指公司将每年发放的股利固定在某一特定的水平,并在较长时间内保持不变,不管公司盈利多少,股利总是保持在一定的水平上。只有当公司确信未来收益能够维持在更高的水平时,才宣布增加股利的政策。

这种政策的优点在于:通过连续不断地向投资者发放股利,有利于投资者合理安排收入和支出,可向投资者传递出公司正常发展的良好信息,增强投资者对公司的信任。其缺点在于:股利的支付与盈利相脱节,当公司盈利下降时,还需要支付固定的股利,可能会导致公司资金短缺，财务状况恶化，并加大资本成本。固定股利政策一般用于经营比较稳定或正处于成长期、信誉一般的公司，但该政策很难被长期采用。

3. 固定股利支付率政策

固定股利支付率政策是指公司确定一个股利占盈余的比率，长期按此比率支付股利。这种政策是股东的股利收入随着公司的经营业绩的好坏而上下波动，获得较多盈余的年份股份额高，获得盈余少的年份股份额低。体现多盈多分、少盈少分、不盈不分的原则。体现了风险投资和风险收益对等关系，但这种政策下各年的股利变动较大，容易使投资者产生公司经营不稳定的感觉，会对股票价格产生不利影响。

固定股利支付率政策只有适用于稳定发展的公司和公司财务状况较稳定的阶段。

4. 低正常股利加额外股利政策

低正常股利加额外股利政策是指公司在一般情况下，每年只支付固定的数额较低的股利，然后根据公司经营情况，决定在年末是否追加一笔额外分红。这一政策既可使公司具有较大的灵活性，又可以使投资者的最低股利收入得到保证。因为，当公司盈余有较大幅度增长时，适当增发股利，可以增强投资者的信心，有利于稳定股票价格，而当公司盈余较小时或有较好投资项目需要较多资金时，也能使股东得到比较稳定的股利收入，从而吸引住这部分股东。

固定股利政策和低正常股利加额外股利政策是被企业普遍采用，并为广大投资者所认可的两种基本政策。以上各种股利政策各有所长，公司在分配股利时应在综合分析、权衡利弊的基础上，制定适合企业自身具体实际情况的股利政策。

9.2.3 股利分配方案的确定

股利分配方案的确定，主要是考虑以下四个方面的内容：第一，选择股利政策的类型；第二，确定股利支付水平的高低；第三，确定股利支付方式，即确定合适的股利分配形式；第四，确定股利发放日期等。

1. 选择股利政策类型

企业在选择股利政策类型时通常需要考虑以下几个因素：

(1)企业所处的成长与发展阶段；

(2)企业支付能力的稳定情况；

(3)企业获利能力的稳定情况；

(4)目前的投资机会；

(5)投资者的态度；

(6)企业的信用状况。

公司在不同成长与发展阶段所采用的股利政策一般可用表9－1来描述。

表 9－1　公司股利分配政策的选择

公司发展阶段	特点	适应的股利政策
公司初创阶段	公司经营风险高，融资能力差	剩余股利政策
公司高速发展阶段	产品销量急剧上升，需要进行大规模的投资	低正常股利加额外股利政策
公司稳定增长阶段	销售收入稳定增长，公司的市场竞争力增强，行业地位已经巩固，公司扩张的投资需求减少，广告开支出比例下降，净现金流入量稳步增长，每股净利润呈上升态势。	固定或持续增长的股利政策
公司成熟阶段	产品市场趋于饱和，销售收入难以增长，但盈利水平稳定，公司通常已积累了相当的盈余和资金。	固定股利支付率政策
公司衰退期	产品销售收入减少，利润严重下降，股利支付能力下降。	剩余股利政策

2. 确定股利支付水平

股利支付水平通常用股利支付率来衡量。股利支付率是公司当年发放的股利与公司当年净利润之比，或每股股利除以每股收益。一般而言，公司发放股利越多，股利分配率越高，股东即期回报越高，对潜在的股东吸引力越大，有利于公司树立良好的形象。但是，公司的股利支付率要符合公司的实际经营状况，如果公司的股利支付率超出了公司的负担能力，而导致公司举债经营，财务状况恶化，最终影响共同的未来收益和股东权益。

3. 确定股利支付形式

股份有限公司支付股利的基本形式主要有现金股利和股票股利。

(1)现金股利形式。

现金股利是股份有限公司以现金的形式发放给股东的股利。发放现金股利的多少主要取决于公司的股利政策、现金流量和经营业绩。

公司采用现金股利形式时，必须具备两个个基本条件：第一，企业要有足够的未指明用途的留存收益；第二，公司要有足够的现金。一般来说，现金流入超出现金流出越多，现金可调剂头寸就越多，也就有能力支付较高的现金股利。相反，当企业现金头寸紧张时，企业为了满足流动性需要，通常不愿意承担太大的财务风险而动用现金支付较大的股利。

(2)股票股利形式。

股票股利形式是企业以股票的形式发放的股利，即按股东股份的比例发放股票作为股利的一种形式。(本章第三节介绍)

4. 确定股利发放日期

股份公司发放股票股利必须遵循法定的程序，先由董事会提出预案，然后提交股东大会审议，股东大会决议通过分配预案后，向股东宣布发放股利的方案，并确定股权登记日、除息(或除权)日和股利支付日等。制定股利政策时必须明确这些日期界限。

(1)股利宣告日。

即公司董事会将股利支付情况予以公告的日期。公告将宣告每股股利、股权登记日、除息日和股利支付日等事项。

(2)股权登记日。

即有权领取股利的股东资格登记截止日期。只有在股权登记日前在公司股东名册上有名的股东,才有权享有股利,证券交易所的中央清算登记系统为股权登记提供了很大的便利,一般在营业结束的当天即可打印出股东名册。

(3)除息日。

即领取股利的权利与股票相互分离的日期,在除息日前,股利权从属于股票,持有股票者即享有领取股利的权利;从除息日开始,股利权与股票权相分离,新购入股票的人不能享有股利。通常在除息日之前进行交易的股票,其价格高于在除息日之后进行交易的股票价格,有时,情况也可能相反。

(4)股利支付日。

即向股东发放股利的日期。

【例 9-2】 假定C公司2005年11月15日发布公告:"本公司董事会在2005年11月15日的会议上决定,本年度发放每股为5元的股票股利;本公司将于2006年1月2日将上述股利支付给已在2005年12月15日登记为本公司股东的人士。"

上例中2005年11月15日为C公司股利宣告日;2005年11月15日为其股权登记日;2005年11月16日为其股权除息日;2006年1月2日则为其股利支付日。

9.3 股票股利及产生的影响

9.3.1 股票股利概述

股票股利是企业以发放股票作为股利的支付方式。对股东而言股票股利并不直接增加股东的财富,不导致企业资产的流出和负债的增加,因而不是企业资金的使用,只会引起所有者权益各项目的结构发生变化。

企业之所以发放股票股利,是因为具有以下优点:发放股票股利,可以减少企业现金流出,减少企业筹资费用;股票的变现能力强,易流通,易于股东接受;向股东传递公司经营状况良好的信息,增强股东持股的信心;有利于公司再融资和刺激股价。

9.3.2 股票股利产生的影响

在此我们主要探讨的是企业发放股票股利会给股东及企业自身带来什么影响。

1.股票股利对股东的影响

从理论上来讲,发放股票股利后,如果盈利总额不变,会由于普通股股数增加而引起每股盈余和每股市价的下降;但又由于股东所持股份的比例不变,每位股东所持股票的市场价值总额保持不变。

【例 9-3】 某企业在放发股票股利前,股东权益情况见表9—2,假定该公司宣告股票股利分配方案为每10股送2股,此时每股市价为6元,公司本年盈余为480万元,某股东持有20万股普通股,那么发放股票股利对该股东的影响如何?

表 9—2　发放股票股利前股东权益情况表　　单位：万元

项目	金额
普通股股本(200 万股)	200
资本公积	400
盈余公积	400
可供发放股利的利润	1 600
股东权益	2 600

发放股票股利后公司总股数将增加 40 万股，随着股票股利的发放，需从可供发放股利的利润中划转出的资金为 6×2 000 000×20%＝2 400 000 元，由于股票面值 1 元不变，股本只应增加 400 000 元，其余 2 000 000 元应计入股票溢价“资本公积”项目。股东权益总额保持不变。发放股票股利对股东的影响分析见表 9—3 所示。

表 9—3　发放股票股利对股东财富的影响　　单位：万元

项目	发放前	发放后
每股盈余	4 800 000÷2 000 000—2.4	4800 000÷24 000 000—2
每股市价	6	6÷(1＋20%)＝5
持股比例	200 000÷2 000 000×100%＝10%	240 000÷2 400 000×100%＝10%
所持股票总价值	6×200 000＝1 200 000	5×240 000＝1 200 000

如果投资者出售股票取得现金，股票股利可能给投资者带来方便。当然，没有股票股利，投资者也会出售股票取得现金。不论何种情况，出售股票均意味着原股本的销售，都要依法缴纳所得税。但是，有的股东可能认为销售股票是股本的销售，他们可能认为股票股利是意外之财，往往将股票股利出售，只保留原有股票。从该角度考虑，这些投资者可能欢迎公司支付股票股利。

如果公司在分配股票股利的同时分配现金股利，这对投资者是非常有利的。例如，A 投资者持有某公司普通股 1 000 股，该公司宣布买 10 送 1 的分配方案，并按发放股票股利后的股数，每股发放现金股利 0.5 元，则 A 投资者持有 1 100 股，并获得现金股利 550 元。该种分配政策，反映了公司有节制的增加现金股利支付的策略。

发放股票股利，可将某些信息传达给投资者。股票股利往往同公司的未来发展有关。因此，股票股利向股东暗示管理当局预期利润会继续增长，未来的收益可能会抵制因发放股票股利而稀释的每股盈余而且有剩余等。

2. 股票股利对公司的影响

股票股利可以控制现金流出。当公司利润增加，预期未来有许多有利可图的投资机会时，公司管理当局可能不乐意增加现金股利，或者当前公司现金流紧张时，那么，公司就可能会宣布发放股票股利。另外，公司不发放股票股利，也可能采取其他方法留存较多盈余，但是，由于股票股利的可传播信息以及对股东的心理影响，往往它容易受到部分投资者的欢迎。

股票股利可以控制股票价格。某些公司不喜欢让其股票价格高于某个标准，因为股票价格过高会失去对众多小投资者的吸引力，所以，公司管理当局会利用分配股票股利的方式，将其股票价格控制在符合其需要的水平上。

9.4 股票分割及产生的影响

9.4.1 股票分割概述

企业为了降低股票的交易价格，除采用股票股利外，还常用股票分割。股票分割和股票股利一样，其股东持股比例不变，财富不会增加。

股票分割是指将一股面值较大的股票拆成数股面值较小股票的行为，也称“拆股”。与股票股利相比，股票分割会降低股票面值。

【例 9-4】 某公司已发行面值为 20 元/股的普通股 200 000 股，若公司现以 1∶20 的比例进行股票分割，如果盈余没有变化，分割前后的股东权益结构如表 9－4 所示。

表 9－4 股票分割前后的股东权益结构 单位：元

普通股(面值 20 元)		普通股(面值 1 元)	
总股本(已发行 200 000 股)	4 000 000	总股本(已发行 4 000 000 股)	4 000 000
资本公积	1 000 000	资本公积	1 000 000
保留盈余	6 000 000	保留盈余	6 000 000

假定公司当年盈余为 800 000 元，股票分割后盈余总额不变，则分割前后的每股盈余分别为：4 元(800 000 元÷200 000 股)和 0.2 元(800 000 元÷4 000 000 股)，每股市价因此也会下降。

由上述分析可知，股票分割对公司的股东权益结构不会产生任何影响，一般只会使发行在外的股票股数增加，每股面值降低，每股盈余下降，并由此使每股市价下跌，公司总价值不变，股东权益总额不变，这与发放股票股利基本相同，但股东权益各项目的金额及其相互间的比例不会改变，这与发放股票股利时的情况就不相同了。

从实践效果看，由于股票分割与发放股票股利非常接近，所以一般根据证券管理部门规定来加以区别。例如，美国纽约证券交易所规定，发行 25％以上的股票股利都被认为是股票分割。虽然股票分割与股票股利一样，既不增加公司的价值，也不增加股东财富，但采用股票分割对公司和股东来讲都具有重要意义。

9.4.2 股票分割产生的影响

1. 股票分割对公司的影响

降低股票市价。如果公司管理当局认为其股票价格太高，不利于股票交易活动，而股票价格的下降则有助于股票交易，此时可通过股票分割降低股价，使公司股票更为广泛地分散到投资者手中。这样，既可以将股价维持在理想的范围之内，以利交易；又可以有力地防止少数小集团的股东通过委托代理权，实现对公司加强控制的企图。

为新股发行做准备。股票价格太高使许多潜在投资者力不从心而不敢轻易对公司股票进行投资。在新股发行之前，利用股票分割降低股票价格，有利于提高股票的可转让性和促进市场交易活动，由此增加投资者对股票的兴趣，促进新发行股票的畅销。

有助于公司兼并、合并政策的实施。当一个公司兼并或合并另一个公司时，首先将自己的股票加以分割，有助于增加被兼并方股东的吸引力。

2. 股票分割对股东的影响

股票分割可能会增加股东的现金股利。一般来说，股票分割后，只有极少数的公司还能维持分割之前的每股股利，不过，只要股票分割后每股现金股利的下降幅度小于股票分割幅度，股东仍能多获现金股利。例如，假定某公司股票分割前每股现金股利 2 元，某股东持有 100 股，可分得现金股利 200 元，公司按 2 股换 1 股的比例进行股票分割后，该股东可得现金股利 220 元，仍大于其股票分割前所得的现金股利。

股票分割会给投资人信息上的满足。分割一般都是股价不断上涨的公司所采取的行动。公司宣布股票分割，等于向社会传播了本公司的盈余还会继续大幅度增长的有利信息。这一信息将会使投资人争相购买股票，引起股价上涨，进而增加股东财富。

尽管股票分割与发放股票股利都有能达到降低公司股价的目的，但一般讲，只有在公司股价剧涨且预期难以下降时，才采用分割的办法降低股价；而在公司股价上涨幅度不大时，往往通过发放股票股利的方法将股价维持在理想的范围之内。

如果有些公司认为自己的股票价格过低，为了提高股价，可以采取反分割（也称股票合并）的措施。反分割是股票分割的相反行为，即将数股面额较低的股票合并为一股面额较高的股票行为。

由此可见，股票分割的根本动因在于降低股票的市场价格。因此，一般来说每种股票都有其最佳的价格范围，只有股票的市场价格落在这一范围内时，企业的价值才能达到最大。股票分割促使每股股票价格下降，不仅会吸引更多的新股东，也有利于降低投资者风险，股票分割和股票股利一样，能给投资者留下企业正在健康发展的印象，特别是在股票分割后企业增加现金股利时更是如此。

9.5 股票回购及产生的影响

股票回购是指公司出资购回发行在外的本公司股票。这部分已购回的股票通常称作“库藏股”。但应注意，公司持有的其他公司的股票、本公司未发行的股票以及本公司已发行后回到公司手中但已注销的股票，不能视为为库藏股。

9.5.1 股票回购概述

1. 股票回购的动因

股票回购的动因主要有以下几个方面：

(1)作为现金股利的替代方法。

当企业以高于股票市价的价格向股东收购股票时，出售股票的股东将收购价高于市价的差额视为企业分配给他们的现金股利；对于仍然持有股票的股东来说，因股票的市价会随之上涨，他们的预期资本利得会等于出售股票的股东获得的利得。因此，在没有个人所得税和交易成本的条件下，出售股票的股东和仍然持有股票的股东会获得等额的股利。

(2)维持最佳资本结构。

企业只有在其资本结构最佳时,才能使其加权平均资本成本最低,企业价值最大。企业可以用增发债券筹集资本,并用此资本回购股票的办法,直接改变负债与股东权益的比例。在这种情况下,股票回购被视为融资决策,因为它并非用来支付股利。只有在企业的现金有多余时,股票回购才被视为股利决策。

(3)用于企业兼并或收购。

在兼并或收购的场合,产权交换的交易方式无非为现金购买或以股票换股票两种。如果企业有库藏股票,即可使用本企业的库藏股票来换取被兼并企业的股票;如果没有现成的库藏股票,企业可以先向其股东回购股票,然后再进行企业兼并或收购。

(4)将富余的资本用于本企业的投资。

当企业的股票价格偏低,又处于经济萧条时期,企业的投资机会很少,这时企业将富余资本用于本企业被低估的股票的投资,是一种理想的选择。然而库藏本企业的股票不像其他投资项目那样能提供预期收益。任何一个企业都不能只靠投资于本企业的股票生存下去。因此只有当企业目前或可预见的未来时期内缺乏合适的投资机会时,为了充分利用多余的资本和将这些资本分配给股东,才会做出回购股票的决策。

(5)满足可转换条款和有助于认股权的行使。

在企业发行可转换证券或附认股权证证券的情况下,企业通过购回股票,即用库藏股票来满足认股权证持有人以特定的价格认购股票,以及可转换证券持有人转换成普通股的要求,而不必另行发行新股票。

(6)其他动因。

企业回购股票还可能基于其他动因,例如为了消除潜在的被控股的威胁;为了提高每股收益和股票价格;为了在不增发股票的情况下,给企业的职员以本企业股票的奖励。

2005 年 6 月 6 日 11 时 03 分,我国上证指数一度跌至 998.22 点。当晚,中国证监会《上市公司回购社会公众股份管理办法(试行)》征求意见稿就挂上了证监会网站。这一征求意见稿意味着公司可以回购股价被“严重低估”的自身的股票,以稳定投资者的信心。6 月 8 日,在上述征求意见稿和其他利好消息的推动下,上证指数暴涨 84.64 点,涨幅达 8.21%,成交量两市相加达 317 亿元。但是,我国《公司法》规定,“股份回购只能是购回并注销公司发行在外股份的行为”,回购股份必须 10 日内注销是《上市公司回购社会公众股份管理办法(试行)》能否有效实施最大的障碍,如果这样,上市公司不可能有回购股份的动力。

2. 股票回购的方式

股票回购的方式主要有投标出价、在公开市场上购买和议价购买三种。

(1)投标出价。

投标出价即以高于股票市场价格的价格向股东收购本企业的股票。企业在采用这一方式时,首先向股东正式开价收购一定数量的股票,这一价格通常为高于当时市场价格的某一固定价格;股东可以按该价格出售股票,也可以继续持有股票。股票收购期一般为两三周。

如果股东想要出售的股票额超过企业原定收购额,企业可以酌情收购超额股票的全部或一部分。然而，企业没有义务收取这些多余的股票。

一般来说，企业向股东收购股票的交易成本比在公开市场上购买股票的交易成本要高得多，主要原因是要向投资银行支付管理费并向代理商支付佣金。

(2)在公开市场上购买。

企业在公开市场上购买股票时，和其他任何投资者一样，要通过经纪人牵线搭桥，一般需要花费较长时间才能收购到较多的股票。因此，企业要收购巨额股票时，采用以较高的价格向股东直接收购股票的方式为宜。

(3)议价购买。

议价购买是指企业以议价为基础，直接向一个或一个以上的大股东购买股票。

无论采用何种方式实现股票回购，企业在着手购入股票之前，应将企业的意图原原本本地告诉各位股东。企业在采用以高于市价的价格向股东收购股票时，向股东开价收购股票这一行动本身就表示了企业的意图，然而，即使在这种情况下，企业的管理当局也不应该隐瞒有关企业的其他信息。

当企业在公开市场上购买股票时，股东特别需要了解企业重新购入股票的真正意图。股东掌握了关于企业准备购入股票的总额和目的的全部信息后，如果愿意的话，就可以放心出售自己的股票了。

当企业采用议价购买实现股票回购的方式时，同样必须披露其股票回购的目的、数量等信息，并使其他股东相信，企业的购买价格是公平的，以及他们的利益和机会都未受到侵害。

9.5.2 股票回购产生的影响

1. 股票回购对股东产生的影响

股票回购是企业发展良好的预兆。因为股票回购决策大多是在管理当局认为企业股票过低的情况下做出的。

股票回购可以使股东推迟纳税。因为股东拥有股票卖与不卖的权利，由于企业发放股利需缴纳所得税，所以，对急需现金的股东来说，他可以出售一部分股票以解燃眉之急，而对不急需现金的股东而言则可以保留股票，从而推迟纳税。

从另一方面来看，回购也给股东带来不利影响。一是股票回购风险较大。因为人们一般认为现金股利更可靠、实惠，因而通过股票回购使股价上涨从中得益的途径不稳定，并且股价受多种因素影响。二是股票回购可能导致企业被股东起诉。许多出售股票的股东或许是因为未掌握企业目前及将来经营活动的准确信息。如果企业回购前不将回购计划公布于众，可能引起部分股东的误解，以致导致诉诸法律。三是回购价格过高，不利于留存股票的股东。如果企业的股票交易并不活跃，而现在却急于回购相当数量的股票，则其价格将有可能被哄抬以致超过均衡价格，而企业停止收购后，股票价格又会下跌。

2. 股票回购对企业的影响

股票回购可能增加股利分配政策的灵活性。既可保持企业股利分配的稳定性，又不必提高股利分配比例。

股票回购可以调整资本结构。企业调整资本结构可以通过举债、出售资产等方式，如果企业在采取发行长期债券同时，将所得资金用于股票回购，可迅速改变资本结构。

股票回购可以提高企业竞争力，防止被其他企业兼并或收购。

尽管股票回购会给股东及企业带来很多有利影响，但同时也会对企业产生一些不利影响，如：股票回购会减少企业投资机会，缩小经营规模，因股票回购取代现金股利，会被误认为企业界前景不妙。股票回购行为如沟通不到位还有可能引起政府有关部门误解，税务部门如果认为回购是为了逃避对股利征税，可能会被审查或重罚，另外股票回购如被误认为是为了操纵股票价格，证券管理部门可能会提出质询，甚至被禁止。

□本章小结

利润分配是财务管理的重要内容，有广义和狭义两种，广义的利润分配是指对企业收入和利润进行分配的过程；狭义的利润分配则指企业净利润的分配。我国企业必须根据我国《公司法》的规定，遵守固定的利润分配程序。企业在选择利润分配政策时应考虑多方面因素，企业的不同发展阶段应选用不同股利政策，以利于公司的持续发展。股利政策是企业融资决策不可分割的一部分。股利政策规定企业实现的税后利润多少用于支付股利，多少留存于企业进行再投资，这实际上是权衡股东的“当前消费”与“未来消费”的问题。

企业向股东分配股利前后有一定的过程，主要包括股利宣告日、股权登记日和股利支付日。企业必须正确理解和运用这一程序，避免产生不必要的混乱和误解。在进行股利分配的实务中，企业经常采用如下股利政策：剩余股利政策、固定股利和稳定增长股利政策、固定股利支付率政策和低正常股利加额外股利的政策。

股票股利、股票分割、股票回购都有各自的规则，它们分别会产生一些有利或不利的影响，企业应立足自身实际，稳妥做出选择，以利于企业发展。

□复习思考题

1. 简要说明利润分配的程序和股利支付程序。
2. 简要说明影响股利分配的因素。
3. 简述实务中的股利政策。
4. 简要说明股利的种类和支付方式。
5. 什么是股票分割？股票分割与股票股利有什么区别与联系？
6. 简要说明股票回购的动因和方式。
7. 简要说明股票股利、股票分割、股票回购分别产生哪能影响？

第10章　企业并购与重组

□学习目标

通过本章学习，学生应了解企业并购的基本概念、主要形式和类型、企业并购的动因，掌握企业并购的策略；理解企业失败的含义，掌握企业财务危机的预测方法；掌握企业财务重组和企业清算中的财务处理方法。

10.1　企业并购

10.1.1　企业并购的概念、形式和类型

1. 企业并购的概念和形式

企业并购是企业兼并和收购的简称。西方企业并购概念是“M&A”即兼并和收购。兼并是指两家及两家以上企业合并成一个企业。兼并一般有两种情形，即“吸收合并”与“新设合并”。吸收合并是指一家或多家企业被另一家企业吸收，兼并企业继续保留其合法地位，而目标企业则不再作为一个独立的经营实体而存在。新设合并是指两个或两个以上企业组成一个新的实体，原来的企业都不再以独立的经营实体存在。收购是指一家企业用现金、债券或股票购买另一家企业的资产或股权，以取得对该企业的控制权，被收购企业的法人地位并不消失。

国外的“M&A”概念是建立在企业产权制度与市场竞争基础上的，它表明的是一种企业产权交易行为，通过对企业产权，尤其是股权的拥有，对公司治理结构产生影响，取得对目标公司的控制权、决策权、分配权等，实现公司股东财富增长的目标。

2. 企业并购的类型

根据不同分类标准，可将企业并购划分为不同的类型。

(1)按并购的支付方式和购买对象，企业并购可划分为以现金购买资产式并购、以现金购买股权式并购、以股票换取资产式并购、以股票换取股权式并购、以股票换取股票式并购以及通过承担债务换取资产或股权式并购。以现金购买资产式并购指并购企业用现金购买目标企业的全部或绝大部分资产，以实现并购；以现金购买股权式并购指并购企业用现金、债券等购买目标企业一部分股票，以实现控制后者资产及经营权的目标；以股票换取资产式并购指并购企业向目标企业发行本企业股票以交换目标企业的大部分资产；以股票换取股票式并购指并购企业直接向目标企业股东发行并购企业发行的股

票，以交换其所持有目标企业的大部分股票；通过承担债务换取资产或股权式并购是指并购方以承担被并购方全部或部分债务为条件，取得被并购方的资产所有权与经营权。

(2)按行业相互关系划分，企业并购可划分为横向并购、纵向并购和混合并购。

横向并购，是指生产或销售相同、相似产品或提供同种服务而处于相互直接竞争中的两个或两个以上企业之间的并购。其目的在于：扩大生产规模，实现规模经济效应；减少竞争对手，提高行业集中度，增强产品在同行业中的竞争力，控制或影响同类产品市场。横向并购的缺点是，易于出现行业垄断，限制市场竞争。在一定的技术条件下，根据利润最大化原则，各产业部门都存在最优的生产规模，企业只有达到或接近这个最优生产规模才能实现利润最大化。

纵向并购，是指同一产业中处于不同阶段、生产过程或经营环节相互衔接、具有纵向协作关系的专业化企业之间的并购，即生产经营上互为上下游关系的企业间的并购。纵向并购又分前向并购和后向并购两种形式。前向并购是向其最终用户的并购，如一家纺织公司与使用其产品的印染公司的并购。后向并购是向其供应商的并购，如一家钢铁公司与铁矿企业的并购。纵向并购的目的在于控制某行业、某部门生产与销售的全过程，加速生产流程，缩短生产周期，减少交易费用，获得一体化的综合效益。通过纵向并购，企业实现一体化，这能帮助企业降低成本，赢得竞争。

混合并购，是指横向并购与纵向并购相结合的企业并购。一般分为产品扩张型、市场扩张型和纯混合型三种。产品扩张型并购是指一家企业以原有产品和市场为基础，通过并购其他企业进入相关产业经营领域，达到扩大经营范围、增强企业实力的目的。市场扩张型并购是指生产同种产品，但产品在不同地区市场上销售的企业之间的并购，以此扩大市场份额，提高市场占有率。纯混合型并购是指那些生产和提供彼此毫无关联的产品或服务的两家或多家企业间的并购。这种并购又称为集团扩张，目的是进入更具增长潜力和利润率较高的领域，实现投资多元化和经营多元化，通过先进的财务管理和集中化的行政管理来获取规模经济效益。

(3)按并购是否通过中介机构，企业并购可分为直接并购和间接并购。

直接并购，是由收购方直接向目标公司提出所有权要求，双方通过一定程序进行磋商，共同商定完成收购的各种条件，在协议条件下达到收购目的。

间接并购，是指收购公司首先设立一个子公司或控股公司，再以子公司名义并购目标公司。分为三角并购和反三角并购两种方式。三角并购是指收购公司首先设立一个子公司或控股公司，再用子公司兼并目标公司。此时，目标公司的股东不是收购公司，因此收购公司对目标公司的债务不承担责任，而由其子公司承担。收购公司对子公司的投资是象征性的，资本可以很小，因此又叫空壳公司，其设立的目的完全是为收购公司而不是经营。收购公司一般是股份有限公司。采用三角并购，可以避免股东表决的繁杂手续，而母公司的董事会则有权决定子公司的并购事宜，简便易行、决策迅速。反三角并购比较复杂，收购公司首先设立一个全资子公司或控股公司，然后，该子公司被目标公司并购，收购公司用其拥有公司的股票交换目标公司新发行的股票，同时，目标公司的股东获得现金或收购公司的股票，以交换目标公司的股票，其结果是目标公司成为收购公司的全资子公司或控股公司。

(4)按并购是否取得目标公司的同意与合作划分，公司并购分为善意并购和敌意并购。

善意并购，也称协议并购，是指目标公司的经营管理者同意收购方提出的并购条件，接受并购。一般先由并购公司确定目标公司，然后设法使双方高层管理者进行接触，商讨并购事宜。通过讨价还价，在双方都可接受的条件下，签订并购协议。由于并购是双方在自愿、合作、公开的前提下进行的，故善意并购成功率较高。

敌意并购，也称恶意并购，是指并购方不顾目标公司愿意与否而采取非协商性购买的手段，强行并购目标公司。进行敌意收购，通常由一家公司以高于目标公司股价的交易价格，向股东收购目标公司的股票，一般高出20%到40%，以此吸引股东不顾经营者反对而出售股票。因此，对收购方而言，收购需要大量的资金支持，在比较大规模的并购活动中，银行或券商往往提供短期融资。同时，被收购公司在得知收购公司的收购意图后，可能采取一切反收购措施，如发行新股票以稀释股权，或收购已发行在外的股票等等。

(5)按并购是否公开向目标公司全体股东提出，公司并购分为公开要约收购和非公开收购。

公开要约收购，是指收购公司公开向目标公司股东发出要约，并承诺以某一特定价格购买一定比例的目标公司股份。收购公司采用此种并购方式，是企图取得或强化对目标公司的控制权，而在证券市场外公开以特定价格收购目标公司股东持有的股票。由于公开要约收购是收购公司和目标公司股东间的直接交易，所以股东是否允诺出售股票完全取决于股东的个人判断。基于上述理由，公开要约收购出价高于目标公司股票市价才有吸引力，否则目标公司股东在公开市场上即可出售股票而不必卖给收购公司。

非公开收购，是指不构成公开要约收购的任何并购活动。如，下述行为虽然也会使收购公司持有目标公司相当数量的股份，但仅视为非公开收购：①私人间股票交易，甚至包括收购公司和目标公司的部分股东私下接触以购买后者手中的目标公司股份；②收购公司在正式提出公开收购要约之前，在公开市场大量收购目标公司股份；③在他人向目标公司股东提出公开收购要约的同时，自行在公开市场收购目标公司股份。

(6)按是否利用目标公司本身资产支付并购资金，公司并购可分为杠杆收购和非杠杆收购。

杠杆收购，是指收购企业利用目标企业资产的经营收入，支付兼并价款或作为此种支付的担保。换言之，收购企业不必拥有巨额资金，只需准备少量现金(用以支付收购过程中的律师、会计师等费用)，加上以目标企业的资产及营运所得作为融资担保及所贷得金额的还款来源，即可兼并任何规模的企业。

非杠杆收购，是指不用目标企业自有资金及营运所得来支付或担保支付并购价款的收购方式。但非杠杆收购并不意味着收购企业不用举债即可负担并购价款，实践中，几乎所有的收购都是利用贷款完成的，所不同的只是借贷数额的多少而已。

(7)按并购企业与目标企业是否同属一国企业划分，企业并购可分为跨国并购和国内并购。

跨国并购是指一国企业与另一国别企业间的并购。跨国并购是国际直接投资(FDI)的一种方式，是指一国企业为了某种目的，通过一定的渠道和支付手段，将另一国企业的整个资产或足以行使经营控制权的股份收买下来，从而对另一国企业的经营管理实施实际的或完全的控制行为。国内并购是指一国企业与本国企业间的并购。

10.1.2 企业并购的动因和效应

市场经济条件下,企业的经济活动必然是一个追逐利润的过程。兼并与收购作为企业的一种市场行为,也不例外。企业并购作为一种经济活动,它最初的动力就源于企业追求利润最大化的动机,其次是竞争压力带来的动力。现实经济生活中,企业并购的动机是以各种不同形式表现出来的,而且大多数兼并与收购的动因不仅限于某一个因素,而是诸多因素综合作用的结果。

1. 谋求协同效应

协同效应是指 $1+1>2$ 的效应。并购后,企业的总体效益要大于两个独立企业的算术和。

(1)经营协同效应。经营协同效应主要是指两个独立企业兼并后可在较优的经济规模下运行,从而带来生产经营活动效率的提高。企业要在最佳经济规模上生产经营,客观上要求资本相对集中。兼并与收购能以较低的成本实现优势企业的资产存量的增加,使之达到或接近最佳经济规模,实现存量资产的有效配置。另外,通过兼并还可以充分利用专业化生产的好处,在原材料采购、产品销售、日常管理等方面统一协调、组织、指挥,可降低生产成本、管理费用等。

(2)财务协同效应。财务协同效应是指并购给企业在财务方面带来的种种效益,这种效益的取得不是由于效率的提高,而是由于税法、会计处理惯例以及证券交易等内在规定的作用而产生的一种纯货币上的利益。主要表现在:

①通过并购达到合理避税的目的。税法对个人和企业的财务决策有着重大影响。不同类型资产适用税率不同,股息收入和利息收入、营业收益和资本收益的税率有很大区别。由于这种区别,企业能够采用某些财务处理方法达到合理避税的目的。

1)企业可以利用税法中亏损递延条款达到合理避税目的。所谓亏损递延是指,如果某公司在一年中出现了亏损,该企业不仅可以免付当年的所得税,它的亏损还可以向后递延,以抵消以后几年的盈余,企业根据抵消后的盈余交纳所得税。因此,如果企业在一年中严重亏损,或该企业连续几年不曾盈利,企业拥有相当数量的累积亏损时,该企业往往会被考虑作为并购对象,或者该企业考虑并购一盈利企业,以充分利用它在纳税方面的优势。

2)买方企业不是将目标企业的股票直接转换为新的股票,而是先将它们转换为可转换债券,过一段时间后再将它们转化为普通股票。这样做在税法上有两点好处:一是企业付给这些债券的利息是预先从收入中减去的,可以少交纳所得税。二是企业可以保留这些债券的资本收益直到这些债券转化为普通股为止。由于资本收益延期偿付,企业可以少付资本收益税。

②市场预期效应。财务协同效应的另一重要部分是市场预期效应。市场预期效应是指由于并购使股票市场对企业股票评价发生改变而对股票价格的影响。市场预期效应对企业并购有重大影响,它是股票投机的一大基础,而股票投机又刺激了并购的发生。在西方,由于市场预期效应的作用,公司并购往往伴随着强烈的股价波动,造成了极好的投机机会。所谓"内幕交易"(Insider Trading 或 Insider Dealing)就是掌握了并购内幕信

息的企业或个人，预先购入并购方或被并购方的股票，待并购完成后，按上涨的价格将股票售出，获得巨大收益。

2. 谋求企业发展

在竞争性经济条件下，企业只有不断发展才能保持和增强它在市场中的相对地位，才能生存发展下去。因此，企业有很强的发展愿望，但又不能盲目扩张，要注意保持一定的发展速度。在这种情况下，企业可以运用两种基本方式实现发展：(1)通过内部投资新建方式提高生产能力；(2)通过并购获得行业内原有生产能力。比较而言，并购往往是效率较高的方法。这是因为：

①并购可有效地降低新行业的进入壁垒。投资新建方式必须充分考虑行业进入壁垒，还必须考虑到新增生产能力对行业供求平衡的影响。如果新增生产能力很大，行业内部将可能出现过剩生产能力，引发价格战。运用并购方式时，行业进入壁垒可大幅度降低。并购并没有给行业增添新的生产能力，短期内行业内部竞争格局保持不变，引发价格战或报复的可能性大大减小。

②并购可大幅降低企业发展的风险和成本。投资新建方式不仅增加新的生产能力，企业还要花费大量时间、财力获取稳定的原料来源，寻找合适销售渠道，开拓市场。因此不确定性大，资本成本较高。并购方式下，企业可以利用原有企业的原料来源、销售渠道和市场，资本市场对原有企业也有一定了解，可以大幅减少不确定性，降低风险和资本成本。

③并购可充分利用学习曲线效应。在很多行业，当企业在生产经营中经验越积越多时，单位成本可不断下降。成本下降主要是由于工人的作业方法和操作熟练程度的提高、生产过程作业成本和管理费用降低。由于经验固有的特点，企业无法通过复制、购置新技术或新设备等手段来取得这种优势。采用投资新建方式进入某一新的经营领域时，由于新企业不具备经验优势，其成本必然高于原有企业。新企业为获得经验并与原有企业保持均势成本，必须承担由于价格低于成本或接近成本而引起的巨额投资亏损。

企业通过并购发展，不但可获得原有企业的生产能力和各种资产，还获得原有企业的经验。学习曲线效应对混合并购有着特别重要的作用，通过混合并购，混合一体化企业的各部分可以实现经验分享，形成一种有利的竞争优势。

3. 扩大市场份额

市场份额是指企业产品在市场上所占份额，也就是企业对市场的控制能力。企业市场份额的不断扩大，可以使企业获得某种形式的垄断，这种垄断既能带来垄断利润又能保持一定的竞争优势。企业并购分为三种基本形式：横向并购、纵向并购和混合并购。它们都能提高企业的市场势力，但它们的影响方式有很大不同。

(1)横向并购。横向并购有两个明显的效果：实现规模经济和提高行业集中度。横向并购对市场权力的影响主要是通过行业集中度进行的，通过行业集中，企业市场权力得到扩大。

(2)纵向并购。纵向并购是企业将关键性投入一产出关系纳入企业控制范围，以行政手段而不是经济手段处理一些业务，以提高企业对市场的控制能力。它主要通过对原料和销售渠道及用户的控制来实现这一目的。纵向并购往往导致“连锁”效应。一个控制了大量关键原料或销售渠道的企业，可以通过对原料和销售渠道的控制，有力地控制竞争对手。

(3)混合并购。混合并购对市场势力的影响，多数以隐蔽的方式来实现。在多数情况下，企业通过混合并购进入的往往是与他们原有产品相关的经营领域。在这些领域中，他们使用与主要产品一致的原料、技术、销售渠道。这方面规模的扩大，使企业对原有供应商和销售渠道的控制加强，从而增强对主要产品市场的控制。另一种更为隐蔽的方式是：企业通过混合并购增加了企业的绝对规模，使企业拥有相对充足的财力，与原市场或新市场的竞争者进行价格战，迫使竞争者退出某一领域，达到垄断的目的。由于巨型混合一体化企业涉足很多领域，从而对其他相关领域中的企业形成强大的竞争威胁，使一般企业不敢对它的主要产品市场进行挑战，以免引起报复，结果造成这些行业竞争强度的降低。

4. 实现企业发展战略转移

根据企业产品生命周期理论，企业产品都有一个开发、试制、成型、衰退的过程。对于生产某一主导产品的企业，它一方面可以不断开发新品种适应企业的产品生命周期，另一方面可以制定长远的发展战略，有意识地通过企业兼并方式实现产品转移。近年出于这种动机进行的并购活动越来越多，而且明显地表现在以下三个方面。

(1)企业通过并购有效地占领市场。企业进入新的行业要克服行业壁垒，企业进入新市场同样也存在各种壁垒。通过并购进入一个新市场，企业可以有效地降低这种进入壁垒。

(2)企业通过并购能够实现经验共享和互补。这里的经验不单包括经验曲线效应，还包括企业在技术、市场、专利、产品、管理等方面的特长，也包括优秀的企业文化。企业通过并购可以在以上各方面、各部分之间实现共享或取长补短，实现互补。

(3)企业通过并购能获得科技上的竞争优势。企业常常为了取得生产技术或产品技术上的优势而进行并购。

5. 获得价值低估效应

如果一家企业由于经营不善，其股票的市场价值低于资产的账面价值，它将成为被并购的对象。这主要发生在以下三种情况：一是并购企业有时比目标企业更了解它所拥有的某些资产的实际价值，如目标企业可能拥有有价值的土地和其他不动产，这些资产在账面上以历史成本计价，价值往往被低估，使得并购企业能廉价并购这一目标企业。二是对一些暂不盈利或亏损的企业，利用其暂时困境压低并购价格，并购后对其进行重组。三是利用股票价格暴跌乘机并购目标企业。

10.1.3 企业并购策略

采取何种并购策略使并购获得最大限度的成功是企业管理当局的重要任务。

1. 目标企业的估价

目标企业价值是并购方发出并购要约的基础，也是被并购方愿意接受并购的前提条件。并购时，一般可使用如下方法对目标企业进行估价。

(1)资产价值法。

资产价值法，是指由公认的资产评估机构对并购对象进行科学的资产评估来确定并购对象价值的方法。运用资产价值法时，先对各项资产及负债进行评估，得到其公允价值，然后汇总资产和负债水平，测算并购对象的净资产价值，这就是并购对象的价值。使用资产价值法的关键在于资产评估中价格标准的选择，根据资产评估中价格标准的不同，资产评估方法有账面价值法、市场价值法、重置成本法、收益现值法和清算价值法等。

①账面价值法。

账面价值法是根据传统会计核算中账面记载的净资产确定并购价格的方法。它是一种静态估价方法，不考虑资产的市价和收益，因取值方便，在许多并购中用账面价值作为并购价格，但在实践中，账面价值可能会严重偏离市场价值，因此这种方法的使用应根据具体情况而定。主要适用于简单的并购和账面价值与市场价值偏离不大的非上市企业。

②市场价值法。

如果目标企业是上市公司，则可利用目标企业股票的市场价格来评估其净资产价值。此方法可直接用于评估上市公司的市场价值。对于非上市公司的市场价值，可根据同行业中可比上市公司股票市价间接计算出来。市场价值法的优点在于真实反映了上市公司收购的自由支付的价值，在成熟证券市场中可操作性强，但在不成熟市场中，上市公司股价由于各种因素会远远偏离其真实价值。

③清算价值法。

清算价值法是通过估算目标企业的净清算收入来确定并购价格的方法，是在目标企业作为一个整体已经丧失增值能力情况下的估价方法。此法主要适用于目标企业无存续价值情况，并购企业和目标企业均可选择此法作为交易基础。

(2)贴现现金流量估价法。

用贴现现金流量法确定最高可接受并购价值的方法，是由美国西北大学阿尔弗雷德·拉巴波特于1986年提出，也称拉巴波特模型，该模型所用的现金流量是指自由现金流量，即扣除税收、必要的资本性支出和营运资本增加后，能够支付给所有清偿者的现金流量。用贴现现金流量法评估目标企业价值的总体思路是：估计兼并后增加的现金流量和用于计算这些现金流量现值的贴现率，然后计算出这些增加的现金流量的现值，这就是兼并方所愿支付的最高价格。如果实际成交价高于这一价格，则不但不会给兼并企业带来好处，反而会引起亏损。运用贴现现金流量法须经三个步骤：

第一步，建立自由现金流量预测模型。拉巴波特认为有五种价值动因影响目标企业价值，即销售增长率、经济利润边际、新增固定资产投资、新增营运资本、边际税率等。他把这五种因素运用在自由现金流量模型中，公式为：

$$FCF=S_{t-1}(1+g_t)\cdot P_t(1-T)-(S_t-S_{t-1})\cdot(F_t+W_t)$$

式中，FCF——自由现金流量；

S_t——年销售额；

g_t——销售额年增长率；

P_t——销售利润率；

T——所得税率；

F_t——销售额每增加1元所需追加的固定资本投资；

W_t——销售额每增加1元所需追加的营运资本投资；

t——预测期某一年度。

第二步，估计贴现率或加权平均资本成本。贴现率是考虑投资风险后，兼并方要求的最低收益率，也就是该项投资的资本成本。这里所指的资本成本不是并购企业自身的加权资本成本，而是并购企业投资于目标企业资本的边际成本。并购企业用于并购的资金来源复杂，可能来自留存收益、增发新股，也可能是举债融资，这就需要对各种长期资本成本要素进行估计，并计算加权平均资本成本。其中，自有资金成本可用资本资产定价模式求得，债务成本可用债务利息经税务调整后的有效资本成本得到。该项投资的资本成本就是二者的加权平均，也即平均资本成本(K)，计算公式为：

$$K=Ks(S/V)+Kb(1-T)(B/V)$$

式中：Ks——股东对此项投资要求的收益率；

Kb——利率；

S——自有资金额；

B——对外举债额；

V——市场总价值；

T——企业的边际税率。

第三步，利用贴现现金流量模型，计算现金流量现值。

$$V=\sum\frac{FCF_t}{(1+K)^t}+\frac{F}{(1+K)^t}$$

式中：FCF——自由现金流量；

K——贴现率或加权平均资本成本；

F——预期转让价格；

V——企业价值。

拉巴波特利用目标企业历史资本成本作为贴现率，并考虑并购对资本成本的影响，最后把各种资本加权平均而得到，此外，贴现率的选择还有以下方法：

①选择目前目标企业加权平均资本成本，在此基础上加以调整；

②选择预期利率，结合各种风险加以调整；

③考虑同行业情况，结合本企业各种风险加以调整。

因此，使用贴现现金流量法的最大问题在于贴现率的选择，它的不准确可能带来结果的不正确。运用贴现现金流量法评估目标企业价值是在对其未来现金流量预测的基础上，充分考虑了目标企业未来创造现金流量能力对其价值的影响，具有坚实的财务理论基础，在市场经济条件下对企业并购决策具有现实的指导意义。

(3)市盈率法。

市盈率法也称收益法，它是根据目标企业的收益和市盈率来确定其价值的方法。其表达式为：

目标企业的价值＝目标企业的收益×市盈率

运用市盈率法需要确定市盈率和目标企业收益。可选择并购时目标企业的市盈率，与目标企业具有可比性企业的市盈率或目标企业所处行业平均市盈率。而目标企业收益可选择目标企业最近一年的税后收益，最近3年税后收益的平均值或并购后目标企业的预期税后收益。市盈率法结论有一定可靠性，简单易懂，因其着眼于未来收益，也被广泛应用。这种方法较适用于股票市场较完善的市场环境中经营较稳定的企业。但该法缺乏明确理论依据，收益指标和市盈率的确定具有很大主观性，尤其是目前我国股市尚不完善，市盈率不真实，使用此法应当慎重。

目标企业价值评估方法很多，每种方法都有其优缺点和具体适用条件，并无绝对优劣之分。因此，在评估之前，必须对每次并购的具体情况加以认真细致的全面分析，有针对性地选择适用方法，也可将各种方法交叉使用，或将各种方法的结果加权计算。只有这样，才可能避免得出简单的、甚至是欺骗性的结论，减少并购风险，真正达到并购目标。

2. 企业并购的资金筹措

国际上通行的并购融资方式分为内部融资和外部融资。内部融资是指企业动用自身盈利积累进行并购支付。外部融资是指向企业外的经济主体筹措资金。外部融资又分为债务性融资、权益性融资和混合性融资。

(1)债务性融资。

债务性融资指收购企业通过举债方式筹措并购所需资金。主要包括向银行等金融机构贷款和向社会发行债券。

①贷款。这是最传统的并购融资方式。优点是手续简便，融资成本低，融资数额大。缺点是必须向银行公开自己的经营信息，且在经营管理上受制于银行。此外，要获得贷款一般要提供抵押或者保证人，这就降低了企业的再融资能力。

②发行债券。这种方式的最大优点是可获得“税盾效应”，减轻企业税负。此外，发行债券可避免稀释股权。其缺点是债券发行过多，会影响企业资本结构，降低企业信誉，增加再融资成本。

(2)权益性融资。

权益性融资主要包括发行股票和换股并购。

①发行股票。企业通过发行新股或向原股东配售新股筹集资金作为并购支付。这种方式的优点是不会增加企业负债，增强企业再融资能力。其缺点是稀释股权，降低每股收益。此外，由于股息要在企业交纳所得税后支付，会增加企业税负。

②换股并购。以并购方本身股票作为并购支付手段交给被并购方。根据换股方式不同又可分为增资换股、库存股换股、母公司与子公司交叉换股等。换股并购的优势在于可使企业避免大量现金短期流出，降低收购风险，收购不受并购规模限制。此外可取得会计和税收方面好处。但换股并购的弊端在于其会受到证券法规的严格限制，审批手续复杂，耗时较长。

(3)混合性融资。

混合性融资因其同时具有债务性融资和权益性融资的特点而得名。最常用的混合性融资工具是可转换债券和认股权证。

①可转换债券。可转换债券的最大特点是债券持有人在一定条件下可将债券转换为股票。在企业并购中，利用可转换债券筹集资金具有如下优点：第一，可转换债券的报酬率一般较低，可降低企业筹资成本；第二，可转换债券具有高度灵活性，企业可以根据具体情况设计不同报酬率和不同转换价格的可转换债券；第三，当可转换债券转化为普通股后，债券本金不需偿还，从而免除企业还本负担。发行可转换债券也有如下缺点：第

一，当债券到期时，如果企业股票价格高涨，债券持有人自然要求转换为股票，这就变相使企业蒙受财务损失。如果企业股票价格下跌，债券持有人自然要求退还本金，这不但增加企业现金支付压力，也严重影响企业再融资能力。第二，当可转换债券转为股票时，企业股权会被稀释。

②认股权证。认股权证是由股份有限公司发行的、能够按照特定价格在特定时间内购买一定数量该公司普通股票的选择权凭证，其实质是一种普通股票的看涨期权。认股权证的优点是避免并购完成后被并购企业的股东成为普通股东，从而延迟股权的被稀释，还可以延期支付股利，从而为公司提供额外的股本基础。其缺点是如果认股权证持有人行使权利时，股票价格高于认股权证约定价格，会使企业遭受财务损失。

3. 企业并购的支付方式

(1)现金方式并购。现金方式并购是最简单迅速的一种支付方式。对目标公司而言，不必承担证券风险，交割简单明了。缺点是目标公司股东无法推迟资本利得的确认，从而不能享受税收优惠，且不能拥有新公司的股东权益；对并购企业而言，现金支付是一项沉重的即时现金负担，要求并购方有足够的现金头寸和筹资能力，交易规模也常常受到获利能力的制约。随着资本市场的不断完善和各种金融创新工具的出现，纯粹的现金方式并购已越来越少。

(2)换股并购。即并购公司将目标公司的股权按一定比例换成本公司股权，目标公司被终止，或成为并购公司的子公司，视具体情况可分为增资换股、库存股换股、母子公司交叉换股等。换股并购对目标公司股东而言，可以推迟收益时间，达到合理避税或延迟交税的目的，也可分享并购公司价值增值的好处。对并购方而言，不会挤占营运资金，比现金支付成本小。

(3)综合证券并购。即并购企业的出资不仅有现金、股票，还有认股权证、可转换债券和公司债券等多种混合形式。采用综合证券并购方式可将多种支付工具组合在一起，如果搭配得当，选择好各种融资工具的种类结构、期限结构及价格结构，可避免上述两种方式的缺点，既可使并购方避免支出更多现金，亦可防止并购方企业原有股东的股权稀释，从而控制股权转移。

(4)杠杆收购。即并购方以目标公司的资产和将来现金收入作为抵押，向金融机构贷款，再用贷款资金买下目标公司的收购方式。杠杆收购有以下特点：①主要靠负债完成，收购方以目标企业作为负债的担保；②由于目标企业未来收入的不确定性和高风险性，投资者需要相应的高收益作为回报；③具有杠杆效应，即当公司资产收益大于其借进资本的平均成本时，财务杠杆发挥正效应，可大幅度提高企业净收益和普通股收益，反之，杠杆的负效应会使企业净收益和普通股收益剧减。因此，这种方式好处在于，并购方只需出极少自有资金即可买下目标公司，从而部分解决巨额融资问题。其次，并购双方可以合法避税，减轻税负。再次，股权回报率高，充分发挥了融资杠杆效应。其缺点是资本结构中债务比重很大，贷款利率较高，并购方企业偿债压力沉重，若经营不善，极有可能被债务压垮。

4. 企业并购后的整合

并购整合是对企业资源的重新配置，它涉及企业的方方面面，大致包含：发展战略与组织机构整合、财务整合、人力资源整合和企业文化及无形资产整合。

(1) 发展战略与组织机构整合。

① 发展战略的确定与核心业务方向的调整。现代并购是以产业整合为基础实现价值再造,并购活动具有明显的战略性,现代并购整合应在深入了解被并购方优劣势的基础上进行核心业务调整,明确发展方向。同时,在核心业务方向调整与战略确定过程中,应将被并购企业适当做小,将自己不擅长的业务分离出去,将那些占用企业资源大,但又无法产生对等效益、与企业核心业务方向不一致的业务剥离出去,这样不仅可适当缓解资金紧张,还能集中企业人力、物力、财力专注于核心业务,把企业做强。

② 业务流程再造。并购方会发现被并购方不合理的业务流程模式,应对被并购方业务流程进行重新安排,节约不必要的生产和交易、物流成本。

③ 企业规模优势资源整合。一些企业并购后,并购方和被并购方仍然以个体身份经营,原本可以作为竞争有力武器的规模优势没有得到有效利用,并购活动失去原本意义。

④ 组织机构整合。企业被并购后要进行一定的组织机构整合,使其在被并购后能更加有效地运行。

(2) 财务整合。

财务整合的主要目的是发挥财务协同效应。当被并购企业兼并前资本成本较高,并购企业资本成本较低时,降低资本成本的可能性较大。在对财务资源进行整合时,应尽快选派适量、合格的财务主管对被并购方进行财务控制。选派的财务主管不仅要业务精通,而且应具备很强的协调能力。因为刚被并购企业财务状况往往混乱,财力吃紧。财务管理能力强的主管不仅能为企业决策提供完备、有价值的决策信息,而且能为决策层献计献策,他们对企业并购整合成败起着至关重要的作用。

(3) 人力资源整合。

① 明确并购方的宗旨,确保被并购方员工的暂时稳定。

② 尽可能留住对企业有用之才,特别是难觅之才。

③ 主管人员的选派。并购方对被并购方实现有效的最直接、最可靠的控制方法就是从本企业选派既有专业技能,又具有丰富经营管理经验的管理人员,前往被并购方担任重要职务。

④ 人力资源结构的持续调整。人力资源的调整是随着并购整合的深入和并购方对被并购方的深入认识和控制而进行的一个循序渐进的过程。在这一过程中,暂时准备留用而又与企业长远目标相违背的人员应予以替换,各种人才激励制度应及时出台,并配合企业发展战略和目标部署,采用相应的人才培养计划和人才引进策略。

(4) 企业文化及无形资产整合。

① 企业文化整合。企业文化整合是所有整合环节中最艰巨的。企业文化整合有三种模式,即吸纳法、渗透法和分离法。通常采用吸纳法和渗透法。吸纳法是指并购企业在企业文化整合过程中,逐渐吸收被并购企业员工融入所推崇的企业文化中,渗透法是指并购方将欲推崇的企业文化通过选派的主管在工作中慢慢渗透到被并购企业,让员工潜移默化地被所推崇的企业文化所同化。

② 无形资产整合。并购后,并购方与被并购方间的无形资产应进行有效融合,发挥无形资产的最大效用,给并购双方创造价值。

10.2 企业失败及其预测

10.2.1 企业失败的类型和原因

企业经营失败的类型主要有经济性失败和财务性失败。

1. 经济性失败。经济性失败是指企业生产经营所实现的全部收入不足以补偿生产经营过程中包括资本成本在内的全部成本,从而使企业亏损走向失败。

2. 财务性失败。财务性失败是指由于财务上的原因使企业不能清偿到期债务,或不能履行对债权人的契约责任,故又称契约性失败。不同财务管理学家对财务失败的判断标准不同,通常认为财务失败是指企业无法偿还到期债务而引起的困难和危机。

根据企业财务失败的程度和处理程序不同,财务失败又可分为技术性失败和破产两种。技术性失败是指企业总资产的公允价值尽管等于或超过其总负债,因资产流动性差,无法变现为足够现金,用于偿付到期债务的财务失败。技术性失败一般可通过分析财务失败原因,采取一定措施加以补救,从而使企业免于破产清算。破产是企业财务失败的一种极端形式。当企业资金匮乏和信用崩溃两种情况同时出现时,企业破产便不可避免。因此,破产是指企业的全部负债超过其全部资产的公允价值,企业所有者权益出现负值,且企业无法筹集新的现金,以偿还到期债务的一种极端的财务失败。

美国查尔斯·吉布森教授将财务失败的表现总结为如下五种:

① 企业被迫清算;

② 企业对短期债权人被迫延期付款;

③ 企业延期偿还到期债券利息;

④ 企业延期偿还债券本金;

⑤ 企业无力支付优先股股利。

企业失败的原因是多种多样的,但不外乎外因和内因两个方面。失败可能起因于外部因素,但最主要的是来自内部竞争力缺乏与管理不善。

10.2.2 财务失败的预警

1. 财务预警的意义和功能

财务失败预警,即财务预警,是以企业的财务报表、经营计划及其他相关会计资料为依据,利用财会、统计、金融、企业管理、市场营销等理论,采用比率分析、比较分析、因素分析及多种分析方法,对企业的经营活动、财务活动等进行分析预测,以发现企业在经营管理中潜在的经营风险和财务风险,并在危机爆发之前向企业经营者发出警告,督促企业管理当局采取有效措施,避免潜在风险变成现实损失,起到未雨绸缪的作用。

财务预警体系作为一种诊断工具,其灵敏度越高就能越早发现问题,从而避免财务危机的发生。一个有效的财务预警体系应具备如下功能:

(1)监测功能。即对预定目标、计划、标准进行比较,对企业营运状况做出预测,找出偏差,并分析产生偏差的原因和存在的问题,当危及企业财务能力的关键性因素出现时,可提出警告，让企业经营者早日寻求对策以降低财务损失。

(2)财务诊断功能。它是财务预警体系的重要功能之一，是根据监测、跟踪结果，运用现代企业管理技术、企业诊断技术、财务分析方法等对企业营运状况优劣做出判断，找出企业运行中存在的弊端及病根所在。

(3)财务治疗功能。在监测、诊断基础上，识别病根，对症下药，以更正企业营运中的偏差或过失，使企业恢复到正常运转轨道，一旦发现财务危机，经营者就要通过内部挖潜或积极寻求外部财源，阻止财务危机继续恶化。

(4)辅助决策功能。通过财务预警及时为企业高层提供决策所需信息，保证决策科学性和可行性。如对财务预警体系指出财务状况有显著恶化且不易逆转的领域，应综合其他信息考虑是否引入退出机制。

(5)财务保健功能。通过财务预警分析，企业能够系统而详细地记录财务危机发生的缘由，处理的经过，解除危机的各项措施，以及处理反馈与改进建议，作为未来类似情况的前车之鉴，这样将企业纠正偏差与过失的一些经验、教训转化为企业管理的规范，以免重犯同样或类似错误，不断增强企业免疫能力。

企业财务预警机制集中体现了事先管理和事中控制的管理思想，通过"寻找警源"——"识别警兆"——"设置警度"——"排警对策"的PDCA循环来解决企业存在的经营风险。"探寻警源"就是寻找财务警源，"识别警兆"和"设置警度"就是甄别和衡量财务风险，通过实际成果与财务预算的比较，确定差异。"排警对策"就是根据差距找出原因，采取措施纠正和消除偏差。

2. 财务预警分析的方法

西方国家对财务失败的预警研究较早，已提出许多财务预警的方法，主要可分为定性分析方法和定量分析方法两大类。定性分析方法主要有标准化调查法、流程图分析法和管理评分法。定量分析方法主要有单变量预警模型与多变量预警模型。

(1) 单变量模型。

单变量模型是指运用单一变量、用个别财务比率来预测财务危机的方法。使用单变量模型方法对各种财务比率，包括流动性比率、财务杠杆比率和盈利比率等指标进行同行业比较和长期跟踪，就可以对本企业财务危机可能性大小做出判断。常设的财务比率包括：债务保障率(现金流量/债务总额)、总资产收益率(净收益/资产总额)、净资产收益率(净收益/净资产总额)、资产负债率(负债总额/资产总额)等。这种预测不是对危机事件本身的预测，而是对危机发生可能性大小的预测。这种方法常常可以在危机发生之前的一两年做出预警。

企业良好的现金流、净收益和债务状况可以表现出企业长期的、稳定的发展态势，因此跟踪考察时，应对上述比率的变化趋势予以特别注意。当这些指标达到经营者设立的警戒值，预警系统便发出警示，提请经营者注意。企业的风险是各项目风险的整合，不同财务比率的变化趋势都可反映出企业风险的变化趋势，但单一模式没有区别不同比率因素对整体的作用，也不能很好地反映企业各比率正反交替变化的情况。比如一个比率变好，另一个比率变坏，便很难做出准确的预警。

(2) 多变量模型。

多变量模型是运用多种财务指标加权汇总产生的总判别值来预测财务风险，即建立一个多元线性函数模型，来综合反映企业风险。应用多变量模型进行财务预警的研究有很多，其中最著名的是美国纽约大学教授奥尔曼(Altmn)的Z－Score模型，奥尔曼选用美国1946至1965年间提出破产申请的33家企业和与其对应的相当规模及相同行业的33家非破产企业作为样本，在经过大量实证考察和分析研究的基础上，从最初的22个财务比率中选择了5个，使用破产企业破产前1年的数据和非破产企业在相应时段的数据，运用费雪判别分析法估计出一个多元线性函数，即所谓的Z－Score模型，其表达式为：

$$Z=0.012X_1+0.014X_2+0.033X_3+0.006X_4+0.010X_5$$

其中，Z值为判别分。X_1为期末营运资本/期末总资产，反映了企业资产的贴现能力和规模特征。X_2为期末留存收益/期末总资产，反映了企业的累积获利能力。期末留存收益是由企业累积税后利润而成，对上市公司，留存收益是指净利润减去全部股利的余额。X_3为息税前利润/期末总资产，可称为总资产息税前利润率，该指标主要是从企业各种资金来源的角度对企业资产的使用效益进行评价，通常是反映企业财务失败的最有力依据之一。X_4为期末股东权益的市场价值/期末总负债，测定的是财务结构，分母为流动负债、长期负债的账面价值之和，分子以股东权益的市场价值取代账面价值，因而对公认的、影响企业财务状况的产权比率进行了修正，使分子能客观地反映公司价值大小。X_5为本期销售收入/总资产，即总资产周转率，企业总资产的营运能力集中反映在总资产的营运水平上，因此，总资产周转率可以用来分析企业全部资产的使用效率。

该模型从企业的资产规模、贴现能力、获利能力、财务结构、资产利用效率等方面综合反映了企业财务状况，推动了财务预警的发展。奥尔曼教授通过对Z－Score模型的研究分析得出，Z值越小，企业遭受财务失败的可能性就越大。当Z值大于2.675时，表明企业财务状况良好，发生财务危机的可能性较小；当Z值介于1.81～2.675之间时，则可视为企业进入“灰色地带”，财务状况极不稳定，风险较大；当Z值小于1.81时，则认为企业存在财务危机的可能性很大，与破产企业有共同特征。

(3)两种模型的比较。

单变量预警模型虽然简单，但却因不同财务比率的预测方向与能力经常有相当大的差距，有时会产生对同一企业使用不同比率预测出不同结果的现象，因此招致许多批评而逐渐被多变量预警模型所替代。而多变量模型Z－score财务失败预警模型是从企业资产规模、变现能力、获利能力、财务结构、偿债能力、资产利用效率等方面综合反映企业财务状况，进一步推动了财务失败预警的发展。主要有如下特点：

第一，目前财务失败预警模型层出不穷，但基本原理都是一致的，都是通过利用反映企业营运能力、偿债能力、赢利能力和变现能力等方面的数据指标来衡量企业财务能力的，没有本质区别。

第二，Z－score模型在世界各国都得到广泛应用，并得出企业财务失败的警戒线是1.81。

第三，由于Z－score模型得到世界范围认可，使用该模型有助于企业参与全球范围评比，这是现代企业应对国际市场竞争的一种需要。

10.3　企业财务重组

10.3.1　企业财务重组的含义

企业财务重组是对面临破产的企业，按照一定程序实施的债权债务及股权的清理和变更作出安排，调整企业资本结构，改善经营，保护债权人和股东权益，以挽救企业，避免企业破产清算。对企业失败的处理，取决于财务危机程度和债权人态度。如果企业失败即宣告破产，不仅会严重损害投资人、债权人、员工利益，而且会威胁社会稳定。当企业失败是由于暂时的经济失败、暂时的资不抵债以及技术性无力清偿，企业及其所有人和债权人之间往往通过谈判达成和解协议，对企业进行重组，以帮助失败企业走出困境，继续生存下去。

按照我国《企业破产法》规定，失败企业与债权人达不成和解协议，在法院的破产保护下，如果在可预见的未来企业具有盈利前景，持续经营价值大于清算价值，则可以实行财务重组。企业财务重整是企业在正常业务范围之外的资本结构、经营或所有权的变更。

10.3.2　企业财务重组的一般程序

1. 向法院申请财务重组。企业向法院阐明对企业实施财务重组的必要性，以及债权情况。如果符合条件法院批准重组申请。

2. 组成债权人委员会。债权人委员会由企业主要债权人及政府相关部门组成。主要职责为：负责挑选律师、注册会计师或其他中介机构，就公司的管理情况向受托人和债务人提出质询，对公司经营活动、财产及债务情况进行调查，参与重组计划的制订等。

3. 制订重组计划。经托管人和债权人委员会及股东会议，了解各债权人和股东的要求后，结合企业业务和财务状况，制订重组计划，并提交法院审批。重组计划主要包括：重新估算企业价值，判断企业持续经营前景；调整债权结构；用新的证券替换旧证券，安排债权先后次序；对公司管理层、生产销售计划、投资项目等做出安排。

4. 提交法院审批。法院在接受托管人提交的重组计划后，要对该计划的公平合理性和切实可行性进行审核，并做出批复。

5. 提请债权人和股东认可。法院批准重组计划后，须将重组计划提交债权人和股东认可。债权人的认可要求得到每类债权人所代表的债权额占总债权额 2/3 以上的多数同意。

6. 付诸实施。经法院、债权人、股东等有关方面审核批准后，重组计划即可付诸实施。

10.3.3　企业财务重组中的财务处理方法

1. 估算企业重估价值

估算企业重估价值是财务重整的关键。只有企业重估价值大于企业清算价值，企业才能继续存在,财务重整才有意义。常用的方法是收益现值法。具体做法是:估算企业未来销售量;估算企业未来各年净现金流量;确定贴现率(资本化率);将企业未来净现金流量进行贴现,计算出企业价值。在企业持续经营假设前提下,一般用年金法、分段法来估算企业整体价值。计算公式为:

$$P=\frac{CF}{r}$$

$$\text{或 } P=\sum_{t=1}^{n}\frac{CF_t}{(1+r)^t}+\frac{V_n}{(1+r)^n}$$

式中,P——企业重估价值;

CF——企业每年的年净现金流量;

r——贴现率或资金化率;

CF_t—第七期的现金流量预测值;

V_n—企业在第 n 期的价值;

n—预测期。

2. 股权重组

企业要对被重整公司进行财务重整,往往先取得被重整公司的大股东地位,减少重整的阻力。取得股权的常用方式有资产换股权、股权互换、债权换股权、股权协议转让、法人股竞拍、二级市场收购等。资产换股方式较为常见,它是重整公司利用自己的优质资产换取公司股权,达到控股目的,其优点在于取得股权的同时又完成资产注入。股权互换是双方股权之间的互相交换,达到相互持股目的,其优点在于不需动用现金和重整公司的资产,其互换比例根据双方净资产评估出的结果而定。

3. 债务重组

债务重组,指在债务人发生财务困难的情况下,债权人按照其与债务人达成的协议或法院裁决做出让步的事项。债务重组仅作为整个重整方案的一部分,债务重组的目的主要是为其他重整方案的顺利实施创造条件。债务重组的方式一般包括:

(1) 以资产清偿债务,包括以低于债务账面价值的现金和以非现金资产清偿债务。债务人用于偿债的非现金资产主要有:存货、金融资产、固定资产、无形资产等。

(2) 债务转资本,是指债务人将其债务转为资本,同时债权人将债权转为股权。以债务转为资本方式清偿债务的,对于股份制企业法律上有一定限制。《公司法》规定,公司只有在满足国家规定条件的情况下,才能将债务转为资本,债务人根据转换协议将应付债券转为资本的,属于正常情况下的转换,不能作为债务重组处理。

(3) 修改其他债务条件,是指修改不包括以上债务重组方式在内的债务条件。包括修改债务本金、修改债务利息、修改债务偿还期及由以上方式组成的混合修改方式。

(4) 混合重组方式,是以上两种或两种以上方式的组合。例如,债务人以一部分现金清偿某项债务的一部分,该债务的另一部分以转让非现金资产或债务转为资本等方式的组合来清偿。不论通过哪种方式进行债务重组,多以债务人做出让步为重组条件。

4. 资产重组

资产重组是财务重组的重点。减轻债务压力和取得控制权后,如何理顺资产配置、寻找新的利润增长点是财务重组重点考虑的问题。资产重组的方式主要有:资产置换、资产剥离、资产租赁。资产置换是上市公司财务重整的主要形式。资产剥离的交易方式有:协议转让、拍卖、出售;交易支付方式有现金支付、混合支付等。如果被重组公司缺乏现金,重组公司也可能动用现金购买其要剥离的资产。将劣质资产从上市公司剥离是我国上市公司财务重组的一项重要内容,在劣质资产的剥离中,大量债务也被剥离出去,这些被剥离出去的债务并没有足够的净资产和具有赢利能力的业务作保障,很多债务实际上随着劣质资产以自我交易等手段被塞给重组公司。上市公司常常将净值为负的(负债大于资产)所谓"不适资产"以一定价格或者零价格转让给重组母公司。采用资产租赁有两种可能:一种可能是重组公司没有找到一种合适的方式将被重组公司的资产剥离出来,只好暂时采用租赁方式;另一种可能是被重组公司暂时没有能力获得重组方的优质资产,只好先租赁。

10.4 企业清算

企业清算是指在企业终止过程中,为保护企业所有者、债权人等利益相关者的合法权益,依法对企业财产、债务等进行清理、变卖,以终止其经营活动,并依法取消其法人资格的行为。

10.4.1 企业清算的类型

1. 按企业终止是否出于自愿,可分为普通清算和特别清算。普通清算是企业自行组织的清算,适用于自愿终止的企业,一般由企业自己组织清算,但应接受主管部门或法院的监督;特别清算适用于被强迫终止的企业,它是法院根据企业利害关系人的申请,在法院的直接监督下进行清算。

2. 按清算的原因,可将企业清算分为解散清算和破产清算。

导致企业解散清算的原因有:公司章程规定的营业期限届满或者公司章程规定的其他解散事由出现;股东会或者股东大会决议解散;因公司合并或者分立需要解散;不能继续经营的其他原因而导致的解散。

破产清算是指当企业因经营管理不善,导致严重亏损,无力清偿到期债务,且经和解整顿仍不能实现和解协议约定的清偿义务,由法院裁决后宣告破产而进行的清算。

10.4.2 企业清算的程序

1. 解散清算程序

(1) 成立清算组。公司因法定原因解散的,应当在解散事由出现之日起15日内成立清算组,开始清算。有限责任公司的清算组由股东组成,股份有限公司的清算组由董事或者股东大会确定的人员组成。逾期不成立清算组进行清算的,债权人可以申请人民法院指定有关人员组成清算组进行清算。人民法院应当受理该申请,并及时组织清算组进行清算。

(2) 清算组接管公司。清算组成立后,在清算期间依法可行使下列职权:清理公司财产,分别编制资产负债表和财产清单;通知或公告债权人;处理与清算有关的公司未了结的业务；清缴所欠税款以及清算过程中产生的税款；清理债权、债务；处理公司清偿债务后的剩余财产；代表公司参与民事诉讼活动。

（3）分配公司财产。清算组在清理公司财产、编制资产负债表和财产清单后，应当制定清算方案，并报股东会、股东大会或者人民法院确认。公司财产在分别支付清算费用、职工工资、社会保险费用和法定补偿金，缴纳所欠税款，清偿公司债务后的剩余财产，有限责任公司按照股东的出资比例进行分配，股份有限公司按照股东持有的股份比例进行分配。清算期间，公司存续，但不得开展与清算无关的经营活动。公司财产在未依照前款规定清偿前，不得分配给股东。

（4）清算终结，公司注销。公司清算结束后，清算组应当制作清算报告，报股东会、股东大会或者人民法院确认，并报送公司登记机关，申请注销公司登记，公告公司终止。

2. 破产清算程序

根据我国《企业破产法》的有关规定，企业破产清算的基本程序大致可分为三个阶段：一是破产申请阶段；二是和解整顿阶段；三是破产清算阶段。破产申请阶段和破产清算阶段的主要程序如下：

（1）提出破产申请。《企业破产法》规定，提出破产申请的既可以是债权人，也可以是债务人。

（2）法院接受申请。人民法院接到破产申请后即进行受予与否的审查、鉴定。

（3）债权人申报债权。债权人应当在规定期限内向人民法院申报债权，逾期未申报的，视为自动放弃。

（4）法院裁定，宣告企业破产。人民法院对企业的破产申请进行审理，符合《企业破产法》规定情形的，由人民法院依法裁定并宣告该企业破产。

（5）破产管理人全面接管破产企业，对破产财产进行保管、清理、估价、处理和分配。破产管理人一般是由几家或一家律师事务所、会计师事务所、破产清算事务所等社会中介机构组成一个团队构成。破产管理人作为管理、处分破产财产的法定机构，独立完成破产财产的保管、清理、估价、处理、分配事宜，但必须对法院负责并报告工作，并接受债权人会议的监督。根据《企业破产法》，破产管理人的主要工作有：

第一，全面接管破产企业。债务人被宣告破产后，就成为破产人，企业法人就沦为清算法人，破产人所有的全部财产应移交破产管理人管理和处分。破产管理人接受的破产财产包括破产人的有形和无形财产、动产和不动产、知识产权、对外的债权、持有的股份和债券以及破产人对外应履行的债务。此外，破产人的法定代表人应将该企业的财产状况说明书、债权债务清册及全部账册、文书、资料、印章、营业执照移交给破产管理人占有、管理和支配，破产人原进行的营业活动和诉讼或仲裁事务也应由破产管理人接管。破产人如不为移交或不为全面移交，破产管理人有权请求法院强制执行。

第二，保管和清理破产财产。接管破产财产后，破产管理人予以妥善保护和管理。破产管理人对破产财产进行登记造册，详细说明财产种类、性质、原值、现值、保存地点等，对债权债务进行核对，了解掌握营业状况。其中最主要的工作是追回被他人占有的财产，收回破产人未收回债权和要求未缴纳或足额缴纳出资的出资人补足出资额，为更好地保全破产财产，随时为顺利处理和分配破产财产作准备。

第三，代表破产人进行必要的民事及其他活动。破产人将破产财产移交给破产管理人后，破产人并不丧失对破产财产的所有权，但丧失了对破产财产的占有、支配和处分权，也丧失了对破产财产以自己名义开展适当民事活动的权利。破产管理人取得以其名义实施必要的以破产财产为标的民事活动权利。

第四，对破产财产进行估价、处理、变价和分配。破产管理人对破产财产应当重新估价，已经折旧完毕的固定资产，应对其残值重新估价，残次变质财产应当变价计算，不需要变价的，按原值计价。破产管理人应根据清算结果制作破产财产明细表、资产负债表，并提出破产财产分配方案提交债权人会议讨论通过，人民法院裁定认可后，破产管理人即通知债权人限期领取财产，逾期不领取的可以提存。破产管理人分配破产企业财产，以金钱分配为原则，也可采取实物分配方式，或者兼用两种方式。如破产企业债权在分配时仍未得到清偿，也可将该债权按比例分配给破产企业债权人，同时通知破产企业债务人。

(6)终结破产程序，注销破产企业。破产财产分配完毕后，破产管理人应当提请人民法院裁定终结破产程序。破产程序终结后，破产管理人应当向破产企业原登记机关办理破产企业注销登记。此外，破产财产不足以支付破产费用和公益债务时，破产管理人应及时申请终结破产程序。

10.4.3 企业破产清算中的财务处理方法

1. 破产财产的范围及计价

按照《企业破产法》规定，债务人被宣告破产后，债务人称为破产人，债务人财产称为破产财产。破产财产主要包括：宣告破产时，破产企业经营管理的全部财产，包括固定资产和流动资产；破产企业在破产宣告后至破产程序终结前取得的财产；破产财产清算组通过行使撤销权所追回的、本属于破产企业而被非法处理的财产；已作为银行贷款等债权的抵押物和其他担保物的财产，不属于破产财产。但如抵押物或其他担保物的价款超过其担保债务数额的，其超过部分属于清算财产；应当由破产企业行使的其他财产权利，如破产企业的专利权、专有技术等。

准确确定破产财产的价值，对按价值进行破产财产的合理分配至关重要。破产财产的计价，可采用账面价值法、重估价值法和变现收入法。

账面价值法是指以核实后的各项资产、负债的账面价值(原值扣除损耗和摊销)为依据，计算企业财产价值的方法。该方法适用于破产财产的账面价值与实际价值相差不大的项目，如货币资金、应收账款等。

重估价值法是指对财产的原值采用重置成本法、现行市价法等方法进行重估所确定的价值为依据，计算企业财产价值的方法。该方法适用于各项财产价值的确定，如设备、存货等。

变现收入法是指以出售资产可获得的现金收入为依据，计算企业财产价值的方法。

2. 破产债权的范围及计价

按照新《企业破产法》规定，债务人被宣告破产后，人民法院受理破产申请时对债务人享有的债权称为破产债权，是可由破产财产公平清偿的可强制执行的财产请求权。破产债权包括：破产宣告前发生的无财产担保的债权；破产宣告前发生的虽有财产担保但债权人放弃优先受偿的债权；破产宣告前发生的虽有财产担保但债权数额超过担保物价值部分的债权；票据出票人被宣告破产，付款人或承兑人不知其事实而向持票人付款或承兑所产生的债权；债务人发行债券形成的债权，等等。

破产债权的计价是为了确定债权人对破产企业拥有的债权额度，以为破产财产的公平分配提供依据。破产债权的计价因债权类型不同而不同，主要有：

破产宣告日尚未到期的利随本清债权，其债权额为原债权额，加上从债权发生日至破产宣告日的应计利息；

不计利息的现金债权及非现金债权，一般按债权发生时的历史记录金额计价；

以外币结算的债权，按破产宣告日国家外汇牌价中间价折合为人民币计价；

索赔债权，赔偿金额由管理人与索赔债权人协商确定。

3. 债务清偿

债务清偿是破产清算的最后阶段，破产财产在优先清偿破产费用和共益债务后，按下列顺序清偿：

(1)破产人所欠职工的工资和医疗、伤残补助、抚恤费用，所欠的应当划入职工个人账户的基本养老保险、基本医疗保险费用，以及法律、行政法规规定应当支付给职工的补偿金；

(2)破产人欠缴的除前项规定以外的社会保险费用和破产人所欠税款；

(3)普通破产债权。

破产财产不足以清偿同一顺序的清偿要求的，为保证处于同一顺序中的债务公平受偿，应按比例分配。计算公式为：

清偿比例＝可供清偿的破产财产/同一清偿顺序的债务总额

每个债权人受偿金额＝该债权人在相应清偿顺序中的债务总额×清偿比例

如果前一顺序的债务受偿后无剩余财产，则后一顺序中的债务不再受偿，破产程序也因此宣告终结。

4. 剩余财产的分配

剩余财产是指企业支付破产费用和清偿债务后的财产。剩余财产的分配应在企业所有者之间进行。不同类型的企业，剩余财产的分配方法不尽相同。一般有如下几种情况：

(1)对于独资企业，其剩余财产归其出资者所有；如为国有独资公司，则剩余财产应全部上缴财政。

(2)对于有限责任公司，其剩余财产按投资各方在企业实收资本中所占比例分配。如公司章程或投资者相互订立的合同中对剩余财产分配有专门规定的，则按规定办理；

(3)对于股份有限公司，首先要考虑优先股股东，若剩余财产超过发行在外的优先股面值，则可按各优先股股东所持股票面值进行分配；否则，按比例分配。优先股分配率计算公式为：

优先股分配率＝剩余财产总值/发行在外优先股总面值

用某优先股股东所持股票面值乘以分配率，便求出该股东应得的剩余财产额。若企业剩余财产向优先股股东分配后仍有剩余，则在普通股股东间按其所持股份比例进行分配。普通股分配率计算公式为：

普通股分配率＝优先股后剩余财产总值/发行在外普通股股数

用某普通股股东所持股份数乘以分配率，便求出该股东应得的剩余财产额。

□本章小结

本章重点阐述了企业并购的基本概念、主要形式和类型，介绍了企业并购的动因和效应，企业并购策略，主要是确定目标企业的价值，目标企业的价值评估有资产价值法、贴现现金流量法、市盈率法等方法；明确了企业失败的类型和原因，企业财务危机的预警方法；讲述了企业财务重整的含义、程序和财务处理方法以及企业清算的原因、类型，企业清算的重要形式——破产清算的程序、破产清算的财务处理方法。

□复习思考题

1. 简述企业并购的分类方式及内容。
2. 企业并购价值评估时采用现金流量贴现法应注意的关键点是什么？如何确定？
3. 企业重组时如何估算企业价值？
4. 企业清算的类型有哪些？企业破产财产如何分配？

附录 系数表

1 元复利现值系数表：$f=(p/F,i,n)=(1+i)^{-n}$

期数	1%	2%	3%	4%	5%	6%	7%	8%	9%	10%	11%	12%	13%	14%	15%	16%	17%	18%	19%	20%	21%	22%	23%	24%	25%	26%	27%	28%	29%	30%
1	0.9901	0.9804	0.9709	0.9615	0.9524	0.9434	0.9346	0.9259	0.9174	0.9091	0.9009	0.8929	0.8850	0.8772	0.8696	0.8621	0.8547	0.8475	0.8403	0.8333	0.8264	0.8197	0.8130	0.8065	0.8000	0.7937	0.7874	0.7813	0.7752	0.7692
2	0.9803	0.9612	0.9426	0.9246	0.9070	0.8900	0.8734	0.8573	0.8417	0.8264	0.8116	0.7972	0.7831	0.7695	0.7561	0.7432	0.7305	0.7182	0.7062	0.6944	0.6830	0.6719	0.6610	0.6504	0.6400	0.6299	0.6200	0.6104	0.6009	0.5917
3	0.9706	0.9423	0.9151	0.8890	0.8638	0.8396	0.8163	0.7938	0.7722	0.7513	0.7312	0.7118	0.6931	0.6750	0.6575	0.6407	0.6244	0.6086	0.5934	0.5787	0.5645	0.5507	0.5374	0.5245	0.5120	0.4999	0.4882	0.4768	0.4658	0.4552
4	0.9610	0.9238	0.8885	0.8548	0.8227	0.7921	0.7629	0.7350	0.7084	0.6830	0.6587	0.6355	0.6133	0.5921	0.5718	0.5523	0.5337	0.5158	0.4987	0.4823	0.4665	0.4514	0.4369	0.4230	0.4096	0.3968	0.3844	0.3725	0.3611	0.3501
5	0.9515	0.9057	0.8626	0.8219	0.7835	0.7473	0.7130	0.6806	0.6499	0.6209	0.5935	0.5674	0.5428	0.5194	0.4972	0.4761	0.4561	0.4371	0.4190	0.4019	0.3855	0.3700	0.3552	0.3411	0.3277	0.3149	0.3027	0.2910	0.2799	0.2693
6	0.9420	0.8880	0.8375	0.7903	0.7462	0.7050	0.6663	0.6302	0.5963	0.5645	0.5346	0.5066	0.4803	0.4556	0.4323	0.4104	0.3898	0.3704	0.3521	0.3349	0.3186	0.3033	0.2888	0.2751	0.2621	0.2499	0.2383	0.2274	0.2170	0.2072
7	0.9327	0.8706	0.8131	0.7599	0.7107	0.6651	0.6227	0.5835	0.5470	0.5132	0.4817	0.4523	0.4251	0.3996	0.3759	0.3538	0.3332	0.3139	0.2959	0.2791	0.2633	0.2486	0.2348	0.2218	0.2097	0.1983	0.1877	0.1776	0.1682	0.1594
8	0.9235	0.8535	0.7894	0.7307	0.6768	0.6274	0.5820	0.5403	0.5019	0.4665	0.4339	0.4039	0.3762	0.3506	0.3269	0.3050	0.2848	0.2660	0.2487	0.2326	0.2176	0.2038	0.1909	0.1789	0.1678	0.1574	0.1478	0.1388	0.1304	0.1226
9	0.9143	0.8368	0.7664	0.7026	0.6446	0.5919	0.5439	0.5002	0.4604	0.4241	0.3909	0.3606	0.3329	0.3075	0.2843	0.2630	0.2434	0.2255	0.2090	0.1938	0.1799	0.1670	0.1552	0.1443	0.1342	0.1249	0.1164	0.1084	0.1011	0.0943
10	0.9053	0.8203	0.7441	0.6756	0.6139	0.5584	0.5083	0.4632	0.4224	0.3855	0.3522	0.3220	0.2946	0.2697	0.2472	0.2267	0.2080	0.1911	0.1756	0.1615	0.1486	0.1369	0.1262	0.1164	0.1074	0.0992	0.0916	0.0847	0.0784	0.0725
11	0.8963	0.8043	0.7224	0.6496	0.5847	0.5268	0.4751	0.4289	0.3875	0.3505	0.3173	0.2875	0.2607	0.2366	0.2149	0.1954	0.1778	0.1619	0.1476	0.1346	0.1228	0.1122	0.1026	0.0938	0.0859	0.0787	0.0721	0.0662	0.0607	0.0558
12	0.8874	0.7885	0.7014	0.6246	0.5568	0.4970	0.4440	0.3971	0.3555	0.3186	0.2858	0.2567	0.2307	0.2076	0.1869	0.1685	0.1520	0.1372	0.1240	0.1122	0.1015	0.0920	0.0834	0.0757	0.0687	0.0625	0.0568	0.0517	0.0471	0.0429
13	0.8787	0.7730	0.6810	0.6006	0.5303	0.4688	0.4150	0.3677	0.3262	0.2897	0.2575	0.2292	0.2042	0.1821	0.1625	0.1452	0.1299	0.1163	0.1042	0.0935	0.0839	0.0754	0.0678	0.0610	0.0550	0.0496	0.0447	0.0404	0.0365	0.0330
14	0.8700	0.7579	0.6611	0.5775	0.5051	0.4423	0.3878	0.3405	0.2992	0.2633	0.2320	0.2046	0.1807	0.1597	0.1413	0.1252	0.1110	0.0985	0.0876	0.0779	0.0693	0.0618	0.0551	0.0492	0.0440	0.0393	0.0352	0.0316	0.0283	0.0254
15	0.8613	0.7430	0.6419	0.5553	0.4810	0.4173	0.3624	0.3152	0.2745	0.2394	0.2090	0.1827	0.1599	0.1401	0.1229	0.1079	0.0949	0.0835	0.0736	0.0649	0.0573	0.0507	0.0448	0.0397	0.0352	0.0312	0.0277	0.0247	0.0219	0.0195
16	0.8528	0.7284	0.6232	0.5339	0.4581	0.3936	0.3387	0.2919	0.2519	0.2176	0.1883	0.1631	0.1415	0.1229	0.1069	0.0930	0.0811	0.0708	0.0618	0.0541	0.0474	0.0415	0.0364	0.0320	0.0281	0.0248	0.0218	0.0193	0.0170	0.0150
17	0.8444	0.7142	0.6050	0.5134	0.4363	0.3714	0.3166	0.2703	0.2311	0.1978	0.1696	0.1456	0.1252	0.1078	0.0929	0.0802	0.0693	0.0600	0.0520	0.0451	0.0391	0.0340	0.0296	0.0258	0.0225	0.0197	0.0172	0.0150	0.0132	0.0116
18	0.8360	0.7002	0.5874	0.4936	0.4155	0.3503	0.2959	0.2502	0.2120	0.1799	0.1528	0.1300	0.1108	0.0946	0.0808	0.0691	0.0592	0.0508	0.0437	0.0376	0.0323	0.0279	0.0241	0.0208	0.0180	0.0156	0.0135	0.0118	0.0102	0.0089
19	0.8277	0.6864	0.5703	0.4746	0.3957	0.3305	0.2765	0.2317	0.1945	0.1635	0.1377	0.1161	0.0981	0.0829	0.0703	0.0596	0.0506	0.0431	0.0367	0.0313	0.0267	0.0229	0.0196	0.0168	0.0144	0.0124	0.0107	0.0092	0.0079	0.0068
20	0.8195	0.6730	0.5537	0.4564	0.3769	0.3118	0.2584	0.2145	0.1784	0.1486	0.1240	0.1037	0.0868	0.0728	0.0611	0.0514	0.0433	0.0365	0.0308	0.0261	0.0221	0.0187	0.0159	0.0135	0.0115	0.0098	0.0084	0.0072	0.0061	0.0053
21	0.8114	0.6598	0.5375	0.4388	0.3589	0.2942	0.2415	0.1987	0.1637	0.1351	0.1117	0.0926	0.0768	0.0638	0.0531	0.0443	0.0370	0.0309	0.0259	0.0217	0.0183	0.0154	0.0129	0.0109	0.0092	0.0078	0.0066	0.0056	0.0048	0.0040
22	0.8034	0.6468	0.5219	0.4220	0.3418	0.2775	0.2257	0.1839	0.1502	0.1228	0.1007	0.0826	0.0680	0.0560	0.0462	0.0382	0.0316	0.0262	0.0218	0.0181	0.0151	0.0126	0.0105	0.0088	0.0074	0.0062	0.0052	0.0044	0.0037	0.0031
23	0.7954	0.6342	0.5067	0.4057	0.3256	0.2618	0.2109	0.1703	0.1378	0.1117	0.0907	0.0738	0.0601	0.0491	0.0402	0.0329	0.0270	0.0222	0.0183	0.0151	0.0125	0.0103	0.0086	0.0071	0.0059	0.0049	0.0041	0.0034	0.0029	0.0024
24	0.7876	0.6217	0.4919	0.3901	0.3101	0.2470	0.1971	0.1577	0.1264	0.1015	0.0817	0.0659	0.0532	0.0431	0.0349	0.0284	0.0231	0.0188	0.0154	0.0126	0.0103	0.0085	0.0070	0.0057	0.0047	0.0039	0.0032	0.0027	0.0022	0.0018
25	0.7798	0.6095	0.4776	0.3751	0.2953	0.2330	0.1842	0.1460	0.1160	0.0923	0.0736	0.0588	0.0471	0.0378	0.0304	0.0245	0.0197	0.0160	0.0129	0.0105	0.0085	0.0069	0.0057	0.0046	0.0038	0.0031	0.0025	0.0021	0.0017	0.0014
26	0.7720	0.5976	0.4637	0.3607	0.2812	0.2198	0.1722	0.1352	0.1064	0.0839	0.0663	0.0525	0.0417	0.0331	0.0264	0.0211	0.0169	0.0135	0.0109	0.0087	0.0070	0.0057	0.0046	0.0037	0.0030	0.0025	0.0020	0.0016	0.0013	0.0011
27	0.7644	0.5859	0.4502	0.3468	0.2678	0.2074	0.1609	0.1252	0.0976	0.0763	0.0597	0.0469	0.0369	0.0291	0.0230	0.0182	0.0144	0.0115	0.0091	0.0073	0.0058	0.0047	0.0037	0.0030	0.0024	0.0019	0.0016	0.0013	0.0010	0.0008
28	0.7568	0.5744	0.4371	0.3335	0.2551	0.1956	0.1504	0.1159	0.0895	0.0693	0.0538	0.0419	0.0326	0.0255	0.0200	0.0157	0.0123	0.0097	0.0077	0.0061	0.0048	0.0038	0.0030	0.0024	0.0019	0.0015	0.0012	0.0010	0.0008	0.0006
29	0.7493	0.5631	0.4243	0.3207	0.2429	0.1846	0.1406	0.1073	0.0822	0.0630	0.0485	0.0374	0.0289	0.0224	0.0174	0.0135	0.0105	0.0082	0.0064	0.0051	0.0040	0.0031	0.0025	0.0020	0.0015	0.0012	0.0010	0.0008	0.0006	0.0005
30	0.7419	0.5521	0.4120	0.3083	0.2314	0.1741	0.1314	0.0994	0.0754	0.0573	0.0437	0.0334	0.0256	0.0196	0.0151	0.0116	0.0090	0.0070	0.0054	0.0042	0.0033	0.0026	0.0020	0.0016	0.0012	0.0010	0.0008	0.0006	0.0005	0.0004

1 元复利终值系数表：$f=(p/F,i,n)=(1+i)^n$

期数	1%	2%	3%	4%	5%	6%	7%	8%	9%	10%	11%	12%	13%	14%	15%	16%	17%	18%	19%	20%	21%	22%	23%	24%	25%	26%	27%	28%	29%	30%
1	1.0100	1.0200	1.0300	1.0400	1.0500	1.0600	1.0700	1.0800	1.0900	1.1000	1.1100	1.1200	1.1300	1.1400	1.1500	1.1600	1.1700	1.1800	1.1900	1.2000	1.2100	1.2200	1.2300	1.2400	1.2500	1.2600	1.2700	1.2800	1.2900	1.3000
2	1.0201	1.0404	1.0609	1.0816	1.1025	1.1236	1.1449	1.1664	1.1881	1.2100	1.2321	1.2544	1.2769	1.2996	1.3225	1.3456	1.3689	1.3924	1.4161	1.4400	1.4641	1.4884	1.5129	1.5376	1.5625	1.5876	1.6129	1.6384	1.6641	1.6900
3	1.0303	1.0612	1.0927	1.1249	1.1576	1.1910	1.2250	1.2597	1.2950	1.3310	1.3676	1.4049	1.4429	1.4815	1.5209	1.5609	1.6016	1.6430	1.6852	1.7280	1.7716	1.8158	1.8609	1.9066	1.9531	2.0004	2.0484	2.0972	2.1467	2.1970
4	1.0406	1.0824	1.1255	1.1699	1.2155	1.2625	1.3108	1.3605	1.4116	1.4641	1.5181	1.5735	1.6305	1.6890	1.7490	1.8106	1.8739	1.9388	2.0053	2.0736	2.1436	2.2153	2.2889	2.3642	2.4414	2.5205	2.6014	2.6844	2.7692	2.8561
5	1.0510	1.1041	1.1593	1.2167	1.2763	1.3382	1.4026	1.4693	1.5386	1.6105	1.6851	1.7623	1.8424	1.9254	2.0114	2.1003	2.1924	2.2878	2.3864	2.4883	2.5937	2.7027	2.8153	2.9316	3.0518	3.1758	3.3038	3.4360	3.5723	3.7129
6	1.0615	1.1262	1.1941	1.2653	1.3401	1.4185	1.5007	1.5869	1.6771	1.7716	1.8704	1.9738	2.0820	2.1950	2.3131	2.4364	2.5652	2.6996	2.8398	2.9860	3.1384	3.2973	3.4628	3.6352	3.8147	4.0015	4.1959	4.3980	4.6083	4.8268
7	1.0721	1.1487	1.2299	1.3159	1.4071	1.5036	1.6058	1.7138	1.8280	1.9487	2.0762	2.2107	2.3526	2.5023	2.6600	2.8262	3.0012	3.1855	3.3793	3.5832	3.7975	4.0227	4.2593	4.5077	4.7684	5.0419	5.3288	5.6295	5.9447	6.2749
8	1.0829	1.1717	1.2668	1.3686	1.4775	1.5938	1.7182	1.8509	1.9926	2.1436	2.3045	2.4760	2.6584	2.8526	3.0590	3.2784	3.5115	3.7589	4.0214	4.2998	4.5950	4.9077	5.2389	5.5895	5.9605	6.3528	6.7675	7.2058	7.6686	8.1573
9	1.0937	1.1951	1.3048	1.4233	1.5513	1.6895	1.8385	1.9990	2.1719	2.3579	2.5580	2.7731	3.0040	3.2519	3.5179	3.8030	4.1084	4.4355	4.7854	5.1598	5.5599	5.9874	6.4439	6.9310	7.4506	8.0045	8.5948	9.2234	9.8925	10.6045
10	1.1046	1.2190	1.3439	1.4802	1.6289	1.7908	1.9672	2.1589	2.3674	2.5937	2.8394	3.1058	3.3946	3.7072	4.0456	4.4114	4.8068	5.2338	5.6947	6.1917	6.7275	7.3046	7.9259	8.5944	9.3132	10.0857	10.9153	11.8059	12.7614	13.7858
11	1.1157	1.2434	1.3842	1.5395	1.7103	1.8983	2.1049	2.3316	2.5804	2.8531	3.1518	3.4786	3.8359	4.2262	4.6524	5.1173	5.6240	6.1759	6.7767	7.4301	8.1403	8.9117	9.7489	10.6571	11.6415	12.7080	13.8625	15.1116	16.4622	17.9216
12	1.1268	1.2682	1.4258	1.6010	1.7959	2.0122	2.2522	2.5182	2.8127	3.1384	3.4985	3.8960	4.3345	4.8179	5.3503	5.9360	6.5801	7.2876	8.0642	8.9161	9.8497	10.8722	11.9912	13.2148	14.5519	16.0120	17.6053	19.3428	21.2362	23.2981
13	1.1381	1.2936	1.4685	1.6651	1.8856	2.1329	2.4098	2.7196	3.0658	3.4523	3.8833	4.3635	4.8980	5.4924	6.1528	6.8858	7.6987	8.5994	9.5964	10.6993	11.9182	13.2641	14.7491	16.3863	18.1899	20.1752	22.3588	24.7588	27.3947	30.2875
14	1.1495	1.3195	1.5126	1.7317	1.9799	2.2609	2.5785	2.9372	3.3417	3.7975	4.3104	4.8871	5.5348	6.2613	7.0757	7.9875	9.0075	10.1472	11.4198	12.8392	14.4210	16.1822	18.1414	20.3191	22.7374	25.4207	28.3957	31.6913	35.3391	39.3738
15	1.1610	1.3459	1.5580	1.8009	2.0789	2.3966	2.7590	3.1722	3.6425	4.1772	4.7846	5.4736	6.2543	7.1379	8.1371	9.2655	10.5387	11.9737	13.5895	15.4070	17.4494	19.7423	22.3140	25.1956	28.4217	32.0301	36.0625	40.5648	45.5875	51.1859
16	1.1726	1.3728	1.6047	1.8730	2.1829	2.5404	2.9522	3.4259	3.9703	4.5950	5.3109	6.1304	7.0673	8.1372	9.3576	10.7480	12.3303	14.1290	16.1715	18.4884	21.1138	24.0856	27.4462	31.2426	35.5271	40.3579	45.7994	51.9230	58.8079	66.5417
17	1.1843	1.4002	1.6528	1.9479	2.2920	2.6928	3.1588	3.7000	4.3276	5.0545	5.8951	6.8660	7.9861	9.2765	10.7613	12.4677	14.4265	16.6722	19.2441	22.1861	25.5477	29.3844	33.7588	38.7408	44.4089	50.8510	58.1652	66.4614	75.8621	86.5042
18	1.1961	1.4282	1.7024	2.0258	2.4066	2.8543	3.3799	3.9960	4.7171	5.5599	6.5436	7.6900	9.0243	10.5752	12.3755	14.4625	16.8790	19.6733	22.9005	26.6233	30.9127	35.8490	41.5233	48.0386	55.5112	64.0722	73.8698	85.0706	97.8622	112.4554
19	1.2081	1.4568	1.7535	2.1068	2.5270	3.0256	3.6165	4.3157	5.1417	6.1159	7.2633	8.6128	10.1974	12.0557	14.2318	16.7765	19.7484	23.2144	27.2516	31.9480	37.4043	43.7358	51.0737	59.5679	69.3889	80.7310	93.8147	108.8904	126.2422	146.1920
20	1.2202	1.4859	1.8061	2.1911	2.6533	3.2071	3.8697	4.6610	5.6044	6.7275	8.0623	9.6463	11.5231	13.7435	16.3665	19.4608	23.1056	27.3930	32.4294	38.3376	45.2593	53.3576	62.8206	73.8641	86.7362	101.7211	119.1446	139.3797	162.8524	190.0496
21	1.2324	1.5157	1.8603	2.2788	2.7860	3.3996	4.1406	5.0338	6.1088	7.4002	8.9492	10.8038	13.0211	15.6676	18.8215	22.5745	27.0336	32.3238	38.5910	46.0051	54.7637	65.0963	77.2694	91.5915	108.4202	128.1685	151.3137	178.4060	210.0796	247.0645
22	1.2447	1.5460	1.9161	2.3699	2.9253	3.6035	4.4304	5.4365	6.6586	8.1403	9.9336	12.1003	14.7138	17.8610	21.6447	26.1864	31.6293	38.1421	45.9233	55.2061	66.2641	79.4175	95.0413	113.5735	135.5253	161.4924	192.1683	228.3596	271.0027	321.1839
23	1.2572	1.5769	1.9736	2.4647	3.0715	3.8197	4.7405	5.8715	7.2579	8.9543	11.0263	13.5523	16.6266	20.3616	24.8915	30.3762	37.0062	45.0076	54.6487	66.2474	80.1795	96.8894	116.9008	140.8312	169.4066	203.4804	244.0538	292.3003	349.5935	417.5391
24	1.2697	1.6084	2.0328	2.5633	3.2251	4.0489	5.0724	6.3412	7.9111	9.8497	12.2392	15.1786	18.7881	23.2122	28.6252	35.2364	43.2973	53.1090	65.0320	79.4968	97.0172	118.2050	143.7880	174.6306	211.7582	256.3853	309.9483	374.1444	450.9756	542.8008
25	1.2824	1.6406	2.0938	2.6658	3.3864	4.2919	5.4274	6.8485	8.6231	10.8347	13.5855	17.0001	21.2305	26.4619	32.9190	40.8742	50.6578	62.6686	77.3881	95.3962	117.3909	144.2101	176.8593	216.5420	264.6978	323.0454	393.6344	478.9049	581.7585	705.6410
26	1.2953	1.6734	2.1566	2.7725	3.5557	4.5494	5.8074	7.3964	9.3992	11.9182	15.0799	19.0401	23.9905	30.1666	37.8568	47.4141	59.2697	73.9490	92.0918	114.4755	142.0429	175.9364	217.5369	268.5121	330.8722	407.0373	499.9157	612.9982	750.4685	917.3333
27	1.3082	1.7069	2.2213	2.8834	3.7335	4.8223	6.2139	7.9881	10.2451	13.1100	16.7387	21.3249	27.1093	34.3899	43.5353	55.0004	69.3455	87.2598	109.5893	137.3706	171.8719	214.6424	267.5704	332.9550	413.5903	512.8670	634.8929	784.6377	968.1044	1192.5333
28	1.3213	1.7410	2.2879	2.9987	3.9201	5.1117	6.6488	8.6271	11.1671	14.4210	18.5799	23.8839	30.6335	39.2045	50.0656	63.8004	81.1342	102.9666	130.4112	164.8447	207.9651	261.8637	329.1115	412.8642	516.9879	646.2124	806.3140	1004.3363	1248.8546	1550.2933
29	1.3345	1.7758	2.3566	3.1187	4.1161	5.4184	7.1143	9.3173	12.1722	15.8631	20.6237	26.7499	34.6158	44.6931	57.5755	74.0085	94.9271	121.5005	155.1893	197.8136	251.6377	319.4737	404.8072	511.9516	646.2349	814.2276	1024.0187	1285.5504	1611.0225	2015.3813
30	1.3478	1.8114	2.4273	3.2434	4.3219	5.7435	7.6123	10.0627	13.2677	17.4494	22.8923	29.9599	39.1159	50.9502	66.2118	85.8499	111.0647	143.3706	184.6753	237.3763	304.4816	389.7579	497.9129	634.8199	807.7936	1025.9267	1300.5038	1645.5046	2078.2190	2619.9956

1元年金现值系数表$(P/A,i,n)=\frac{1-(1+i)^{-n}}{i}$

期数	1%	2%	3%	4%	5%	6%	7%	8%	9%	10%	11%	12%	13%	14%	15%	16%	17%	18%	19%	20%	21%	22%	23%	24%	25%	26%	27%	28%	29%	30%
1	0.9901	0.9804	0.9709	0.9615	0.9524	0.9434	0.9346	0.9259	0.9174	0.9091	0.9009	0.8929	0.8850	0.8772	0.8696	0.8621	0.8547	0.8475	0.8403	0.8333	0.8264	0.8197	0.8130	0.8065	0.8000	0.7937	0.7874	0.7813	0.7752	0.7692
2	1.9704	1.9416	1.9135	1.8861	1.8594	1.8334	1.8080	1.7833	1.7591	1.7355	1.7125	1.6901	1.6681	1.6467	1.6257	1.6052	1.5852	1.5656	1.5465	1.5278	1.5095	1.4915	1.4740	1.4568	1.4400	1.4235	1.4074	1.3916	1.3761	1.3609
3	2.9410	2.8839	2.8286	2.7751	2.7232	2.6730	2.6243	2.5771	2.5313	2.4869	2.4437	2.4018	2.3612	2.3216	2.2832	2.2459	2.2096	2.1743	2.1399	2.1065	2.0739	2.0422	2.0114	1.9813	1.9520	1.9234	1.8956	1.8684	1.8420	1.8161
4	3.9020	3.8077	3.7171	3.6299	3.5460	3.4651	3.3872	3.3121	3.2397	3.1699	3.1024	3.0373	2.9745	2.9137	2.8550	2.7982	2.7432	2.6901	2.6386	2.5887	2.5404	2.4936	2.4483	2.4043	2.3616	2.3202	2.2800	2.2410	2.2031	2.1662
5	4.8534	4.7135	4.5797	4.4518	4.3295	4.2124	4.1002	3.9927	3.8897	3.7908	3.6959	3.6048	3.5172	3.4331	3.3522	3.2743	3.1993	3.1272	3.0576	2.9906	2.9260	2.8636	2.8035	2.7454	2.6893	2.6351	2.5827	2.5320	2.4830	2.4356
6	5.7955	5.6014	5.4172	5.2421	5.0757	4.9173	4.7665	4.6229	4.4859	4.3553	4.2305	4.1114	3.9975	3.8887	3.7845	3.6847	3.5892	3.4976	3.4098	3.3255	3.2446	3.1669	3.0923	3.0205	2.9514	2.8850	2.8210	2.7594	2.7000	2.6427
7	6.7282	6.4720	6.2303	6.0021	5.7864	5.5824	5.3893	5.2064	5.0330	4.8684	4.7122	4.5638	4.4226	4.2883	4.1604	4.0386	3.9224	3.8115	3.7057	3.6046	3.5079	3.4155	3.3270	3.2423	3.1611	3.0833	3.0087	2.9370	2.8682	2.8021
8	7.6517	7.3255	7.0197	6.7327	6.4632	6.2098	5.9713	5.7466	5.5348	5.3349	5.1461	4.9676	4.7988	4.6389	4.4873	4.3436	4.2072	4.0776	3.9544	3.8372	3.7256	3.6193	3.5179	3.4212	3.3289	3.2407	3.1564	3.0758	2.9986	2.9247
9	8.5660	8.1622	7.7861	7.4353	7.1078	6.8017	6.5152	6.2469	5.9952	5.7590	5.5370	5.3282	5.1317	4.9464	4.7716	4.6065	4.4506	4.3030	4.1633	4.0310	3.9054	3.7863	3.6731	3.5655	3.4631	3.3657	3.2728	3.1842	3.0997	3.0190
10	9.4713	8.9826	8.5302	8.1109	7.7217	7.3601	7.0236	6.7101	6.4177	6.1446	5.8892	5.6502	5.4262	5.2161	5.0188	4.8332	4.6586	4.4941	4.3389	4.1925	4.0541	3.9232	3.7993	3.6819	3.5705	3.4648	3.3644	3.2689	3.1781	3.0915
11	10.3676	9.7868	9.2526	8.7605	8.3064	7.8869	7.4987	7.1390	6.8052	6.4951	6.2065	5.9377	5.6869	5.4527	5.2337	5.0286	4.8364	4.6560	4.4865	4.3271	4.1769	4.0354	3.9018	3.7757	3.6564	3.5435	3.4365	3.3351	3.2388	3.1473
12	11.2551	10.5753	9.9540	9.3851	8.8633	8.3838	7.9427	7.5361	7.1607	6.8137	6.4924	6.1944	5.9176	5.6603	5.4206	5.1971	4.9884	4.7932	4.6105	4.4392	4.2784	4.1274	3.9852	3.8514	3.7251	3.6059	3.4933	3.3868	3.2859	3.1903
13	12.1337	11.3484	10.6350	9.9856	9.3936	8.8527	8.3577	7.9038	7.4869	7.1034	6.7499	6.4235	6.1218	5.8424	5.5831	5.3423	5.1183	4.9095	4.7147	4.5327	4.3624	4.2028	4.0530	3.9124	3.7801	3.6555	3.5381	3.4272	3.3224	3.2233
14	13.0037	12.1062	11.2961	10.5631	9.8986	9.2950	8.7455	8.2442	7.7862	7.3667	6.9819	6.6282	6.3025	6.0021	5.7245	5.4675	5.2293	5.0081	4.8023	4.6106	4.4317	4.2646	4.1082	3.9616	3.8241	3.6949	3.5733	3.4587	3.3507	3.2487
15	13.8651	12.8493	11.9379	11.1184	10.3797	9.7122	9.1079	8.5595	8.0607	7.6061	7.1909	6.8109	6.4624	6.1422	5.8474	5.5755	5.3242	5.0916	4.8759	4.6755	4.4890	4.3152	4.1530	4.0013	3.8593	3.7261	3.6010	3.4834	3.3726	3.2682
16	14.7179	13.5777	12.5611	11.6523	10.8378	10.1059	9.4466	8.8514	8.3126	7.8237	7.3792	6.9740	6.6039	6.2651	5.9542	5.6685	5.4053	5.1624	4.9377	4.7296	4.5364	4.3567	4.1894	4.0333	3.8874	3.7509	3.6228	3.5026	3.3896	3.2832
17	15.5623	14.2919	13.1661	12.1657	11.2741	10.4773	9.7632	9.1216	8.5436	8.0216	7.5488	7.1196	6.7291	6.3729	6.0472	5.7487	5.4746	5.2223	4.9897	4.7746	4.5755	4.3908	4.2190	4.0591	3.9099	3.7705	3.6400	3.5177	3.4028	3.2948
18	16.3983	14.9920	13.7535	12.6593	11.6896	10.8276	10.0591	9.3719	8.7556	8.2014	7.7016	7.2497	6.8399	6.4674	6.1280	5.8178	5.5339	5.2732	5.0333	4.8122	4.6079	4.4187	4.2431	4.0799	3.9279	3.7861	3.6536	3.5294	3.4130	3.3037
19	17.2260	15.6785	14.3238	13.1339	12.0853	11.1581	10.3356	9.6036	8.9501	8.3649	7.8393	7.3658	6.9380	6.5504	6.1982	5.8775	5.5845	5.3162	5.0700	4.8435	4.6346	4.4415	4.2627	4.0967	3.9424	3.7985	3.6642	3.5386	3.4210	3.3105
20	18.0456	16.3514	14.8775	13.5903	12.4622	11.4699	10.5940	9.8181	9.1285	8.5136	7.9633	7.4694	7.0248	6.6231	6.2593	5.9288	5.6278	5.3527	5.1009	4.8696	4.6567	4.4603	4.2786	4.1103	3.9539	3.8083	3.6726	3.5458	3.4271	3.3158
21	18.8570	17.0112	15.4150	14.0292	12.8212	11.7641	10.8355	10.0168	9.2922	8.6487	8.0751	7.5620	7.1016	6.6870	6.3125	5.9731	5.6648	5.3837	5.1268	4.8913	4.6750	4.4756	4.2916	4.1212	3.9631	3.8161	3.6792	3.5514	3.4319	3.3198
22	19.6604	17.6580	15.9369	14.4511	13.1630	12.0416	11.0612	10.2007	9.4424	8.7715	8.1757	7.6446	7.1695	6.7429	6.3587	6.0113	5.6964	5.4099	5.1486	4.9094	4.6900	4.4882	4.3021	4.1300	3.9705	3.8223	3.6844	3.5558	3.4356	3.3230
23	20.4558	18.2922	16.4436	14.8568	13.4886	12.3034	11.2722	10.3711	9.5802	8.8832	8.2664	7.7184	7.2297	6.7921	6.3988	6.0442	5.7234	5.4321	5.1668	4.9245	4.7025	4.4985	4.3106	4.1371	3.9764	3.8273	3.6885	3.5592	3.4384	3.3254
24	21.2434	18.9139	16.9355	15.2470	13.7986	12.5504	11.4693	10.5288	9.7066	8.9847	8.3481	7.7843	7.2829	6.8351	6.4338	6.0726	5.7465	5.4509	5.1822	4.9371	4.7128	4.5070	4.3176	4.1428	3.9811	3.8312	3.6918	3.5619	3.4406	3.3272
25	22.0232	19.5235	17.4131	15.6221	14.0939	12.7834	11.6536	10.6748	9.8226	9.0770	8.4217	7.8431	7.3300	6.8729	6.4641	6.0971	5.7662	5.4669	5.1951	4.9476	4.7213	4.5139	4.3232	4.1474	3.9849	3.8342	3.6943	3.5640	3.4423	3.3286
26	22.7952	20.1210	17.8768	15.9828	14.3752	13.0032	11.8258	10.8100	9.9290	9.1609	8.4881	7.8957	7.3717	6.9061	6.4906	6.1182	5.7831	5.4804	5.2060	4.9563	4.7284	4.5196	4.3278	4.1511	3.9879	3.8367	3.6963	3.5656	3.4437	3.3297
27	23.5596	20.7069	18.3270	16.3296	14.6430	13.2105	11.9867	10.9352	10.0266	9.2372	8.5478	7.9426	7.4086	6.9352	6.5135	6.1364	5.7975	5.4919	5.2151	4.9636	4.7342	4.5243	4.3316	4.1542	3.9903	3.8387	3.6979	3.5669	3.4447	3.3305
28	24.3164	21.2813	18.7641	16.6631	14.8981	13.4062	12.1371	11.0511	10.1161	9.3066	8.6016	7.9844	7.4412	6.9607	6.5335	6.1520	5.8099	5.5016	5.2228	4.9697	4.7390	4.5281	4.3346	4.1566	3.9923	3.8402	3.6991	3.5679	3.4455	3.3312
29	25.0658	21.8444	19.1885	16.9837	15.1411	13.5907	12.2777	11.1584	10.1983	9.3696	8.6501	8.0218	7.4701	6.9830	6.5509	6.1656	5.8204	5.5098	5.2292	4.9747	4.7430	4.5312	4.3371	4.1585	3.9938	3.8414	3.7001	3.5687	3.4461	3.3317
30	25.8077	22.3965	19.6004	17.2920	15.3725	13.7648	12.4090	11.2578	10.2737	9.4269	8.6938	8.0552	7.4957	7.0027	6.5660	6.1772	5.8294	5.5168	5.2347	4.9789	4.7463	4.5338	4.3391	4.1601	3.9950	3.8424	3.7009	3.5693	3.4466	3.3321

1 元年金终值系数表 $(F/A,i,n)=\frac{(1+i)^n-1}{i}$

期数	1%	2%	3%	4%	5%	6%	7%	8%	9%	10%	11%	12%	13%	14%	15%	16%	17%	18%	19%	20%	21%	22%	23%	24%	25%	26%	27%	28%	29%	30%
1	1.0000	1.0000	1.0000	1.0000	1.0000	1.0000	1.0000	1.0000	1.0000	1.0000	1.0000	1.0000	1.0000	1.0000	1.0000	1.0000	1.0000	1.0000	1.0000	1.0000	1.0000	1.0000	1.0000	1.0000	1.0000	1.0000	1.0000	1.0000	1.0000	1.0000
2	2.0100	2.0200	2.0300	2.0400	2.0500	2.0600	2.0700	2.0800	2.0900	2.1000	2.1100	2.1200	2.1300	2.1400	2.1500	2.1600	2.1700	2.1800	2.1900	2.2000	2.2100	2.2200	2.2300	2.2400	2.2500	2.2600	2.2700	2.2800	2.2900	2.3000
3	3.0301	3.0604	3.0909	3.1216	3.1525	3.1836	3.2149	3.2464	3.2781	3.3100	3.3421	3.3744	3.4069	3.4396	3.4725	3.5056	3.5389	3.5724	3.6061	3.6400	3.6741	3.7084	3.7429	3.7776	3.8125	3.8476	3.8829	3.9184	3.9541	3.9900
4	4.0604	4.1216	4.1836	4.2465	4.3101	4.3746	4.4399	4.5061	4.5731	4.6410	4.7097	4.7793	4.8498	4.9211	4.9934	5.0665	5.1405	5.2154	5.2913	5.3680	5.4457	5.5242	5.6038	5.6842	5.7656	5.8480	5.9313	6.0156	6.1008	6.1870
5	5.1010	5.2040	5.3091	5.4163	5.5256	5.6371	5.7507	5.8666	5.9847	6.1051	6.2278	6.3528	6.4803	6.6101	6.7424	6.8771	7.0144	7.1542	7.2966	7.4416	7.5892	7.7396	7.8926	8.0484	8.2070	8.3684	8.5327	8.6999	8.8700	9.0431
6	6.1520	6.3081	6.4684	6.6330	6.8019	6.9753	7.1533	7.3359	7.5233	7.7156	7.9129	8.1152	8.3227	8.5355	8.7537	8.9775	9.2068	9.4420	9.6830	9.9299	10.1830	10.4423	10.7079	10.9801	11.2588	11.5442	11.8366	12.1359	12.4423	12.7560
7	7.2135	7.4343	7.6625	7.8983	8.1420	8.3938	8.6540	8.9228	9.2004	9.4872	9.7833	10.0890	10.4047	10.7305	11.0668	11.4139	11.7720	12.1415	12.5227	12.9159	13.3214	13.7396	14.1708	14.6153	15.0735	15.5458	16.0324	16.5339	17.0506	17.5828
8	8.2857	8.5830	8.8923	9.2142	9.5491	9.8975	10.2598	10.6366	11.0285	11.4359	11.8594	12.2997	12.7573	13.2328	13.7268	14.2401	14.7733	15.3270	15.9020	16.4991	17.1189	17.7623	18.4300	19.1229	19.8419	20.5876	21.3612	22.1634	22.9953	23.8577
9	9.3685	9.7546	10.1591	10.5828	11.0266	11.4913	11.9780	12.4876	13.0210	13.5795	14.1640	14.7757	15.4157	16.0853	16.7858	17.5185	18.2847	19.0859	19.9234	20.7989	21.7139	22.6700	23.6690	24.7125	25.8023	26.9404	28.1287	29.3692	30.6639	32.0150
10	10.4622	10.9497	11.4639	12.0061	12.5779	13.1808	13.8164	14.4866	15.1929	15.9374	16.7220	17.5487	18.4197	19.3373	20.3037	21.3215	22.3931	23.5213	24.7089	25.9587	27.2738	28.6574	30.1128	31.6434	33.2529	34.9449	36.7235	38.5926	40.5564	42.6195
11	11.5668	12.1687	12.8078	13.4864	14.2068	14.9716	15.7836	16.6455	17.5603	18.5312	19.5614	20.6546	21.8143	23.0445	24.3493	25.7329	27.1999	28.7551	30.4035	32.1504	34.0013	35.9620	38.0388	40.2379	42.5661	45.0306	47.6388	50.3985	53.3178	56.4053
12	12.6825	13.4121	14.1920	15.0258	15.9171	16.8699	17.8885	18.9771	20.1407	21.3843	22.7132	24.1331	25.6502	27.2707	29.0017	30.8502	32.8239	34.9311	37.1802	39.5805	42.1416	44.8737	47.7877	50.8950	54.2077	57.7386	61.5013	65.5100	69.7800	74.3270
13	13.8093	14.6803	15.6178	16.6268	17.7130	18.8821	20.1406	21.4953	22.9534	24.5227	26.2116	28.0291	29.9847	32.0887	34.3519	36.7862	39.4040	42.2187	45.2445	48.4966	51.9913	55.7459	59.7788	64.1097	68.7596	73.7506	79.1066	84.8529	91.0161	97.6250
14	14.9474	15.9739	17.0863	18.2919	19.5986	21.0151	22.5505	24.2149	26.0192	27.9750	30.0949	32.3926	34.8827	37.5811	40.5047	43.6720	47.1027	50.8180	54.8409	59.1959	63.9095	69.0100	74.5280	80.4961	86.9495	93.9258	101.4654	109.6117	118.4108	127.9125
15	16.0969	17.2934	18.5989	20.0236	21.5786	23.2760	25.1290	27.1521	29.3609	31.7725	34.4054	37.2797	40.4175	43.8424	47.5804	51.6595	56.1101	60.9653	66.2607	72.0351	78.3305	85.1922	92.6694	100.8151	109.6868	119.3465	129.8611	141.3029	153.7500	167.2863
16	17.2579	18.6393	20.1569	21.8245	23.6575	25.6725	27.8881	30.3243	33.0034	35.9497	39.1899	42.7533	46.6717	50.9804	55.7175	60.9250	66.6488	72.9390	79.8502	87.4421	95.7799	104.9345	114.9834	126.0108	138.1085	151.3766	165.9236	181.8677	199.3374	218.4722
17	18.4304	20.0121	21.7616	23.6975	25.8404	28.2129	30.8402	33.7502	36.9737	40.5447	44.5008	48.8837	53.7391	59.1176	65.0751	71.6730	78.9792	87.0680	96.0218	105.9306	116.8937	129.0201	142.4295	157.2534	173.6357	191.7345	211.7230	233.7907	258.1453	285.0139
18	19.6147	21.4123	23.4144	25.6454	28.1324	30.9057	33.9990	37.4502	41.3013	45.5992	50.3959	55.7497	61.7251	68.3941	75.8364	84.1407	93.4056	103.7403	115.2659	128.1167	142.4413	158.4045	176.1883	195.9942	218.0446	242.5855	269.8882	300.2521	334.0074	371.5180
19	20.8109	22.8406	25.1169	27.6712	30.5390	33.7600	37.3790	41.4463	46.0185	51.1591	56.9395	63.4397	70.7494	78.9692	88.2118	98.6032	110.2846	123.4135	138.1664	154.7400	173.3540	194.2535	217.7116	244.0328	273.5558	306.6577	343.7580	385.3227	431.8696	483.9734
20	22.0190	24.2974	26.8704	29.7781	33.0660	36.7856	40.9955	45.7620	51.1601	57.2750	64.2028	72.0524	80.9468	91.0249	102.4436	115.3797	130.0329	146.6280	165.4180	186.6880	210.7584	237.9893	268.7853	303.6006	342.9447	387.3887	437.5726	494.2131	558.1118	630.1655
21	23.2392	25.7833	28.6765	31.9692	35.7193	39.9927	44.8652	50.4229	56.7645	64.0025	72.2651	81.6987	92.4699	104.7684	118.8101	134.8405	153.1385	174.0210	197.8474	225.0256	256.0176	291.3469	331.6059	377.4648	429.6809	489.1098	556.7173	633.5927	720.9642	820.2151
22	24.4716	27.2990	30.5368	34.2480	38.5052	43.3923	49.0057	55.4568	62.8733	71.4027	81.2143	92.5026	105.4910	120.4360	137.6316	157.4150	180.1721	206.3448	236.4385	271.0307	310.7813	356.4432	408.8753	469.0563	538.1011	617.2783	708.0309	811.9987	931.0438	1067.2796
23	25.7163	28.8450	32.4529	36.6179	41.4305	46.9958	53.4361	60.8933	69.5319	79.5430	91.1479	104.6029	120.2048	138.2970	159.2764	183.6014	211.8013	244.4868	282.3618	326.2369	377.0454	435.8607	503.9166	582.6298	673.6264	778.7707	900.1993	1040.3583	1202.0465	1388.4635
24	26.9735	30.4219	34.4265	39.0826	44.5020	50.8156	58.1767	66.7648	76.7898	88.4973	102.1742	118.1552	136.8315	158.6586	184.1678	213.9776	248.8076	289.4945	337.0105	392.4842	457.2249	532.7501	620.8174	723.4610	843.0329	982.2511	1144.2531	1332.6586	1551.6400	1806.0026
25	28.2432	32.0303	36.4593	41.6459	47.7271	54.8645	63.2490	73.1059	84.7009	98.3471	114.4133	133.3339	155.6196	181.8708	212.7930	249.2140	292.1049	342.6035	402.0425	471.9811	554.2422	650.9551	764.6054	898.0916	1054.7912	1238.6363	1454.2014	1706.8031	2002.6156	2348.8033
26	29.5256	33.6709	38.5530	44.3117	51.1135	59.1564	68.6765	79.9544	93.3240	109.1818	127.9988	150.3339	176.8501	208.3327	245.7120	290.0883	342.7627	405.2721	479.4306	567.3773	671.6330	795.1653	941.4647	1114.6336	1319.4890	1561.6818	1847.8358	2185.7079	2584.3741	3054.4443
27	30.8209	35.3443	40.7096	47.0842	54.6691	63.7058	74.4838	87.3508	102.7231	121.0999	143.0786	169.3740	200.8406	238.4993	283.5688	337.5024	402.0323	479.2211	571.5224	681.8528	813.6759	971.1016	1159.0016	1383.1457	1650.3612	1968.7191	2347.7515	2798.7061	3334.8426	3971.7776
28	32.1291	37.0512	42.9309	49.9676	58.4026	68.5281	80.6977	95.3388	112.9682	134.2099	159.8173	190.6989	227.9499	272.8892	327.1041	392.5028	471.3778	566.4809	681.1116	819.2233	985.5479	1185.7440	1426.5719	1716.1007	2063.9515	2481.5860	2982.6444	3583.3438	4302.9470	5164.3109
29	33.4504	38.7922	45.2189	52.9663	62.3227	73.6398	87.3465	103.9659	124.1354	148.6309	178.3972	214.5828	258.5834	312.0937	377.1697	456.3032	552.5121	669.4475	811.5228	984.0680	1193.5129	1447.6077	1755.6835	2128.9648	2580.9394	3127.7984	3788.9583	4587.6801	5551.8016	6714.6042
30	34.7849	40.5681	47.5754	56.0849	66.4388	79.0582	94.4608	113.2832	136.3075	164.4940	199.0209	241.3327	293.1992	356.7868	434.7451	530.3117	647.4391	790.9480	966.7122	1181.8816	1445.1507	1767.0813	2160.4907	2640.9164	3227.1743	3942.0260	4812.9771	5873.2306	7162.8241	8729.9855

主要参考文献

1. 财政部会计资格评价中心编.财务管理.中国财政经济出版社,2007。

2. 陆正飞主编.财务管理.东北财经大学出版社,2006。

3. 财政部注册会计师考试委员会办公室编.财务成本管理.经济科学出版社,2002。

4. 王庆成、郭复初主编.财务管理学.高等教育出版社,2003。

5. 荆新、王化成等主编.财务管理学.中国人民大学出版社,2005。

6. 汤谷良主编.企业财务管理.浙江人民出版社,2001。

7.〔美〕尤金.F.布里格姆(Eugene F. Brigham)、乔尔.F.休斯敦(Joel F. Houston)著,张志强、王春香译.财务管理基础(第9版).中信出版社,2004。

8.姚海鑫.财务管理.清华大学出版社,2007。

9.王欣兰.财务管理学.清华大学出版社、北京交通大学出版社,2005。

10.毛春华、王宛秋.企业财务管理.北京工业大学出版社,2006。

11.刘慧娟.财务管理.华中科技大学出版社,2007。

12.中国注册会计师协会.财务成本管理.经济科学出版社,2007。

13.陆正飞.财务管理.东北财经大学出版社,2001。

14. 谷祺、刘淑莲主编.财务管理.大连:东北财经大学出版社,2003。

15. 杨雄胜主编.高级财务管理.大连:东北财经大学出版社,2004。

16. 萨缪尔·韦弗等著,刘力等译.财务管理.北京:中国财政经济出版社,2003。

17. 韩东平主编.财务管理学.第二版.北京:科学出版社,2007。

18. 卢恩平、高岩主编.财务管理.北京:中国电力出版社,2007。

后 记

随着市场经济的发展，理财工作越来越重要。现在，许多专业如工商管理、会计学、市场营销等都把财务管理作为一门重要的课程来开设。尽管市场上财务管理教材比较多，但是，适用于培养应用型本科人才的教材比较缺乏。正是由于这种原因，我们组织安徽科技学院、铜陵学院、淮南师范学院、淮南职业技术学院、淮南联合大学等学校的教学经验丰富的教师编写了这本教材，努力体现应用型会计人才培养的要求。由于编者的水平以及时间的限制，这本教材还存在着许多不足之处，请大家多提宝贵意见，以待今后进一步修订和完善。

该教材编写大纲由闫永海提出，经编委会成员讨论并编写内容，最后由闫永海审查定稿。闫永海担任主编，江庭友、王翠珍担任副主编。

参加教材编写的人员有：安徽科技学院的闫永海（第一章）、张淑英（第二章和第四章），铜陵学院的汪群（第三章和第五章）、张凌（第十章），淮南师范学院的李庆平（第七章），淮南职业技术学院的王翠珍（第八章和第九章），淮南联合大学的江庭友（第六章）。

我们非常感谢安徽大学出版社的热情支持与朱丽琴女士的辛勤工作。

编者

2008 年 7 月